创新激励体系与创新型城市建设——以广州为例

易建新　何杨平　陈友芳　著

广州市科技计划项目
“创新型城市建设的理论与实践”研究成果

科学出版社
北　京

内 容 简 介

本书运用激励机制设计理论系统探讨科技创新激励体系的建设，它从创新者、创新组织体系、创新支持体系三个层次分析并讨论了科技创新的激励问题。试图在理论性与实践性之间寻求一种平衡：既运用信息不对称博弈理论及微观经济学的其他理论分析科技创新激励的原理、原则，又结合我国实际情况，尤其是广州市的科技创新实践，对如何设计出实用的科技创新激励机制给出可资政府决策者借鉴、参考的对策性建议。本书既是由应用驱使的理论研究著作，也属于应用研究的著作。

本书既可作为政府和企业相关部门的决策者决策时的参考书，又可作为高校经济与管理专业的教师教学、研究以及学生学习的参考书。

图书在版编目（CIP）数据

创新激励体系与创新型城市建设：以广州为例/易建新，何杨平，陈友芳著.—北京：科学出版社，2015

ISBN 978-7-03-043778-5

Ⅰ. 创…　Ⅱ. ①易…　②何…　③陈…　Ⅲ. ①技术革新–研究–广州市
Ⅳ. ①F124.3

中国版本图书馆 CIP 数据核字（2015）052047 号

责任编辑：李　莉 / 责任校对：刘亚琦
责任印制：霍　兵 / 封面设计：蓝正设计

科学出版社 出版
北京东黄城根北街 16 号
邮政编码：100717
http://www.sciencep.com

北京彩虹伟业印刷有限公司 印制
科学出版社发行　各地新华书店经销

*

2015 年 3 月第　一　版　　开本：720×1000　1/16
2015 年 3 月第一次印刷　　印张：16 1/4
字数：330 000

定价：98.00 元

（如有印装质量问题，我社负责调换）

前 言

本书是广州市科技计划项目软科学研究专项“创新型城市建设的理论与实践”之子课题“创新激励体系与广州创新型城市建设”的资助成果。

在我国，“以企业为主体、市场为导向、产学研相结合的技术创新体系”就是科技政策制定部门和管理部门对技术创新体系最常见的简洁明了的描述。在理论界，则以亨利·埃茨科威兹提出的“三螺旋”创新体系结构最为有名。三螺旋创新模式是指大学、产业、政府三方在创新过程中相互作用，密切合作，同时每一方都保持自己的独特身份。在以知识为基础的社会中，大学、产业和政府之间的良性互动既是创新的关键，也是经济增长和社会发展的不竭动力。

但是，三螺旋创新体系理论存在两个明显的缺点。①“见物不见人”，在这个体系中，真正承担创新工作的、以个体身份出现的“人”不见了。②大学、产业与政府在创新体系中的作用和地位并不能并列，而是属于体系中不同层级的构成元素。在现代创新社会，如果说大学、产业或企业是具体组织创新者们实施创新的组织机构，居于创新体系的内层，那么政府通常只是大学、产业部门组织创新活动的保障或支持体系，居于创新体系的外层。

基于上述批评，为了更好地、全面地研究科技创新激励体系，本书从创新者、创新组织体系、创新支持体系三个层次分析并讨论了科技创新的激励问题。在这个“三层次科技创新体系”结构图中，创新者居于核心的地位，这说明本书的“三层次科技创新体系”的鲜明特点就是高度强调以创新者个人为中心，强调在组织体系中是创新者在真正实施创新，而不是大学、科研机构与企业研发部门。

从“三层次科技创新体系”出发，本书从五个维度全面系统地研究了科技创新激励体系，而现有的科技创新激励研究则大多停留于其中的某个或某几个维度。

第一维是对创新者的激励。

第二维是对创新组织体系实施、组织科技创新的激励。

第三维是创新支持体系对创新组织（含创新者）的激励，包括政府应该如何激励大学、科研机构和企业的科技创新活动，以私人基金会为代表的社会力量应该如何激励创新活动，市场应该以何种方式激励创新活动，等等。

第四维是对创新支持体系的激励，即如何使政府、市场和社会力量具有推动科技创新的积极性，包括如何激发政府，尤其是地方政府支持和推动科技创新的积极性，如何激发市场对科技创新的驱动作用，如何激励社会私人力量支持科技创新，等等。

第五维则是对创新组织体系和支持体系中的构成人员的激励。

本书对科技创新激励研究的一个鲜明特点，就是充分运用信息不对称博弈理论、机制设计理论以及微观经济学的其他理论，从不同的维度，详细分析科技创新激励的原理、原则，同时又结合我国，尤其是广州市的科技创新实践，给出可资政府决策者借鉴和参考的对策性建议，即对如何设计出实用的科技创新激励机制给出了我们的建议。本书的理论探索和对策性建议已经囊括了科技创新激励实践中几乎所有的重要问题，足以为广州市以及我国科技创新激励体系的建设提供比较完备的参考借鉴。

本书由易建新、何杨平、陈友芳共同负责完成。其中的第 1～3 章、第 7 章由陈友芳负责，第 4～6 章由易建新负责，第 8 章和第 9 章由何杨平负责。

非常感谢广州市科技计划项目软科学研究专项和科学出版社对本书研究工作及出版的大力支持，非常感谢蔡灿新老师对第 7 章的贡献以及朱泯静对第 8 章的贡献，非常感谢康茜、梁淑静、陈宇、孙艳敏等同学对资料搜集工作的贡献。

由于作者水平有限，书中难免会有疏漏与不足之处，恳请专家、学者和广大读者批评指正。

作　者

2015 年

目录

第1章

科技创新激励体系的五维结构与激励理论的发展脉络

1.1 科技创新激励体系研究的背景

正因为科技竞争力决定了一个国家和地区的竞争力与社会经济发展水平，科技创新成为全社会和各级政府决策层面高度关注的焦点。从党的全国代表大会的报告就可以看出，科技创新对我国经济社会发展的核心作用、基础性作用被不断强化。

党的十五大报告提出“科学技术是第一生产力，科技进步是经济发展的决定性因素。要充分估量未来科学技术特别是高技术发展对综合国力、社会经济结构和人民生活的巨大影响，把加速科技进步放在经济社会发展的关键地位，使经济建设真正转到依靠科技进步和提高劳动者素质的轨道上来”。党的十六大报告则提出大力实施科教兴国战略和推进国家创新体系建设，强调走新型工业化道路，必须发挥科学技术作为第一生产力的重要作用。党的十七大报告提出“提高自主创新能力，建设创新型国家。这是国家发展战略的核心，是提高综合国力的关键。要坚持走中国特色自主创新道路，把增强自主创新能力贯彻到现代化建设各个方面”。党的十八大报告提出“实施创新驱动发展战略。科技创新是提高社会生产力和综合国力的战略支撑，必须摆在国家发展全局的核心位置”。从科技是第一生产力到实施科教兴国战略、国家创新体系建设，再到建设创新型国家、实施创新驱动发展战略，日益凸显出科技创新在国家发展中的战略性和核心作用。

与政府和社会对科技创新在社会经济发展中的作用的认识不断深入相一致，

进入21世纪后，我国科技研发投入方面的表现也相当惊人。根据美国国家科学基金理事会公布的《2012年科学与工程学指标》，中国科技研发投入连续10年实现了每年20%的增幅，已经超过了日本，位列全球第二位，仅次于美国（杨铮和王进雨，2012）。2011年我国全社会研发投入经费支出为8687亿元人民币，2012年为10 298.4亿元人民币，2013年为11 906亿元，占GDP的比重将近2%，虽然远低于美国的水平（截至2009年，美国在全球科技研发支出中占31%，中国、日本、韩国及印度等亚洲10国的同期占比为32%），但如果考虑到我国巨大的GDP总量，全社会科技研发经费占GDP的比重达到1.98%，即相当于全球排名50位左右的国家的GDP总量（孙春祥，2013）。

然而，与科技研发投入连年大幅增加相比，我国科技研发的“产出”或绩效却与之极为不相称，同期的科技研发绩效的表现可以概括为：低质量的科技产出快速增长。根据2014年5月29日世界知名科技、技术和医学信息产品及服务提供商爱思维尔发布的《2013年英国科研表现之国际比较》，目前，与科技研发投入位居全球第二相一致，我国论文发表量也稳居全球第二，并有进一步赶超美国的趋势，在2008～2012年，我国文章份额以10.9%的平均速度快速增长。但是，从衡量科研质量的重要指标——域加权引用影响（field-weighted citation impact，FWCI）看，世界平均水平为1，而我国仅为0.75。根据世界知识产权组织公布的《2012年全球知识产权指标报告》，我国知识产权局所接受的专利申请连续超过日本和美国，在2011年就成为世界第一。但从衡量专利成果质量的基本指标——专利转化率看，高校的专利转化率只有5%；我国民间发明人得到的专利数量约占全国一半，但在许多地方的转化率均不到5%。固然影响专利转化率的因素众多，但这种极低的转化率主要是因为专利成果质量不高。

一个国家和地区科技创新水平的高低，首先体现在科技创新成果的学术质量高低或创新性价值的高低上，在此基础上再看高质量成果的数量多少。严格来说，就科技的创新性价值本身而言，或从学术价值角度看，科技创新水平高低的排序比较应该属于词典序，即像词典那样排序，以A起头的单词不管其字母数量多少，它均要排在以B开头的单词前面。词典序的另一个典型代表就是奥运会的奖牌排行榜，大家最看重的不是金、银、铜总奖牌排行榜，而是金牌排行榜，若甲国的金牌数量多于乙国，哪怕它的银牌数量远小于乙国，但甲国的排序应该在乙国之前。显然，科技创新成果的学术质量度量具有显著的词典序特征。科技创新水平度量的词典序特征意味着一个国家和地区的科技创新追求的基本目标应该包括成果在创新性价值方面的质量及高质量成果的数量，且成果质量严格优先于成果数量。但是，我国目前的科技成果的质量评价方式属于典型的“加权数量序”。目前，的确许多科技管理者已经意识到科技成果的衡量不能采用简单加总方式，例如，过去不少高校对教师年度科研绩效的衡量就是把年度内公开发表的各类论文数量简单加总并据此计算奖励；现在，几乎所有高校都会把教师公开发表的论文按照某个指标（如刊物的等级）分为三六九等，每个等级被赋予对应的分值，再把所有论文的分值加总并据此评价教师的科研绩效。各个高校之间科研管理的差异仅仅体现在赋予不同等级成果的分值大小上，但以分数加总方式衡量科研成果的基本方式没有变，国内高校及科研机构普遍流行的科研成果衡量方式就是这种“加权数量序”方式，正是这种形形色色的加权数量序特征的科技成果评价方式导致了我国科技投入与产出绩效的极为不和谐。因此，要真正提高我国科技研发的国际竞争力，首先就必须让整个科技管理体制、政策和方式从追求加权数量序转为追求词典序。

当然，评价科技创新水平的高低不仅要看其“产出”的学术价值或创新性，还要看其“产出”的社会经济价值。随着科技创新在社会经济发展中的地位越来越重要，社会经济价值对科技创新活动的引领作用也越来越大。虽然科技创新成果的（学术）创新性与社会经济价值之间存在一定的关系，但它们之间经常呈现出的是差异，许多研究（如基础研究）成果也许具有很高的学术价值，但也许相当长一段时间内没有什么经济价值，而有经济价值的研究成果也许并没有多大的学术创新价值。科技创新的学术创新价值与社会经济价值之间的差异意味着科技创新体系必须综合考虑这两种价值，以实现总价值的最大化。科技创新的学术创新价值与社会经济价值是引领科技创新激励体系建设的基本价值追求。

但是，在我国科技管理与科技政策制定中，创新激励体系建设却相对受忽视。从各级政府与科技政策制定有关的报告和规划中可以看出，政策制定者主要关心的是科技投入、科技研发的重点和方向确定、不同主体在科技创新中的定位和创新协作体系、科技成果评价与转化、科技创新合作、科技创新人才的培养与引进、科技管理体制改革等内容，较少涉及创新激励体系建设。以《国家中长期科学和技术发展规划纲要（2006—2020）》为例，它的基本内容包括：指导方针、发展目标和总体部署，科技研发的重点领域及其优先主题，重大专项、八大前沿技术领域和基础研究的基本方向和重点，科技体制改革与国家创新体系建设，实施、促进科技创新的若干重要政策和措施，科技投入与科技基础条件平台，人才队伍建设。其中，与科技创新激励有关的内容，仅有“支持鼓励企业成为技术创新主体”、“实施激励企业技术创新的财税政策”和“实施促进自主创新的政府采购”。

显然，就目前状况而言，有关部门更加关注的是科技管理体制、科技创新体系构建、科技发展的战略性、结构性部署等宏大层面的事务，而相对比较忽视创新激励体系的全面系统的建设。正是缺乏一套良好的科技创新激励体系，使得我国科技创新的绩效，无论是从学术创新价值还是社会经济价值看，均不尽如人意。

将科技创新视为投入与产出过程，要实现高学术和经济社会价值的高质量创新成果持续大量出现，必须具备三个条件：一是科技创新资源的投入量。科技创新资源包括人力资源与非人力资源，前者主要是指从事科技创新工作的研发人才，还包括为他们服务的人员，后者则是指体现为实验室、仪器、图书资料、实验和试验费、工作人员必要劳务报酬等各类项目的研发经费投入。二是科技创新资源的质量，主要是指研发人员的创新才能高低以及科研基础条件的好坏。三是科技创新资源的生产率，主要是指研发人员的工作积极性高低。简单地说，任何一个国家和地区的科技创新水平取决于：是否有大量的高素质的创新人才，是否具备充分的研发经费投入与基础设施条件，创新人才是否具有努力从事研发的积极性。

从目前创新激励问题的研究与实践看，创新激励关注的仅仅是科技创新人员和大学、科研院所、企业的创新组织的工作努力程度问题，即如何调动他们的科技创新积极性。尽管创新过程的工作积极性问题是科技创新激励的核心问题，但科技创新激励体系包括的范围非常广阔，与科技创新水平高低有关的三个方面均涉及激励问题。例如，在科技创新资源投入量方面，科技创新激励体系要探索如何激励政府、企业、社会以及个人不断增加科技创新的经费投入，减少科技经费投入的浪费，如何激励人们将其精力和时间用于研发事业以及不浪费科研经费；在科技创新资源质量方面，一个突出的激励问题则是，创新者的创新能力水平高低是难以被外人知晓的，那么在遴选研发人才、决定科技经费资助对象时如何通过激励机制设计让人们有积极性对自己的能力水平“说真话”。当然，科技创新激励离不开研发人才在创新工作过程中的努力程度。除了这些激励问题以外，创新激励体系还有其他诸多激励实践问题要加以解决，如怎样建立有关科技经费正确配置的激励机制就是我国科技创新实践中的重要问题。本书的目的就是试图对创新体系各个环节和部分面临的激励问题进行全面系统的理论探索，以服务于我国科技创新激励实践以及相关体制机制改革与政策制定，尤其是为广州创新型城市建设提供决策咨询参考。

特别要强调的是，本书对创新激励体系的研究与建构着重从信息不对称博弈视角入手。在本书看来，之所以要建构完备的创新激励体系，根源在于两个方面：一是创新体系中各主体之间的信息不对称；二是不同主体（如政府、企业、研发机构、研发人员等）之间的利益追求目标存在差异。例如，研发人员的创新能力如何、他们在工作过程中的努力程度如何、他们在工作过程中有没有浪费或滥用科研经费，这些问题对外人而言均是难以通过监督方式加以解决的，这些信息是外人极难搜集的，于是这些研发人员就有可能利用自己掌握的优势信息对自己的创新能力“说假话”，为创新活动付出低努力，滥用科技研发经费等。与昂贵的监控方式相比，最佳的解决方式就是看能否通过激励机制设计来诱导研发人员对自己的创新能力“说真话”、在科技创新中努力工作以及有积极性恰当有效地使用科研经费。上述这些现象仅仅是科技创新激励中由信息不对称导致的部分激励问题，在我们看来，之所以需要建立一套完备的创新激励体系，根源就在于创新体系中无处不在的信息不对称博弈。本书的基本内容就是要结合科技创新体系各个环节和领域存在的信息不对称问题而探讨如何设计出有效的激励机制。

接下来首先界定科技创新的含义，探讨科技创新活动包括哪些具体活动内容，详细描绘科技创新体系结构以及科技创新激励体系结构，然后再探讨究竟什么是激励，介绍指导本书研究的激励理论究竟与大部分管理界、管理学界人士熟悉的激励理论究竟有何不同。

1.2　创新的含义与科技创新活动的类型

根据语言学家的考证，“创新”（innovation）这个由拉丁词 innovates 衍生而来的词汇，早在 15 世纪的出版物中就已经出现（刘洋，2012），如今已经是社会上使用频率最高的的词汇之一。通常，“创新”一词与科学发现、科技研究、发明创造等现象和词汇紧紧相连，但在创新经济学理论中，“创新”与它们之间有着重要的微妙的差异。

从经济学角度系统研究创新的应该是 20 世纪伟大的经济学家约瑟夫·熊彼特，他在其代表性著作《经济发展理论》中首次系统研究了创新在经济发展中的核心作用。今天几乎所有教科书和文献中均会引用熊彼特对“创新”的定义与解释。按照熊彼特的说法，创新就是要“建立一种新的生产函数”，即“生产要素的重新组合”，就是要把一种从来没有的关于生产要素和生产条件的“新组合”引进生产体系中，以实现对生产要素或生产条件的“新组合”。按照熊彼特的说法，创新包括五种情况：①采用和引入一种新的产品或产品的一种新特性；②采用一种新的生产方法；③开辟一个新的市场；④发现和控制原材料或半制成品的一种新的供应来源；⑤实现一种新的组织形式。简单地说，熊彼特所说的创新包括产品创新、技术或工艺创新、市场创新、资源配置创新、组织创新五大类。熊彼特认为“企业家”的基本职能就是实现“创新”，引进“新组合”，在熊彼特经济中，企业家精神就是指创新精神，企业家才能就是指创新才能，经济利润就是市场对企业家创新行为的回报。如今，这些观点都已经获得了人们广泛的基本认同，并成为入门级经济学教科书的 ABC①。按照熊彼特的理解，没有创新精神的企业高层管理者只能称之为死气沉沉的、僵化的企业官僚，而不能称之为企业家。

熊彼特认为我们所观察到的技术进步，不是源于科学发现，而是出于商人对利润的追逐。发明创造是市场经济与市场竞争过程的一个产物，他甚至认为技术

---

① ABC：指（某一方面的）基础知识。

进步与市场经济或市场竞争不是影响经济发展的两股力量，二者其实是一回事。

显然，按照熊彼特的理解，创新并非新思想、新想法本身，而是指新思想、新想法的成功的（商业）应用，这意味着熊彼特的“创新”包括了两个带根本性的特点：①出现了新思想、新想法；②对它们的应用，尤其是商业化应用。他更为强调的是创新的第二个基本特点，几乎所有关于创新的管理学、经济学理论，基本上都是在熊彼特意义上使用“创新”一词的，与通常人们对创新的理解相比，这是一个“既窄又宽”的定义。说“熊彼特创新”的定义太狭窄，那是因为像科学研究、发明创造、研发等活动的成果如果不能被（商业化）应用，不能被引入“生产函数”，就不能称之为创新，科学发现就是科学发现，技术发明就是技术发明，它们只有用于商业或社会实践才能称之为“创新”。因此，管理学家们才会经常讨论如何跨越科学发现、技术发明与创新之间的鸿沟（公司进化论），因此才会把创新者称之为企业家。但“熊彼特创新”又显得非常宽泛，按照熊彼特的理解，模仿也可以视为创新。例如，一个发展中国家将发达国家的新技术、新产品引入自己的生产函数，其实只是模仿，只是技术扩散，但可以视为地地道道的“熊彼特创新”。

本书使用的“创新”与熊彼特不同，仅仅是指思想和想法（它也许表现为定理原理、产品或工艺等），不论其大小，在某个社会的第一次独立出现。与熊彼特不同，它不要求这些新思想和新想法的应用，尽管它们的应用是非常重要的，也是本书关注创新激励的基本动因。与熊彼特不同，模仿或技术扩散不会视为创新，它强调的是新思想和新想法的“独立”出现。例如，尽管美国人已经发明了原子弹、运载火箭、宇宙飞船，但随后中国依靠自己的力量也发明出了原子弹、运载火箭、宇宙飞船，这对中国人而言依然是创新，而非模仿，而非美国的技术扩散，尽管从纯粹的科技进步角度看这是创新的重复劳动，并非完美意义上的“新”，并非完美意义上的首次出现。本书集中关心的则是科学与技术领域的创新，在本书中，创新、创造、发明、发现等概念会混合着使用，并不做严格区分，只要它们能够满足本书的定义。

科技创新的基本目标有两个：一是认识，二是应用。这也就是平时所说的认识世界——寻求对世界的解释与改造世界——寻求对世界进行合意性改造。科技政策与科技管理研究者通常就是以科技创新的目标来划分科技创新活动的。

在大多数人看来，认识目标和应用目标是一条线段的两端，如果左端代表认识目标，右端则代表着应用目标。于是，研究活动越靠近左端，意味着研究者更为纯粹地追求对世界的认识，而越来越不关心俗世的功利与应用，即应用色彩越来越弱；研究活动越来越靠近右端，则意味着研究活动更为注重对实际生活实践问题的解决，而对隐藏在世界背后的秘密则越来越缺乏好奇心，即理论色彩越来越弱。这种将认识和应用视为一条线段两端的做法可称之为“一维科技观”，代表性人物则是现代科技政策奠基人之一——万尼瓦尔·布什。万尼瓦尔·布什是美国第二次世界大战（二战）期间及二战后科技政策的制定者之一，他在《科学——无止境的前沿》中将研究分为基础研究与应用研究，前者是为了认识世界，后者则是为了改造世界。布什认为创新活动是一个“基础研究—应用研究—开发—生产经营”的线性模式，这就是著名的线性创新模式，这里的线性并非数学意义上的线性，而是说上一个环节是下一个环节的推动力，而不存在下一个环节对上一个环节的反馈作用和推动，整个创新运动是单向的直线运动。也许从上一个环节走向下一个环节会有不少鸿沟需要跨越，但科技活动就是这么自然而然地由对世界的认识走向对世界的改造。按照布什的线性创新模式，要推动技术创新和经济竞争力的提升，根本的驱动力就是基础理论研究。布什正是据此力主美国政府在二战后依然要大力资助基础科学研究，布什科技观的最大产物之一则是美国国家科学基金会（National Science Foundation，NSF）的设立（司托克斯，1999）。自布什之后，将科技创新区分为基础研究与应用研究，基础研究驱动应用研究成为了公众和诸多政策制定者头脑中的刻板记忆。但是，施穆克勒在 1966 年考察了四个不同行业近 1000 种创新之后认为，尽管普遍观点都认为科学发现和关键的技术发明是产业内发明创新的主要推动力，但有关炼油、造纸、铁路、农业四个行业内主要发明创新的历史资料表明，没有一起典型的事例能够证明这一点。相反，在数百起实例中，推动创新的动机要么是解决成本昂贵的问题，要么是抓住潜在的获利机会。总而言之，是经济推动着人们去进行创新（格罗斯曼和赫尔普曼，2003）。

不满意布什的线性创新模式，经济合作与发展组织（Organization for Economic Co-operation and Development，OECD）的《弗拉斯卡蒂手册》将创新活动分为纯基础研究、定向基础研究或战略研究、应用研究和实验开发，如果以圆圈代表这四种创新活动，它们的关系是：定向基础研究或战略研究这个圆圈包括在应用研究这个圆圈内，应用研究则包括在一个更大的叫“实验开发”的圆圈内，而纯基础研究与这三个圆圈均相切。与布什的创新观不同，《弗拉斯卡蒂手册》意识到应用目的会驱动基础理论研究。其他许多科技创新和科技政策研究者也意识到创新不再是如同流水作业线一样由上一个环节推向下一个环节，而是各个环节之间有着复杂的相互驱动，由此研究者构造出了各种复杂的、甚至犹如蜘蛛网一般的科技创新模式。尽管 OECD 及许多其他研究者、管理者认识到创新模式并非线性，但 OECD 对科技活动的区分依然是属于一维科技观范畴。

科技创新模式图越复杂，当然就越接近实践中的创新，离真实世界就越近，但复杂的模型在试图包容太多真实世界中的信息的同时，也更加不利于依据我们的任务去把握世界的基本关系，获得启迪。当代管理学、经济学研究的一个不好倾向就是试图使模型和策略（包含制度、政策）越来越复杂，而不是追求简单的模型和策略。如何在模型和策略的简洁与世界的复杂真实之间进行平衡是研究和策略制定的基本艺术。基于这一考虑，本书采用司托克斯的“二维科技观”。司托克斯打破将认识与应用目标视为一维的两端的传统做法，而是将其视为两个不同的维度，提出科技创新活动的四象限，本书将他的观点称之为“二维科技观”。简单说来，司托克斯的二维科技观可以用图 1-1 表示出来（司托克斯，1999）。

		应用考虑？	
		否	是
追求基本认识？	是	纯基础研究（玻尔象限）	应用引起的基础研究（巴斯德象限）
	否	达尔文象限？	纯应用研究（爱迪生象限）

图 1-1　科技创新活动的四象限

以量子力学开创者之一、哥本哈根学派开创者、20 世纪最伟大的物理学家之一玻尔命名的“玻尔象限”代表着纯粹由好奇心驱使的、不考虑俗世功用的科学研究，其唯一的动机就是寻求对世界运行法则的认识，对隐藏在世界背后的奥秘的探寻。这是最纯粹的、也最符合古希腊哲学精神的科学创新，牛顿及爱因斯坦的基本研究工作均属于这一象限，他们唯一的兴趣和关注点就是倾听天上的“音乐”。

对于现代微生物学奠基人、法国人巴斯德这位 19 世纪的科学家，也许许多人记住的只是他发明的、依然在被使用的巴氏消毒法。他的代表性贡献在于发现了以下 3 点：①每一种发酵作用都是由于一种微菌的作用；②每一种传染病都是一种微菌在生物体内的发展；③传染病的微菌在特殊培养之下可以使之成为疫苗。正是因为他的这些贡献，美国学者麦克·哈特将这位被称为“进入科学王国的最完美无缺的人”列在《影响人类历史进程的 100 名人排行榜》第 12 位。巴斯德在微生物学领域开创了“实践—理论—实践”的基本研究进路，他的诸多基础理论研究正是来自实际问题的挑战。例如，他于 1856～1860 年提出的以微生物代谢活动为基础的发酵理论就与工业家遇到的实践问题密切相关。当时，里尔地区的一位工业家找到巴斯德解决甜菜酿酒中遇到的困难。巴斯德通过对甜菜汁样品的显微测试，发现了发酵与微生物有关，这些微生物能够离开游离态的氧而存在，微生物发酵酿酒的机制是：它们能够从发酵汁的糖分子中夺取氧。这一发现为客户提供了一种控制发酵的有效方法。在这里，巴斯德对发酵中微生物活动机制的发现不是基于纯粹的认识世界的好奇心，而是基于解决应用的需要。这就是巴斯德象限：基于应用的需要而去认识世界的基本特征与运行机制，一种基于应用的基础理论研究。

无论是玻尔象限还是巴斯德象限，其共同的表现是促进关于世界的基本特征与运行机制的基础性知识的增加，即它们增加了人类对自然的基本认识，促进了知识存量的增加，这是玻尔象限和巴斯德象限与另外两个象限的基本区别。在爱迪生象限中，原理性的基础知识的存量不会增加，人们仅仅只是在现有知识存量的框架内解决实践问题，或者说运用现有的理论知识存量以解决实践生活问题，甚至表现出对现有理论知识的轻视或忽视。例如，在爱迪生的发明工作中，曾经有人劝他关注当时自然科学理论的最新进展，但爱迪生对此没有什么兴趣，爱迪生的工作很难说是科学理论与发现的应用。司托克斯对把剩下的那个象限叫做达尔文象限是犹豫不决的，因为达尔文的工作是不是属于这种类型的典型代表是有些不肯定的。不过，达尔文象限的基本特征是清晰的："研究者"观察这个世界并收集、积累了大量观察资料，但是"研究者"做这些工作不是为了解决某个实际应用问题，他也不从中归纳现象背后隐藏的规律和原理，从而也不会导致人类理论知识存量的增加。这样的研究者其实并非真正的研究者，与达尔文相比，天文学家第谷更加符合这个特征。

以"二维科技观"为基础，本书将科技创新活动分为纯基础研究、由应用驱使的基础研究、应用研究、产品或工艺开发，以上活动合称研发，它们之间的关系不是线性的。纯基础研究是指纯粹由人类好奇心驱使的、无任何俗世功利目标的基础性理论研究，它与由应用驱使的基础研究共同寻求着对世界的解释、对自然规律的发现。应用研究则利用现存理论知识提供解决实际问题的新思路或新方法，但这些新方法要能够为人类在生活中实际使用还得有赖于产品或工艺创新。这些分类对后面研究、设计科技创新激励体系有着重要的作用和价值，因为不同性质的科技创新活动应该设计和采用不同的激励机制与方式。例如，纯基础研究显然就不适合由市场充当驱动力，而应用研究与产品或工艺开发则应该更多地由市场驱动。

当然，从不同维度出发，可以对科技创新进行不同的分类。例如，科技创新可以分为延续性创新与颠覆性创新。在本书，前者是指沿着既有的技术进步的根本轨道所进行的创新，这类创新也许是对现有产品的小改进。例如，IBM 不断提升大型计算机的性能。而颠覆性创新则是完全改变技术进步的根本轨道的创新。以《国富国穷》一书闻名于世的哈佛大学经济学家、历史学家兰德斯认为技术进步的主要形式是渐进性的小进步。但蒸汽机、电力和计算机，每一种发明都是颠覆性的、甚至是划时代的剧烈变革。这类颠覆性技术进步每一种都有着广泛的用途，会导致生产体系的结构性调整，会导致不平稳的、非平滑的经济增长路径，属于典型的熊彼特式的"毁灭性创新"。

1.3 科技创新体系与科技创新激励体系的结构

自从提出建设国家创新体系后，如何描述科技创新体系就成为了研究者以及政策制定者中间一件争论不休的事情，人们从各个角度探讨如何更好地刻画科技创新体系，使得对科技创新体系的描绘更准确、更完整，或更有利于管理实践。总之，研究者、政策制定者和科技管理部门均可以根据自己的需要而从不同视角描述科技创新体系的结构。例如，在我国，“以企业为主体、市场为导向、产学研相结合的技术创新体系”就是科技政策制定部门和科技管理部门对技术创新体系最常见的、简洁明了的描述。当然，这个描述不完整。就迄今的研究看，在理论界，以亨利·埃茨科威兹提出的“三螺旋”创新体系结构最为有名。

“三螺旋就是一种创新模式，是指大学、产业、政府三方在创新过程相互作用，密切合作，同时每一方都保持自己的独特身份”（埃茨科威兹，2014）。埃茨科威兹在《国家创新模式》一书中指出：“在以知识为基础的社会中，大学、产业和政府之间的良性互动既是创新的关键，也是经济增长和社会发展的不竭动力。现代社会，知识日益以科学研究为基础，创新日益以组织或机构范畴的协作与合作为特征，创新活动需要大学、产业、政府三方共同参与，协同作战，使大学—产业—政府三螺旋相互作用成为创新系统运行的核心动力”（埃茨科威兹，2014）。因此，在以知识为基础的现代创新社会，大学、产业、政府三者间的相互作用是推进创新的动力机制。

在现代社会走入以知识为基础的社会之前，创新是由双螺旋驱动的，要么是市场经济国家的大学—产业驱动创新模式，要么就是计划经济国家的大学—政府驱动模式。但殊途同归，在以知识为基础的社会，它们都将汇入三螺旋。在以知识为基础的社会，大学、产业、政府是创新系统最基本的、最重要的元素，它们各自的独特身份和功能是：“产业作为进行生产的场所，为社会提供金融、物质产品及各种服务；政府作为契约关系的来源，确保产业与大学机构范畴之间稳定的相互作用与交流；大学则作为新知识和新技术的主要来源，是知识经济的生产力要素”（埃茨科威兹，2014）。显然，这些就是大学、产业、政府在创新体系中的基本职能。但是，在三螺旋的相互作用中，螺旋的任何一方都会在不影响其本身基本职能的情况下发挥、履行另外两方的作用和功能。例如，大学会通过运作科技研发成果的公司化、资本化而发挥产业的作用，产业会通过对员工进行培训、成立研发部门而发挥大学的作用，政府通过提供创业创新的风险资金支持而发挥产业的作用。大学、产业、政府是三螺旋中的三个初级结构或者说原始结构，通过其相互作用而生成的风险投资公司、孵化器、高科技园区等则是二级机构或者说是派生机构、混成组织。

三螺旋创新体系存在两个明显的缺点。①“见物不见人”，在这个体系中，真正承担创新工作的、以个体身份出现的“人”不见了。在熊彼特的创新体系中，核心元素就是源源不断地进行着创新工作的企业家，其他一切均是辅助性的，这是一个突出“人”或者个体的创新体系。大学本身不能创新，是大学中的科技研发人员在创新；产业或企业也不能创新，是其内部的企业家及研发人员在创新；政府本身不能推动创新，是构成政府的官员们在推动创新。诚然，现代社会是建立在知识和创新基础上的，那么，创新者（如研发人员、企业家）的作用更加突出，他们才是创新体系最基本最原始的要素，对他们的激励才是驱动创新、促进创新的关键。因此，如果要探讨如何促进现代社会的创新活动，创新体系的构建必须以创新者为核心。②大学、产业与政府在创新体系中的作用和地位并不能并列，属于体系中不同层级的构成元素。如果说在现代创新社会，大学、产业或企业是具体组织创新者们实施创新的组织机构，而居于创新体系的内层，那么政府通常只是大学、产业组织创新活动的保障体系，居于创新体系的外层。

基于上述批评，为了更好地研究科技创新激励体系，本书提出以创新者为核心的“三层次科技创新体系”结构图。这个结构图分成三个层次，分别是创新者、创新组织体系、创新支持体系或支撑体系。

创新者是指具体承担科技创新工作的科技研发人员，他们才是我们这个创新社会真正从事科技创新工作的人。

创新组织体系包括三个创新组织：大学、科研院所及企业的研发部门。创新者是它们的核心构成要素，在它们的组织之下从事科技创新活动，因此创新组织体系的每个成员均包括了两个构成要素：创新者与组织者。这一切反映了现代社会的一个重要事实：科技创新已经是组织化、机构化的活动，很少是单枪匹马的行动，科技创新者在大学、科研机构或企业研发部门里面进行着“有组织”的创新活动。我们认为，创新者位于创新组织体系之中，创新活动的组织化、机构化对科技创新激励提出了重大挑战。

创新支持体系则包括政府、市场、社会力量（如私人基金会），它们本身并不具体组织或承担创新活动，而是对创新组织体系以及创新者提供物质资源支持、金融支持、创新需求以及制度政策保障等，以此促进、推动科技创新，这一切表明现代科技创新活动具备社会化特征，是社会而不是创新者个人成为了科技创新资源的最主要的提供者，而在个体单枪匹马从事科技创新的时代，创新活动的资金支持通常主要来自创新者个人及其周边的亲朋好友。在“三层次科技创新体系”中，创新支持体系位于创新组织体系的外层（创新者又位于创新组织体系中每个成员的内部）。我们认为，创新组织体系与创新支持体系的区分也对当今社会的科技创新激励体系建设提出了重大挑战。创新支持体系也可能是以组织化、机构化方式支持、推动科技创新。例如，政府是通过构成它的官员来推动科技创新工作的，社会力量通常以私人基金会方式推动创新，而私人基金会也是由工作人员具体负责相关工作的。我们认为，有效的、完备的科技创新激励体系也必须考虑创新支持体系本身的组织化与机构化这一事实。

在“三层次科技创新体系”中，创新者、创新组织体系、创新支持体系之间的相互作用，共同协作构成了创新体系运行的驱动力，推动着创新进步与社会经济发展。

“三层次科技创新体系”的鲜明特点就是高度强调以个人为中心，强调在组织体系中是创新者在真正实施创新，而不是大学、科研机构与企业研发部门；在支持体系中也是个人在具体负责承担对科技创新的支持工作，而不是政府或基金会本身在运转。其实，无论市场、政府或私人基金会，无论大学、科研机构和企业研发部门，都不过只是个人之间的一种独特的契约联系而已，是这个契约体系中的个体在真正承担着、履行着组织的任务，去实现组织目标。此外，“三层次科技创新体系”的另一个鲜明特点就是强调体系内部不同构成要素之间在创新活动中定位的差异。正是这种定位不同的各个不同要素之间的相互作用和合作推动着创新。

“三层次科技创新体系”生成了一个“五维科技创新激励体系”。

第一维是如何使得创新者“说真话”与努力从事科技创新的积极性。由于现代社会创新活动是组织化、机构化的，大学、科研机构和企业的组织者将面临着如下挑战：当他们为自己的组织遴选、提拔或晋升优秀的创新人才时，他们并不清楚潜在申请者的能力水平究竟如何；当他们好不容易把这些创新人才招聘进来或提拔起来后，他们又并不清楚这些创新者究竟在创新工作中的努力程度究竟如何，有没有滥用组织提供的创新资源；创新支持体系在对创新者和创新组织体系提供物质资源支持时也同样会面临上述两种信息不对称的挑战。例如，当政府对创新活动提供资金支持时，它并不清楚所有潜在项目申请人的能力水平与项目的创新价值；当它与项目申请人订立了资金支持契约后，它同样并不清楚这些项目承担人究竟在项目实施过程中的努力程度究竟如何，有没有滥用政府提供的科研经费。也就是说，在这个科技创新活动组织化与社会化时代，这两种信息不对称是制约科技创新水平的核心因素：创新者的努力信息不对称与行为的努力信息不对称（滥用科研经费其实就是低努力的重要表现）。这些问题是不会存在于个体单枪匹马式进行创新的时代的。因此，任何科技创新激励体系首先就必须考虑由这两种信息不对称导致的低质量科技创新绩效，包括如何激励创新者对自己的创新能力“说真话”和如何激励创新者努力工作。

第二维是如何使得创新组织体系具有有效组织、实施科技创新的积极性。当我们讨论大学、科研机构及企业在如何激励创新者如何讲真话以及努力工作时，其实我们隐含着一个潜在的假设：这些组织本身具有推动、实施高质量科技创新的积极性。但正如大量的生活事实所告诉我们的，这个假设是特别值得怀疑的。

今天，大学和科研机构拥有的科研投入和基础设施条件大为改善，但科研成果的质量却不尽如人意，重要原因之一就是这些组织本身就缺乏追求高质量科技创新成果的积极性，缺乏按照科技创新规律对组织进行管理的积极性，因此，在科技创新激励体系建设中就必须考虑如何使得大学和科研机构本身具有按照创新活动规律进行管理、追求高质量成果的积极性，唯有如此，它们才会有积极性去避免创新者讲假话和低努力的问题。同样地，企业也并不是一定就具有创新的积极性，如果能够通过投机、政府保护等方式获得利润，它们也缺乏进行创新的积极性。因此，科技创新激励体系必须考虑如何让企业有积极性以创新驱动发展而不是以投机、垄断等方式追求利润。严格说来，第二维的激励其实是解决对大学、科研机构和企业这些部门内部的组织者的激励问题。

第三维是如何发挥创新支持体系对组织体系（含创新者）的激励作用，包括政府应该如何激励大学、科研机构和企业的科技创新活动，以私人基金会为代表的社会力量应该如何激励创新活动，市场应该以何种方式激励创新活动，等等。就目前我国科技创新激励体制建设的研究和实践状况看，研究者、政府决策者和科技管理部门的聚焦点之一就是这个维度的——政府应该如何激励创新，他们的创新激励体系通常就是一幅政府驱动创新的制度、体制和政策图。

第四维是如何激发创新支持体系支持科技创新的积极性，即如何使得政府、市场和社会力量具有推动科技创新的积极性，包括如何激发政府，尤其是地方政府支持和推动科技创新的积极性，如何激发市场对科技创新的驱动作用，如何激励社会私人力量支持科技创新，等等。第四维是科技创新激励体系不可或缺的基本元素，如果政府、市场及社会力量没有推动科技创新的积极性，创新组织体系和创新者就会缺乏科技创新必不可少的资金支持，甚至创新的积极性。从这个意义上说，是政府、市场和社会力量的积极性决定了大学、科研机构和企业的积极性。从经济学和产业组织理论的研究状况看，如何使得市场具有推动科技创新的积极性一直是学者关注的焦点，而开创者则应该归之于熊彼特。

第五维则是对创新支持组织的构成人员的激励。现代社会的创新支持活动也大多以组织化和机构化的方式进行，政府以其设立的部门机构推动科技创新，慈善家们通常设立私人基金会来支持科技创新。正如前面所说的，无论是政府机构还是私人基金会，它们都必须依靠其中的工作人员来具体负责对科技创新的支持工作，这就引出了科技创新激励中不能忽视的问题：如果这些官员和工作人员没有认真工作的积极性，甚至权力寻租，那么科技创新资源将出现严重的错误配置与低效率使用。因此，科技创新激励体系研究者与建设者必须关注的一个问题就是：如何使得这些代理人有积极性履行委托予其的职责？就激励问题的本质看，导致这些代理人不认真工作、寻租的原因也是信息不对称，即他们有没有认真工作、有没有寻租这些与努力有关的信息是委托人难以观测和监督的，因此，就本质看，这些代理人的问题与创新者不努力从事创新工作均是同一问题：由他们是否努力工作的信息不对称导致的道德风险问题。

与目前科技创新激励体系高度关注政府如何激励创新、如何发挥市场对科技创新的激励导向作用不同，“五维科技创新激励体系”的核心是对创新者的激励，如何激励他们对自己的科技创新能力与项目价值“讲真话”，如何激励他们努力致力于创新才是创新活动组织化、社会化时代推动高质量科技创新成果层出不穷的核心，才是科技创新资源有效配置的核心。然而，这并不意味着其他四维激励就可以被忽视。在创新活动组织化社会化时代，完备的科技创新体系是以对创新者激励为核心、五个方面缺一不可的完整体系，任何一方存在严重缺失，都将导致科技创新资源的低效配置和利用，导致低下的科技创新绩效。以我国科技创新绩效不尽如人意的现象看，这与没有解决好创新人才和项目资助对象的遴选问题有关，与创新者缺乏从事高质量研发的积极性有关，与大学、科研机构以及企业缺乏追求科技创新的积极性有关，与政府、市场缺乏支持和推动创新的积极性有关，与相关的官员们缺乏有效履行职责的积极性有关，也与政府对大学、科研机构和企业的创新激励政策不当和乏力有关，与市场的创新驱动作用得不到有效发挥有关，凡此种种，无不告诉我们：科技创新激励体系是一个包括众多维度的完整体系，不可偏废与忽视某个维度上的激励问题。

1.4 激励理论发展的两条脉络

由于信息不对称是科技创新绩效低下的基本原因，本书主要是运用信息不对称博弈理论角度研究科技创新激励，这是一条与管理理论通常所说的激励理论有着重要差异的问题研究路径。在介绍这两种激励理论之前，首先定义出本书所说的激励。

“激励”一词尽管是管理实践中被广泛使用的词汇，但到底什么是“激励”却不是一件容易说清楚的事情，关键就在于哪些行为才属于激励范畴并不是一件容易说清楚的事情。例如，监督和控制、惩罚到底属不属于激励，即便在理论界也是各执己见。又如，按照斯金纳的强化理论，以惩罚为代表的负强化显然属于激励，若此，激励不过就是胡萝卜加大棒。在本书，“激励”是指代理人无需外在强制，而是具有一种内在的动力实现委托人的目标。按照这个定义，“激励”具有以下显著特征：①它是目标契合行为，即实现代理人（如员工）与委托人（如企业等组织）的目标一致；②代理人与委托人的目标一致是基于代理人的自愿，具有非强制性、非强迫性和内在渴望性，即代理人不是因为来自外界的压力而被迫实施这一行为，而是基于内在的动力而自愿的渴望实施这一行为，这种内在的动力或是来自代理人的价值观认同，或是来自利益诱导。因此，一切基于监督、控制、强制、惩罚等的管理行为均不能视为激励。如果把人类基于对惩罚的恐惧而实施的行为也称为激励，则人类永远只有一种管理手段——激励，这也就失去了激励理论研究的必要性。现在考虑一种情形，假设管理者对工作中违规、表现不好的人施加罚款和开除等处罚，员工经过理性计算违规成本后“自愿”选择遵守规定，这属不属于激励？按照本书的界定，这不属于激励，因为它不是基于内在的渴望而主动实施的行为。因此，我们所说的“激励”是指在无需外界强制、监督而实施某种行为的内在动力，是基于满足人们的所欲而激发出来的行为。因而，惩罚不是激励，若对一个本该受批评惩罚的人给予宽容而导致该人努力工作，这是激励，因为避免批评和惩罚是人类所欲。满足所欲可以导致激励，以人类不所欲而迫使人们工作不是激励，激励是一切内心要争取的条件、希望、愿望、动力。本书尽管也会论及非激励型管理手段，但本书整体而言是在我们所定义的激励定义上研究激励的。

现代激励理论是沿着两条脉络发展的。一是任何一本管理学、人力资源管理均会重点论及的激励理论，它是建立在管理心理学与组织行为学基础上的，本书称之为基于心理学的激励理论；二是基于信息不对称博弈理论的激励理论，通常被称为“激励机制设计理论”。

基于心理学的激励理论可以分为激励内容理论、过程理论与强化理论（芮明杰，2005）。

激励内容理论的共同特征是强调管理者要激发被管理者的工作积极性，就必须通过满足他们的具体需要而调动其工作积极性。因此，了解被管理者的需求内容、探寻其内心的渴望和需要是实施激励管理的核心，这方面主要有马斯洛的需要五层次理论、赫兹伯格的“双因素理论”、戴维·麦克利兰的成就需要理论。美国心理学家马斯洛在其 1943 年所著的《人的动机理论》中将人类的需要分为由低到高的五个层次，最低层次的需要是生理需要，在一切需要中这是最优先、最基本的需要，是维持生存方面的基本需要；其次是安全需要，这是对人身和财产安全、工作生活环境安全的追求以及规避各种社会经济损害和风险的需要；再次是归属需要，这是一种寻求社会交往、友谊和社会认同的需要；然后是尊重需要，即希望自己能够获得他人尊重，拥有较高的社会地位；最高层次的需要则是自我实现需要，即充分发挥自己的潜能，尽可能实现自我价值，取得尽可能大的成就。美国心理学家赫兹伯格在 20 世纪 50 年代末通过对 9 家企业中 203 名工程师和会计师的 1844 次调查，将导致工作满意与不满意的因素分为激励与保健两类因素。激励因素包括成就、获得认可、工作的挑战性、责任、晋升机会和成长空间，这些是能够使员工感到满意的因素；保健因素包括监督、与主管关系、公司政策、工作条件、薪酬、同事间的人际关系、与下属关系、地位、安全保障、个人生活等，这是一旦处理不好会使得员工对工作不满意的因素。激励因素能够促使员工工作积极性水平提升，而保健因素只能阻止员工工作积极性水平下降，防止员工对工作的不满意，而不能提升员工的工作努力程度。戴维·麦克利兰将人的社会性需要分为成就需要、社交需要和权力需要。成就需要强烈的人一般喜欢表现自我，对成功有着强烈的渴望，他们愿意接受挑战，为自己树立有一定难度的工作任务目标，愿意承担所做工作的个人责任，希望得到明确而迅速的工作绩效反馈。成就需要高的人大都属于中产阶级，如经理、专家、学者和自由职业者。

激励过程理论主要有亚当斯的公平理论、弗洛姆的期望理论。公平理论是美国心理学家亚当斯在其 1965 年发表的《社会交换中的不公平》中提出来的。公平理论认为人是社会人，其工作积极性不仅受其获得的绝对报酬数量的影响，更重要的是还要受其相对报酬数量的影响。人们有一种将自己的所得–投入与他人的所得–投入进行比较的倾向，这里的所得不仅是物质方面的报酬，还包括非物质方面的报酬。如果甲认为自己的所得–投入比小于他人的所得–投入比，他就会产生不公平感，由此导致怠工、拆台、窝里斗等一系列消极行为，因此管理者应该高度关注员工的公平感，管理者应该致力追求的目标可以概括为对下列等式的追求：甲的报酬/甲的投入=他人的报酬/他人的投入。亚当斯的公平理论其实非常符合我国传统文化中“患不均”思想。期望理论是美国心理学家弗洛姆 1964 年在《工作与激励》中提出来的。期望理论认为人是理性的，一个人决定采取何种行为取决于其能够带来何种结果以及获得该结果的可能性大小。具体而言，人们努力程度的大小取决于以下三个因素：个人通过努力实现组织目标的可能性大小，个人达到组织目标后能够得到的个人结果的可能性以及这个结果对其的价值（又称为效价）。因此，激励程度大小等于结果的效价乘以可能性，效价其实就是经济学所说的效用。换言之，期望理论中工作激励程度取决于人们从工作中获得的期望效用的大小。从所有基于心理学的激励理论看，弗洛姆的期望理论是离经济学最近的，应当说属于标准的从经济学的效用理论和理性人假说出发去研究激励问题的理论。

激励强化理论的代表则是斯金纳的正负强化理论。强化是指对一种行为的肯定或否定会决定这种行为在未来是否会重复发生。强化理论是基于人类具有学习能力，以学习原则为基础来维持、修正人的行为。强化理论认为过去的经验对未来的行为具有重大影响，人们会通过对过去的行为及其结果的学习来趋利避害。强化包括正强化与负强化。正强化是指对管理者所期望的、符合组织目标的行为加以肯定和奖励，使之得到延续和加强，正强化的手段包括物质奖励、表扬、充分的信任、晋升、给予培训学习等提升自己的机会。负强化则与惩罚、批评有关，以避免人们出现不符合组织目标的行为。

就科技创新激励的研究看，在研究如何调动科技研发人员的积极性时，国内文献基本上是采用基于心理学的激励理论。本书最大的创新之处则是以基于信息不对称博弈理论的激励理论来探讨科技创新激励，本书将有专门一章介绍这一理论，在本节只是从与基于心理学的激励理论对比的角度扼要加以介绍。

基于信息不对称博弈理论的激励理论则是在一个委托人与代理人的框架中讨论激励问题，它视双方的信息不对称为激励问题的根源，如委托人不清楚代理人的能力水平或努力程度。它的核心内容是通过设计出满足激励相容条件与参与条件的机制以激励代理人从事委托人期望的行为。基于信息不对称博弈理论的激励理论包括两个部分：一是探讨如何激励代理人努力工作，被称为道德风险理论；二是激励代理人对自己的类型（如能力水平、研究项目的价值等）“说真话”，被称为逆向选择理论。

现代激励理论的这两个脉络之间存在着巨大的差异。①二者探讨的激励问题的范围不同。基于心理学的激励理论仅研究如何激励人们努力工作，调动人们的工作积极性；而在基于信息不对称博弈理论的激励理论看来，这仅仅只是激励问题的部分，即仅仅只是属于道德风险问题，除此之外，它特别关注如何激励人们“说真话”，即研究逆向选择问题。可以说，这一激励理论可以被称为“说真话”经济学。从激励机制设计理论的发展看，重心就是研究说真话的激励，甚至在大量文献中激励机制设计研究就等价于逆向选择问题的研究。②二者的理论基础不同。前一激励理论基于心理学理论，强调人性的复杂，强调通过对人类心理尤其是人们需要的研究来激发人们的工作积极性，这是一种内向的理论，从人类的内心世界打开激励之门，强调从内心需要的不满足探寻激励之源。而基于信息不对称博弈理论则强调从信息不对称这一外在原因探寻激励问题的生成原因，它是外向的理论，并不过于关注人性、需要的探讨，而是假设人们是追求自身利益最大化的理性人之后，就不再纠缠于人性的复杂以及需要的繁多，而是从理性人假设出发，从信息不对称和利益博弈视角去打开激励之门。

本书在研究如何激励创新者和政府部门的官员代理人时，基本的分析工具就是信息不对称博弈理论。假设大学、科研机构或企业的组织者是委托人，或假设提供科技创新经费的创新支持体系（如政府部门）是委托人，他们处于信息劣势地位，或不清楚创新者的能力水平及研究项目的价值，或不清楚创新者在科技创新工作中的努力程度，这一切信息为代理人——创新者拥有，他们处于信息优势地位。或者假设公众是委托人，相关政府部门的官员是代理人，在此，委托人并不清楚负责支持科技创新活动的官员是否工作认真和廉洁。在这个信息不对称的委托人-代理人框架中，委托人要考虑的核心问题就是如何设计出有效的激励机制使得代理人讲真话或努力工作。在研究如何让代理人讲真话时，我们依托的就是逆向选择理论中的信号发送理论和甄别理论；在研究如何让代理人努力工作时，我们依托的就是道德风险理论，尤其是产出不可观测条件下的道德风险理论。我们在分析科技创新激励体系中其他维度的激励问题时，信息不对称也是研究的基本视角。例如，当政府可以利用专利保护制度、直接资金支持、间接资金支持激励创新时，究竟何种激励手段为优，我们认为政府对科技创新激励手段的选择就必须考虑政府的信息劣势问题；同样地，在向创新者提供直接资金支持时，政府必须根据信息不对称选择支持方式。除了信息不对称博弈理论外，本书对科技创新激励体系问题的研究将大量使用现代微观经济学的其他理论，如外部效应理论、公共物品理论和报酬递增理论等。

1.5 本书的框架

本书是国内第一个运用激励机制设计理论系统探讨科技创新激励体系建设的专著，它试图在理论性与实践性之间寻求一种平衡：既运用信息不对称博弈理论以及微观经济学的其他理论分析科技创新激励的原理原则，又试图结合我国，尤其是广州市的科技创新实践，给出可资政府决策者借鉴参考的对策性建议，即对如何设计出实用的科技创新激励机制给出自己的建议。因此，按照我们的划分，本书既是由应用驱使的理论研究著作，也是属于应用研究。但是，要把我们建议的科技创新激励机制变成实际中可操作的制度、体制和政策，则还有赖于大量的开发研究。

完整的科技创新激励体系是一个五维体系，但本书并不试图面面俱到地分析科技创新激励体系的每一个维度。我们根据广州市科技创新激励的实际情况与实践需要，有选择性地分析了其中的关键维度的关键问题，具体安排如下。

第 2 章、第 3 章、第 4 章属于本书的基本理论研究，目的是从各个层面揭示分析和解决科技创新激励问题的基本原理。

第 2 章从理论上分析为什么要重视科技创新，并运用现代微观经济学理论从科技创新活动的基本特征出发，分析为什么科技创新需要激励。第 3 章首先集中分析在科技创新激励中确定市场、政府、社会力量定位的基本原则。然后分析市场是通过何种机制或途径推动、激励科技创新的，以及如何发挥市场对科技创新的激励作用，这是产业组织理论研究的标准问题，是现代产业组织理论的运用。最后从理论上分析政府应该如何选择恰当的工具和方式激励科技创新，这是规制经济学和产业组织理论等微观经济学原理的具体运用。第 4 章则专门介绍以逆向选择和道德风险理论为主要内容的激励机制设计理论，也就是信息不对称博弈理论。

本书的其他内容则属于应用研究，强调结合我国，尤其是广州市的科技创新实践分析相关的创新激励机制应该如何设计。

科技创新资源包括创新人才和用于创新活动的资金。科技创新绩效的高低最终取决于以下两点。①创新者的创新能力的高低，即是否拥有一批高素质的创新人才，以及这些创新者能否努力投身于科技创新工作，即他们的工作积极性。②创新资金能否正确地配置给优秀人才以及创新资金能否得到有效利用。这些问题的解决均面临着严重的信息不对称问题。因此，第 5 章运用逆向选择和道德风险理论分析创新组织如何运用逆向选择理论中的信号发送理论以及甄别理论，探讨在人才遴选设计中如何让创新者对自己的创新能力“说真话”，如何使得创新组织的这些创新人才具有足够的工作积极性。第 6 章则针对科技创新资金分配和利用中的逆向选择和道德风险问题，探讨如何设计出相应的激励机制。这两章是围绕着发生在创新者身上的信息不对称问题展开科技创新激励问题分析的。

第 7 章和第 8 章则是围绕创新组织——大学和企业而展开的。第 7 章探讨如何使得大学具有追求高质量科技研究成果的积极性，如何使得大学具有按照创新规律进行管理的积极性。创新组织还包括科研院所，因为科研院所与大学在本质上有共通之处，我们仅仅分析了对大学的科技创新激励，这些结论对科研院所也是基本成立的。第 8 章则分析如何从各个角度激励广州市企业的科技创新积极性。

第 9 章是围绕科技创新支持体系中的金融体系而展开的。它专门分析广州市的金融机构、金融市场是以何种形式支持科技创新的，为了更好地激发金融机构、金融市场支持广州市科技创新的积极性，应该采取哪些政策措施，进行哪些金融创新。

这些内容已经囊括了科技创新激励实践中几乎所有的重要问题，足以为广州市科技创新激励体系建设提供比较完备的参考意见。

第2章

科技创新何以需要激励

2.1 紧密相连的科学与技术

认识世界与改造世界，或者说寻求对世界的解释以及有目的性地改造世界，是人类从事科技创新活动的基本目标追求。人类今天所享有的文明、繁荣、富庶与福利最终是来自科技进步。

在早期，科学发现更多的是基于人类对世界的好奇心，如果说自然规律、宇宙运行法则是一曲曲隐藏在世界现象背后的优美的旋律，科学活动的基本使命就是要去寻找、倾听这天上地下的音乐，科学家就是这音乐的倾听者。但是，在好奇心驱使科学活动的同时，科学家们也没有忘记科学给人类俗世活动带来的巨大力量。古希腊第一个哲人、科学家泰勒士在寻求世界本源的同时，就展现了知识在人类生活中的巨大力量。这位智者预期到当地的橄榄来年会大丰收，就提前低价租下了当地所有的榨油机，第二年大赚了一笔。这个几乎所有哲学史教材均会提及的经典故事昭示着科学知识的巨大功用，也告诉我们：人类从科学活动伊始就在追求着认识与应用。泰勒士也可以被称为人类第一个基于知识和预期进行金融投资活动的实践家。阿基米德曾经放言“给我一个支点，我能够撬动地球”则是对知识的力量的公开宣示。当就人类科学活动的早期而言，解释、好奇心、认识是科学发现的基本诉求，应用、改造、功用不过是智者们兴致所来偶尔为之的业余活动罢了，它们不是驱使科学的基本动力，科学应用于俗世也不是一种系统性的活动。

但在近代，科学的俗世功用越来越得到强调，纯粹的基于好奇心的科学反而越来越变成了非系统性的、个别人偶尔为之的行为。这一近代变化的始源应该是16～17世纪英国哲学家、现代实验科学的鼻祖弗朗西斯·培根。他提出“知识就是力量”，这是对中世纪宗教玄学的反抗，是以知识促进人类社会进步的宣言，科学知识不再仅仅是对宇宙奥秘的洞察，更是促进人类俗世幸福的巨大力量。

当科学以俗世中的力量出现在近代以后，人类的创新活动发生了两个与古希腊迥然不同的巨大变化。

1）俗世的需要和功用日益取代好奇心成为了科学活动越来越强大的发动机，巴斯德的研究就是这一转变特征的典型，物理学、化学的发展也莫不是如此，医学的进步就更加凸显了俗世应用对科学认识活动的驱动作用。

2）科学在俗世间的应用不再是偶尔为之的行为，而是日益变成了系统性行为。科学与技术的联姻可以追溯到利用天文知识改造纬度计算和航海技术，追溯到计时器的制造，但直到 19 世纪晚期科学才成为技术的先导。因此，科学知识与应用之间的系统性联系是经历两个阶段发展起来的，趋势则是科学与技术的联系越来越紧密，越来越直接。

在第一个阶段，人类积累的科学知识以总体的形式构成推动应用和发明的土壤，发明并非某个科学原理的直接应用，甚至发明先于科学原理。发明虽然成长于整个科学知识土壤，但它更是经验主义的产物，因此这个阶段的科学与技术的联系相对比较间接，可以称之为“科学经验主义时代”，即科学是土壤，经验是种子，二者生成了技术进步。例如，蒸汽机的原理要等待 19 世纪热力学定律，它不是该定律直接应用的结果，但是这“并不是说这种机器的建造者没有吸收先前科学探索成果，包括实质的成果和方法的成果。瓦特就说明了这一点。他的院长和导师布莱克（1728—1799）并没有传授给他建造凝汽器的想法，但是跟布莱克一道工作却教会了他探索和解决这个问题的实践和方法。即使在凝汽器这一点，瓦特这位英雄的发明家也不是一人独占全部功劳。他是爱丁堡和格拉斯哥一些教授的朋友，是英格兰一些杰出的自然哲学家的朋友，还是国外科学家的朋友。他钻研了数学，做过系统的实验，计算过凝汽机的热效能。总之，他改进蒸汽机技术是依靠了当时已积累的知识和理念”（兰德斯，2010）。但是，在那个时代，技术进步更多是经验的产物，是“做中学”的产物。

第二个阶段则是以第二次工业革命为标志的。第二次工业革命始于 19 世纪 70 年代，其标志性产物就是电力、内燃机和以汽车为代表的新交通工具、以电话电报为代表的新通信手段以及化学工业。这些从根本上改变了人类社会生活方式的新发明、新技术、新产业的一个突出特征就是建立在当时的最新科学发现与科学知识的基础上。例如，1831 年英国科学家法拉第发现了电磁感应现象，奠定了电学理论的基础，电学理论导致了发电机、电池、电灯、电车、电钻等一系列产品，人类由此进入到了电气时代。所以，诺贝尔经济学奖得主西蒙·库兹涅茨说：“我们可以肯定地说，以科学发展为基础的技术进步——在电力、内燃机、电子、原子能和生物等领域——成为发达国家经济增长的主要源泉”（赫尔普曼，2007）。

从这个时期开始，人类进入到了“科学理性主义时代”，科学与技术的联系非常直接，技术通常就是某些知识的应用转化，尽管转化需要跨越许多鸿沟。在这个时代，科学知识既是土壤，更是种子，技术进步是某些科学知识进步的直接产物，而经验仅仅退化为了润滑剂。

总之，从第二次工业革命开始，现代经济增长建立在基于科学发展的技术进步之上，科学与技术成为了不可分离的孪生体，也才有了“科学技术”一词。这个妇孺皆知的词汇似乎在告诉我们：科学的归宿是技术，技术是科学的动力，科学的目的是要变成技术，技术以科学为基础。科学与技术之间的这种密切联系也预示着一件令人类喜忧参半的变化：俗世功用是科学研究最基本的驱动力。如今，人们对科技创新的关注已经不再是基于人类的好奇心，而是基于实践、改造与功用。无论是政治家、官员、科学家还是公众，当问及为什么要重视科技研究时，他们不约而同地给出了相同的答案：科学技术对人类经济社会发展以及个人生活福祉的巨大功用。

2.2 科技创新是重要的

科技创新对于人类的价值可以从不同视角、不同学科进行透视，如从纯粹学术价值角度评价科技进步的意义。但在本节，我们试图从经济学视角系统地论证科技创新对于人类社会的重要性，这也凸显了本书从经济学角度研究科技创新激励的特色。从经济学角度分析科技创新的价值，大体可以分为两个方面：一是分析科技创新对经济增长与发展或国家国民财富创造的作用，这是一种宏观经济的分析视角；二是分析科技创新对提升企业竞争力和消费者福利的作用，这是一种微观经济学的分析视角。

宏观经济学包括两个部分：一是长期研究，即对长期经济增长与发展的研究；二是短期研究，即对经济波动的研究。宏观经济学对科技创新作用的研究就集中在经济增长与发展理论中。纵观现代经济学的发展历史，从经济增长与发展理论的基本发展趋势看，一个总的特征就是越来越强调科技创新在经济增长与发展中的作用，越来越把科技创新本身作为经济增长与发展理论研究的主题。

为了了解科技进步何以才是长期经济增长的最重要的动力，首先得了解要素的边际收益或报酬递减规律，这是经济学最基本的规律之一。所谓要素的边际收益递减，就是指在假设生产技术不变、其他生产要素的投入量固定不变的条件下，随着某种生产要素的投入量不断增加，总产量的增长速度会变得越来越慢，即该要素的边际产出是递减的。例如，假设有一块地，在农业生产效率固定不变的情况下，随着投入到这块土地上的劳动力不断增加，终归要遇到这种情形：后一个劳动力对粮食产量增加的贡献肯定要小于前一个劳动力。显然，要对抗来自要素边际收益递减规律的负面作用，唯一的办法就是持续不断的技术进步与效率提高。因此，本书之所以认为技术进步是经济持续增长的源泉，理由基础就是要素边际收益递减规律。

从现代经济学鼻祖亚当·斯密那个时代开始，国家国民财富的增长就是经济学家关注的主题。在亚当·斯密的经济世界，生产力进步、经济发展的核心驱动力是两个关系密切的因素：专业化分工与市场竞争。专业化分工之所以能够推动生产力进步，与三个因素有关：一是劳动分工能够通过“熟能生巧效应”提高劳动生产率；二是劳动分工节省了人们在不同工作之间转换的成本；三是劳动分工有利于推动技术进步与发明。斯密认为，简化和节省劳动的所有那些机械的发明，都是起源于劳动分工，来自从事相关实践工作的人的长期经验积累和对所从事工作的反思。尽管斯密看到了技术进步是国民财富增进的重要因素（而非核心因素），但在斯密的世界里，技术进步只是来自劳动分工及由此引发的经验积累的“副产品”与溢出效应，也就是说亚当·斯密的技术进步是来自“做中学”，这是整个工业革命时代基于经验主义的技术进步模式的反映。按照斯密的看法，技术创新激励体系的建设不过就是不断推动劳动分工的深化而已。斯密还探讨了劳动分工与市场之间的相互作用，劳动分工推动着市场容量的扩大，市场容量的扩大推动着劳动分工水平的提高，二者之间的这种良性循环就是劳动分工推动国民财富增进的基本机制。在斯密的世界里，除了分工专业化以外，推动社会繁荣与福利增进的另一个核心因素就是以“看不见的手”为隐喻的市场竞争。斯密说企业家、工厂主们“通常他既不打算促进公共的利益，也不知道他自己是在什么程度上促进那种利益，他只是盘算他自己的安全；由于他管理产业的方式的目的在于使其生产物的价值能达到最大程度，他所盘算的也只是他自己的利益。在这一场合，像在其他许多场合一样，他受着一只看不见的手的指导，去尽力达到一个并非他本意想要达到的目的，也并不是说如果出于本意，就对社会有害。他追求自己的利益，往往使他能比在真正出于本意的情况下更有效地促进社会的利益”。尽管斯密看到了市场竞争对社会繁荣的核心作用，但在他的世界中市场竞争是通过静态地协调个人利益与社会公共利益的方式实现的，市场竞争推动技术进步、技术进步促进经济繁荣这一动态机制并没有在斯密的世界里得到关注和重视。

另一位古典经济学大师大卫·李嘉图对经济增长与发展理论的贡献有三个方面值得强调。①李嘉图对经济发展理论的杰出贡献之一在于将专业化分工的依据由斯密提出的“绝对优势”转为他自己提出的“比较优势”。两个主体（个人、地区或国家）进行比较时，某个主体拥有绝对优势是指其从事某活动时以投入产出比衡量的要素生产率高于对方，某个主体拥有比较优势则是指其从事某活动的机会成本低于对方。但李嘉图式的比较优势来源于自然禀赋，而不是技术进步，这是一种静态的比较优势理论。②李嘉图认为生产的增长主要取决于经济剩余的多少，经济剩余多，用于生产能力扩大的资源就越多，生产的增长就越快。这是现代经济增长和发展理论中储蓄率、投资率决定经济增长率的先声。③李嘉图与马尔萨斯一样看到了要素报酬递减规律对经济增长的负面作用，但遗憾的是他没有从中看到技术进步对抗报酬递减规律的巨大作用力。

在古典经济学大师中真正意识到技术发明在国民财富创造中核心地位的是有着“神童”之誉的约翰·斯图亚特·穆勒，他说现存的一切美好事物都是创造性所结的果实。但在19世纪的经济学家中真正第一个系统地研究科技创新对人类社会发展影响的是马克思。马克思和穆勒均认识到若要让生活水平不断提高，除非能有技术进步提高资源的生产效率（格罗斯曼和赫尔普曼，2003）。马克思意识到了科技创新在人类社会经济发展中的绝对核心地位，他正是意识到了科技进步将带来巨大的生产力潜力，才对人类未来持有高度乐观的情怀，深信技术进步足以对抗报酬递减规律给人类带来的阴郁的前景。马克思更看到了科技创新对人类社会关系与结构的决定性影响，使得他终其一生把自己的关注焦点放在：以科技进步为核心的生产力决定生产关系，而生产关系又反过来可以促进或阻碍生产力进步，二者之间的互动就是推动人类社会发展的基本动力，是解释人类社会历史发展秘密的钥匙。马克思不仅看到了表现为各种制度、体制机制的生产关系对技术进步的动力作用，还看到了市场竞争与商业化对技术进步的促进作用，他认为这就是价值规律的基本作用之一。

现代经济增长与发展理论始于20世纪40年代的哈罗德–多马模型，其整个发展历史可以分为两波研究热潮。第一波研究热潮始于20世纪50年代中期，一直持续到20世纪70年代早期；第二波研究热潮始于20世纪80年代中期，一直持续到今天。

哈罗德–多马模型可以表述为经济增长率等于储蓄率除以资本–产出比。在哈罗德–多马模型中不存在技术进步，资本–产出比固定不变，储蓄全部转化投资，因此，按照哈罗德–多马模型，经济增长与发展完全取决于表现为机器、厂房、设备等物质资本的高积累。哈罗德–多马模型并不是现代经济增长理论的正统模型，因为在这个模型中经济增长是不稳定的。正统的经济增长理论要归功于索洛在20世纪50年代的工作，自索洛开始至20世纪70年代的经济增长理论属于传统经济增长理论，而自20世纪80年代以来，以罗默、卢卡斯、赫尔普曼等为代表的经济学家推动的经济增长理论则被称为内生经济增长理论。

索洛模型，又称新古典经济增长理论，是用来说明储蓄、资本积累和经济增长之间的关系。与哈罗德–多马模型一样，索洛模型同样假设储蓄将全部转化为投资；假设投资的边际收益率递减，投资的规模收益为常数；假设存在外生的技术进步，资本和劳动的投入比例可以改变，二者可以相互替代。传统经济增长理论告诉我们，资本积累推动的经济增长有两个特点：①经济增长以资本积累为基础，长期稳定的经济增长率等于外生给定的技术进步率；②受制于资本的报酬递减规律，经济增长具有趋同趋势。

经济增长理论的发展分为两个部分，一是理论模型的构造，用于解释经济增长与发展的影响因素及其机制；二是经济增长核算研究，即利用实际数据、运用计量手段测算不同影响因素对经济增长的实际贡献率。前者相当于纯理论研究，后者相当于对理论模型的结论进行实证检验，完全类似于物理学中理论研究与实验研究的关系。那么，经济增长理论模型的结论能够得到计量研究的支持吗？

今天，只要受过经济学基本教育的人均知道，经济增长是投入要素增长与技术进步的结果，那么如何度量技术进步对经济增长的贡献呢？众所周知，技术进步能够提高劳动、资本、土地等各种投入要素的生产率，除了提高这些投入的生产率，技术变化也能够提高投入转化为产出的一个比率系数，该比率系数独立于生产中投入要素的比例构成。这种类型的成比率的变化被称为希克斯中性技术变化。为了综合反映技术进步对产出的影响，经济学家使用全要素生产率来代表“所有投入扩大型的技术改进的联合效应以及希克斯中性技术变化的效应”（格罗斯曼和赫尔普曼，2003）。

经济增长核算的基本思想就是将产出的增长分解为可归因于投入要素增加的部分和不能归因于投入要素增加的剩余部分。索洛于 1957 年对增长核算做出了开创性贡献，建立了著名的、迄今为止经济学家依然争论不休的“索洛剩余”。“索洛剩余”就是经济增长率与投入对经济增长贡献率之间的差，这就是全要素生产率的增长率，它度量了技术进步对经济增长的总影响。今天，研究科技进步与经济增长的学者经常引用研究者关于全要素生产率的测算数据作为论证依据，但非常值得大家注意的是，引用全要素生产率方面的数据一定要特别谨慎。因为产出增长在多大程度归因于技术进步或全要素生产率进步，取决于如何度量投入要素。以大家经常引用的索洛 1957 年的研究成果为例，索洛计算了美国非农业私营部门 20 世纪上半叶的全要素生产率，发现经济增长率的 80%应该归功于代表了技术进步的全要素生产率增长。这个结论其实非常值得我们警惕，因为索洛在衡量投入要素对经济增长的贡献时没有考虑投入要素质量的改进，如果劳动投入的度量没有进行劳动力受教育程度与工作经验差异，只是简单加总不同工作者的劳动时间，则劳动力素质提高对产出的贡献将归因于全要素生产率增长；如果对资本存量的度量没有考虑资本质量的进步，则资本质量提高的贡献也将归于全要素生产率增长。其实，受制于经济增长核算的测算技术，经济增长测算中的全要素生产率并非仅仅反映了技术进步的贡献，还囊括了该核算中投入要素部分没有包括进去的因素，如经济活动组织方式的改进、制度变革、政府政策和规制的进步等。总之，可以这么说，以“索洛剩余”度量出来的全要素生产率其实不仅包括了技术进步对经济增长的贡献，还包括所有剩余影响因素对经济增长的贡献率，所谓剩余影响因素就是模型中没有明确纳入具体测算的因素。后来，乔根森（Jorgenson）等对经济增长核算技术做了大量改进，对投入要素的度量进行了质量调整，但即便这样，他也只是把投入要素质量从索洛剩余中剔除出去了，依然还有大量非技术方面的影响因素保留在剩余中，这是本书的一个特别强调。当然，技术进步是全要素生产率的最重要的决定因素。

按照索洛模型的预测，各国的经济增长具有趋同趋势。但是，经济学家们发现第二次世界大战后富裕与贫穷经济体之间并不存在增长趋同的证据。未出现趋同表明资本积累并不是增长的主要决定因素。人均收入的差别之谜到底是什么？尽管有起伏，但总的说来，世界经济增长是越来越快了。这是无法用要素积累加以解释的，除非技术进步速度足够快、足够大，否则无法抵御报酬递减法则对经济增长的负面作用。事实证明就是如此，在一个包含 96 个经济体的样本中，经济学家们发现全要素生产率与人均收入正相关。艾兰的研究表明各国人均收入差别更多归因于各国全要素生产率水平的差别，而更少地归因于投资率的差别。假设人均收入取决于物质资本、人力资本和全要素生产率，研究发现全要素生产率差别能解释工人平均收入差别的 60%以上。在解释工人平均收入增长率的跨国差别时，全要素生产率的作用更大，能够解释大约 90%（赫尔普曼，2007）。

总之，无论对投入要素的贡献度量进行多么细致的调整和修正，研究经济增长核算的经济学家发现：反映了技术进步的全要素生产率始终是长期经济持续增长的主要源泉。通过对 1960～1995 年经济增长数据的分析，日本近 50%的经济增长要归功于全要素生产率的贡献，德国、意大利超过 40%的经济增长要归功于全要素生产率的贡献。琼斯 2002 年的研究发现，1950～1993 年，美国经济中每小时产出约 30%的增长归于人们受教育年限的提高，剩余 70%的增长归因于美国、法国、联邦德国、英国和日本所产生的思想的增长（赫尔普曼，2007）。

通常许多国内学者认为传统的经济增长理论忽视技术进步对经济增长的贡献，这是一种彻底的误解。传统经济增长理论一样认为长期经济增长取决于技术进步，但是在传统经济增长理论中，技术进步被视为一个处于经济激励系统以外的外生过程，也就是说，它虽然得出了“长期经济增长取决于技术进步”的结论，但不直接研究技术进步及其与经济增长的关系。因此，他们的增长是假想的增长，即假设他们的研究模型以外有个不知从何而来的技术进步。研究者们把技术进步以外生方式处理的理由之一是认为，科学发现是技术创新的首要的推动力，科学进步又取决于一国的科技人才资源和科学家们的兴趣，而科技人员又大多是在营利性的经济部门之外工作，那么经济学分析便无从考察以科学研究为基础的产业创新。

但是那个时代经济增长理论的研究也有例外，例如，1962 年阿罗的“做中学”

模型，阿罗首次将技术进步视为经济活动的产物，但他并不认为技术知识的创造是经济体有意识的科学研究的结果，而是技术知识是资本形成的副产品，是“做中学”的产物，是生产经验积累的结果，知识的收益将由经济体中的全体部门共享（格罗斯曼和赫尔普曼，2003）。另一个例外是谢尔 1967 年的公共发明部门模型，即假设存在一个由国家税收支持的公共发明部门专事科技进步，但那个时代的主流是外生技术进步模型，他们的理论模型中对技术进步关注得很少，他们集中关注的是物质资本和人力资本的积累对经济增长的作用，物质资本包括机器厂房设备，人力资本则包括劳动力的受教育水平、培训和健康。

内生技术进步的经济增长理论要追溯到罗默 1986 年的开创性工作。以麦迪逊的研究为基础，罗默在 1986 年分别考察了 1700 年以后四个各自延续数十年的历史时期，发现在后一个历史时期生产率最高的国家的人均小时的产出增长率要比前一个历史时期技术领先的国家更高，例如，19 世纪的领头羊英国的增长要高于 18 世纪的领头羊荷兰，20 世纪的领头羊美国要快于 19 世纪的英国（格罗斯曼和赫尔普曼，2003）。罗默认为以外生固定不变的技术进步率为特征的索洛模型解释不了上述经济增长的长期趋势。罗默因此以知识积累的外部效应为基础构造了一个内生技术进步的经济增长模型。这个模型认为，产出不仅取决于资本、劳动的投入，还取决于经济体的知识存量。知识积累是商业性企业投资于研发创新的结果，企业的研发投入不仅会增加企业的私有知识存量，也会增加整个经济体总的公共知识存量，这就是知识积累的外部效应。产出增长不仅取决于企业的私有知识存量（这就使得企业有积极性投资于研发创新），也取决于公共知识存量。由知识积累外部效应导致的公共知识存量会提高每家企业的生产率，即便私有知识的边际收益率是递减的，但总体经济却会因整体知识的边际收益率递增而呈现出规模经济状况，从而增长率可以长期不下降。罗默认为知识积累存在外部性是现代经济增长的主要特征以及源泉。罗默在 1989 年以最发达的 22 个国家和地区为样本，发现一个国家和地区从事研发的科学家和工程师越多，其产出增长率越高（格罗斯曼和赫尔普曼，2003）。

1990 年罗默又建立了一个更为有名的新的内生增长模型。在这个模型中，为了开发新产品，企业对研发活动进行投资，这些新产品受到专利的保护，因此企业能够获得创新带来的垄断利润回报，对创新带来的垄断利润回报的追求是企业投资于研发的激励源泉。竞争会吸引更多企业加入研发创新，直到研发的私人回报率等于可选项目的回报率。虽然研发成果受到专利保护，但没有一种制度能够完全地保护，企业的研发活动不可避免地会对其他人产生外溢。罗默新模型的一个主要创新是：研发活动不经意中“也创造了未包含在设计中且不能作为贸易秘密保留的知识。这种未包含的知识变得其他创新者可以利用，并因此减少了每一个人进行进一步研发的成本。过去所进行的研发越多，知识存量就越大，今天进行研发的成本就越低”，这就是研发的前向溢出效应。

前向溢出效应减少了研发成本，但随着越来越多的产品被发明出来，这些产品供应者之间的竞争减少了每家企业的利润。这两种力量平衡着对创新的激励。罗默模型中有着较高储蓄率的国家会增长较快，那是因为他们有更多的资源可以用于研发，从而资本积累可以推动生产率进步。罗默模型属于扩大产品种类的内生增长模型，格罗斯曼和赫尔普曼则发展出了一个提高产品质量的内生增长模型，创新的目的是以高质量的新产品取代低质量的旧产品，随着产品质量的不断改进，生产率越高。但两个模型的基本结论是一致的：企业投资于研发创新，研发创新推动经济增长。

但是，虽然经济增长与发展理论的研究已经变得越来越关注科技进步，但现代经济增长的理论与实证研究均没有很好地解释出技术进步、研发创新对经济增长的贡献。它们可能过于夸大了技术进步对经济增长的影响，也可能低估了技术进步对经济增长的影响。当以“索洛剩余”度量全要素生产率以及技术进步的贡献率时，其实经济学家们也可能把许多非技术因素的影响也放进来了，这就夸大了技术进步对经济增长的影响。但另一个问题是，当经济学家分别度量资本积累与技术进步对经济增长的贡献时，他们隐含着一个非常错误的假设：资本积累与技术进步无关。其实，大多数的资本积累就是由技术进步推动的。正如赫尔普曼所说的，“尽管增长核算把产出增长分解为各投入要素的贡献和全要素生产率的贡献，但是，它没有揭示出经济增长的秘密。这重要的一点通常被忽视……高生产率引起资本积累。从而，资本的快速积累通常反映了高的全要素生产率，或者期望的高生产率增长率。实际上，归因于资本的产出增长部分受到生产率增长的推动。换句话说，此部分产出增长应归功于生产率，而不是资本积累”（赫尔普曼，2007）。生产率与投资之间的这种因果关系，对我们正确理解经济增长的源泉以及进行增长核算是非常重要的。又如，贸易对收入有着正的影响。根据罗默等人的估计，贸易份额提高1%，人均收入提高2%，但他们的进一步研究发现贸易对收入的影响主要来自贸易提高全要素生产率导致的间接影响。因此归于贸易的经济增长贡献其实也反映了技术进步的贡献率。此外，通行的价格指标常常低估产品创新带来的经济收益，因此现有的对经济增长的测量会低估技术进步对产出增长的贡献。

尽管经济增长理论研究有着这样那样的缺点和不足，但经济增长理论与实践研究迄今为止得出的最可靠稳健的、最重要的结论之一就是科技创新、产业创新是人类长期经济增长的发动机，可靠的结论是大约2/3的产出增长直接归功于生产率提高，剩余的1/3归功于资本积累，而资本积累本身也许就是技术进步所诱导出来的。一些国家能够经历着人均收入水平和生活水平的持续提高，根源在于持续的技术进步；而另一些国家的经济增长与发展会变得难以持续，是因为缺乏持续技术进步的支持。因此，历史告诉我们，决定国富国穷的根本因素不是资本或钱，而是知识和技术。阿温·杨（Aiwyn Young）研究了亚洲“四小龙”1966～1990 年的经济增长，发现韩国全要素生产率对经济增长的贡献率为 16%，中国台湾为 27%，中国香港为 31%。剩余的增长可归于高储蓄率、高投资率形成的高资本积累。正是亚洲“四小龙”以及“四小虎”（泰国、马来西亚、印度尼西亚、菲律宾）的经济增长与发展高度依赖高投资和高积累，使得诺贝尔经济学奖得主克鲁格曼认为发生在东亚和东南亚的经济增长奇迹具有不可持续性，这就是亚洲金融危机的根源。据此，我们可以把国家和地区的发展分为两种基本类型：创新驱动型发展与要素投入驱动型发展。英国、德国、美国实现现代化崛起的基本驱动力就是技术创新，属于创新驱动型发展；而我国改革开放以来的发展属于典型的要素投入驱动型发展，这也是本书研究我国科技创新激励的主要原因之一。

微观经济学对科技创新作用的研究主要体现在科技创新对企业竞争力的影响上。下面扼要分析技术创新是如何提升企业竞争力的。

尽管技术创新是现代经济增长的长期动力，但企业之所以有创新的激励，其直接动力来自技术创新可以提高企业的竞争力以及盈利能力。技术创新提高企业的竞争力是通过两种方式实现的：一是工艺创新；二是产品创新。企业的生产过程可以概括为生产要素投入与产出过程，前者是针对投入的创新，后者是针对产出的创新。

创新者可以通过发明、改进新工艺，使得投入转化为产出的效率得以提高，因此，工艺创新的直接效应就是降低了给定产品产出的生产成本。产品创新表现为两个方面：或是已有产品的功能或质量的提升，这表现为产品质量的提升，或是全新产品对旧产品的替代，这表现为产品种类的增加。但事实上，这两种产品创新并没有什么本质的区别，如果将质量或性能改进的产品视为一种新的产品，则产品质量提升也就是说产品种类的增加。但就现实生活而言，区分这二者还是有价值的。企业管理者通常把产品质量提升方面的创新视为针对已有产品的，属于典型的延续性创新，而产品种类方面的创新则是一种全新产品种类的出现，属于颠覆性创新，意味着一条新路径的出现，而不是已有路径的改进。当然，就其本质而言，工艺创新与产品种类增加型创新也没有什么本质的区别，一种新出现的产品（如蒸汽机、计算机）如果被用作生产的投入，则意味着生产工艺的进步与生产成本的下降。但从管理实践看，区分工艺创新与产品创新是有价值的，因为企业采用工艺创新提升竞争力属于成本领先战略的运用，而一旦企业的产品创新能够被市场接受，则意味着它的产品与竞争对手相比具有足够的差异，能够获得由差异化带来的定价优势，这是差异化战略的运用。

熊彼特认为市场竞争本质上是替代性竞争，就是表现为企业或通过工艺创新或通过产品创新提高自己的竞争力。如果工艺创新是成功的，它可以通过采用降价手段实现对竞争对手的超越；如果产品创新是成功的，它可以通过差异化优势实现对竞争对手的超越。无论哪种创新，只要企业的创新是成功的，最终都会表现为市场份额的扩大以及利润的增加。

科技创新无论是表现为经济增长或国民财富的增加，还是企业竞争力的提升，通常情况下都表现为消费者福利或社会福利的增加。因此，就正常情况而言，科技创新的三个功用目标——经济增长、竞争力提升、社会福利增加，是一致的。正因为如此，我们才称科技创新是人类繁荣与幸福的源泉和发动机，才能够得出一个结论：对人类的幸福与繁荣而言，科技创新是重要的。但我们必须注意的是，科技创新具有的负面作用。在这个科技创新的重要性被几乎无限放大的时候，考虑到科技创新的负面效应对我们制定正确恰当的科技创新激励政策具有重要意义，能够使我们保持清醒的头脑。

我们所说的科技创新的负面效应与一般公众和政策界人士的理解不同，我们对科技创新的负面作用的关心依然是从经济学角度入手的。

约翰·斯图亚特·穆勒可能是最早注意到技术发明并不一定导致普通人生活水平的改善。“迄今，所有发生的机械发明是否都可以减轻人们每天的辛苦劳动是非常可疑的。它们只不过使更多的人过着苦役、禁锢的同样生活，并使得越来越多的生产商和其他人发财致富。”另一位注意到创新的矛盾之处的早期人物则是以《进步与贫穷》闻名的亨利·乔治，“无论何种改进或发明，都会使劳动力拥有生产更多财富的能力，这会导致对土地和其直接产品的更大需求……每一种节省劳动的发明……都有增加地租的趋势，这是事实”（斯旺，2013）。

在前面，我们认为科技创新是长期经济增长的根源，但是具有广泛多用途的重大技术创新可能会导致经济增长率的暂时放缓。根据研究者的发现，原因有三个方面：①新技术的采用要求企业学习怎样使用它们，这种学习过程放慢了生产率增长；②新技术的采用需要大量与之配套的互补的投入要素，在此阶段，资源转向开发这些投入要素，导致增长放缓；③为提高工人生产率进行的在职培训会使生产率增长放缓。所有这些观点被用来解释20世纪70年代石油危机以后生产率增长的放缓，这与计算机技术引入美国经济体有关（赫尔普曼，2007）。注意到重大技术创新可能短期内导致增长率放缓，对政府管理者应该树立长期思想具有一定的启发意义，这可能告诉我们：如果要实现基于技术创新的产业结构升级与经济发展模式转变，在转型期可能会遇到的增长率放缓是正常现象，是我们为转型应该付出的正常代价，一旦度过转型期，我们收获的将是技术革命带来的增长的持续奔涌。就经济增长的研究而言，研究者们发现的另一个喜忧参半的结论则是：研发创新投资扩大了贫富国家的差距。工业化国家对创新的投资导致了南北半球国家和地区的收入差距扩大。换个角度看，这个结论恰恰告诉发展中国家，如果要不被发达国家落下，或者要实现对发达国家的赶超，唯有加大研发投入，发展自主创新能力。

我们前面说科技创新的经济增长、竞争力提升、社会福利增加等三个目标在“正常”情况下是一致的，也说明在不排除它们之间是不一致的。

首先，科技创新的经济增长与社会福利之间会存在矛盾。一个社会的资源是有限的，如果用于创新的资源太多，意味着用于其他目标的资源就会减少。因此，基于社会福利最大化考虑，资源在创新与非创新这两种用途之间的配置应该保持一个适当的比例。因此，“较快的增长与较高的福利不是同义词。增长是有代价的，因为它用光了投入研发的资源。因此，为了更快增长而把资源投入研发并不总是人们所希望的”（赫尔普曼，2007）。举个简单的例子，大学教师承担着教学与科研两种任务，在当前的大学评价体系下，大学老师重科研、轻教学就是一种有悖社会福利最大化的表现。

其次，技术创新推动创新者竞争力提升的效应与它的经济增长效应也并不一定是一致的。如果企业技术创新所实现的市场份额增加是以竞争对手市场份额的减少为代价，则意味着企业的创新虽然对企业的作用很大，但对经济增长的作用则可能很小。据此，我们可以把企业的科技创新分为存量改变型与增量扩张型两种类型，前者是指科技创新的结果只是已有市场容量在不同企业的重新配置，并没有增加市场总容量；后者意味着科技创新在重新改变企业之间市场份额的同时也导致了市场总容量的增加。显然，只有增量扩张型创新才能够推动经济增长。这两个目标之间的差异意味着从经济增长角度看可能会出现过多的创新。

最后，技术创新的竞争力提升目标与社会福利增加之间也是存在差异的。最早意识到这一点的应该是加尔布雷斯。加尔布雷斯在《丰裕社会》中指出，一旦消费者的需求是被创新者所创造出来的，创新可能无助于社会福利提升。加尔布雷斯说当一个社会变得逐渐富裕时，消费者的需要也在其不断获得满足的过程中不断被创造出来，即消费者之所以需要那种产品不是基于自己真实的需要，而是被企业用创新加广告刺激出来的，这种情况下的科技创新也许有利于企业竞争力提高，有助于整个社会的经济增长与繁荣，但不再意味着社会福利增加。其实，现代社会许多对产品性能加以改进与增加的渐进性创新虽然风行，并构成了时尚，但无助于消费者福利的提升，对整个社会也许也是一种浪费。这两个目标之间的差异也同样意味着创新过度。

意识到科技创新的经济增长、竞争力提升、社会福利增加这三个目标之间的差异对我们制定科技创新激励体系有着重要的意义，因为我们追求的科技创新的终极功用目标是社会福利的增进，而非增长与竞争力提升。我们希望达成的科技创新路径是科技创新推动了竞争力提升，进而推动着整个社会的经济增长与发展，进而最终实现了社会福利的增进。我们要记住“竞争力提升—经济增长—社会福利增加”之间有着太多的鸿沟需要跨越，需要政府管理者警惕。

2.3 科技创新激励是重要的

无论是理论分析还是实证研究都告诉我们，一个社会的持续增长、竞争力的提升以及社会福利增进的长期源泉是科技创新。那么，为什么有的国家能够通过科技创新实现国家富裕，甚至是持续的繁荣？为什么有的国家的经济发展会遇到巨大波折，甚至走向衰落（可能只是相对衰落）？如果国富国穷的根源是科技创新，那么一个随之而来的问题就是为什么不同国家的科技创新水平会差异如此之大？这就必须要探寻支撑着科技创新的激励体系的差异，去回答为什么不同国家和地区的科技创新水平会不同。在本节，我们的任务是运用经济史中的典型案例分析科技创新激励体系在国家发展与繁荣中的基础性作用，分析其是如何导致了科技创新水平的差异，进而导致了国家发展水平的差异。

国家兴衰的根源是一个令人着迷的问题。在本节，我们首先利用经济史专家以及历史学家的研究成果分析工业革命为什么首先出现在18世纪中后期的英国，为什么工业革命没有发生在似乎更具备条件的中国和印度，为什么德国能够在19世纪晚期实现后来居上，为什么西班牙和葡萄牙会衰落，这些例子得出的一个基本结论就是不同国家对科技创新的激励不同导致了由科技创新驱动的经济发展水平的不同。最后，我们提出一个新的有意义的看法：正是实体经济缺乏有效的科技创新激励，导致我国近年来虚拟经济的过度繁荣与经济泡沫化。

莫基尔 2002 年详细描述了知识积累如何促使西方国家转变为现代经济体。“然而，如果没有鼓励知识积累和知识应用的制度，这种转变就不可能发生。不仅产权需要保护，现代化进程本身也需要防止将要受到损害的那些利益集团所做的抵抗。在这种情况下，政治制度发挥了相当重要的作用，它们决定了改革的支持者和反对者之间的斗争态势，从而影响了一国技术革新和应用的能力”（赫尔普曼，2007）。这在英国工业革命中得到了充分的体现。

英国工业革命是一个创造力充盈奔涌、精彩纷呈的时代，它第一次在人类历史上以知识实现了增长的持续与扩张，而在此之前，人类的经济增长总是伴随着人口的增长，很快整个社会又重新回到了停滞与贫穷。工业革命以其奔涌的技术创新第一次打破了长期困扰人类社会与各个帝国的“经济增长—人口增长—经济衰退”的宿命。

英国工业革命的技术创新可以归为两类：①以机器代替人工，代表就是纺机机器的发明。②以无生命的动力代替有生命的动力，代表就是蒸汽机的应用。这种种非凡的技术进步一齐出现在18世纪最后30来年，这是为什么？为什么工业革命发生在此时此地？

名著《国富国穷》的作者兰德斯认为源源不断的技术创新之所以出现在那时

的英国，根源在于科学、市场以及文化与体制制度。英国在这些关键的部门中所取得的技术优势本身是一种成就，“不是上帝赐予的，不是偶然事件，是艰苦努力、敢于创新、发挥想象力和企业精神的结果……为了理解这一点，不仅要考虑到物质上的有利条件（另有某些社会也具有发展工业的有利的天赋条件，却花了很多年来效法英国的这种首创精神），还要考虑到非物质的价值观（即文化）和体制”（兰德斯，2010）。

正如前面所说的，尽管工业革命时代的技术创新是经验的产物，但离不开当时丰厚的科学土壤。根据兰德斯（2010）的分析，认为那时欧洲科学土壤的丰厚累积与下述因素有关。一是人们获得了越来越大的进行学识探索的自主权；二是科学家之间对“首创权”的声誉竞争，而且欧洲找到了评判谁是第一个发现者或发明者的客观方法，那就是由观察、实验、定量、数理推理构成的科学方法体系。此外，学术团体、学术会议、学术刊物使得科学家之间的联系得以制度化，常规化，从而更加推动了科学交流与声誉竞争。

市场是激励英国工业革命时代技术创新的强大原动力。为什么机械化有利可图呢？主要是因为纺织工业的发展已开始超越当时英国劳动力的供应，促使英国企业家们不断推进如何以机器代替人工。以无生命动力取代有生命的动力也是市场驱动的。当时，英国纺织工业面临来自家庭工场的阻力，但新的动力使得驱动更大型的、更有效能的机器成为可能，从而使产品价格以越来越大的幅度低于庭院产品。因此，现代工厂体制变得具有竞争力，是在使用动力机械之后。

越来越多的文献表明，驱动英国工业革命的深层次动力来自大宪章运动以后经过数百年历史逐渐发展起来的文化和体制制度。以兰德斯的话总结这些结论：“这样一个社会同样也会具有有助于达到上述目标的那种政治和社会体制。例如，①它保障私有财产，更能鼓励储蓄和投资；②它保障个人自由，即保障他们既不受暴政的虐待，也不受私人的骚扰（犯罪和腐败行为）；③它实施契约的权利，包括明确的和含蓄的；④它提供稳定的行政管理，不一定是自由的，但其本身是按公众既知的法规进行管理的（即法治而非人治）；⑤它提供顺应民意的行政管理，即听取意见和改进工作；⑥它提供正直廉洁的行政管理，因此经济角色不会产生邪念去寻求市场以内或以外的好处和特权，用经济术语说，不应对庇护或地位谋取任何收益；⑦它提供稳健的、高效的、不贪赃的行政管理。其效应则是降低赋税、减少政府对社会公积金的索取并且避免产生特权”（兰德斯，2010）。

总之，英国人这种对创新的独有兴趣从何而来？兰德斯说，“归根到底，我强调市场的价值。欧洲的企业是自由的。发明能见效并得到应有的报酬，统治者和既得利益势力阻碍创新的能力受到限制”（兰德斯，2010）。

历史学家认为工业革命起到重要推动作用的因素，几乎在古代中国都出现过，除了没有伽利略和牛顿的科学。以纺织业这个工业革命的核心部门为例，中国12世纪时已经用水力驱动的机械纺麻纤维，比英国工业革命知道水力纺纱机和走锭精纺机早500年。中国很早就知道使用煤块和焦炭作为燃料，在风炉里熔解铁块，到11世纪末中国已年产125 000吨生铁，而英国要到700年后才达到这个水平。一般认为，中国早就具备了进入现代经济增长阶段的条件。中国15世纪的技术水平与18世纪工业革命发生前夜的技术水平相当。事实上，中国在公元900～1250年的发展路径与英国在公元1500～1750年的发展路径在很大方面保持一致(帕伦特和普雷斯科特，2013)。那么，为什么在繁荣与扩张时期，中国经济缺乏技术进步？为什么这些条件没有推动工业革命式的变革？综合各方面的研究，最有说服力的解释有：中国缺少自由市场和产权制度，高度封建集权和政府管制，从而扼杀了创造力。杰出的汉学家艾蒂安•包拉日说："中国人的聪明才智给人类作出过那么多的贡献——丝绸、茶叶、陶瓷、造纸、印刷等。倘若没有那令人窒息的国家控制，这样的聪明才智无疑会使中国更富裕，也许早已使它迈进到现代工业的门槛。正是国家控制扼杀了中国的技术进步……墨守成规，因循守旧，对任何创新都表示怀疑，任何非奉命提出和预先经过批准的倡议都不会被接受，这种抱残守缺的氛围不利于自由探索的精神"（兰德斯，2010）。正是这些因素缺乏科技创新的激励，使得古代中华帝国出现的只是孤立的、零碎的创新，甚至是技术停滞和倒退。

其实，与古代中国相比，印度更有理由实现纺织业的工业革命。在17世纪和18世纪时，印度就具有世界上在质量、品种和成本上都无与伦比的棉纺业，从17世纪起它就受到欧洲市场需求的巨大刺激。但是，为什么印度没有发生工业革命？为什么印度缺乏用机器生产代替人工的积极性呢？在当时的市场结构下，工人、中间商、欧洲贸易商和特许公司均没有技术变革的积极性，因为在印度雇佣额外劳动力总是比追求技术革新更划算。保守的传统（如对手工技艺的顽固坚持，缺乏追求生产率提高的传统）以及缺少科学知识的土壤也阻碍了印度人在纺织业的技术革新，"在18世纪的印度，进行工业革命的经验基础显然是缺乏的。许多世纪以来，在科学知识方面它没有显著的进步，而且对于继承下来的技巧进行扩散和系统记录的学术机制也是有严重缺陷的"（兰德斯，2010）。

在英国进行工业革命的时候，德国还是一个小国林立的落后地区，但在19世纪末，德国就实现了后来居上。德国的腾飞给了我们比英国更多的启示：发生这一转变的主要原因就是德国形成了强大的以市场为导向，以产业与大学、科学家、工程师紧密联系的创新激励体系。德国人"建立起越来越多的一批技术高等学校，第一个在1825年兴建于卡尔斯鲁厄，它们都按照大学水平进行教学，造就了几代的化学家和工程师。最后，德国人在各个综合大学内推进科学教学和研究工作。这是实验和探求的利刃，而且教学实验室的创立（尤斯图斯•李比希于19

世纪 30 年代首创）使教育制度臻于完善。到 19 世纪末的时候，这种教育制度变成了全世界的钦羡目标和楷模”（兰德斯，2010）。在德国，大型公司，如巴斯夫公司、拜耳公司、赫希斯特公司等都围绕着第一流的化学家和化学工程师建立起来了，并且配有设备良好的实验室，与大学有着密切的联系。如今流行于很多企业的工业实验室就是始于 19 世纪 80 年代的德国，与此同时，英国的工业发展却依然停留于“做中学”这种科学经验主义时代。德国这套科技创新激励体系导致了以下重大成果：促进了科学与技术的结合，以及应用驱使的理论研究和应用研究的发展。而英国的教育体系依然是科学与技术脱节，技术进步更多是“做中学”的结果。德国的努力在化学和电力领域找到了最大的回报，相关成就的取得正是直接来自科学知识的进步。例如，以碳基分子为代表的有机化学进展打开了通向染料、药品、摄影和人造材料（如塑料）等应用的大门。又如，正是由于伏特、安培、法拉第等人的研究，电才开始走入应用，出现了发电机、电池、电解技术等。德国这种科技创新激励体系与英国那种传统技术创新激励体系形成了鲜明的对比，这在下面这个例子中得到了淋漓尽致的体现。

威廉•亨利•珀金是个英国人，他在寻找合成奎宁的过程中却阴差阳错地于 1857 年发现了人造染料苯胺蓝或苯紫颜料。这是人类人造染料工业史上的伟大发现，是煤焦油颜料工业的开端，从更长远角度看，它导致了更广泛的化学新技艺的发展，人类的制造物开始进入到了五颜六色的时尚时代。按道理说，珀金的发现足以使得英国的相关化学工业取得领先地位，而且它也似乎具备了领先的条件：它拥有一个巨大的、基础良好的重化工业，它拥有当时最强大的煤焦油生产能力，它那世界最为强大的纺织业也为人造染料提供了最巨大的市场需求。但是，仅仅到 1881 年德国就生产了全世界人造染料的 50%，到 1900 年时已超过 80%，也许将近 90%。这是历史上最重大的工业转变之一。就这样，德国通过科学与技术的结合，追赶并一跃成为领先，而英国则深陷在习惯的罗网中，落在了后面（兰德斯，2010）。

其实在英国通过工业革命实现国家强盛之前，欧洲早就有了强盛的帝国。自 15 世纪末地理大发现后，西班牙和葡萄牙成为最早致富的欧洲国家，但它们都倒在了工业革命前夜。由于西班牙和葡萄牙都建立了基于美洲殖民地的帝国，它们靠剥削殖民地发展，并不缺乏资本。那么，为什么充足的资本为什么没有给它们带来持续的繁荣？的确，它们拥有大量的财富，但财富既可以用于投资，也可以用于消费，西班牙人选择了用于奢华和战争，西班牙人沉迷于社会地位、休闲和娱乐嗜好之中，正如这段话所说的，“让伦敦满意地生产纤维吧；让荷兰满意地生产条纹布吧；让佛罗伦萨满意地生产衣服吧；让西印度群岛生产海狸皮和驮马吧；让米兰满意地生产织锦吧；让意大利和弗兰德斯生产它们的亚麻布吧，我们的资本会满足他们的。唯一可以证明的是，所有国家都在为马德里训练熟练工人，而马德里是所有议会的女王，整个世界服侍她，而她无需为任何人服务”（兰德斯，2010）。西班牙之所以贫穷是因为富裕，它有钱用于消费却无钱用于技术革新与制造业的发展，我们把这种情形称为“西班牙陷阱”。此外，西班牙和葡萄牙曾经因为地处基督教文明和伊斯兰文明交汇处而成为欧洲学术与知识的中心，但西班牙和葡萄牙这两个天主教国家在宗教改革时代因为反宗教改革的狂热精神与宗教迫害而变得保守，加强了导致愚昧无知的严酷的思想控制，挫伤了人们对新奇思想的追求，那些犹太教的科学家、数学家和医师都逃走了，科学研究和学术探索都陷入衰退。就这样，它们错过了科学革命的列车。因此，决定它们命运的就是这种对创新的了无兴趣，它们的工业发展严重受到了宗教和学识方面的偏执的伤害。所以，真正拖住发展的并不是缺乏钱，而是缺乏知识和技术，缺乏对科学与技术的追求。

发生在西班牙人身上“有钱不知道怎么用”的故事对我国非常有借鉴价值，或者说，正面临经济发展模式转变与产业结构升级的中国必须思考如何避免滑入“西班牙陷阱”。“西班牙陷阱”是中国成为创新型国家必须跨越的鸿沟和必须应对的挑战，也是任何发展中国家实现经济初步繁荣后必须应对的挑战。

经过改革开放以来三十多年的努力，中国实现了经济增长的奇迹，已经成为了世界第二大经济体。但是，按照我们前面的划分，中国的经济发展模式属于要素投入驱动型，在其中起作用的技术属于真正意义上的外生技术，即模仿、应用来自发达国家的技术。但正如经济学基本原理所说的，长期依赖资本高积累、缺乏技术进步的支持，经济增长不可避免地要遭受要素边际报酬递减规律的惩罚。要摆脱边际报酬递减规律的惩罚，唯一有效的办法就是实现以创新驱动发展，将经济发展转移到以技术进步为基础的轨道上来，使得我们的产业结构与产品变得越来越知识密集。

按照某些经济学理论，落后国家或地区应该遵循这样一种发展模式：首先发展自己拥有比较优势的初级产品行业，提高国内的人均收入，而随着人均收入的提高，再进一步推动劳动密集型产业的发展，又推动产业的资本密集和知识密集。这是一个对企业和国家自主创新能力要求越来越高的产业结构升级过程。但这一理论认为，随着国民收入的不断增加，该国能够为技术进步以及资本积累提供越来越充沛的资金。这样一种随着自己比较优势变化而不断提升产业结构的过程的确能够描述许多国家（如美国）的现代化路径，这样的理论对适合解释的国家的确是最恰当的描述，但是一个国家要将要素投入驱动型发展顺次转移到创新驱动型发展并非一件容易的事情。

一个国家或地区通过利用自己丰富的自然资源与劳动力资源实现了发展以后，尤其是当这些富裕起来的地区原有的发展优势（如传统的劳动密集型、自然资源密集型产业）已经走到尽头的时候，我们谁能够有把握保证它会把钱用于投资而不是消费，谁能够保证这些用于投资的钱是用于技术创新、产业升级而不是投机。当一个国家和地区的钱多了以后，这些多余的钱怎么办？已经摆在它面前的选择有以下：用于炫耀性和奢侈性消费还是投资？投资又可以分为能够增加社会财富的实体经济投资和以追求资产升值却不能增加社会财富的投机性投资。而实体经济投资又可以分为两种类型，一种需要大量技术研发投资支撑，这种投资集中在制造业；另一种实体经济投资则对技术研发的依赖度相对较低，如基础设施建设投资和部分服务业投资（如旅游、餐饮等）。

无疑，在这么多去处中，以投资于技术创新驱动实体经济发展的投资的风险最高、困难最大，于是，这些国家和地区的资本就大量流向炫耀性和奢侈性消费、流向投机、流向基础设施投资等。这些其实就是在我国，尤其是部分地区近几年正在上演的故事，尤其是部分地区依靠丰富的矿产资源或发展劳动密集型产业富裕起来以后，资金并没有像某些经济学理论所预言的那样流向技术创新和产业结构升级，而是流向各种投机性活动。这些资金哪里都去，它们对一切可以资产化的东西进行炒作，甚至对难以资产化的东西也试图当做资产进行投机（如对大蒜、姜、白菜进行投机炒作），但它们就是不去投资技术创新，这些投资的一个共同特点就是通过投资使得人们形成该资产将不断涨价的预期，吸引更多投资者的进入，再等到资产价格上涨后牟取资产的价格差。但这种投资盈利是建立在参与者的涨价预期之上的，一旦趋势反转，参与者形成了降价预期，则资产价格就将进入暴跌通道。这类投机性投资不仅曾经给人类不少国家带来灾难（如早年荷兰的郁金香泡沫、英国的南海泡沫、法国的密西西比泡沫、美国的铁路投资泡沫），也让我国个别地区正在深受其害，也是我国不少地区正亟待解决的经济金融安全隐患。在这些富裕起来的地区，这些钱的另一个去处就是炫耀性、奢侈性消费，而且投机本身就容易助长炫耀性、奢侈性消费，来得容易的钱总是花起来不珍惜，而且那些制造投机活动的人也需要通过炫耀性、奢侈性消费来显示自己的实力，引诱更多人参与投机游戏。此外，我国不少地区的经济发展正变得越来越依赖以基础设施建设为核心的各类固定资产投资，一提到刺激经济、稳定和促进经济增长，许多地区就已经习惯性地理解为加大政府推动的基础设施建设。我们认为，当前我国经济面临泡沫化、投机化风险、过度依赖政府基础设施建设投资、产业转型升级难度大、经济发展模式转变难，根源就是缺乏鼓励人们投资于技术创新的激励体系，这就是任何国家和地区要持续发展必须思考的问题：如何激励资金进入科技创新领域？从这一意义上，技术创新激励体系建设也是化解当前我国经济风险、金融风险的根本性举措。如果这些国家和地区缺乏投资于科技创新以促进产业升级的动力，经济发展就不可避免地停滞或者倒退，陷入 300 多年前“西班牙陷阱”的悲剧。

2.4 科技创新是需要激励的

2.3 节我们利用历史事实探讨了科技创新激励体系在国家繁荣乃至经济金融风险防范与化解方面的重要性，但这并不能取代从理论上说清楚为什么科技创新需要激励，案例再精彩、再多，它也只是例证，取代不了理论分析，只有理论分析才是真正的解释。

科技创新之所以需要激励，全部的奥秘就隐藏在现代科技创新活动的特性背后。本节从经济学角度讨论现代科技创新活动的特性，从而给出科技创新活动需要激励的理论逻辑。从经济学角度讨论科技创新的特性，其开创性贡献应该归功于诺贝尔经济学奖得主肯尼斯·阿罗在 1962 年的工作。阿罗认为科技创新活动的产出——信息或知识，不像普通商品，它能被个人和商业企业重复使用而没有被损耗，并且难以排除其他个人和商业企业免费使用它。由此，新知识带来的收益不限于其最初的创造者，还会对其他人产生巨大的外部效应。阿罗的工作尽管只是揭示了科技创新的部分重要特性，但开启了从经济学视角研究科技创新或知识特性的工作。本节的目的是要对科技创新或知识的经济特性进行全面的总结与分析，并据此分析这些特性引发的激励问题。

科技创新活动，与普通生产活动一样，也是将人力与非人力投入转化为产出的过程，不同的地方在于科技创新活动的产出是一种特殊的物品——知识。科技创新的许多重要的基本特性就与知识的特殊性有关。

1）科技创新或知识具有巨大的正外部效应。大部分关于知识、创新的经济学研究从阿罗开始都会强调科技创新或知识的这个基本特性。正外部效应是指某个主体的行为给其他主体带来的免费的好处，又被称为“溢出效应”。一旦出现了正外部效应就意味着该主体从自己行为中获得的私人收益小于社会收益，社会收益等于私人收益加上外溢给他人的收益。知识不可避免地会存在溢出效应，知识外溢的途径是多种多样的，一般有以下 3 种。①人们通过对使用新知识生产出来的新产品进行逆向研究，可以获得隐藏在新产品中的新知识。②通过观察发明者将新知识用于生产的过程，可以获得某些新技术发明的某些相关信息。③研发人员主动或被动选择公开新知识。例如，许多科研人员把他们的发现或发明主动发表在学术期刊上、或主动在学术会议上进行交流、或主动公之于众，这已经是科技界的一个基本的制度建构或惯例。此外，当发明者将它们的发明申请专利时，专利部门会强制要求发明者公开他们的技术信息。贾菲（Jaffe）和特拉腾伯格（Trajtenberg）的研究证明，专利制度要求的信息公开是技术扩散的重要途径和机制（赫尔普曼，2007）。④科技人员在不同组织、国家和地区之间的流动也是知识外溢的重要途径。知识巨大的溢出效应也得到了实证研究的支持。迄今为止，尽管几乎没有一项研究能够对研发投资对总产出的贡献提供充分可靠的答案，但经济学已有的实证研究足以表明知识、创新具有巨大的溢出效应。许多学者利用企业或行业的横截面数据估计了研发投资的收益率，但这些研究只考虑了 R&D 的直接收益，即实施创新的企业或行业得到的私人收益，虽然具体的研究结论不尽相同，但大部分研究者认为 R&D 的私人收益率高于 30%。一旦考虑到研发活动会产生巨大的溢出效应，曼斯菲尔德（Mansfeild）等和谢热（Scherer）的研究表明，研发投资的社会收益是私人收益的两倍多。研究者还发现产业技术革新的溢出效应会超越行业的界限，即不仅本行业的企业会从中受益，这种好处还会外溢、扩散到其他行业（格罗斯曼和赫尔普曼，2003）。在美国，经过细致研究，研发投资的私人回报率是物质资本投资回报率的两倍多，在其他国家，甚至更高。当考虑到研发投资中的技术溢出效应，所估计的回报率会翻倍，甚至更高。一项研究指出美国全要素生产率增长的 40%归因于研发溢出效应，另一项研究把日本全要素生产率增长的 66%归因于美国的研发增长。此外，1995 年科（Coe）和赫尔普曼的研究发现：小的工业化国家研发投资的报酬率为 85%，大的工业化国家为 120%，G7 国家的研发对较小工业化国家产生了额外 30%的回报（赫尔普曼，2007）。其实，经济发展理论中经常讨论落后国家的“后发优势”很大程度上就应该归结于来自发达国家知识和技术创新的溢出效应。所以，库兹涅茨说，不管这些创新在哪里出现，所有国家的增长都要依靠采用这些创新。

如果逐利的创新者从科技研发投资中获得的预期私人收益太少，不足以弥补其研发投入，那么它就会缺乏投资于科技创新的积极性，因此科技创新激励面临的基本问题之一就是如何使得创新者的私人收益尽可能接近社会收益。

2）知识具有无限的非竞争性，以及不同性质的知识具有不同程度的非排他性。通常的经济学文献都会说知识属于公共物品或准公共物品，这种说法并不准确，除非把一切具有非竞争性的东西都叫准公共物品。我们认为轻易把知识一概称为（准）公共物品，不利于根据不同知识的经济特性合理设计科技创新激励机制，会导致对科技创新激励机制的理解出现重大偏差，根源就在于不同性质的知识、不同状态的知识之间的非排他性的确差异甚大。

非竞争性是指增加一个人使用某物品并不影响、减少其他人对该物品的使用，例如，公共交通工具就具有很强的非竞争性，当你在乘车时并不影响其他人也同样乘坐该车。但许多物品的非竞争性都是有一定限度的，都是在一定范围内而言的，如果超出了公交车的正常容量，多一个人乘车就会给其他乘客带来由拥挤导致的不舒适，也就是说，许多物品的使用可能会存在拥挤现象。但知识的使用绝对不会出现拥挤现象，世界上没有哪种物品的非竞争程度能够与知识相比，任何一种知识都能够同时容纳无限多人的使用。例如，世界上所有其他人都在使用勾股定理解题时并不会阻碍你同时使用它来求解某道难题。因此，知识具有无限的非竞争性。知识的无限非竞争性会带来有效使用与激励的巨大冲突。既然多一个人的使用不会影响其他人的使用，为了保证知识的利用是充分帕累托有效的，就应该让知识免费使用，以吸引尽可能多的人使用该知识，但免费的知识会使得人们没有兴趣投资于知识创新。

由知识的无限非竞争性导致的有效使用与激励的冲突是科技创新激励体系设计中要解决的核心矛盾之一。例如，如果赋予创新者太强的专利保护有助于更强的激励创新，但是这会阻碍更多人享用该知识的好处，降低了知识利用的效率。

非排他性是指阻止别人“免费搭车”的成本极其高昂。其实，非竞争性也是针对排他问题而言的，它是指为了提高利用效率不应该排他，而非排他性则是说就算你想排他也没有能力排他。故非竞争性是指不应该排他，非排他性是指不能排他。在知识产权经济学研究的文献中无一例外地都会强调知识具有很强的非排他性。特别要说明的是，我们所说的非排他性是就物品的技术特性或自然属性而言的，即物品的使用从技术上阻止他人免费搭车是否困难，而不是指法律、政策是否禁止免费搭车以及它们的实施程度。其实，知识的溢出效应就是来自知识的非排他性。的确，许多时候偷窃他人的思想的确比偷窃他人的钱财要容易得多，法律要证明是否存在思想偷窃行为也比是否存在钱财偷窃不知要难多少。创造新知识的成本是如此的高昂，但复制他人思想和知识的成本却低廉得多。许多知识具有的非排他性使得人们缺乏投资于创新的积极性，大部分经济学文献讨论科技创新激励的必要性时就是由此入手的。如果任何知识真的都具有极强的非排他性，那么我们只可能看到如下科技创新场景：要么是完全政府投资的科技创新，要么是企业、私人的研发投资全部是在政府专利保护与补贴下激发出来的，要么是完全基于社会公益心从事研发。除了这些之外，我们看不到逐利的企业、私人从事不寻求专利保护的研发投资，也就是说完全看不到企业在没有政府介入下自愿进行研发投资的积极性。事实上，这是技术研发投资的主流。之所以如此，是因为不同性质的知识其排他性程度是不同的。例如，格罗斯曼和赫尔普曼将企业 R&D 产生的新技术分为特殊性技术知识和一般性技术知识。前者是企业用以生产某种特殊商品或实施某种特殊生产过程的技术，这种技术具有较强的排他性，企业本身容易控制相关技术信息的外溢，也容易运用法律手段加以保护。但一般性技术信息有着广泛的应用，企业很难从技术上控制一般性技术的外溢，也难以通过法律手段加以保护（格罗斯曼和赫尔普曼，2003）。其实，许多知识或技术秘诀，如果发现者或发明者不主动说出来，外人是很难获知其全部奥秘的，顶多了解个一鳞半爪。例如，如果牛顿不主动把万有引力定律说出来，而只是运用它去计算物体之间的引力，即便他把引力计算结果告诉外人，但外人要由此推测出其计算依据——万有引力定律，只怕到今天人类也猜不出个究竟；又如，许多物品的配方也许借助发达的科学手段，也极难以破解。从这个角度看，知识的排他性取决于通过反向研究获得知识秘密的难易程度，难度越大其排他性就越强。但是，知识一经公布，要阻止他人免费搭车的难度就很大了，这说明处于不同状态的知识（未公开与已公开的知识）的排他性也不同。

不同性质、不同状态的知识具有不同的非排他性，意味着在不同场合要选择不同的科技创新激励方式。对于具有强烈非排他性的知识，如基础研究和公益性研究，由于其难以阻止他人免费搭车，创新者缺乏投资于这类知识创新的积极性，这与前面说的因知识的巨大正外部效应导致的激励不足是一回事。这就需要政府的支持，以美国为例，基础科学研究经费占整个政府科研经费投入的17%～18%，而我国仅4%左右。美国基础研究来自产业界的投入占比为4%左右，59%来自联邦政府的投入。当然，对于那些排他性较强的知识和技术，创新者无需外界第三者（如政府）的激励，只要创新投资的预期回报率足够高，他就有足够的研发投入兴趣。

3）科技创新的成功与否通常具有极大的不确定性与不确定性差异。这里包括了两点：一是许多科技创新活动面临极大的不确定性。科技创新行为是人类有目的、有意识的行为，具有强烈的问题导向和目的性，它总是为了解决某一个问题。但是，在人类所有的行为中没有哪一种行为像科技创新过程这样充满了未知因素，越是重大的科技创新行为，其面临的未知因素也越多，因此人们常说科技研究活动是人类对未知世界的探索。在科技探索过程中，我们能否取得成功取决于太多太多的因素，研究者的能力、研究者的努力程度、他拥有的资料与实验设施、他选择的研究路径、问题的难点、他的运气，等等。这些我们能够想到与不能够想到的各种因素均会影响着他是否能够达到成功的彼岸。正是科技创新过程巨大的不确定性使得科技创新是一项高风险的活动，与成功的喜悦相比，失败的痛苦才是伴随大多数科技人员的常态。或许正因为成功难得，创新成功才总是让科技人员欣喜若狂。蕴含在科技创新过程中的巨大的不确定性或高风险意味着科技研究领域应该具有一种基本的文化价值：宽容与尊重失败，鼓励自由探索。二是不同类型的科技创新活动面临的不确定性和风险会有着巨大差异。越是重大问题的研究，其成功的难度越大；越是基础理论研究，其成功的难度越大；越是成熟的学科，其成功的难度越大。蕴含在不同科技创新活动类型中的这种风险差异对科技人员的选择有着极为重要的影响，如果对科技人员进行频繁的短期考核，则会促使研究者尽量选择风险小的研究领域和问题，以便快出成果、多出成果。

无论是科技创新活动本身的不确定性，还是不同类型的科技创新活动面临的不确定性差异，均会对我们设计科技创新激励体系提出相应的要求。例如，面对风险巨大的研发活动，可能那些逐利的或风险厌恶的企业和个人缺乏兴趣，如果要推动这些领域的研发投入，就得或采取“重赏之下必有勇夫”的办法，或者政府也许应该袖手旁观，完全尊重人类的兴趣，由那些敢于挑战的天才去自由探索。

4）“产出”的质量或价值是不可准确度量和证实的。评价科技创新活动的“产出”——知识的质量或者说价值及科技创新的价值可以从两个方面入手。其一是对知识进步本身的价值，即它对知识提供了多大的增量，这是一种纯粹的学术价值评价，我们称之为“学术价值”；其二是对知识的社会功用价值的评价，即它在人类社会生活实践中究竟能够发挥多大的作用，我们称之为“功用价值”。当然，针对不同性质的科技创新活动，我们对其学术价值与功用价值的要求是不同的，对基础理论研究，人类更为看重其学术价值，而对于应用研究，人类更为看重其功用价值。

但无论是哪方面的价值，社会要对新知识的价值作出哪怕是较为准确的评价都并非易事。一是我们难以获得评价所具备的充分的信息。从学术价值看，要验证其是否正确就是一件极为耗时耗力的事情。例如，被称为“上帝粒子”的希格斯玻色子是希格斯在 1964 年提出来的，但直到 48 年后，即 2012 年才得以确认。至于一项发现或发明的社会功用价值，我们可能更缺少准确评价它的信息。二是要求评价者具有很高的专业评价能力。如果不是本领域训练有素的专业人士，即便提供了充分的评价信息，也难以判断新知识的价值，这种要求甚至严格到研究者必须是同一个问题的研究者而非同一个学科的研究者。例如，一个博弈论研究者就通常缺乏足够的能力判断经济增长研究成果的水准高下。受制于评价者拥有的信息和能力，对科技创新成果的价值评价“看走眼”就变得不可避免，见仁见智更是家常便饭。

更为值得追问的一个问题是：一项产出失败的或者不完美的科技创新活动是否有价值。科技创新是针对未知世界的探索，我们不知道哪条路径才是通向成功的最佳路径，而一项失败的创新结果可以帮助后来者节省研究路径的探索成本，从这个角度看，它也是有价值的。至于科技创新成果的“不完美性”更是几乎所有重大发现或发明的一个重要特点。人类所有非凡的技术进步不是一夜之间成就的。以蒸汽机为例，它的研制总共用了 200 年的时间。第一台利用蒸汽造成真空以推动水泵的装置是托马斯·萨弗里发明的，于 1698 年获得专利。第一台严格意义上的蒸汽机（带有活塞）是托马斯·纽科门发明的，于 1705 年获得专利。纽科门的蒸汽机只依靠大气压力，故称气压机，它严重浪费资源，因为气缸会冷却，在活塞完成每一冲程后气缸均需要再加热。又过了大约 60 年，瓦特才在 1768 年才发明了带有分体凝气室的蒸汽机，大大降低了燃料的消耗量。又过了 15 年，蒸汽机经过改进能够推动旋转，这才驱动了工业的车轮前进。能用来驱动船舶和车辆的高压蒸汽机则还要等待 1/4 个世纪，直到 1884 年查尔斯·帕森斯用蒸汽涡轮取代活塞，将往复运动改为转动，蒸汽机的故事才算结束（兰德斯，2010）。如果一开始就要求所研发的技术或产品是完美的、有商业价值的，那包括瓦特在内的蒸汽机发明都只能评价为失败。可是，人类社会就是这样，一些起初看起来没有前景的、缺点成堆的发明事实上却可能真正改变了我们的生活，这方面的另一个经典例子就是今天已经成为我们生活必需品的个人电脑，起初的个人电脑不过就是一些发烧友的玩具罢了。

即便在学术共同体内部某项科技创新成果的质量可以准确度量，但也难以向第三方（如法院）证实其质量。当然，向法官证实有没有抄袭相对比较简单，可一项科技创新成果的学术价值和社会功用价值究竟如何，外人是没有办法向法官证实的。科技创新成果质量的不可证实性意味着科技问题方面的纠纷不能诉诸法律。

科技创新成果的绩效具有不可度量性与不可证实性，在后面关于科技创新道德风险问题的激励机制设计中起着非常重要的作用，这意味着基于绩效考核的绩效报酬制度不应该成为科技创新的常规激励机制，尽管这是工商企业许多工作岗位常用的激励机制，而同行评价制度则可能成为解决科技争端与成果评价的基本方式。

5）知识资源的开发利用具有不可耗竭性以及边际报酬的非递减性和递减性并存性。资源经济学喜欢把自然资源分为可再生与不可再生资源。不可再生资源的特点就是人类用掉一点就少一点，终有耗竭之日。但是所谓的可再生自然资源也是相对而言的，如果人类的消耗量大于再生速度或者人类滥用它，这些自然资源也会变得不可再生。然而，人类的知识或想法不管同时有多少人使用它，它也绝不会耗竭。因此，在人类所有的资源中只有知识这种资源才是真正不可耗竭的资源。

许多文献认为知识资源利用的突出特征就是其服从边际报酬递增性质。事实证明，知识资源的开发利用究竟是否服从边际报酬递减规律是个复杂的问题。的确，知识资源开发利用的许多场合不服从边际报酬递减规律。第一，从新旧知识的对比看，新知识的生产力或质量通常要严格优于老知识。Schumpeter（1942）曾经对比了新技术开发和新土地开发。新土地的不断开发必然会导致边际收益递减，因为最早被开发的是最肥沃的土地，越到后面开发的土地，其质量越差。但新技术开发不存在类似问题，技术开发有早有晚，但我们绝不会认为早开发技术的生产力或质量会优于晚开发技术的生产力。恰恰相反，随着不断的探索，越新的技术的生产力会越高，呈现出强烈的边际报酬递增特征。第二，知识资源的使用也可能不服从边际报酬递减规律。就同一块土地而言，随着投入其上的劳动力不断增加，劳动力实现的边际产量是递减的，即越往后投入的劳动力，其从土地获得的收益越低。但是，知识可能不是这样的，两个人先后使用同一个知识，后者从中获得收益不见得就一定比前者少，尤其是在研发创新时，后来者因为能够吸收先行者的经验教训，他从同一个知识的利用活动中可能获益更多，具有更高的研发效率。第三，知识资源相互之间的交易服从报酬递增。正如大文豪萧伯纳所说的，用我的想法交换你的想法，我们每个人都拥有两个想法；用我唯一的物质产品交换你唯一的物质产品，我们依然还是每个人只拥有一个产品。第四，许多研发创新活动最主要的成本投入是固定成本，这就意味着这些研发活动具有强烈的规模经济效应和范围经济效应。例如，实验室设备以及研发所必需的图书资料等科研基础设施条件就可以视为研发创新的固定投入，该组织承担的科技研发活动越多，每项活动或每一项科技研发成果分摊的固定成本就越低，这就是科技创新活动表现出来的规模经济效应。许多科研基础设施条件可以在多种学科的研发活动中使用，如那些用于数据分析的统计分析工具既可以用于分析物理学研究的科研数据，也可以用于分析化学、生物学研究的科研数据，这意味着该组织承担的科研活动的种类多样化，会使得每种科技创新活动分摊的固定成本下降，这就是科技创新活动中的范围经济。科技创新活动的规模经济效应的另一个表现就是，如果创新者希望自己对某个有价值大问题的研究能够“开花结果”，创新者就应该全身心地投入其中，而不是只对其投资一小点儿。科技创新的这种特性与许多重工业的投资特性非常类似：对初始投资的数量要求很高。这就使得人类科技创新活动具有规模经济效应。因此，科学家长期全身心投入科研活动这一事实本身就说明这些科技创新活动具有报酬递增性质。

但是，知识资源的开发利用也同时具有边际收益递减的特征。第一，在许多科技研究领域，科学家们发现越往后走要取得突破性成果的难度会越大，例如，数学和理论物理等许多高度成熟的经典学科就是典型，这或许是今天这些学科大师难出的客观原因之一，也是越来越多的学者走向交叉学科的原因。第二，新知识的商业性利用可能终归要服从边际报酬递减。重大新技术创新的商业性利用大多服从这样一个模式：在起初阶段，由于新技术不成熟，或许后来者因为可以吸取先行者的经验教训而受益更多，一旦该技术进入成熟阶段，则随着越来越多的人使用该技术，新技术给该行业带来的总收益必然会增长得越来越慢。

知识资源的开发利用有的场合递增，有的场合递减，将影响着我们对激励手段和工具的合理选择。报酬递增意味着科技创新具有自我增强趋势，新知识的发现本身就对科技创新具有激励作用，创新本身就是对创新的激励，先前的成功激励着未来的更加投入和努力，先行者激励着更多的后来者。如果遇到的是报酬递减，则意味着需要外界施加更大的激励，以鼓励人们投身于传统经典学科的研究，或者需要思考如何避免过度的进入激励。

6）科技创新活动可能具有负外部效应。前面讨论了科技创新、知识所具有的正外部效应，而且这也是经济学讨论科技创新与知识的基本特性时通常最为强调的特性。但是，不可否认，科技创新活动也具有很大的负外部效应。负外部效应是指人们的行为给他人带来的强加的成本或损失。最典型的负外部效应莫过于环境污染、生态破坏。在今天，哲学家、伦理学家以及文学家们对科学的反思就集中在科技给人类带来的各种破坏性后果，尤其是各种化工产品和技术、生物技术给人类健康和环境带来的巨大负面影响，这已经成为了当今社会的流行思潮。但本书要分析的是这些关于科技的负外部效应反思中基本被忽视的另一种负外部效应：一家企业的研发活动可能会导致其他企业的市场份额减少，甚至导致其他企业的破产。企业通过自己成功的研发投资增加了自己的市场份额 30%，而所有其他企业的市场份额却因此减少 20%，这意味着该研发投资的社会收益只有 10%，小于其获得的私人收益。

企业研发创新可能更多不只是意味着抢走他人的市场份额。有研究者发现（斯旺，2013），企业研发投资的这种负外部效应特性已经严重导致英国出现了对研发创新资助的过度激励，尤其是导致这些企业对高度类似项目的重复资助，如各家企业均竞相投资开发同一种药品。当然，前面提及的忽视科技创新给人类健康和环境带来的巨大负外部效应也同样会导致对科技创新的过度激励：投资开发出过多有负面作用的产品和技术。

目前，科技创新激励体系研究中基本上都是在关注科技创新激励不足问题，忽视科技创新中的过度激励问题。笔者认为，要在我国构建一个有效率的科技创新激励体系，就不应该忽视科技创新过度激励，激励不足是问题，过度激励也同样是问题，是社会稀缺资源的浪费。

在经济学讨论科技创新激励的文献中，主要侧重于从前面三个方面探讨激励的必要性。但是，随着现代科技创新活动的职业化、组织化和委托代理化，社会又对科技创新提出了更加严重的激励挑战，而且是现代社会制约科技创新绩效最重要的激励问题，解决好这些问题才是现代科技创新激励体系建设的核心。

人们从事科技创新活动职业化的基本动力之一是基于谋生的需要，而不是纯粹基于兴趣，不排除许多人选择以科技创新为业是因为对研究的兴趣，但这也是他的职业。如果科技创新是完全基于对研究的兴趣，那么激励其努力工作也就是一个无需讨论的问题。科技创新进入职业化时代意味着科技创新也是人们实现、追求个人物质利益的途径。这就使得人们对科技创新的积极性极大地受到了经济利益的约束和驱使。科技创新活动的组织化是指现代科技创新活动都是在某个组织（如大学、科研机构、企业研发机构）内进行的，它不再是科技人员在社会上以单枪匹马的方式进行。科技创新活动的委托代理化则是指科技人员与其他人之间形成了委托代理关系，这种委托代理关系或是来自他接受了他人的研发资金资助或研究任务委托，或是来自他是所在组织的成员，他的目标与其所在组织的目标可能存在巨大差异。职业化、组织化、委托代理化使得现代科技创新具有了一个绝对不可忽视的新特征。

7）科技创新人员的能力水平、努力程度及其创新项目的价值具有不可观测性。对于他所在的组织而言，希望拥有一大批创新能力足够强的优秀的研发人才，因为这是组织可持续发展的基础。可是当组织招聘或晋升科技研发人员时，他并不清楚这些申请者或潜在竞争者的创新能力水平究竟如何。如果解决不了“这位申请者是何种能力水平的人”这个信息问题，组织就会面临严重的逆向选择问题：在招聘或晋升时，低能力的劣质人才反而淘汰了高能力的优质人才，即出现了严重的劣币驱逐良币或劣胜优汰。当组织把这些人员招聘或提拔起来以后，又面临一个新的问题：由于组织难以直接观测研究者的努力程度，组织难以充分掌握相关的行为信息，于是这位承担着创新任务的人也许付出的是极低的努力水平，而科技研发工作的高度不确定性又为他偷懒提供了极好的掩护和借口，他可以将他的绩效不佳解释为运气不好而不是不够努力，这就是由行为信息不可观测导致的道德风险问题。同样地，当外人为科技人员提供研发资金支持时同样会面临由信息不对称导致的逆向选择与道德风险问题：资金可能配置给了低能力者或者价值不大的研究项目；获得资助的研发人员可能工作不够努力，甚至滥用资金。

现代社会如果解决不了科技创新资源配置中的逆向选择与道德风险问题，最终的结果必然是整个科技创新资源（人力资源与资金）的错误配置以及整个科技系统蔓延着慵懒之风，必然是低质量的科技创新成果层出不穷、充斥全社会。由此就引出了科技创新激励中最重要的问题：如何激励科技人员对自己的能力水平和研发项目的价值“说真话”，如何激励科技人员努力完成组织或资助者交给的任务。

第3章

科技创新中的市场、政府和社会的作用

3.1 市场、政府、社会的激励功能定位

任何一个社会能够用于科技创新的人力与非人力资源与用于其他领域的资源一样都是稀缺的，这种稀缺性表现在两个层面：①用于科技创新的资源越多，则用于其他领域的资源就会越少，这是资源在科技创新领域与非科技创新领域之间的配置问题。②在科技创新领域内部，用于某个创新组织、创新者及某个科技创新项目的资源越多，那么用于其他创新组织、创新者及其他科技创新项目的资源就会越少，这是科技创新系统内部的资源配置问题。不论是哪种层面的科技创新资源的配置问题，科技创新管理的基本目标就是追求科技创新资源的有效配置，即保证用于科技创新的资源及科技创新资源的内部配置是帕累托最优的。帕累托最优是指资源配置处于这样一种状态，如果不损害某些领域的利益，就无法增加另一些领域的利益。这是经济学对效率的底线要求，这是一个被经济学界广泛接受的效率标准。在科技创新领域，利益是从学术创新价值和社会功用价值两个方面进行评价的，实现了科技创新资源配置的帕累托最优，实际上就是实现了它们的总价值或综合价值最大化。

经济学的核心是激励问题，激励问题得不到解决，资源配置就无法实现帕累托最优，因此要实现科技创新资源的最优配置，核心就是激励体系的建构。我们以“三层次科技创新体系”为基础建构的“五维科技创新激励体系”，其基本目标就是要保证整个社会投入科技创新领域的资源以及投入给某个创新组织、创新者或创新项目的资源，既不过多也不过少，既不出现激励不足，也不出现过度激励。科技创新激励问题的合理解决方案内生于科技创新活动的基本特征，本章的基本任务就是根据科技创新活动的基本特征分析市场、政府、社会各自适合支持哪些科技创新活动，各自应该在科技创新激励体系中发挥何种功能作用，如何发挥它们对科技创新的支持与激发作用。

市场、政府、社会是维系社会运行秩序的三大基本力量，是配置资源的三种基本手段，资源配置能否实现最优，就取决于它们三者能否正常发挥各自的作用。要让市场、政府、社会在科技创新激励中各司其职，不仅需要充分了解不同科技创新类型的基本特征或性质，而且要了解市场、政府和社会各自作为科技创新资源配置手段的优缺点，唯其如此，才能实现手段与作用对象之间的匹配。

市场作为一种配置机制，是以如下基本方式运行的：市场参与者以实现自身利益最大化为行动目标，市场参与者依据价格信号作出资源配置决策。市场参与者之间的关系可能是竞争性的，也可能是非竞争性的，但无论是竞争性市场还是非竞争性市场，市场机制的特点就是以自我利益最大化为诉求的分散决策，以价格契约协调参与者。在利益和价格的刺激下，市场参与者具有极强的激励参与和配合市场的运行，因为按照市场价格的指引去做符合参与者的自身利益诉求，市场就是这样引导着人们去实现市场要实现的目标。正因为如此，市场机制才成为了人类社会最重要的资源配置机制。

市场机制虽然激励功能强大，但它要正常发挥作用，必须具备一系列基本条件：市场必须是竞争性的和不存在强烈的规模报酬递增，不存在巨大的外部效应以及交易对象是非公共物品，交易双方的信息是对称和完全的，不存在强烈的正反馈机制，否则就会出现市场失灵，3.2 节将专门结合科技创新领域对此进行深入分析和论述。

政府在进行资源配置时，其运行机制可以概括为六个字：强制性、科层制。一是它可以合法运用强制性手段。例如，它以强制性的税收方式筹集提供公共服务所需要的费用。二是它依靠具有等级关系的科层制体系进行管理。这套运行机制不再是高度的分散决策，而是具备了程度不等的集中决策；这套运行机制中引导人们决策的、协调人们关系的不再是价格信号，而是各种法律法规、行政命令等非价格信号。政府可以利用其强制性手段集中力量办大事，政府也可以运用强制手段改变社会的相对价格以引导人们服从其目标。

但是，若要使得政府决定、引导的资源配置能够实现帕累托最优，必须具备一系列条件，否则就会出现政府失灵。这一系列条件包括：政府的决策及其执行必须是以公共利益最大化为目标，为了作出有效的决策以及执行它必须拥有充分的信息，而且能够及时了解信息的变化。3.3 节会对政府决策及其执行中面临的问题进行专门分析讨论。

以各种社会组织为代表的社会力量是资源配置的第三种机制。与市场机制相比，社会力量也遵循自愿原则，这是它们二者与政府的强制性原则相区别的地方。

但与市场机制的参与者追求盈利或个人利益最大化不同，社会力量的直接追求目标是非盈利和公共利益最大化，就此而言它又与政府有着共同的目标追求。以“自愿”和“公共利益”为运行原则的社会力量是社会的一种自主治理方式。社会力量的决策依然是分散式决策，但它不再是依靠市场价格信号为引导，恰恰相反，它经常受反价格信号的指引而行动。在社会力量中引导参与者的主要是兴趣、公益心与责任感，而不再是参与者的个人利益。与市场、政府有可能失灵一样，社会力量同样也可能运行失灵，这就是萨拉蒙所提出的“志愿者失灵”。

市场、政府、社会各有其运行的特点，科技创新激励体系的构建必须根据各种科技创新活动的特征性质对它们进行合理的分工与定位。然而，长期以来，存在于公众和公共政策制定者头脑中的一个根深蒂固的思维痼疾是：凡是市场干不了或干不好的，就必须由政府来干，把市场失灵视为政府介入资源配置的充分条件。这种思维惯性在科技创新领域表现得最为明显，人们一个长久以来的观念就是由于市场没有为科技创新活动提供足够的支持，科技创新的资金支持是政府义不容辞、必须承担的责任，即因为市场失灵必须政府介入。这种观念典型地忽视了政府也会失灵。因此，任何一个社会在考虑如何合理发挥市场、政府、社会在科技创新激励中的功能作用时，应该综合考虑它们三者的特点和缺点以及各种科技创新活动的特征性质，确立如下基本原则。

1）市场、政府和社会均是不可或缺的促进科技创新的重要支持力量，良好的科技创新激励体系不能存在支持主体“缺位”现象。一个社会的科技进步，既不能完全依靠市场推动，也不能完全依靠政府或社会力量的推动，三者均缺一不可，共同推动着科技创新和进步。原则 1 可称为三个支持主体均需在位原则。

2）市场、政府和社会均拥有自己的优势和缺点，不同类型的科技创新活动其特征性质也各不相同，因此，它们均拥有最适合发挥自己长处的科技创新领域，科技创新激励体系不能存在“错位”现象。有的科技创新活动更适合由市场推动，政府或社会就不要越俎代庖；而更应该由政府推动的科技创新，就不能把责任推向市场和社会。每种支持力量均应该在最适合自己的科技创新领域发挥自己的支持作用。原则 2 可称为三个支持主体均应处在正确位置原则。

3）一种支持机制的失灵并不构成采用其他支持机制的充分条件，而只是采用其他机制的必要条件，科技创新激励不能出现支持主体“互斥”现象。一个问题如果某种机制解决不了，并不必然意味着其他两种机制就能够解决好，它只是意味着可能需要来自另外两种机制的支持。这意味着没有一种机制能够以其他机制的运行失灵来排斥它们，垄断某个领域的资源配置权。三种机制均有其优点和长处，也均有其不足，均会失灵，这意味着问题的解决不是去寻找其他的替代机制，而是进一步改进现有机制，这更意味着的是同一个问题也许同时需要市场、政府和社会的相互配合。因此，这意味着两点：第一，科技创新领域更常见的图景不应该是某一块科技创新由市场完全负责，某一块由政府完全负责，某一块则由社会完全负责，科技创新的激励与驱动绝不是这种市场、政府、社会各管一块的“诸侯分治”的局面，而应该是同一块科技创新领域同时能够看到三者的作用，即便某种机制的作用占主导地位，也绝不会借此排斥其他机制的参与，而应该是三者形成激励功能互补的局面。第二，市场、政府和社会在支持科技创新时，绝不是“鸡犬之声相闻老死不相往来”，绝不是每个支持主体均只能使用自己特有的运行手段和方式，而应该是三种支持主体均可以借鉴、融合其他机制的运行手段和方式，不断推动各自运行手段和方式的创新，这是创新的创新，发明的发明。原则3可称为三个支持主体应该互补、融合原则。

“在位、正位、互补融合”，这是我国围绕市场、政府、社会构建科技创新激励体系、合理发挥它们的科技创新激励功能的三个基本原则。从我国目前科技创新激励体系的运行现状看，创新绩效不佳的一个突出问题就是存在严重的激励缺位、错位以及互斥现象。

从支持主体的缺位问题看，目前，在我国不少地区，科技创新的经费投入基本靠政府，缺乏来自市场的投入，更缺乏来自社会力量的投入。越是经济落后的地区，科技创新投入越依靠政府，经济落后地区的企业普遍缺乏科技创新的投入积极性。与国外相比，我国的科技创新推动基本看不到来自社会力量直接的系统性的支持与推动。我国似乎有一种自古以来的传统，一种社会力量以捐资济贫助医、救灾救死扶伤、兴学助教为己任，缺乏扶持科技创新的传统，这种传统一直延续至今，少有变化。即便偶有社会力量扶持科技创新，也基本是间接的，如捐资改善科研基础设施或设立奖项，很少见到对科技研究活动的直接支持。

从我国科技创新支持主体存在缺位现象看，原则1意味着我国科技创新支持体系的构建要充分重视强化来自市场和社会力量的驱动作用，构建起激励个人、企业以市场化或社会力量的方式支持科技创新的体制机制和文化价值观。一是要通过市场基本运行制度和环境的建设、通过产权制度和财税制度的变革，调动个人和企业以科技创新参与市场竞争的积极性；二是要特别针对我国科技创新支持中普遍存在的社会力量缺位现象，充分运用税收制度和文化价值观的重新塑造，改变我国历史悠久的慈善文化和社会价值观，激发社会力量支持科技创新的积极性。

我国科技创新激励中另一个突出的问题就是各个支持主体的功能错位现象，其中最为严重的问题就是政府热衷于去发挥本应由市场发挥的作用。按照基础理论研究、应用研究与开发研究之分，开发研究具有强烈的社会需求和市场需求导向，是直接用于满足社会用户需求的，这种研究首先应该是市场的事情。但是，据调研，不少地方政府的科技经费中约80%投向开发研究，剩下的也基本投向应用研究，基本不支持基础理论研究。在许多地方政府的科技创新资金的申请中，明确要求所申请的项目必须要服务于当地的经济社会发展，越是能够解决当地经济社会发展中实际问题、重大问题的项目，越能够获得来自政府的支持。如果申请项目不是地方具体问题导向的，连申请的资格都没有。政府科技创新支持中这种极端追求短期实用效果的倾向，导致了市场与政府之间严重的功能错位，导致了科技创新资源严重的错误配置以及创新绩效的低下。

针对我国科技创新支持中存在的错位现象，原则 2 要求我国科技管理体系应该根据市场、政府和社会各自的优缺点以及各种科技创新活动的特征性质，重新设计、规划它们的主体支持范围。总体说来，开发研究除了关系到国家安全等特殊领域外，应该交给市场负责，政府应该退出对开发研究的资金支持；应用研究中凡是能够较好解决正外部效应和知识利用的非排他性问题的，应该以市场作为科技创新的支持主体，政府和社会则重点支持那些正外部效应太难以内部化、具有（准）公共物品特性的应用研究；由应用驱使的基础理论研究应该在鼓励市场力量参与的同时，以政府和社会作为主要的支持力量；纯粹由好奇心驱使的理论研究应该主要由以社会力量方式加以推动。政府推动此类研究，应该主要以间接资金支持方式进行，即不直接针对项目提供资金支持，而是通过支持机构和人员的方式进行。

与我国科技创新激励中的主体缺位、错位现象相比，最为可怕的是主体之间的互斥现象。就我国科技创新支持体系的运行现状看，主要存在以下两个突出问题。

第一，对科技支持主体的评价，建立了一套以创新资金的歧视性待遇为基础的评价体系。我国将科技创新经费的投入分为来自政府科技系统的纵向投入，与来自非政府科技系统的横向投入。虽然我国对科技成果的学术创新价值的评价不是词典序，但我国的科研管理部门在科技投入的评价中倒是普遍采用具有词典序特征的评价制度。无论是职称评定晋升、岗位聘用以及绩效考核、科研奖励发放，一个越来越明显的趋势是：无论多少横向科研课题也抵不过一个经费为零的纵向课题，而纵向课题的重要性又是严格按照国家级、省部级、厅局级进行词典排序的。在许多科研组织的众多评价活动中，就算获得无数多经费充足的厅局级课题也敌不过一个国家级课题。这种对科技创新投入实行歧视性待遇的科研管理体制属于一种极其荒谬的歧视性货币制度。本来，货币的基本特点就是平等性，不管是谁的人民币，其价值都是相同的（否则货币也就无法成其为货币了，无法流通了），都能获得一视同仁的对待，但是在我国的科技管理与评价活动中同样的人民币却被赋予不同的价值，来自政府的货币的价值严格大于来自非政府的货币的价值，来自上级政府的货币的价值严格大于来自下级政府的货币的价值。也就是说，在我国科技创新体系中货币的价值不是由其市场购买力决定的，而是由行政权力的大小决定的。科技创新这个本来最需要宽松和自由探讨的领域却存在着系统化地、制度化地歧视性对待货币的情况。正是这种对科技创新资金实行基于行政权力的歧视性待遇制度，使得我国每一个省份都存在一类从逻辑上都说不过去的科技创新支持方式，即所谓的“立项不资助”项目，个别地方不仅立项不资助，甚至立项反而要交钱，这种荒谬的制度其实反映的就是行政权力垄断学术评价的现状。之所以申报这种课题，目的就是获得行政权力的认可，行政权力不认可的问题也就是没有价值的研究问题。因此，我国科技管理与评价中普遍采用的这种以行政权力为基础的歧视性对待科技支持资金的制度客观造成了政府垄断、排斥市场、社会支持科技创新的局面。既然用市场和社会资金作出的研究得不到认可，科技人员的理性选择自然就是不顾一切地寻求政府的支持，甚至在科技人员内部形成一种轻视市场和社会力量的文化。

第二，政府科技创新资金的分配中过度偏好基于行政手段和科层制度的分配方式，极少借鉴市场和社会力量的运行手段和方式。各级政府分配科技资金的基本方式是：政府发布课题申报指南—科技人员在政府规定的时间内提交项目申请书—政府主导申请项目的评价与审批—政府财政资金下拨—政府对资金使用进行监督—政府主导项目验收。在整个工作流程中，行政审批与行政监督是政府科技创新资金分配的核心运行机制，资金的分配与利用是否有效，完全依赖行政系统审批的科学性以及行政监督的有效性这两种外在强制性手段，科技人员本身缺乏真实陈述研究成本以及有效利用财政资金的内在积极性。一旦这套运行方式导致了科技创新资金的低效分配与滥用，政府的习惯性思维是继续沿着固有的行政化路径，进一步改进行政审批与监督的方式和效能，缺乏路径转换意识，如引入市场和社会力量的运行方式。路径转换意识的缺乏是阻碍我国科技创新各种支持手段互补融合的重要原因。

从促进市场、政府、社会的互补融合看，原则 3 首先要求我们必须改革各种科技评价中建立在对科技创新资金实施歧视性待遇的评价制度，无论支持创新的资金来自于哪里，任何“货币”均应该被平等对待，货币本就天然具有平等性。合理的科技创新评价制度应该基于创新者的“产出”，即成果，而不是投入。科研资金只是投入，无论资金来自何方，只要其获得的成果是高质量的，就均应该在学术评价上获得相同的认可，创新者的能力和水平应该透过其“产出”体现出来；如果考虑科研的社会效率，在成果的价值或质量相同条件下，越是花费少的研究越应该获得更高的评价，而不能像目前这样，获得的投入越高，获得的社会评价也越高。投入只是科技创新的成本，对待成本唯一理性的态度就是追求（给定产出条件下）成本最小化，而在我国，科技评价反而推行一种成本越高越好的评价制度。唯有建立一种仅仅用产出绩效评价科技创新的体制，才能客观上促进市场、政府、社会共同促进科技创新的局面。其次，政府在分配科技创新支持经费时，应该充分运用市场和社会力量的运行机制。政府不应该固守基于行政审批和监督的资金配置方式，而是应该采用具有市场竞争色彩的锦标赛制度和招标拍卖制度；

政府可以考虑将支持基础研究和公益性应用研究的资金交由科学共同体自我管理的基金会来分配，政府除了出资及引导支持方向外，剩下的一切均交给基金会运作，这种做法就是政府采用社会力量方式支持科技创新的一种形式。

3.2 科技创新激励中的“看不见的手”

随着全社会越来越重视科技创新对社会经济发展的作用，政府及公众越来越重视企业在科技创新中的主体地位和市场在科技创新中的导向地位。这一节集中分析市场是通过哪些渠道或机制促进、激励科技创新的，从而为发挥市场的科技创新激励作用提供理论依据。特别值得提及的就是，本书所说的市场是更为宽泛的。在通常的理论与公共政策研究中，主要分析是产品或企业所处的市场结构对科技创新激励的影响。例如，药品行业的市场竞争程度对企业研发创新积极性的影响，这是产业组织理论研究的传统问题。而本书的市场还包括学术市场，即创新者或科技人员之间的学术竞争对他们创新积极性的影响。例如，从事药品研发的科学家之间的学术竞争会如何影响他们的创新积极性。

长期以来，市场对科技创新的影响集中于分析市场结构与科技创新的关系。市场结构反映的是市场的垄断与竞争程度，熊彼特首先开创了市场结构对科技创新激励的研究，并引起了创新激励研究中持续至今的广泛争论：大企业与小企业到底谁更有积极性推动研发创新？竞争性市场与垄断市场到底谁更鼓励研发创新？企业规模与市场结构和创新激励到底是一种什么样的关系？

熊彼特把创新过程的本质视为“创造性破坏”，认为真正的市场竞争不是价格竞争，而是基于创新或创造性破坏的竞争（如用新产品取代旧产品、新工艺取代旧工艺），这是一种替代性竞争，这种竞争打击的是企业的基础和生命。熊彼特认为创新程度与市场力量之间具有正相关关系，最能推动这种替代性竞争和创新的是那些拥有市场垄断力量的大企业。因为与那些没有什么市场力量的小企业相比，大企业拥有更丰厚的、可用于研发的资金，更能够抵御研发活动的高风险，能够充分发挥研发活动具有的规模经济优势。按照这种观点，公共政策应该放松反垄断法对企业规模的限制，应该允许企业的规模变得更大，从而带来更多的创新。这种观点认为大企业对创新的激励与推动作用足以抵消来自企业规模扩大所导致的垄断力量增强带来的社会福利损失。

熊彼特的假说能否得到验证？有些文献用利伯曼（Lieberman）的研究作为证据。利伯曼通过对化工行业的研究，发现企业规模每提高 1%，会导致专利化比率提高 0.3%。这个结论与其说证明了大企业更有兴趣推动创新，不如说它说明了大企业更喜欢采用专利制度保护自己的创新成果，而且即便是这个结论也要小心使用，因为虽然利伯曼发现公司的规模越大，公司注册专利的可能性就越高，但是，该行业的集中度越高，企业申请专利保护的倾向就越低。事实上，更多的实证研究并不能够与熊彼特的观点很好地吻合。根据吉尔曼研究会关于重要创新成果的庞大数据库显示，雇员人数少于1000人的公司作出了47.3%的重要创新。如果按照雇员人数将公司分为小、中、大三个规模等级，进一步的研究表明，大公司的创新基本上与其雇员规模成比例，即若在全体雇员中，大公司的雇员所占比例为30%，则大公司的创新数量在创新总数中所占比例也差不多为30%。但是小公司的创新数量比例要大于其雇员比例，而中等规模的企业在创新的表现上最差。另一则数据也说明熊彼特的观点值得怀疑，美国联邦贸易委员会的数据显示大公司提供了工业研发总支出（含联邦资助的经费）的73%，但仅占工业重大创新成果的53%，专利化发明的61%。以研发支出占销售收入的比例表示研发集中度，使用美国联邦贸易委员会各行业数据的统计分析，柯亨（Cohen）等的研究表明单个企业的规模大小并不影响它们的研发集中度，它们不足以解释研发集中度差异的1%，而行业效应能够解释几乎一半左右的行业集中度差异。霍尔莫斯（Holmes）等的研究表明，在有些行业，研发集中度随着企业规模而变，有的是与企业规模成正比，有的是与企业规模成反比，而在另外一些行业则不存在上述现象。另一项研究表明：企业销售量增加1%会导致研发投入增加0.7%，但企业规模对研发投入的影响是非线性的，非常小的公司与非常大的公司均比一般的公司更加注重研发。但也有研究表明，在制药行业，将一项给定的研发给予哪家大公司并没有什么优劣之分。这些数据表明在市场上，真正影响创新的并不是企业规模的大小，而是其所处行业的市场结构与环境，企业规模对创新激励的影响是建立在市场结构与环境之上的。因此，真正值得公共政策制定者关心的不是企业规模大小对研发创新的激励，而是市场的竞争与垄断程度对研发创新激励的影响（卡尔顿和佩罗夫，1998）。

为了方便后面的分析，在此特别指出，要正确认识市场竞争与垄断程度对科技创新激励的影响，一定要破除我们头脑中把“垄断”一词完全当做贬义词的刻板印象。在中文世界，许多人赋予了“垄断”一词太多的贬义性质，竞争与垄断其实就是指单个交易主体对其所售产品或服务的市场价格的短期与长期影响力、控制力。依据这一定义，将市场分为竞争性市场与垄断性市场。竞争性市场就是指单个企业顶多只是在短期内具有产品市场价格的影响力，而在长期内并不存在价格控制能力。垄断性市场则是指单个企业不仅在短期内具有市场价格的控制力，在长期内也具有影响市场价格的能力。当然，无论长期还是短期，企业影响、控制市场价格的方式是多种多样的。

决定市场是竞争性还是垄断性的，主要有三个基本因素。第一个影响因素是在位企业的数量。市场上在位企业的数量越多，则企业相互之间的竞争通常就会越激烈。传统经济学特别强调在位企业的数量对竞争程度的影响，它将市场结构分为完全竞争市场、垄断竞争市场、寡头市场以及（完全）垄断市场，主要依据的就是市场上在位企业的数量多少。但与在位企业数量相比，另外两个因素才是决定市场竞争程度的更根本的因素，这就是第二个因素——在位企业之间的博弈类型以及第三个因素——市场进入与退出障碍的高低。先看第二个因素——在位企业的博弈类型。如果在位企业之间的博弈关系是非合作的而且相互之间展开的是价格竞争，那么即便该市场只存在两家企业，它们之间的竞争依然会使得各自的价格趋向其边际成本，这就是两个等边际成本的寡头相互进行伯川德(Bertrand)竞争的基本结论。即便存在大量的在位企业，但如果它们能够以某种方式（如行业协会）实行强有力的合作与联合，那么这种市场其实依然是垄断性市场。第三个影响因素是市场进入与退出障碍的高低。从长期看，这才是决定市场竞争程度最重要的因素，前面两个因素其实也与它密切相关：不考虑其他因素对企业数量及博弈关系的影响，通常进入或退出市场的障碍越低最终看来该市场在位企业的数量会越多，在位企业之间进行联合的难度也会越大。如果一个市场不存在进入与退出的巨大障碍，即便该市场上只有一家在位企业，它依然会面临着巨大的竞争压力，这就是可竞争市场理论的基本结论。

在垄断与竞争之间，究竟谁才能更好地促进创新？我们给出的第一个答案就是：市场竞争才是驱动技术创新最强大的原动力。马克思是最早充分认识到这一点的，他最早意识到资本主义、商品经济在价值规律的作用下企业具有推动技术创新的积极性。要理解竞争性市场是推动技术创新的原动力思想，首先必须理解零利润规律，这是现代经济学对管理最深刻的启示。

零利润规律是指在竞争性市场上，任何企业在长期获得的经济利润为零。利润可以分为会计利润与经济利润，经济学所说的利润是指经济利润，而平时大家理解的利润更接近会计利润。假设有一笔 100 万元的投资，有两个选择 A 和 B，若选择 A 项目，该笔投资的收益是 130 万元，若选择 B 项目，该笔投资的收益是 120 万元（假设不存在其他支出）。按照会计利润的算法，A 投资的利润是 30 万元，但按照经济利润的算法是 10 万元，即经济利润不仅要减去投资本金，还要减去 B 投资项目的增值额 20 万元，因为这也是选择 A 投资项目的一个隐含的、但真实的损失。零利润规律是现代经济学最基本、最重要的结论之一，它告诉人们：在竞争性市场上，企业只能在短期内获得大于零的经济利润，但由于存在进入与退出市场的自由，在位企业与新进入企业的追赶模仿，使得这种局面不可能长期维持下去，竞争将侵蚀该企业的利润，使之慢慢又回到零利润状态。

那么，在竞争性市场上，企业为什么能够在短期获得大于零的经济利润？答案就是：成功的创新。如果企业能够对自己的生产工艺进行成功的创新，以新工艺取代旧工艺，它就可以使自己的生产成本低于同行，获得高额的经济利润回报，这就是企业竞争的成本领先战略。如果企业能够进行成功的产品创新，使得自己的产品相比于同行具有足够的差异化优势，它就可以凭借新产品的差异化优势获得高于边际成本的定价，获得高额的经济利润回报，这就是企业竞争的差异化战略。因此，市场竞争的本质是产品与工艺的替代性竞争。但是，这种凭借创新获得的高额利润不会持续太久，时间长了，其他企业就会模仿创新者的创新，或者推出超越创新者的更好的创新，来自其他企业的模仿和超越，使得创新给企业带来的回报又慢慢消失。要摆脱这种带有悲剧性的结局，企业唯有在他人的模仿与超越之间又一次进行成功的工艺与产品创新，又一次否定自己，革命自己。但只要它的创新停滞或创新失败，都会导致其他人对他的超越，他又要回到长期经济利润为零的状态。因此，在竞争性市场上，企业生存和发展的基本之道就是永不停息地进行产品和工艺创新。这就是市场竞争激励创新的全部秘密与机制。因此，在竞争性市场上，企业获得的高额利润其实就是社会对其创新成功的奖励和回报。市场竞争驱动的创新存在一个有意思的现象：当企业的创新是成功的时候，它就成为了这个市场的垄断者，但这种垄断不是长期的，而是随时有可能被替代的，企业的命运就是在垄断与垄断被打破之间循环往复。

虽然上面的分析说明了市场竞争是创新的原动力，但是它过于简单，它只是给出了企业创新的动力源泉在哪里，而没有清晰地揭示何种程度的市场竞争最有利于推动创新。要回答这个问题，必须分析企业是如何进行研发投资决策的。企业是否投资于研发创新，是它理性选择的结果，只有当研发投资所获得的期望回报的现值大于研发投资成本时，它才有积极性投资于研发创新。投资期望回报现值的大小取决于四个因素。①每期获得的平均回报的高低，每期获得的平均回报越高，研发投资的期望回报的现值就越大。②研发投资获得的回报期的长短，研发投资获得的回报期越长，研发投资的期望回报的现值就越大。③贴现利率的高低。贴现利率高低反映的是投资者的耐心或对未来长远利益的看重程度。贴现利率越高，表明投资者越没有耐心，越看重眼前利益；贴现利率越低，研发投资的期望回报的现值就越大。④市场不确定性的大小。市场不确定性反映了研发风险的大小。为了体现市场不确定性或研发风险对决策的影响，假设未来市场的不确定性越高，企业对预期贴现利率的要求就会越高。考虑到这一点，第 3 和第 4 点合并为同一个影响因素：贴现利率的高低。

给定企业进行理性研发投资决策的条件和影响因素，可以发现，随着研发投资额的增大和市场不确定性的增大，要激励企业投资于研发，就必须要求提高研发投资的平均回报以及回报期限。而不论是提高平均回报还是回报期限，均意味着创新获得的垄断地位不能过快消失，否则企业就没有积极性进行高风险的、巨额的研发投资。

综合上述分析，市场竞争对创新的影响是两方面的：一方面，创新给企业提供了创新的压力和原动力，就这方面而言，提高市场竞争度可以增强企业创新的原动力。但另一方面，提高竞争度又会降低创新的平均回报与回报期，这又会对创新带来抑制效果。因此，结合对研发创新投资额与研发风险的大小的考虑，可以就竞争、垄断与创新的关系得出如下更加清晰、细致的结论。①当该行业的研发创新属于劳动或智力密集型时，更高的市场竞争度（如垄断竞争市场）更有利于推动创新。在这种市场，小企业林立、降低行业进入与退出障碍反而更能推动创新；当该行业的研发创新属于资金密集型时，适当降低行业的竞争度（如采用寡头竞争格局）才能更好地推动创新。在这种市场，大企业相互竞争、给予较长的专利保护以提高进入壁垒会有助于推动创新。软件行业属于比较典型的智力密集型创新，相对于资金要求，它更要求的是创造力。而新药品开发属于典型的资金密集型研发。因此，管理者应该根据该行业研发的资金密集程度合理确定市场竞争度，但无论如何，那种没有给予他人任何进入自由的垄断是不会推动创新的，因为它已经完全失去了创新的动力。既然无需创新就能长期获得高额回报，又何必为研发劳神费力。因此，任何对市场结构与创新关系的考虑均应该以竞争为起点。②当行业处于技术成熟期，研发创新多以延续性创新为主，研发风险较小，因此，降低对创新的专利保护、提高行业的竞争度更有利于推动创新；当行业处于生命周期的早期，技术不成熟，研发创新的风险大，加大专利保护有助于提高企业投资于研发的积极性。③如果企业研发成果越难以被外界模仿或创新性越强，则政府越应该降低人为形成（如专利制度）的进入障碍，以鼓励竞争，促进创新。

在前面已经提到，要摆脱市场竞争导致的零利润困境，企业唯有永不停息地进行创新，但得出这个结论还必须满足一系列条件。首先就必须要求市场是竞争性的，这就意味着政府除了为激励人们的创新积极性而给予创新者必要的专利垄断外，它必须以维护市场竞争秩序、反垄断为天职，这是政府最基本、最原始的职能。然而，从市场竞争到科技创新还有一段鸿沟需要跨越。

竞争性企业面对市场竞争导致的零利润状况，有四个选择：①通过策略性行为以及游说政府部门，以实现企业之间的联合与合作，或把一部分在位企业排挤出市场，即通过建立人为的策略性或行政性垄断以摆脱竞争的压力。其实，那些能够获得经济利润的在位企业作为市场上的“既得利益者”，恰恰是最厌恶竞争的，他们最希望消灭竞争，市场向来的场景就是在位企业希望减少竞争，而潜在进入者则希望有竞争。②将资金转移到资产性行业，利用资产性行业容易形成正反馈效应的机制寻求资本获利。这就是人们平时见到了各类金融和资产投机行为，即通过炒作各类资产获利。资产性行业的基本特点就是资产价格容易受市场参与者预期的影响。如果人们形成了资产价格上涨的预期，投资者会选择继续买入，这就会导致资产价格真的会上涨，而这又会强化投资者资产价格将继续上涨的预期，鼓励投资者的进一步买入，导致实际资产价格进一步上涨，也就是说上涨是进一步上涨的理由；如果人们形成了资产价格下跌的预期，投资者会选择卖出资产，这会导致资产价格真的会下降，而这又会强化投资者资产价格将继续下跌的预期，鼓励投资者的进一步卖出，导致实际资产价格进一步下降，也就是说下跌是下跌的理由。这就是资产价格预期的自我实现，这种运行机制就是可称为“马太效应”的正反馈机制，它是资产价格大起大落的原因。面对资产价格的暴涨暴跌，投资者可以通过“做多”（处于价格上涨预期时）或“做空”（处于价格下跌预期时）获取暴利。③通过永不停息的工艺与产品创新，摆脱市场竞争导致的零利润压力。④安于现状，满足于零利润状况。毕竟零经济利润意味着企业投资依然可以获得正常的会计利润回报。

即便已经位于竞争性市场，如果期望企业选择走技术创新道路，还必须满足以下几点。①通过反垄断阻止在位企业通过联合、排斥同行等办法变竞争性市场为人为垄断市场。其实，这个条件与面前提及的条件可以合并为一个条件：全面地反对除专利垄断以外的各种人为垄断。②严格限制资产性行业的投机行为，采取各种措施抑制和刺破资产价格的正负泡沫。然而，即便这两条道路走不通，竞争性企业也不见得就会选择投资于研发创新，对于理性的企业而言，如果创新之路过于艰难，它也可以选择安于现状。③要使得企业不安于现状，就必须采取以经济利润考核企业绩效的制度，一旦企业持续处于零经济利润状态，企业负责人必须为此承担责任。这种做法其实就是不给平庸企业家“混日子”的机会。④提高研发创新行为的预期回报，降低研发创新的成本和风险。如果这个条件得不到满足，竞争性市场的企业一定会想方设法回到另外三条道路上来。因此，只有同时满足这四个条件，竞争性企业才会顺利地选择以研发创新维系自身的生存与发展。这一理论可以很好地解释我国经济发展模式转型何以如此艰难。尽管早在 20 世纪 90 年代末的亚洲金融危机以后，我国就提出和推进经济发展模式转型，转移到以创新驱动发展的道路上来，但时至今日，经济发展模式的转变依然困难重重。特别是自 2008 年金融海啸以来，我国许多行业的企业已经利润微薄，但这些行业的发展模式转型依然举步维艰，成效甚微。究其原因，首先就是他们还有其他的道路可走，如选择行政性保护与帮助，选择去资产性行业投机（辛辛苦苦干一年实业不如炒一套房子就是例证）。因此，反垄断、反泡沫经济与资产投机本身就是在促进企业的创新积极性。或者可以这么说，是行政性垄断及各类资产泡沫和投机风潮阻碍了经济发展模式的转变，阻碍了创新驱动发展模式的实现。其次，就是创新之路本身还存在如创新回报过低、风险过大、投资成本过高等一系列切实的问题。

以上只是分析了市场竞争对创新的激励作用，这可以称为市场对创新的竞争效应。市场这只看不见的手对创新的激励和促进作用还有多个渠道。接下来本节分析市场促进创新的其他机制和路径。

1）市场可以通过分工效应推动和激励科技创新。按照亚当·斯密的观点，市场交易的扩大会深化专业化分工，专业化分工的深化又会反过来促进市场交易的扩大。市场通过促进分工可以从两个方面推动科技进步。第一，市场通过劳动分工带来的“做中学”效应促进技术进步，这是最早来自斯密的观点。其实，罗默1986年建立的内生增长模型就是以“做中学”为基础的，即技术进步内生于“做中学”，这也是肯尼斯·阿罗所强调的。尽管许多实用型创新是劳动者工作经验积累的产物，在不少行业“做中学”至今依然是技术进步的基本机制。但是，劳动分工通过“做中学”推动技术创新的思想更符合的是科学经验主义时代和英国工业革命时代的实际。第二次工业革命以后，技术进步越来越依赖于科学知识的进步，劳动分工也就不再是技术创新的主要源泉，而且劳动分工有时不但不是创新的源泉，反而会阻碍创新，因为随着劳动分工越来越细密，劳动者越来越陷入片面发展之中，他们越来越只能掌握知识的碎片而非整体，尤其是随着现代产业的科技含量越来越高，这些分工着的劳动者更加可能只是处于一种“知其然但不知其所以然”的状态。在现代以科技为导向的产业中，处于分工状态的劳动者即便能够带来基于工作经验积累的技术创新，但大多只是延续性的改进型创新，难以有重大革新。第二，虽然“做中学”对现代产业的技术进步的作用在减弱，但市场推动的分工又从另一个方面更大更好地促进了科技进步。当技术进步源于“做中学”效应时，技术进步只是人类其他工作的副产品，发明者只是以“业余”的身份从事技术创新，这是第一次工业革命及其之前技术进步的基本常态，不仅如此，在那个时代，科学知识进步也是科学家个人兴趣或业余爱好。例如，牛顿的职业是英国造币厂厂长而非科学家。但随着现代社会的发展，科技研究本身也分工为一种专门的职业了；随着现代大学的出现，科学发现也成了专门的职业了；随着推动第二次工业革命的技术学校与工业实验室的建立，技术发明也就成为了一种受人尊重的社会职业。现代科技进步的加速度发展是科技创新职业化的结果，科学发现与发明创造不再是个人的业余兴趣爱好，不再是其他职业活动的副产品，它们本身就是一种专门的工作，本身就是一种专业化活动。因此，从现代科技进步的推进看，市场推动科技进步的分工效应不是体现在“做中学”，而是体现在科技研发的专业化、职业化。

2）市场可以通过规模与范围效应推动和激励科技创新。市场推动创新的规模效应就是指市场通过交易量和交易范围的扩大推动技术进步。市场的规模和范围效应体现在三个方面。第一，理性的企业是否有积极性投资于研发，取决于预期投资回报与研发投资额的对比。企业从新产品中获得的预期经济利润越大，创新的积极性就越高，而市场交易规模越大，新产品从中获得的经济利润就越高。因此，更大的市场容量本身也会鼓励更多的研发。第二，市场交易范围不断扩展能够减少研发竞赛中的重复投入现象。例如，假设国内市场与国际市场是分开的，那么，国外企业与国内企业均有积极性投资于同一种产品或工艺的研发，从社会福利角度看这是一种重复研发投入和浪费。但如果国内市场与国际市场一体化了，企业基于差异化竞争的考虑，它不再有兴趣开发与其他同行相同的技术和产品，而是能够与他人形成差异化优势的技术和产品。第三，市场交易范围的扩大能够降低技术创新的成本。一方面，市场交易范围扩大促进了技术知识的扩散，从而增加了每家企业在研发时可以利用的知识存量，这种更大范围的知识共享降低了技术创新的成本，甚至可以导致技术进步本身的规模经济效应，即更多的知识存量推动了更多的知识进步；另一方面，市场交易范围的扩大给了企业更大范围的生产要素投入组合选择空间，使得企业在从事研发投资时能够更好地选择成本最小化的研发投入组合模式。例如，资金密集型的研发应该放在资本要素丰富的国家，智力密集型研发应该放在高素质技术人才丰富的国家和地区，或从那些人力成本相对较低的国家和地区雇佣研发人才。

3）市场可以通过互补效应推动和激励科技创新。市场是一个由各种各样的市场构成的庞大的体系，一个市场的良好运行往往会促进另一个市场的良好运行，这就是市场的互补效应。科技创新需要大量的研发资金，融资市场的健全和发展（风险投资市场、抵押担保市场和证券市场的发展）可以更好地方便企业筹集研发资金；科技创新活动通常是高风险活动，保险市场的发展可以有效降低科技创新的风险；技术交易市场的发展能够方便企业更好、更快、更高地实现创新的市场价值，从而提升了企业研发创新的利益刺激；等等。总之，一个国家和地区大力发展这些围绕着科技创新的配套市场，可以通过降低研发成本、提高研发预期回报、降低研发风险等各种渠道提升企业的研发积极性。

市场主要通过上面所说的竞争效应、分工效应、规模与范围效应、互补效应促进科技创新。但是，公共政策制定者不应该忽视市场驱动创新模式的缺陷和不足。市场对科技创新激励的负面作用概括起来主要有以下几个方面。

1）市场驱动的科技创新激励是有方向选择性的。在市场上，人们致力于研发创新是基于自身经济利益的理性计算，这意味着市场没有兴趣从事那些没有多大经济利益价值的研发或经济利益回报前景太遥远、风险太大的研发，或者虽然有经济利益但难以阻止他人搭便车的研发，这使得企业总是对基础研究、公益性大的研究缺乏兴趣，他们总是容易陷入对低风险研发项目的过度偏好，或者容易在研发追求上陷入“短视”。

2）市场竞争可能会导致对研发创新的过度投入和重复性投入。市场对不同研发方向的歧视性偏好会使得市场对一部分研发项目（通常可能是更重要的）的激励不足，但这反过来又可能导致对另一部分研发项目的过度激励。当研发活动是一场基于专利竞赛因素或其他因素而成为“胜者通吃”型的竞赛时，输家的投入就是彻头彻尾的社会资源浪费，这种情形下参加研发竞赛的企业越多，资源浪费也就越多。创新可以分为差异化创新与追赶型创新，前者是为了扩大与竞争对手的差异，后者是为了缩小与对手的差异。这种追赶型创新容易导致研发的重复投入，后来者投入研发不过是为了发明创造出已有的技术和产品而已。

3）市场竞争驱使的创新可能会导致出现对社会福利提升作用不大的发明创新。如一项来自美国的调查发现（卡尔顿和佩罗夫，1998），市场会驱使人类进行许多“无用”的发明。例如，几乎没有美国汽车主人会在他们汽车的手套格里放有手套；67%的美国艾奥瓦州人认为音乐录像属于现代生活中最无用的变革；我们身边的许多人也发现智能手机或个人电脑拥有太多用不上的功能。我们在第 1 章论述创新的作用时就已经指出：如果企业的技术创新对竞争力提升作用主要体现为以减少他人市场份额的方式增加自己的市场份额时，这种创新通常表现出社会收益小于企业私人收益的性质。当消费者的需求是由发明创新本身刺激出来的，而不是基于自己的真实需要时，这种发明诱致需求的现象可能并不会真实地提高消费者的福利。

4）市场可能对技术创新产生锁定效应或路径依赖现象。这种现象的出现与市场的网络效应有关，所谓网络效应是指用户从该产品中获得的价值或效用取决于用户的数量，用户数量越多，该用户拥有该产品的效用也越大。网络效应最典型的例子就是电话，如果全世界只有你拥有电话，这对你毫无价值，电话用户越多，你拥有电话的价值也就越大。一旦产品或技术的使用具有强烈的网络效应，就可能对技术进步产生强烈的阻碍作用：即便市场上出现了比旧技术旧产品更好的新技术新产品，但由于网络效应的存在，新技术新产品由于用户少而得不到消费者的青睐，旧技术旧产品由于用户多而继续垄断着市场，网络效应导致的这种巨大转换成本使得市场长期被落后的技术和产品锁定。例如，尽管有人设计出了效率更高的输入键盘，但一直在市场上无法取代效率更低的 QWERTY 键盘，原因仅仅是用户们已经习惯了 QWERTY 键盘。市场网络效应的存在使得技术创新通常只是沿着固有产品和技术进行改进型的延续性创新，难以产生具有路径转换性质的根本性重大创新。

当然，与市场对科技创新的阻碍作用相比，人类社会更应该感谢来自市场对科技创新的积极促进作用。

科技创新人员之间的竞争不仅是在产品市场或技术交易市场上，他们作为新知识的供应者、创造者还要在学术市场上进行竞争。这些创新者在产品市场或技术交易市场上的竞争是一种寻求直接经济回报的竞争，基本动机是趋利。而他们在学术市场上的竞争是一种声誉的竞争，这种声誉主要来自三个方面：是否正确合理、创新价值有多大、是否属于第一个提出者。如果是理论研究者，他们的声誉还来自理论是否简洁优美。比起巨大的经济利益，每一个研究者更看重的是学术声誉，他们一辈子追求的最大梦想就是第一个提出重大的理论或作出重大的发明。为了这个梦想和声誉，他们甚至不惜长期过着清贫和艰辛的生活。与其说他们与同行展开的是物质经济利益的竞争，不如说他们与同行展开的是一场关于创新领先权和创新价值大小的竞赛。坦率地说，目前科技创新激励存在的一个弊端就是过于强调用金钱、物质等经济手段激励创新。的确，在科技创新职业化、组织化、委托化时代，用经济手段激励创新并不是一种错误的选择。但是，就许多科技创新活动来说，人们参与研发并不是主要基于物质经济利益的考虑，他们更为看重的是获得学术声誉。即便在科学的早期年代，科学就是一种关于领先权的竞赛。“这就是为什么科学的狂热爱好者，常常在环境优雅的沙龙里，展示并且宣讲自己的发明，变得如此重要，在座的女士和先生们于是成了这些成就的见证人。并且，这也是为什么科学家，包括业余的和专业的，会如此急切地创办学报并且使注明日期的文章得到发表，并且还要重复试验，证实结果，作出修正、改进，更上一层楼”（兰德斯，2010）。就科技创新人员个体而言，学术声誉竞争是对他们的巨大激励，当然，也许他们希望凭借巨大的学术声誉获取巨大的经济利益。

然而，在我国科技事业的发展过程中并没有利用好学术声誉对科技创新的激励功能，主要表现在以下两方面。第一，学术声誉本身已经是一种扭曲化的声誉，学术声誉不再是来自正确合理与否，不再来自创新性大小，不再来自是否能够领先获得这些成果，而是来自发表杂志的等级、来自认可者或评价者的行政等级、来自课题或项目的等级以及经费额度、来自“成果”的数量，等等。第二，学术声誉已经变成了对科技人员的一种软激励甚至是可有可无的。在今天的大学和研究机构，相当一部分科技人员选择参与研发工作不是基于对学术声誉的追求，而是纯粹基于谋生和谋利，科技创新不再是一项事业，而是一项与金钱、权力、职位密切关联的生意经营。要充分发挥学术声誉对科技创新的激励作用，就必须解决学术声誉扭曲化、软激励化的状况。

要解决学术声誉扭曲化现象，就必须发展一种独立健康的学术竞争市场。科技创新的学术声誉不是来自行政权力的认可，而是要来自同行之间的相互竞争，来自同行之间独立的学术评价。他们之间的竞争奉行的价值准则就是正确合理、首创、创新价值大小。要以这些价值进行评价，意味着他们之间的竞争必须是同行之间的、是公开的、是开放的。

要解决学术声誉软激励化现象，就必须在学术市场建立一套基于学术声誉的进入与退出机制。从进入看，建立学术资源与学术职位的获取、占有必须与学术声誉挂钩的机制；从退出看，学术声誉不佳者必须退出学术市场。

3.3　科技创新激励中的“看得见的手”

市场失灵为政府介入科技创新提供了必要条件。但政府对科技创新的激励效果如何，取决于政府能否采取恰当的支持工具和手段。本节将分析政府激励、支持科技创新可供选择的方式，并讨论政府应该如何正确发挥这些手段的激励功能。与讨论市场驱动创新时正视市场驱动模式可能存在的不足一样，本书同样会正视政府驱动创新模式可能存在的不足。

政府激励科技创新有两大基本工具：产权与竞争制度、资金补贴或资助，即前者是通过提供制度来激励创新，后者是通过提供资金来激励创新。

先来分析产权与竞争制度是如何促进科技创新的。根据诺贝尔经济学奖得主道格拉斯·诺思的定义，“制度是一个社会的博弈规则，或者更规范地说，它们是一些人为设计的、形塑人们互动关系的约束。从而，制度构造了人们在政治、社会或经济领域里交换的激励”（道格拉斯，2014）。制度经济学家和经济增长理论的研究者今天均普遍赞成制度是决定经济长期绩效的根本因素。“由于制度结构不同，资源禀赋相似的国家可能具有不同的发展路径。因为制度影响一国改进和开发新技术的动力……基于这些原因，可以认为，与研发投入或物质资本及人力资本积累相比，制度是决定经济增长的更基本因素”（赫尔普曼，2007）。

经济制度的核心就是产权制度，产权制度对科技进步的激励是从两个方面入手的。一是对物质财产和投资的良好产权保护。纵观现代经济发展历史，经济增长研究者发现，“意义重大的技术进步一般都发生在能够较好地保护私有产权（防止其受到私人或国家的侵犯）的国家。实现对产权的保护需要建立以下两种制度：促进交易的法律制度和限制行政官员权力的政治制度”（赫尔普曼，2007）。所以，经济增长研究者认为对商业投资的产权保护不仅有助于促进资本积累，同样有助于促进知识积累，这是促进科技创新最基础性的经济制度。二是对知识本身进行产权保护。本节重点分析知识产权保护制度对科技创新的激励作用，这也是各种科技创新激励理论与政策研究的重头戏。

“知识产权”一词最早于 17 世纪中叶由法国学者卡普佐夫提出，后来比利时法学家皮卡第将其定义为“一切来自知识活动的权利”，1967 年《世界知识产权组织公约》签订以后，该词才逐渐为国际社会普遍使用。知识产权是指人们对其所创造的智力成果所享有的法律赋予的专有的、排他性的权利。人类赋予创造者的基本产权有三种：专利权、版权和商标权。知识产权是一种特殊形式的产权，第一，它的保护对象是头脑或智力的“产出”，是关于思想和知识的保护；第二，它是对无形财产的保护，虽然它以一定的有形物资作为载体，但财产的价值并不取决于载体本身的价值，而是取决于其代表的创造性。本节主要以专利保护制度为代表分析知识产权保护制度在科技创新激励中的作用，因为在各种知识产权中，专利权是与科技创新关系最密切、最直接相关的。

“专利”（patent）一词来源于拉丁语 Litterae patentes，原意为公共信件或公共文献，是中世纪时君主用来颁布某种特权的证明。专利——作为知识产权最重要的形态，是指法律赋予的、创新者对其发明创造所享有的独占权。在我国，发明创造包括发明、实用新型和外观设计。发明是对产品、方法或者其改进所提出的新的技术方案；实用新型是指对产品的形状、构造或者其结合所提出的适于实用的新的技术方案；外观设计是指对产品的形状、图案或者其结合以及色彩与形状、图案的结合所作出的富有美感并适于工业应用的新设计。

人类第一个专利制度出现在 1474 年意大利的威尼斯，它授予新工艺和新机器发明者 10 年的专有期。16 世纪以萨克森为代表的某些德意志邦国使用了专利制度，但没有完全系统化。英国的专利制度是随着 1623 年的《垄断条例》出台而诞生的，但许多研究者认为该法在 1852 年修订之前并不能算真正的专利法。美国的第一部专利法是由美国独立宣言和宪法起草者托马斯·杰弗逊编写的，于 1790 年由美国国会通过，使之给予人类才智以自由激励，而且这一精神也写进了宪法：通过保障作者和发明者对他们的作品和发现在一定的时间内的专有的权利，促进科学和有用艺术的进步。在美国获得专利最多的是托马斯·爱迪生，一共获得 1093 项发明专利。法国于 1791 年、奥地利于 1794 年、比利时和荷兰于 1817 年、西班牙于 1820 年、日本于 1885 年都通过或制定了专利法。我国于 1980 年成立专利局，1984 年通过《专利法》，迄今已经三次修订。由于越来越多的国家出台了知识产权法律，19 世纪后期以后，建立国际知识产权制度的压力越来越大和愿望越来越强。自 1873 年维也纳会议开始，各国就该议题召开了一系列国际会议，1883 年 11 个国家（比利时、葡萄牙、法国、危地马拉、意大利、荷兰、圣萨尔瓦多、塞尔维亚、西班牙、瑞士）签署了《保护工业产权国际联盟巴黎公约》（我国于 1985 年加入），公约不仅涉及专利，还涉及商标法。《巴黎公约》又在 1911、1925、1934、1958、1967 年等年份几经修改，进一步强化对专利所有者的权利保护。1886 年各国又签署了关于版权的《伯尔尼公约》。在 WTO 的《与贸易有关的知识产权协定》（即 TRIPS 协议）之前，《巴黎公约》和《伯尔尼公约》是国际知识产权制度的基础。TRIPS 协议被公认为当今世界范围内涉及面广、保护水平高、保护力度大、制约力强的国际公约。

无论何种形式的知识产权保护制度，为它辩护的基本理由是：由于智力成果的生产成本高昂、风险大，而模仿和复制的成本却非常低廉，而且通常时间迅速，如果政府、法律体系不对人类创造性劳动的智力成果加以保护，人类就会缺乏投资于创新的激励，使得人类的创新水平低于社会最优。根据曼斯菲尔德等人的研究（卡尔顿和佩罗夫，1998），模仿者的平均成本仅为发明者开发成本的65%。通过对129个行业高级研发经理的调研发现：对于主要的新型产品或改进产品，73%的案例中，有3～5家企业有能力模仿；对于一种典型的新产品，在89%的案例中有6家及以上的企业有能力模仿。而且，模仿发明的工作通常可以迅速开展，制造业的研发信息通常可在一年至一年半内就被一些竞争对手掌握。这样，如果没有知识产权保护，任何人均可以使用新知识新发明，那么假设你发明了一种新药或化工产品，那别的公司只要弄清楚这些它们的成分后就可以自由地仿制，这种竞争很快会把它们的价格压到等于边际成本的竞争性价格水平，看似消费者的确可以从这种竞争性价格中大获其利，但由于发明这些东西的成本全部要由你承担，这种竞争性价格会使得你压根就没有兴趣为此作出巨额投资，压根就不会出现这种新发明。你想要得便宜的，你就可能什么都得不到，这就是发明创造的特性。而发明创造对人类社会具有很高的社会价值，新的生产方法可以降低现有产品的生产成本，新产品作为中间品可以提高人类的生产率，作为最终产品可以给人类提供效用满足。

总之，知识或智力成果需要法律保护的根源在于知识的利用难以有效地阻止人们免费搭便车。知识产权本质上属于赋予创新者的一种排他性的垄断权利，在法律的保护期限内，任何他人都无权免费使用这种新知识，新知识的产权拥有者所处的这种缺乏竞争状态使得他能够获得知识垄断所带来的垄断利润，这就是驱使他努力去创新的动力根源。因此正如美国总统林肯所说的：专利制度是为天才之火添加利益之油。因此，从外部效应理论角度看，知识产权制度本质上是使得私人收益尽量等于社会收益，即正外部效应的“内部化”。

以专利制度为核心的知识产权制度的建立对激励和促进科技创新到底能起到哪些作用？概括起来，表现为两个方面。一是通过提高模仿和复制成本、延缓模仿和复制时间，减少了创新者在一定时间内的竞争对手，增强了创新者的市场力量，提高了人们的研发积极性。3.4节将提到，由于专利保护力度不可能完全阻止迂回发明及逆向研究等的存在，专利制度不能完全阻止模仿，但可以提高模仿成本，延缓模仿品进入市场的时间。根据曼斯菲尔德对化学、制药、电子和机器行业33种新产品的研究，专利制度不同程度地提高了模仿成本，有9%的产品因为专利制度而使得模仿成本提高了200%以上，还有9%的新产品中模仿成本上升了100%～199%，有12%的新产品中模仿成本提高了20%～49%，有30%的新产品中模仿成本提高了10%～19%。曼斯菲尔德的另一项针对48家企业的研究表明：专利制度总体上使得模仿成本提高了11%，而处方药上升了30%（卡尔顿和佩罗夫，1998）。另外的学者的研究也表明，无论是主要新产品、新工艺还是普通新产品、新工艺，模仿已获专利的产品和技术所要花的成本要高于未获专利的产品和技术，而且发现模仿一种已经获得专利的主要新产品所需要的平均时间要长于未获专利的。模仿成本的提高赋予了创新者更大的市场力量和更高的垄断利润，从而鼓励了更多的研发投入和发明创造。不过，对于不同的行业，专利制度的激励作用或重要性不同。对英国以研究为导向公司的调研（卡尔顿和佩罗夫，1998）表明，如果不存在专利制度，有的行业的研发支出不会受到太大影响，如电力行业，而有的行业的研发支出会受到很大的影响，如制药行业，64%的研发投入依赖于专利制度的保护。二是促进、鼓励了新知识的披露和公开，从而推动了更多的新创造。专利制度对专利申请人的一个强制性要求是提供一份书面说明书，以完整、清楚、简洁和准确的语言描述新的发明创造，使得所属技术领域的任何人都可以同样地加以合法制造和使用。专利制度是以全社会已有的创新为基础生长出来的，新知识的公开降低了新发明创造的成本，提高了发明创造的速度。当然，政府可能会基于国家安全利益的考虑禁止专利的出售和发行许可证。例如，美国根据 1951 年的发明保密法，禁止发明者向政府以外的人出售关系到国家安全的技术或发放许可证，数千项美国发明列入此列。专利授予有两个原则，一个是首先申请原则，即第一个申请者获得专利；另一个是首先发明原则，即专利授予第一个发明者，但要求提供充分可靠的文件以证明发明日期。首先申请原则更加有助于提高新知识的信息公开速度，这也是绝大多数国家采用首先申请原则的基本原因之一。

虽然知识产权制度为创新者提供了利益激励，但创新者从其创新中获得的回报依然低于其社会价值，这与三方面的原因有关。一是知识产权保护的力度不可能是完全的、完备的。这在计算机软件行业最为突出，盗版一直是困扰软件这个行业的痼疾。据有的研究估计，印度 80%以上的软件是通过非法复制获得的。二是竞争对手通过合理运用“迂回发明”方式推出其他创新者功能相同或相似的合法产品是技术创新得以扩散的重要途径。例如，施乐公司作为静电复印技术的发明者拥有专利权，并从这项发明中获得了巨大的收益。但是，其他公司从施乐公司的成功发明中受到启发，通过“迂回发明”这一普遍做法发明了大量类似但不相同的产品。仅在 1974 年的 10 个月内，就有包括 IBM、柯达在内的 16 家公司在静电复印技术领域获得了 390 项专利（卡尔顿和佩罗夫，1998）。竞争者通过这种迂回发明方式降低专利对发明者的价值是许多公司常用的竞争手段。三是合理运用逆向研究获得来自他人发明创造的好处，即通过破译他人新产品或新工艺中的秘密而从中获益。

然而，在科技创新激励体系中处于非常重要地位的知识产权保护制度面临着以下值得我们重视的问题，这是我国各级政府构建合理恰当的科技创新激励制度时应该正视和多加思考的问题。

1）知识产权保护制度面临着激励与帕累托最优利用原则之间的两难选择。

这股本质上属于“垄断”的利益之火使得知识产权保护制度存在两难选择：

保护期限太短不足以激励人们创新，但保护期限太长又会加大垄断带来的社会福利的无谓损失。知识的最重要特征之一就是无限的非竞争性，即增加一个使用者的边际成本为零，这意味着为了促进资源的有效使用，应该让尽可能多的人利用该知识。因此，从资源的有效利用角度看，要实现这一目标就应该根据边际成本原则定价，即使用知识的价格应该为零，这是符合资源利用的帕累托有效原则的定价。可是，如果使用知识的价格为零，那谁又还有积极性投资于创新呢！上述分析意味着任何审慎的、合理的知识产权保护制度必须权衡科技创新中激励与知识帕累托有效利用之间的矛盾，即合理确定知识产权保护的年限和范围。各类知识产权最优保护年限的确定一直是知识产权保护制度研究中令人头痛的事情。以与科技创新最为贴近的发明专利为例，美国、德国、日本、英国、法国、加拿大、中国等国家的基本保护期限是自提交专利申请之日起 20 年，可是谁又能够保证这个期限对任何行业的科技创新或发明活动均是最优的时间长度呢，哪怕从总体来看也无法确保这是最优的保护时间长度。再以与科技创新关系密切的版权或著作权看，《世界版权公约》的保护期限是作者有生之年及其死后 25 年，我国和《伯尔尼公约》是 50 年。这同样可以引发一个疑问：各种科技创新著作的版权保护最优年限应该一样吗？

专利保护制度背后蕴含的一个基本假设是：人们是否有积极性从事科技创新发明是基于经济利益的考虑与权衡，如果不加以来自专利制度的“重赏”，就会缺乏投身于高风险的科技研发活动的“勇夫”。这意味着某项科技创新活动受经济因素的驱动越少，需要的专利保护力度也越小。就此而言，与学术声誉激励是存在着一定程度的替代关系。学术声誉激励起作用大的场合，专利保护的力度就可以小一点，从而可以减少专利垄断导致的社会福利的无谓损失。但学术声誉激励与版权制度或著作权之间并不存在这种替代关系。恰恰相反，著作权是对首创权的确认和保护，是确立学术声誉的重要保障。

2）知识产权保护制度真的是企业用来保护自己智力成果、维护自己市场竞争力的重要方法吗？

接着上一段话，我们可以继续追问：即便对那些主要基于经济利益动机的科技创新活动来说，知识产权保护制度真的是非常重要的、基础性的激励制度吗？

其实，创造性劳动的智力成果该如何保护，有两种方法：一是制度性方法，即通过政府创设的知识产权保护制度加以保护。基本的知识产权保护制度有：专利权、版权、商标权。二是策略性方法，即智力劳动者不使用政府建立的知识产权保护制度，而是通过自己运用各种策略保护自己的智力成果权益。基本的策略性方法有：领先时间优势，保密协议、保守秘密、设计的复杂性。

领先时间优势是指采取先发制人策略，抢在其他任何人之前迅速使用该知识，即通过做行业第一人来获取新知识带来的潜在收益。如果先发制人是成功的，他就没有竞争对手，可以获得垄断利润。有了足够的先发优势，即便新知识一进入市场就会马上泄露，企业也照样拥有创新的积极性。但是，因先发制人带来的这种垄断利润通常都是短期的，暂时的，而且先进入者越成功，对后来者进入的吸引力就越大。因此，越是难以复制的、难以通过逆向研究破解的知识秘密，其给新进入者带来的垄断时间会越长，垄断利润就会越高。此外，一旦创新活动中他人可以借鉴先进入者的经验教训而获得优势，那么先发就可能会由优势变为劣势，最成功的行业参赛人反而是那些追随者，这就是次快进入策略，最成功的代表就是后来者 Internet Explorer 战胜了 Netscape。

保密协议，又称非公开协议，是指各方签订一份正式的合法合同，约定不与任何第三方分享保密资料，其目的就是通过在协议各方之间保守知识秘密，从而阻止其他人使用该知识。它可以保护那些通过其他方法也能大体保护的智力成果，也能保护那些难以通过任何知识产权保护制度加以保护的智力成果。

保守秘密是通过对所有外部人和几乎所有内部人保守秘密来保护智力成果。保守秘密与前面说的保密协议不同，前者是针对知识或智力成果的交易环节而言的，它是以交易协议方式与数目有限的外人分享知识秘密。而保守秘密则是根本不与外人分享知识秘密。例如，大家众所周知的可口可乐配方就是用这种方法加以保护，中国古代的许多传统制造工艺也是通过这种方法加以保护的。

设计的复杂性，是指通过产品或工艺的复杂设计使得外人难以通过逆向研究破解知识秘密或使得知识秘密掌握的高度分散化来保护智力成果。这是一种英国工业革命时代就被广泛使用的策略性保护方法。在那时，不少先进制造业工厂里面“任何工人都不能向你说明操作的全部环节，因为他长期被固定在只是一个很小的部件上；听他介绍除此之外的任何事情，都会充满谬误。但是，正是这种很少令人了解的分工促成了……制造厂商财产的更大的安全”（兰德斯，2010）。关于保护知识产权的方法见表 3-1 和表 3-2 的数据。

表 3-1 认为该方法是保护知识产权非常重要方法的公司比例（%）

领先时间优势	30
保密协议	28
保守秘密	28
设计的复杂性	24
商标权	19
版权	18
专利权	13

数据来源：《创新经济学》（彼得·斯旺，2013）

表 3-2　不同规模下认为该方法是保护知识产权非常重要方法的公司比例（%）

	A	B	C
领先时间优势	29	58	66
保密协议	27	58	78
保守秘密	27	57	65
设计的复杂性	23	49	47
商标权	18	43	54
版权	17	35	57
专利权	12	35	47

数据来源：《创新经济学》（彼得 • 斯旺，2013）。A 代表雇员为 250 人以下的公司，B 代表雇员人数在 251～2500 的公司，C 代表雇员人数在 2501 人以上的公司

从表 3-1 和表 3-2 可以得出两个基本结论：①企业的规模越大，知识产权保护制度的重要性越高；②无论何种情形，知识产权保护制度并不是企业保护自己智力成果的最重要的方法。与依靠政府的司法保护相比，企业更倾向于依靠自己的力量或策略保护智力成果。

企业不愿意使用正式的知识产权保护制度，主要有以下两个原因：一是当企业为自己投资的发明成果申请专利权时，它必须被动地公开自己产品和工艺的信息，以证明自己的创新成果具有新颖性、创造性和实用性。二是担心使用正式的知识产权保护制度所需要支付的高昂的司法成本（包括时间成本）。基于这些考虑，企业不如自行保护自己的发明创造。

无论是策略性的自行保护还是正式的司法保护，所有这些智力成果保护方法都是生成市场力量的垄断手段。但是，从社会福利角度看，合理恰当的知识产权制度要优于策略性保护方法，因为知识产权保护制度强制要求的信息公开有助于其他人从中进行学习、获得启发，充分利用知识的溢出效应。而策略性保护方法则由于知识处于秘密状态而妨碍了人们之间的相互学习。但无论怎么样，在现实生活中，知识产权保护制度对企业的创新激励作用被夸大了。这是非常值得公共政策制定者重视的一个现象。

3）知识产权保护制度真的是国家实现长期经济增长的重要基础吗？

前面是从企业竞争力角度分析知识产权保护制度对企业的创新激励作用，我们得出的结论是这一作用被过分夸大了。接下来从国家经济发展角度分析这一制度究竟是否非常重要，为了实现经济长期可持续发展，究竟是否应该严格保护知识产权。

对于这个问题，剑桥大学著名韩国裔经济学家张夏准的回答是：否。他认为从历史上看，发达国家当年实现由落后转向发达之时，知识产权保护制度的贡献

甚微；如今发达国家要求高质量的严格的知识产权保护，是为了维护自己相对于发展中国家的技术竞争优势，属于踢开梯子的行为，即发达国家今天说的（如知识产权保护、自由贸易），并非它们当年做的，它们当年爬上发达国家的梯子是保护主义、鼓励偷窃外国技术等手法，如今自己的竞争力强大了就踢开自己当年爬上经济发展之楼的梯子，鼓吹自由贸易和知识产权保护。张夏准在《富国的陷阱》中指出按当今的标准，现代发达国家早期（19世纪及其之前）的知识产权制度都是极“不完善”的。“在许多国家的专利制度下，信息披露缺失，申请专利和处理申请的成本过高，对专利所有者保护力度不够。”保护不够体现在：①多数专利疏于对发明原创性的审查。例如，美国在1836年专利法修订之前无需提供任何原创性证明即可取得专利，这使一批专利骗子利用虚假专利（为当时已在使用的技术申请专利）勒索技术使用者。不独美国，19世纪的专利法大多疏于专利原创性审查。②专利保护的种类范围有限。“绝大多数国家都不允许为化工产品和药品（相对于生产工艺）申请专利，但WTO的TRIPS协议现已将这种做法定为非法……”。瑞士1888年颁布了一个仅仅保护机械发明（能够用机械模型展示出来的发明）的专利法，瑞士1907年制定了一部名副其实的专利法，但规定了许多不授予专利的情况，特别是拒绝授予化工产品（相对于化工工艺）专利权，这一状况直到1978年才改变。③对外国知识产权的保护非常薄弱。英国（1852年前）、荷兰、奥地利、法国等国家都明文准许本国公民为进口的发明申请专利。从这些证据材料，的确可以可靠地得出这些当今的发达国家在登上发达国家这座高峰的过程中，以“专利保护”为核心的知识产权制度的确很难称得上重要的梯子，或者说，这架梯子的确作用甚小。但是，张夏准先生由此认为知识产权保护制度也不应该是今天发展中国家实现发展的必需品，发达国家要求今天的发展中国家实行严格的、高水平的国际知识产权保护是发达国家为了维护自己在国际经济贸易体系中的优势地位而采取的策略，属于踢开梯子的行为，这些结论就很难通得过逻辑的检验了。当年发达国家的富裕没有依仗知识产权保护制度不等于今天发展中国家的发展也不需要知识产权保护制度，至于将今天的国际知识产权保护视为发达国家踢开梯子的行为则与在某些群体大行其道的“阴谋论”无异。

知识产权保护制度对一个国家长期经济增长的重要性，取决于科技创新活动本身的特性。与过去不同，现代产业发展的一个显著特点就是研发投入极其巨大且风险很高，而研发成果又容易被模仿复制，一旦缺乏有力的专利保护，人们就根本没有积极性从事这种费力不讨好的投资。以药物药品研发为例，在美国，一种新药从发现新药到产品首次上市，整个研发过程大体需要14年的时间，期间的研发支出数以十亿计，而药品表现为外界很容易破译的化学分子结构。因此，许多知识产权研究者和产业组织研究者均认为专利制度对医药行业的创新激励作用比其他行业都来得重要，与此类似的还有化工行业及许多高新技术产业。这一事实大大提升了知识产权保护制度对国家长期增长和发展的重要性。

虽然知识产权保护制度是国家的长期持续发展的基础，但在今天的知识产权保护实践中我们依然面临着一些关键的挑战。一是要确保知识产权保护制度能够被很好地、低成本地执行。正如道格拉斯·诺思所说的，制度是由规则及实施体系构成的，没有实施体系的规则只是一些不可信的承诺。制度的执行是有成本的，如果知识产权保护要陷入旷日长久的诉讼中，这样的产权制度不仅无助于保护产权所有者，而且有损法律制度的尊严和司法体系的可信任度。为此，我们必须降低知识产权规则体系和司法体系的复杂性，提高对侵犯知识产权行为的惩罚严厉程度。但与提高惩罚严厉程度相比，我们的知识产权保护制度更应该提高侵犯知识产权行为被定罪和被惩罚的可能性。二是我们必须始终明了一点，知识产权保护制度的根本目的是促进和激励创新。因此，任何知识产权制度不能演变为阻碍后来者对创新的进入，不能变成对其他人随后创新的障碍。事实上，为了防止对手的进入，最早的发明者可能会大量申请具有防御性质的"休眠专利"。因此，知识产权制度应该促进"休眠专利"或"进入阻挠型专利"被强制性公开免费使用制度。的确，许多国家的专利制度对休眠专利建立了强制许可制度，即允许他人对休眠专利申请强制性的使用许可证，但这些强制许可的法律条款由于程序复杂而往往在这些国家形同虚设。为此，更好的办法是设定专利投入使用的时间上限，一旦在该期限内没有被使用，就允许任何人免费使用该专利。三是要权衡发明专利对新颖性的要求程度。发明专利申请要求新颖性，如果对新颖性的要求越高，发明专利带来的经济利润也就越多，这就提高了人们从事研发创新的积极性。但是，对新颖性的要求越高，申请者获批专利的可能性就越小，这又会抑制人们的创新积极性。这就是较弱的创新性规则与较强的创新性规则之间的矛盾，究竟应该采用弱规则还是强规则，这是发明专利制度实践的一个复杂的挑战，政府应该根据不同性质的发明创造和不同市场的实际情形确定采用弱规则还是强规则，判定原则则是看谁更能促进发明创新。

总之，以专利权为核心的知识产权保护制度虽然是政府激励创新的基本制度工具，但这种制度在不同行业的重要性并不相同，不应该过分夸大知识产权保护制度对一切科技创新的激励作用，毕竟在许多行业，企业更倾向于以自己的力量保护自己的创新成果。

产权制度影响着市场竞争制度。对商业投资的有效产权保护能够促进资本在各个行业的自由进入与不同行业之间的自由流动，从而推动了有序的市场竞争，知识产权保护本身就是通过控制市场竞争程度来促进科技创新。从这也可以看出，这两种产权制度存在差异，前者是扩大市场竞争，后者是在一定年限内限制竞争，但企业获得这种有限的垄断是以竞争为基础的，是对研发竞赛胜者的适当奖励。因此，知识产权保护促使的是一种可竞争市场结构或寡头竞争局面，这是一种由竞争催生的、但又最终将被竞争所摧毁的垄断，是典型的熊彼特式的替代性竞争。但除了这种由产权制度决定的竞争制度外，还有一种与反垄断法直接相联系的竞争制度可用于影响企业的研发积极性。

前面多次说过，企业不愿意投资于研发的主要原因在于担心自己辛辛苦苦的研发成果会被其他同行模仿，与其被别人免费搭车，那不如自己也“坐享其成”或安于现状。知识产权保护是解决正外部效应内部化的制度性办法之一，但它没有解决巨额研发投入的来源问题。对此，可供政府选择的办法就是允许行业内的企业进行联合研发。如果一个行业内的所有企业都同意通过联合研发分担研发投入，既可以解决高额研发投入资金的来源问题，又有效解决了研发收益的内部化问题，且与专利制度可以并行不悖。但是，也许企业担心这种联合会遭到来自反垄断部门的惩罚，因为这些企业在讨论如何共同投资于研发以及如何共同分享创新成果时，他们也可以借机共同协商如何联合确定产量、如何联合定价。许多经济学家和公共政策研究者主张对反垄断进行适当放松，鼓励联合研发，但反对联合确定产量和价格。美国 1984 年通过的全国合作研究法就是这一思想的产物，它允许组建合资企业从事联合研发。该法案规定，不能根据反垄断法针对这些注册的合作研发企业提起惩罚性损害赔偿诉讼。无论美国、欧洲还是日本，在研发成本较高的高新科技领域，这类研发性质的合资企业正变得越来越普遍，而且这种联合已经具有国际化趋势。如东芝公司、IBM、西门子公司合作开发先进的记忆集成电路块。《国家中长期科学和技术发展规划纲要（2006—2020）》“鼓励和支持中小企业采取联合出资、共同委托等方式进行合作研究开发”。这种联合研究还有一个额外的好处，可以避免大量的重复研究。但是，来自联合研发企业之外的企业的模仿是它们面临的一个挑战，如果这个问题非常严重，就会很少看到联合研发行为。联合研发制度也是一种限制竞争制度，与知识产权保护一样，是在促使一种可竞争和寡头竞争格局。

接下来，分析政府促进、激励科技创新的另一种工具：提供资金补贴或资助，着重分析政府以何种方式提供资金补贴或资助才能更好地激励创新，才能实现公共资源的有效利用。

和产权与竞争制度一样，经济学家讨论何以需要补贴或资助科技创新，其理据是相同的：市场解决不了因知识的巨大正外部效应和免费搭便车而带来的激励不足，如果缺乏政府的补贴与资助，就会出现太少的科技创新。

政府用于激励、扶持科技创新的补贴，可以分为直接补贴与间接补贴。直接补贴是指政府针对科技研发机构（创新组织）、研发人员（创新者）、研发项目和研发成果的直接的资金支付。即科技创新的直接补贴必须同时具备两个条件：一是政府直接拿出了自己的预算资金；二是这笔资金直接给了科技创新的组织者和创新者。如果不能同时满足这两个条件，就属于对科技创新的间接补贴，这是指政府对科技创新没有直接资助，或其补贴支付给了支撑科技创新的配套系统。

从直接补贴看，根据补贴对象，可以把政府的科技创新资金补贴分为机构式补贴、人员式补贴、项目式补贴与成果式补贴。机构式补贴是指政府对大学和专门科研院所、实验室等科技创新机构拨付的、用于改善该机构的科研基础设施条件和聘用该机构的科研管理服务人员的资金。人员式补贴是指政府对大学和专门科研院所、实验室中的科技创新人员发放的工资津贴及奖金，这种补贴的特点是，它是基于科技人员的职位岗位等级和工作年限而发放的，不与当前承担的实际科技创新任务直接挂钩，这就是平时说的政府对专业技术人员拨付的“人头费”。项目式补贴是指政府针对具体的、实际的科技创新项目提供的资金支持，课题费就是我国科技人员最为熟悉的项目式补贴。成果式补贴是指政府对科技人员的“产出”成果依据学术创新价值、社会经济价值而发放的各种奖励，这就是平时熟悉的政府系统的各种科技奖励。美国联邦政府 1993 和 1994 年分别设立小企业技术创新奖励项目（SBTR）和小企业技术转让奖励项目（STTR）也属于此列。

从间接补贴看，政府能够用于支持科技创新的方式主要有：税收优惠、融资优惠与促进金融支持、扶持或组建支持科技创新的中介服务性机构、政府采购。

税收优惠可以降低各类创新组织的研发投入成本，加快固定资产投资的回收速度，是各国促进科技创新最普遍使用的工具之一。我国《国家中长期科学和技术发展规划纲要（2006—2020）》就实施激励企业技术创新的财税政策提出“为了鼓励企业增加研究开发投入，增强技术创新能力。加快实施消费型增值税，将企业购置的设备已征税款纳入增值税抵扣范围。在进一步落实国家关于促进技术创新、加速科技成果转化以及设备更新等各项税收优惠政策的基础上，积极鼓励和支持企业开发新产品、新工艺和新技术，加大企业研究开发投入的税前扣除等激励政策的力度，实施促进高新技术企业发展的税收优惠政策……对购买先进科学研究仪器和设备给予必要税收扶持政策。”又如，美国 1986 年的《国内税法》规定，一切商业性公司和机构，如果研发经费支出与之前相比有所增加，这可以获得相当于该增值额 20%的退税。这里的研发经费包括雇佣研究人员的工资、必要的物质投入，计算机使用费以及为研发活动直接提供支撑的服务性活动，不仅包括该公司或机构从事研发的费用，也包括它们委托其他组织和个人从事研发的费用。政府下属的科研机构免征所得税；任何人向政府下属的科研机构捐款，可以获得相应的减税；独立的非营利科研机构从事公益性研究，可以享受免税待遇。

科技创新通常是一项投入大、风险高的事业。当然，“投入大、风险高”并不意味着这些投入就应该完全或主要由政府支付，因为政府的财政能力总是有限的，它不能承担一切大规模投入责任，相比其他主体，政府也没有显现出更强的风险承担能力，由政府承担这些项目的主要投入责任并不能化解、缓解、转移这些风险。恰恰相反，科技创新的投入大、风险高更意味着应该发展多层次、多途径的低成本的、便捷的研发创新融资市场，应该发展政府扶持下的、基于市场机制的风险承担与信用担保机制。《国家中长期科学和技术发展规划纲要（2006—2020）》就实施促进创新创业的金融政策，提出了“探索以政府财政资金为引导，政策性金融、商业性金融资金投入为主的方式，采取积极措施，促进更多资本进入创业风险投资市场。建立全国性的科技创业风险投资行业自律组织。鼓励金融机构对国家重大科技产业化项目、科技成果转化项目等给予优惠的信贷支持，建立健全鼓励中小企业技术创新的知识产权信用担保制度和其他信用担保制度，为中小企业融资创造良好条件。搭建多种形式的科技金融合作平台，政府引导各类金融机构和民间资金参与科技开发。鼓励金融机构改善和加强对高新技术企业，特别是对科技型中小企业的金融服务。鼓励保险公司加大产品和服务创新力度，为科技创新提供全面的风险保障。”同样地，美国以政府出资方式组建中小企业信用担保机构，规定风险投资总额的60%可以免交所得税，并将风险投资的税率由49%下降到20%。

扶持或组建支持科技创新的中介服务性机构和政府采购也是各国支持科技创新的基本工具。为了支持科技创新，美国组建了由联邦政府、地方政府、社会力量构成的创新服务机构，组建专门中介机构向创新组织和创新者提供信息咨询、技术转移等服务中介支持，如商务部的联邦技术利用中心、设在国家实验室的研究与技术应用办公室、政府支持的孵化器等。来自国防部的采购一直是美国电子技术、计算机信息技术发展的主要支持力量，政府通常总是创新产品和技术的第一批成规模的使用者。科技中介服务主要应由市场和社会来提供，但离不开政府的扶持和引导。同样地，要实施促进自主创新的政府采购制度，对国内企业开发的具有自主知识产权的重要高新技术装备和产品，实行政府首购制度，通过政府采购提供稳定的创新需求，完善创新技术和产品，形成技术标准。

针对政府激励科技创新的补贴政策，存在一系列重要的问题需要回答：从激励绩效看，直接补贴与间接补贴究竟哪个更好？它们和产权与竞争制度相比，哪个更优？各种直接和间接补贴方式应该如何运行才能更好地发挥激励功能、提高激励绩效？这些问题是长期困扰各国科技创新激励政策中的基本问题，是政策制定中必须认真对待的关键问题，否则就无法发挥政府激励政策的最佳效果。

激励绩效的好坏最终取决于两个变量：一是激励效果，即在激励投入相同的情况下被激励对象反应程度的大小；二是激励投入，即为了达到一定的激励效能所花费的成本。良好的激励效果意味着给定激励投入总能实现最大的激励效能，或给定激励效果总能实现激励投入最小化。

创新者和创新组织通过比较研发的预期回报和投入决定自己参与、投入研发创新的积极性。从激励效果看，结合人们的行为心理特征，对创新者的行为特征得出以下几点结论。

1）创新者参与创新的盈利动机越强，直接给予他经济利益的措施的激励效果就越好。就一般认知和体验而言，创新者参与基础理论研究和公益性研究通常较少出于盈利动机，而是更多出于个人兴趣以及学术声誉和社会责任感。因此，基础理论研究的支持应该以机构式和人员式补贴为主，少采用项目式、成果式补贴方式。通过机构式和人员式补贴为这些从事基础理论研究的人提供方便、自由的研究探索环境和条件，项目式补贴则用于补贴超出创新者个人承受能力以外的必要的成本支出。

2）与远期的回报相比，创新者和创新组织总是更看重不那么远期的回报。这就是人们决策时要对未来收益进行贴现的原因。这一特征意味着成果式补贴的激励效果是最差的，没有哪个人是冲着各种科技奖励投身于研究的。对这些奖励，无论是针对项目的，还是针对人员的，都只是这些科技人员潜心于科研而得到的意外之财，他们当初致力于创新，压根就没有考虑过这笔奖励，更何况得到的概率也小的可怜。因此，政府应该尽量减少成果式补贴，与其做这种毫无激励效果的锦上添花的事情，不如用这笔钱给科技人员雪中送炭。奖励应该交给市场、交给社会，而不是政府。

3）与较间接的经济回报相比，人们更看重更直接的经济回报。这意味着能直接增加其回报、或直接节省其成本支出的措施总是更能获得人们更热切的反映。这意味着专利保护、项目式补贴、税收优惠会有着更好的激励效能，它们要么直接增加了研发创新的收益，要么直接减少了研发创新的成本。

4）人们总是对自己已经拥有的东西赋予更高的价值评价。例如，也许给某人增加 100 元收入，他并不会感觉其效用增加多少，但如果再把他这已经拥有的 100 元钱拿走，他减少的效用会大得多。人性的这种特点使得那些让他手上已有东西能留下更多的政策总是能得到更热切的反应。因此，在同等条件下，税收优惠政策要比其他成本补贴政策的效果要更好。税收优惠是让企业已有的资金支出得更少，能够留下得更多，而政府那些对成本的直接补贴，对于人们而言，就远没有那么令人感兴趣了，毕竟这是一件多少有些不确定的事情。

5）当我们说税收优惠优于政府的成本直接补贴时，其实隐含着一个假定：即便没有政府直接的资金补贴，人们也能够自行从市场上、社会上或依靠自己力量筹集到研究投入资金，只是因为预期回报太低，他们缺乏这种激励，而税收优惠就是试图通过税收减免增强这种激励。而一旦市场、社会运行失灵，创新者或组织自身的经济实力又不足以覆盖全部研发成本，则意味着需要政府不得不直接为研发活动投入资金支持。前面的结论 1）、2）和 3），则意味着对趋利动机弱的基础研究和公益性研究应该以机构式、人员式补贴为主、项目式补贴为辅，而对于趋利动机强的应用研究应该以项目式补贴为主。

6）无论是政府直接还是税收优惠，基本上都是属于对研发成本的补贴，但趋利的人们之所以致力于投资研发，最终关注的不是投入成本，而是获利。如果一项投资缺乏良好的市场前景，即便投资成本再低，人们也缺乏投资的积极性；而如果市场盈利前景足够良好，哪怕投资成本高，人们也总能找到克服融资困难的办法。这意味着那些能够改善、增强人们盈利前景的激励措施总是比减轻投资成本负担的激励措施更能获得人们的积极回应。据此，可以把激励工具分为收益增加型激励工具和成本减少型激励工具。产权与竞争制度、政府采购、发展技术交易市场均属于收益增加型，而政府的机构式、人员式、项目式补贴、税收优惠等则属于成本减少型。因此，从政府的科技创新激励看，产权与竞争制度、政府采购、发展技术交易市场应该是基础性制度。笔者认为，政府公共政策制定应该树立收益增加型激励与成本减少型激励的意识，这有助于改善政府的科技创新激励效果。

从激励的投入成本看，要提高政府科技创新激励的绩效，一是在不减弱政府激励效果的情况下，政府支付的投入成本越少越好；二是要提高政府投入资金的使用效率，减少使用中的损耗。结合政府体系运行的特点及科技创新活动本身的特点，得出以下几点结论。

1）在达到相同激励效果的前景下，政府“给政策”要优于“给资金”，这可以减轻政府的财政负担。能够不花钱又能够把事情办成，这是政府运行应该遵循的一个基本法则。因此，从激励投入角度看，良好的产权与竞争制度、发展技术交易市场、发展科技服务中介和金融中介等不花钱、少花钱的工具要优于其他直接或间接需要政府支付资金的工具。当然，政府要维持产权与竞争制度的运行也是有运行成本的。

2）当政府需要投入资金支持科技创新时，它面临的最大困难就是如何确定合理的投入金额，要么投入得过少，要么投入得过多，这是因为政府面临成本和能力信息的不对称，相比创新者和组织，政府总是不太清楚研发的真实成本和花费究竟有多高，也不太清楚创新者和组织的研发能力有多强。这种信息不对称意味着以下 3 点。第一，既然政府搞不清楚这些情况，它就应该多想想怎么帮助创新者和组织从市场、社会筹集资金，而不是总自己投资。这意味着政府应该多用产权与竞争制度、税收优惠、完善金融市场等工具帮助人们解决研发资金的筹集问题。第二，如果政府不得不直接掏钱，它应该采用让人们能够对自己的研发能力和成本花费“讲真话”的方式，即建构出如下制度环境：低能力根本不愿意去申请政府资助、不需要外人监督受资助者也有积极性不滥用补贴资金。因此，在项目式补贴中招标拍卖、研发竞赛、部分资助总是更可取的项目资金分配制度。通过对研发项目合同的招标拍卖以及研发竞赛，可以借助于创新者和组织之间的竞争解决信息不对称问题。而政府只对研发活动提供部分资助，剩余的大部分研发经费必须靠创新者自己筹集，这就有助于激励创新者对自己的能力水平说真话，部分有助于激励创新者有效使用资金，而政府借助这种资助制度可以获得免费搭车的好处。第三，当政府无法找到让受资助对象“说真话”的机制时，它在分配机构式、人员式和项目式补贴资金时应该建立独立客观的、基于大规模财务数据库的成本核算和评估制度，建立独立、公正、负责的补贴资金使用的监督制度。

3）政府依赖一个多层代理人的科层体系运行，在这个体系中每个层次的负责人虽然相对于下一个层次而言属于委托人，但事实上也是属于代理人，层层代理之下往往找不到负责任的最终委托人，这就使得代理人之间容易以串谋形式寻租。考虑到寻租问题，政府部门的寻租问题越严重，政府对科技创新的补贴资助就越不应该采取直接掏钱的办法，若实在需要直接掏钱，就应该以竞争方式分配补贴资金。

综合上面从激励效果和激励投入方面提高政府科技创新激励绩效的分析，我们可以对政府科技创新激励政策的制定提出以下原则：①政府应该尽量以制度而非资金的方式激励科技创新，应该尽量以帮助创新者和组织从市场、社会筹集资金；②政府应该是基础研究、公益性研究的主要资助人，且对它们的资助应该以机构式、人员式补贴为主；③政府对趋利性质的应用研究、开发研究应该以税收优惠、项目式补贴、发展技术交易市场为主；④资助资金分配应该以竞争方式为基础，同时发展起客观的成本核算评估制度及监督制度。

最后要提出的一点是，政府资助科技创新的补贴资金不能仅仅来自财政预算，而是要积极创新资金的来源，如通过发行公共债券筹集研发资金，美国加州政府就曾经这么做过，这种做法的好处在于可以利用债券市场的约束力提高科技创新资助资金的利用效率。此外，也可以利用国有企业上缴的利润或资产转让建立公共研发支持基金，芬兰就曾经这么做过。

3.4　从资金补贴型到进入协调型：政府高新技术产业发展政策的调整

接下来，专门谈谈政府应该如何扶持高新技术产业或战略新兴产业的发展，这既是因为发展高新技术产业已经成为了各级政府最重要的公共政策视野范畴之一，也是因为如果发展政策不当，不仅不能推进高新技术产业发展，而且会因为发展高新技术产业给经济金融带来不稳定。

在现代经济史上，新兴产业与经济金融泡沫相伴是屡见不鲜的事情，从 18 世纪中后期英国的运河投资热，到 19 世纪美国的铁路建设投资热，再到 20 世纪末21世纪初美国的互联网投资热，都具有一个共同的特点：这些新兴产业都是那个时代万众瞩目的热点，对这些新兴产业的投资过热导致了巨大的经济金融泡沫，泡沫崩溃后给投资者、金融系统乃至整个国民经济带来巨大的损失。新兴产业容易陷入泡沫之中与市场体系存在着内在的不稳定性有关，如果忽视了市场机制的这种内在不稳定性，市场就容易出现大起大落。前面无论是分析市场如何建立科技创新，还是分析政府如何通过市场支持科技创新，基本上都是在假设市场具有一种内在的稳定性之上讨论的。

为什么万众瞩目的新兴产业容易导致投资过热与泡沫？根源在于多重纳什均衡的协调问题没有得到很好的解决，可以利用一个简单的模型分析这一点。

假设市场上存在三个投资者：甲、乙、丙，他们均有两个选择：要么进入高新技术产业，要么继续待在传统产业。高新技术产业作为新兴产业具有如下特性的诱人投资前景：如果另外两家投资者不进入高新技术产业，仅仅只有他一家进入，他将因为这种垄断地位而获得最高回报；如果有两家企业进入，尽管有竞争，但他的获利依然高于投资于传统产业；如果三个投资者均进入，这个新兴行业就出现了过度进入以及恶性竞争，他们还不如不进入，继续待在传统产业。总之，高新技术产业的特点是：在没有出现过度进入前，进入比不进入好，但一旦出现过度进入，就不如不进入。当然，所有行业都有这个特点，只是高新技术产业中在没有出现过度进入时，其回报高于同等情况下的其他产业。现在，这个三家投资者要同时决定：进入还是不进入？

简单分析就可以知道，这个三人模型中存在具有如下特征的三个纳什均衡：两家投资者进入，剩下的一家不进入，这三个均衡分别是（甲乙进入、丙不进入）、（甲丙进入，乙不进入）、（乙丙进入，甲不进入）。这就出现了博弈论中最大的麻烦：到底实现这三个均衡中的哪个均衡？这就是多重纳什均衡的协调问题。显然，每个投资者均希望自己是进入者，均希望在所实现的均衡中自己能够出现在进入榜单中。在这种情形下，如果市场不能就实现哪个均衡解决好协调问题，市场上最有可能得到的实际结果：三家投资者均进入了，于是，行业出现了投资过热，出现了投资泡沫。因此，新兴产业出现投资泡沫的根源在于乐观进入预期下多重纳什均衡的协调问题没有得到解决。

如果解决不了多重纳什均衡的协调问题，政府高新技术产业政策不当，往往导致的就是更加狂热的投资泡沫。目前，我国各地政府推行的高新技术产业发展政策基本上属于资金补贴型政策，政府以直接的资金补贴和税收优惠、融资优惠、土地优惠等各种工具支持本区域的高新技术产业的发展。这些直接、间接的资金补贴降低了高新技术投资者的投资成本，从而进一步强化了投资者进入高新技术产业的预期，提高了投资者的进入积极性，这就进一步恶化了高新技术产业中多重纳什均衡的协调问题，恶化了过度进入。本来，市场本身就已经足以因解决不了协调问题而制造投资泡沫，政府此时直接、间接地提供巨额资金补贴，相当于是在火上浇油。我国近年来不少高新技术产业，如以光伏产业、LED 为代表的新能源产业泡沫悲喜剧就是明证，在地方政府的资金扶持下，不管有无这方面能力和条件，都一窝蜂地往这些行业里面挤，甚至出现了一批长期靠政府补贴才能生存的进入者。

要改变我国近年来不少高新技术产业的投资过热的泡沫化现象，根本出路就是改变当前的资金补贴型发展政策为进入协调型发展政策。关于发展高新技术产业，政府公共政策制定者应该始终明了的一个事实就是：即便没有政府的扶持、纯粹由市场机制调节，在乐观市场预期的支持下这些行业本身就可能出现巨大的投资泡沫，如果再加以政府不遗余力的巨额资金扶持，只会使得泡沫变得更大、更快出现。这些行业由于良好的市场预期，并不需要政府的资金支持，市场本身就有足够的积极性提供所需要的投资资金，而且此时的市场具有过度投资激励倾向。面对这种情形下的高新技术产业，政府真正应该做的是解决行业进入过程中存在的多重纳什均衡的协调问题，政府在高新技术产业发展中真正应该扮演的角色不是输血者，而是进入的协调者，进入秩序的维护者。

如果高新技术产业的进入协调问题要完全依靠市场机制自行解决，只可能有三种办法：一是投资者之间形成联盟，共同协商好进入问题。例如，在我们的例子中，既可以某两个投资者建立投资联盟，排斥另一家的进入，也可以是三家投资者共同联合出资组建一家高新技术企业。但是，以这种方式解决进入问题违背了反垄断法的基本要求，因此实际上无法操作。二是存在一个具有动态博弈特征的市场。在我们的三人进入博弈中之所以会存在多重纳什均衡的协调问题，与三家投资者同时决策有关，他们要同时决定是否进入高新技术产业，属于静态博弈。假设这三家投资者是依次决定是否进入，即他们进行的是动态博弈，那么，等到前两家进入后，第三家自然就会决定不进入。在一个投资者的投资机会多样化的环境里，市场的确通常是借助这种方式缓解过度进入问题。但市场要以这种方式完全解决好过度进入问题，恐怕更多的只能依靠运气。第三则是待市场泡沫崩溃后自然淘汰，看谁能够在大海退潮后留下来。但这是一种事后结果惨烈的解决方式，从现代经济史看，新兴产业的过度进入问题大多是选择以这种代价昂贵的方式解决问题的。政府对高新技术产业的进入者不遗余力地提供资金补贴，只能使得这第三种解决方式也功能受阻，在政府的补贴下本该淘汰出局者迟迟不能退出，延阻了行业正常秩序的调整。从这一点也可以看出资金补贴型发展政策的不良后果：更快地催生了更大的泡沫，而且迟迟解决不了。

要避免市场以事后代价惨烈的方式进行调节，就要求政府充当好进入协调者角色。这意味着政府要做好以下工作。①应该努力促使行业的进入决策由静态博弈变成动态博弈。根据之前的分析，市场博弈的动态化是解决过度进入的最好的机制，但这是需要条件的，并不是说投资者的决策存在时间先后顺序就一定是动态博弈，学过博弈论的人都知道，即便投资者的决策时间顺序有先后，但每家投资者在决策时均不知道其他人作出了何种决策，那么这依然是同时决策，属于静态博弈。其实在真实的市场上，所有投资者在同一个时点决策反倒很罕见，但之所以经常会变成静态博弈，根源还是在于市场信息的交流、传播不充分、不及时，它在作决定的时候压根就不清楚有哪些投资者已经进入了,还剩下多少进入空间。因此，政府要将高新技术行业的进入博弈变成动态博弈，就应该充当好信息收集和提供者的角色，充分地随时收集市场需求信息，随时动态测算行业可容纳的最大产能总量、现有的产能情况等信息，并及时公开这些信息，以帮助投资者作出更加理性的进入决策和产能扩大决策。②应该根据行业的动态变化，对行业进入总量进行适当的控制，如适当提高行业进入的技术门槛，甚至实行进入许可制度，这种进入可考虑前松后紧的方式，即在开始阶段，进入是自由的，而当进入总量达到一定程度时，对后进入者的进入则适当从紧控制。为了避免这种前松后紧的控制制度变成是对在位企业或既得利益者的保护，政府应该坚持一个原则：只要后进入者的技术能够超越前者，它就应该获得进入资格。

第4章

科技创新激励机制设计的基本理论

4.1 方兴未艾的激励机制设计理论

对不完全信息或私人信息与激励的研究是现代经济理论研究的核心课题和热门话题，这从近二十年来诺贝尔经济学奖的评奖可见一斑。例如，1996 年诺贝尔经济学奖颁给了莫里斯（James A. Mirrless）和威克瑞（William Vickrey），以奖励他们在委托代理理论和拍卖理论方面的贡献；2001 年诺贝尔经济学奖颁给了阿克罗夫（Goorge A. Akerlof）、斯宾塞（A. Michael Spence）和斯蒂格利茨（Joseph E. Stiglitz），以奖励他们在信息经济学上的贡献；2007 年诺贝尔经济学奖颁给了赫维茨（Leonid Hurwicz）、马斯金（Eric S. Maskin）和迈尔森（Roger B. Myerson），以奖励他们在机制设计方面的贡献。

激励理论在经济学的不同领域和分支都受到大量的关注，这些分支从不同的问题和起点出发，彼此之间相互影响、相互交叉，最终形成了关于激励机制设计的丰富成果，加深了人们对私人信息与经济效率的理解。下面从机制设计理论和信息经济学的角度简单介绍激励理论的发展。

现实生活中，经济交易无时不有、无处不在。这些经济交易可以发生在市场，也可以发生在公司内部，与之相伴的是一系列规则或制度的安排。如果发生在市场，经济交易就是参与者在价格契约的协调下，以自我利益最大化为诉求的分散决策。其中有些市场是免受政府干预的，而另一些市场则受到政府的干预和管制。在公司内部，一些交易受市场价格指导，另一些交易通过协商进行，然而还有一些由管理者决定。即使是由管理者决定，其决定也并不是如天马行空，而依然依赖于许多不确定或未知的信息，这些信息中的相当一部分就是他人的私人信息。

机制设计理论为人们提供了一个清晰的框架，从私人信息和激励的视角来分析类似这样的各种各样的体系或分配机制，在这些体制或机制中人们的交互影响的行动如何影响最终的结果。机制设计理论的核心内容是：假设人们拥有私人信息，这些私人信息是决策必需的，如何设计相应的满足一定目的的规则，即使人们的策略性的行为可以通过规则影响最后的结果。

在关于商品、商品的生产、市场以及市场参与者等相当严格的假设下，经济学家已经证明了市场或类似市场的机制通常能够有效地分配物品和服务。然而机制设计理论使得研究者能够在少一些严格假设的条件下，系统地分析和比较各种不同的制度和安排。利用博弈论工具，机制设计可以超越古典的方法，并在某些情形，引出了市场机制的新的应用。例如，它可以明晰地模拟价格是如何被设定的。再如，机制设计理论显示，当每个贸易者关于贸易商品的估值是他或者她的私人信息时，所谓的双边拍卖（即买主和卖主提交他们的出价和要求价）是有效的贸易体系。当参与贸易的人数增加时，双边拍卖将越来越有效地汇集私人拥有的信息，逐渐地，所有的信息都将反映在均衡价格上（Wilson，1985）。这些结果支持了哈耶克（Hayek，1945）的论证，即市场将有效地汇集相关的私人信息。

机制设计理论可以帮助我们分析比较，对不同的参与者，如买方和卖方，什么样的机制是最好的（Samuelson，1984）。类似这样的视角可以被用来帮助我们更好地理解常见的市场机制。例如，机制设计理论可以被用来分析在可观察到的拍卖中哪种形式的拍卖可以最大化卖者的期望收益（Harris and Raviv，1981；Myerson，1981；Riley and Samuelson，1981）。当条件不满足时，机制设计理论可以详细地刻画最优拍卖形式（Myerson，1981；Maskin and Riley，1984a）。同样地，机制设计理论可以帮助经济学家发现垄断定价问题的解。例如，为了最大化卖者的期望收益，价格将如何依赖于商品的数量和质量（Maskin and Riley，1984b）。此外，这种理论的解很好地契合了实际观察的结果。

在某些情形，如公共物品领域，像清洁的空气、水、公共交通或者国家安全等，没有任何市场机制能够确保资源的完全有效的分配。在这样的情形下，机制设计理论可以被用来刻画其他更有效的机制。保罗·萨缪尔森（Samuelson，1954）猜测没有哪一种资源分配机制能够确保公共物品的有效供给，因为“个人的自利导致人们发送了错误的信号，在给定的集体行动中，每个人宣称的收益都实际上少于他真实的……”。机制设计理论可以用来精密地分析萨缪尔森的猜测。更一般地，该理论可以用来分析在公共物品供给的各种机制中，从市场机制，以及参与人认可的多数决定机制一直到独裁机制。一个重要的观察是各方同意下的决策制定准则经常与经济的效率不相匹配。因此，机制理论能够帮助检验政府通过税收形式对公共项目的金融支持的效果。应用机制设计理论，经济学家在经济学的其他几个领域，如规制理论、公司金融以及税制理论方面也取得了突破的进展。

机制设计理论的研究起源于赫维茨（Hurwicz，1960）的工作。他定义机制为一个信息系统，在其中参与人相互间发送信息给彼此，并汇集到一个信息中心，信息中心对每一簇收集到的信息，按照一个预先设定的规则指定一个结果（如物品或服务的分配结果）。在这个框架下，市场和类似市场的机制可以和许多的其他体系进行比较。在研究的初期，人们的兴趣主要集中在机制的信息收集和计算成本上，而忽略了私人信息的诚实显示以及对诚实显示的激励问题。对激励问题的一个重要的贡献来自 Marshak 和 Radner（1972）的团队理论，该理论激发了许多后续的研究（如 Groves，1973）。然而，只是在 Hurwicz（1972）的工作之后，机制设计理论才因其广泛的应用性变得引人关注。Hurwicz（1972）引入了关键的概念——激励相容，它使得集体中自利的参与人的诚实显示成为可能。特别地，它使得经济学家能够严密地分析这样的经济环境，其中参与人是自利的并且拥有私人信息。从 20 世纪 70 年代开始，显示原理的形成和实施理论的发展极大地推动了机制设计理论的发展。显示原理极大地简化了机制设计问题的分析，借助于显示原理，研究者可以把寻找一个给定的分配问题的可能的最优机制问题，转化为在一小类机制——直接机制中寻找激励相容机制的问题。虽然直接机制未必是真实世界机制的完全复制，然而它们的数学结构使得它们相对的容易分析。对一个给定的分配问题，在直接机制中寻找最优机制变成了一个定义明确的数学任务，一旦最优的直接机制被找到，研究者可以把它翻译成一个更真实的机制。通过这种迂回的方法，研究者能够解决用其他的方法无能为力的制度设计问题。显示原理的最早的版本来自 Gibbard（1973）。一些研究者独立地把它推广到更一般的 Bayesian Nash 均衡情形（Dasgupta et al，1979；Harris and Townsend，1981；Holmstrom，1977；Myerson，1979；Rosenthal，1978）。Roger Myerson（1979，1982，1986）把显示原理推广到最一般的情形并开创性地把它应用到一些重要的领域中，如规制理论（Baron and Myerson，1982）和拍卖理论（Myerson，1981）。有了显示原理，激励理论的核心就是：假设人们拥有私人信息，这些私人信息是决策必需的，如何设计满足各种要求的激励相容的直接显示机制，以诱导出个人的真实信息，即使人们的策略性的行为可以影响最后的结果。针对不同的问题，经济学家们寻找到了许多满足需要的激励相容机制，如最著名的 VCG 机制等。并进一步阐明了哪些情形设计符合要求的激励相容机制是可能的，哪些设计符合要求的激励相容机制是不可能的。

虽然显示原理是非常有用的，然而它没有解决多均衡的问题。那就是尽管最优结果能够通过直接显示机制诚实地实现，然而可能还有非诚实的均衡出现，因而导致其他的次优的均衡结果存在。因此有这样的危险，参与者陷入这样的次优均衡结果。这样的次优均衡结果只能被更加抽象的信号显示来消除，往往需要依赖比直接显示机制复杂的机制来实现。此外，如果一个参与人知道了对手的某些特征或信息，这也可能导致信息集的扩张。对此问题——即能否设计一个一般的机制（不限于直接机制）使得所有的均衡结果都是最优的——最早的研究来自 Maskin（1977），Groves 和 Ledyard（1977）以及 Hurwicz 和 Schmeidler（1978）。由此产生的理论，叫做实施理论或执行理论，它提供了一个分析设计这样的规则或者制度的基本框架，构成了现代机制设计的基石。因其信息空间的抽象性和复杂性，实施理论也受到一些学者的质疑，但是复杂性是因为假设的环境的一般性引起的。在许多实际的应用中，经济学家设计的最优机制事实上是相当简单的。

激励理论发展的另一主线是信息经济学。早在 20 世纪 20 年代，美国经济学家奈特（Knight，1921）就意识到个人信息对市场竞争和企业利润的不利影响，逆向选择和道德风险可能导致保险市场的瓦解。但是他没有意识到逆向选择和道德风险问题可以通过适当的结构性的合同来削弱或消除。通过分析这样的竞争性市场：在其中交易各方中，至少有一方对所交易商品的性质不完全知道，经济学家（如 Rothschild 和 Stiglitz，1976）指出一些重要的经济结论在不完全信息的条件下将不再适用。例如，竞争性均衡不仅有可能不存在，而且即使存在，也会表现出一些奇怪的特征。面对不完全的信息和不对称的信息，传统的经济学家的习惯做法是淡化对信息问题的讨论。

1970 年，阿克洛夫发表了《"柠檬"市场：质量不确定性与市场机制》(Akerlof，1970）一文，阿克洛夫通过分析旧车市场指出：在许多市场，由于信息的不对称，买者缺少关于计划购买的商品的基本信息，只能利用市场的一些统计数据来判断他们打算购买的商品的质量，结果导致高质量的商品被逐出市场，市场规模不断缩小，出现所谓的逆向选择现象。逆向选择产生的原因是因为市场交易的一方——代理人，拥有私人信息，而另一方——委托人无法观测到这些信息。这标志着信息经济学正式形成并进入到了发展阶段。

对逆向选择问题的正式分析始于 Mirrlees（1971）。Mirrlees 的工作奠定了信息经济学中一个重要内容的委托——代理理论的基本框架。

当市场存在非对称信息时，市场交易的有效性消失了。为了保证市场交易的效率，有信息优势的一方可以通过交易或签约前主动或被动地发出信号给另一方，从而改变交易的无效性。

如果无信息优势的委托人通过合同诱导出代理人的私人信息，即代理人被动传递信号的问题，通常被称为信息甄别问题。在信息甄别问题上，除了 Mirrlees 的开创性的工作，还有 Stigliz（1977）及 Stiglitz 和 Weiss（1981）对信贷配给的研究等。

代理人主动发送信号的问题通常称为信号传递问题。信号传递的经典例子是 Spence 的教育信号模型（Spence，1973）。Spence 提出了这样的思想：进入劳动力市场前的教育状况可以作为未来生产力的一个信号。因为获取同样的教育水平，对于高生产力工人来说难度相对较低。通过接受更多的教育，高生产力工人能把他们同低生产力工人区别开来。对 Spence 分析的完善来自 Cho 和 Kreps（1987）。Cho 和 Kreps 对 Spence 的模型第一次给出了完整的博弈论分析。

在 Spence 的开创性工作后，教育不仅被看做是提高人力资本的活动，还被看做是一种选择性的工具（Weiss，1983）。Noldeke 和 Van Damme（1990）进一步探讨了当工作申请者无法承诺完成特定的教育时限时教育信号的价值问题。除了教育状况可以被看成传递生产力的一个信号外，一段时间的失业也可以是传递工人生产力信息的方式，因为只有高能力和多产的工人才能负担得起长时间的失业（Ma and Weiss，1993）。

信号发送理论在经济学中有许多重要的应用。除了前面介绍的劳动和教育领域，在公司金融领域，经理人和投资者之间的信息也是不对称的。Leland 和 Pyle（1977）讨论了一个风险厌恶的所有者——经理，在公司上市时如何通过在企业中保留大量的股份，向市场传递关于企业潜在的质量信号；并解释了多个企业结盟成立一个合作企业——金融中介——将降低发送信号的成本，开创了以非对称信息解释金融中介存在性的先河。Bhattacharya（1979）的研究表明股利政策可以起到信号的作用，因而影响企业的价值。在股票市场，新股的发行向市场显示发行企业有新的投资机会，如果投资的是具有正净现值的项目，那么股价应该上涨，而实际的观察显示新股发行通常会导致发行者的股价下跌。对此现象也可以从信息不对称的角度作出一个解释：如果发行企业拥有关于资产价值和新投资机会的私人信息，那么宣布发行新股后股价的消极反应实际上反映了缺乏信息的投资者的理性反应（Myers and Majluf，1984）。

在产业组织领域，信号发送理论阐明了低价格是如何成为低成本或低需求的信号，为垄断者利用低定价策略来阻止新的企业的进入的旧理论注入了新的活力（Milgrom and Roberts，1982）。另外，信号发送理论解释了浪费性的广告支出事实上为一个出售高质量商品的企业传递了产品质量的信息（Milgrom and Roberts，1986）。

另一类信息不对称现象是代理人的事后的行动是他的私人信息，而另一方——委托人无法观测到这些信息，即通称的隐藏行动和道德风险问题。

在保险业，道德风险，即被保险的代理人影响被保险事件的概率的能力，是一个众所周知的概念。然而他们倾向于把它看做一个影响他们的商业活动的道德或伦理问题。Arrow（1963）将道德风险引入经济学的范畴，指出道德风险可能导致市场失灵。例如，由于道德风险的缘故，某些保险市场不会出现。

Spence 和 Zeckhauser（1971）、Ross（1973）讨论了具有道德风险合同的最优实现问题。之后，Mirrlees（1975）、Holmstrom（1979）及 Grossman 和 Hart（1983）等人的工作奠定了道德风险理论的基础及委托——代理理论现代分析的基本框架。

至今，道德风险理论已经被广泛地应用于分析不同经济领域中的经济关系。如道德风险下的保险理论、管理者企业理论、效率工资理论及会计理论。

大多数的道德风险问题不能被简单地化为纯粹的一维逆向选择或纯粹的一维道德风险问题。它们要么包含多维特征，要么包含多个任务，要么包含多个代理人，或者它们既包含逆向选择，同时又具有道德风险的特征。

多任务道德风险更契合现实中的大多数问题。例如，对高校教师的薪酬激励，如果将老师的薪酬与研究成果联系起来，这样的好处是提供了一种成绩的度量。但是，如果其余的（如教学、指导学生等）不能被考察，那么必将导致教师将过多的精力集中在研究上，而忽略其教学任务。对多维道德风险的研究的核心问题不再是简单在风险分担和激励之间寻找平衡，而是如何在任务之间的激励上保持一个平衡，从而避免代理人的“任务套利”。所有这些问题引发了新的分析观点，并发展出许多有趣的新洞见。这方面的开创性工作见 Holmstrom 和 Milgrom（1991）。

对多代理人道德风险的研究除了考虑为每个代理人设计激励合同外，还需要考虑代理人之间的合作与竞争、腐败与串谋、代理人的监督和管理，以及所有代理人的组织架构。Alchian 和 Demsetz（1972）提出了企业的存在主要就是为了降低多代理人情况下的激励问题。Holmstrom（1982）率先提出：为了最大化整个团队的激励，企业与第三方签订一份财务合同是有效率的。Lazear 和 Rosen（1981）、Green 和 Stokey（1983）的研究表明，当代理人的个体绩效是可观察时，建立一套基于他们的相对绩效的报酬制度——如“锦标赛”制——是有效率的。Holmstrom 和 Milgrom（1990）则进一步指出了相对绩效报酬制度的缺点与适用范围，说明当合作可以带来很大的收益并且代理人受到的共同冲击的影响很小时，一般的成果分享制度反而是最优的。此外，Tirole（1986）讨论了组织中的串谋问题。他指出，在纵向的委托人—监督者—代理人结构中，防串谋的激励机制带来的结果是代理人的激励不足，而监督者的激励则被提高。上述研究奠定了多代理人道德风险的基础，极大地加深了人们对组织设计和企业本质的认识。

4.2 不完全信息与机制设计理论

公共决策以及相互影响的私人决策往往面对大量的私人信息。如何根据私人信息（如偏好、收益等）最终得到公共或社会选择是公共决策和经济学中的一个重要研究课题。经济学中的机制设计理论关于这个问题的研究提供了丰富的研究成果。机制设计的一个主要问题就是，当私人信息在社会或集体决策中具有价值能够影响集体决策的结果时，寻找激励相容（即激励参与人显示真实信息）的机制，同时要求机制满足其他的一些条件，如有效性、公平、参与约束等。机制设计理论在经济中的很多方面都有应用，如选举程序、公共项目的决策，以及不同集团间的合同的签署等。

通过考察下面两个简单的例子来说明激励参与人显示真实信息的重要性。

例 1（基金应该资助谁？）假设相关部门提供了一笔资金给研究者，现有研究者 A、B，该部门希望把资金真正资助给有研究能力的人。该部门决定让研究者提出申请，在申请中提供本人的真实研究情况，如果只一人符合条件，基金将资助该研究者，如果两人都符合条件，那么他们将平分这些资助资金。那么基金能够有效地发放到合格的研究者手中吗？这个问题的核心是相关部门不知道申请者的研究能力。

根据研究者 A、B 的申报，有四种可能的分配结果，分别是

$$(\frac{1}{2},\frac{1}{2})，(0,0)，(1,0)，(0,1)$$

根据前面的发放准则，我们得到如下的博弈：

		B	
		显示有能力	显示无能力
A	显示有能力	$(\frac{1}{2},\frac{1}{2})$	(1,0)
	显示无能力	(0,1)	(0,0)

注意在上面的博弈中（显示有能力，显示有能力）是双方的占优战略均衡。

如果两个研究者都是有能力的，那么它们都会说真话，如实申报“有能力”。如果 A 是无能力的，那么他很可能不会选择说真话，因为说假话“有能力”在任何情况下都好于他承认“无能力”申报。因此按照上面的办法，基金并不能够有效地发放到有能力的研究者手中。

例 2（Borda 评分法）：假设某部门面临 5 个可能的项目 A 、B、C、D 、E，每位专家给这 5 个方案排队，给第一选择打 5 分，第二选择打 4 分，以此类推。然后，该部门选择得总分最高的一个方案。

假设表 4-1 是每位专家的真实打分。

表 4-1　5 位专家对 5 个方案的打分表

排名	专家 1	专家 2	专家 3	专家 4	专家 5
第一	A	B	B	C	A
第二	C	C	C	D	B
第三	D	E	A	A	E
第四	B	D	E	E	D
第五	E	A	D	B	C

计算最后得分，有

A	B	C	D	E
17	17	18	12	10

因此，最后当选的是项目C。

因此专家 1 发现，如果其他专家都按照真实的偏好来打分，他也按照真实的偏好来打分，那么他最偏爱的项目 A 无法被选中。假如他按照 A 、E、 D 、C、 B 的排名来打分而其他专家不变，最后得分如下：A：17；B：16；C：16；D：12；E：13。

这样在专家 1 的“真实”的偏好中，他最偏爱的方案 A 被选中。

因此，如果专家 1 知道其他专家的真实偏好并且知道他们是诚实的，专家 1 未必会按照真实的评估来打分，可能通过策略性打分来操纵选择的结果，从而获得更理想的结果。

一般地，假设$\{1,2,\cdots,n\}$是参与人的集合，C是备选的结果集合。设Θ_i是i的可能的私人信息或者型的集合，在参与人的私人信息是θ_i时，项目c带给参与人i的效用（即满意度）是$u_i(c,\theta_i)$。根据每个参与人显示的私人信息θ_i，机制设计者按照预先确定的决策规则d，得到C中的一个结果$d(\theta_1,\theta_2,\cdots,\theta_n)$。这样通过私人信息给出最终结果的规则通常被称为一个选择函数，它可以是多人之间的一个决策准则或者两人之间的一个合同等。也把由所有的Θ_i和d构成的体系叫做一个（直接显示）机制。有了选择函数的概念，就可以给出什么是激励相容的概念了。一个选择函数叫做激励相容的，如果每个人显示真实信息都是他的最优选择，即对所有的$(\theta_1,\theta_2,\cdots,\theta_n)$，以及每一个参与人$i$和$i$的任意信息或者型$\zeta_i$，都有

$$u_i(d(\theta_1,\cdots,\theta_i,\cdots,\theta_n),\theta_i)\geqslant u_i(d(\theta_1,\cdots,\zeta_i,\cdots,\theta_n),\theta_i)。$$

赫维茨（Hurwicz）是最早意识到激励相容问题的经济学家之一。当结果依赖于每个人的私人信息时，如果选择函数不是激励相容的，那么自利的个人可以通过提供虚假信息而获利，而最终的结果也可能偏离设计者的初衷，带来社会福利和效率的损失。在两人纯粹交换经济中，赫维茨（Hurwicz，1972）证明了 Walrasian 均衡配置不是激励相容的。

关于激励相容机制设计的第一个一般性结果来自 Gibbard（1973）和 Shtterthwaite（1975）。他们证明了一个非常负面的结果，即下面的定理。

Gibbard-Shtterthwaite 定理：假设每个人的私人信息充分得多，以致他对备选结果的任意排序都成为可能。换言之，机制设计者对每个人的私人信息完全不确定，并且备选的结果至少包含三个。如果一个选择函数是激励相容的，并且每

一个对象都有当选的可能，那么该选择函数一定是独裁的。

所谓一个选择函数是独裁的，指的是有这样一个人，在任何情况下，集体选择的结果都是该人的最优选择。

Gibbard 和 Shtterthwaite 的结果让期待设计激励机制的人们感到非常的失望：要想避免一个人说了算似乎是没有希望了。但对此也不必完全的绝望，一些正面的、积极的结果还是有可能实现的。下面介绍三种设计激励机制的途径。

如果参与人的私人信息不够充分得多，不至于多到他对备选结果的任意排序都成为可能，换言之，机制设计者不能确定每个人的偏好，但是能够确定一个范围。并且备选的结果至少包含三个。那么我们完全有可能获得一些积极性的结果。

这方面的典型结果来自参与人的偏好域是单峰域假定，即参与人的偏好都是单峰的。

例如有三个参与人，记为 1、2、3，有四个备选结果 a、b、c、d，个人 1、2、3 可能的偏好包括所有的单峰偏好。什么是单峰偏好呢？例如，1 对四个结果的排序是 bacd 。那么按照字母的顺序它就是一个单峰偏好（见图 4-1（a）：横轴表示字母顺序，纵轴表示个人的排序），其特征是它有唯一的峰顶 *b*，在峰顶的左边是上升的，而在峰顶的右边是下降的。而排序 cabd 就不是一个单峰偏好[图 4-1（b）]。

bacd　　　　cabd

（a）　　　　（b）

图 4-1　偏好排序图

当所有人的排序都是单峰的，可以按照中位数准则来选择。在上面的三人例子中，中位投票准则选择三人峰顶的中间一个（按字母顺序）。例如

1 的排序： bacd ；2 的排序： cdba ；3 的排序： abcd 。

1 的峰顶是 b；2 的峰顶是 c；3 峰顶是 a 。按照字母排序， b 排在中间。因此决策结果选择 b 。当参与决策的人是奇数时，可以证明这样的中位投票准则一定是激励相容的，并且是匿名的（从而是非独裁的）、Pareto 有效的。

在实际问题中，单峰偏好也是比较常见的。例如，申报基金时，申报者对获得基金的数量就满足单峰性质。有的人希望越多越好，有的人刚开始希望越多越好，但达到某一数值后对获得基金的数额的偏好就呈下降趋势。另外对工作时间的偏好也是单峰的。

另一类经典的方法是机制设计者或管理者通过税收等转移支付手段为参与个

人提供激励。最典型的案例就是著名的二阶价格密封拍卖。

什么是二阶价格密封拍卖？可以通过下面一个等价形式了解下。

某部门就某项工程向社会招标。假设有两个公司参与投标。两公司竞标的底价分别是a_1和a_2，底价是两个公司的私人信息。该部门希望既保证工程的质量，又能节约成本。竞标时，哪个公司报价低，则哪个公司中标。如果公司i以低于a_i的价格中标，那么按质施工公司i将亏损。唯一的盈利办法就是偷工减料，这当然是该部门所不希望看到的。那么该部门如何得到两个公司的底价，从而把工程委托给报价较低的一家呢？

通常的方法是采用下面的一阶价格密封拍卖，两个公司独立密封地报出自己的价格，价格低者中标，中标价即其所报的价格。在这样的安排下，两个公司很可能尽量压价，争取最大可能中标。随之而来的很可能就是偷工减料以降低成本。

另一个方法就是二阶价格密封拍卖。其方法依然是密封报价：两个公司独立密封地报出自己的价格，价格低者中标，但关键是中标价却是对手的价格。在这样的安排下，两个公司报真实的估价就是他们的最好的选择。

比二阶价格密封拍卖更一般的是 Clarke 机制（或者 pivotal 机制）。考虑公共项目决策过程，参与决策的人是$1,2,\cdots,n$，K是项目选择集或结果集合。设θ_i是i的可能的私人信息集合，在参与人的私人信息是θ_i时，项目k带给参与人i的效用（即满意度）是$u_i(k,\theta_i)$。d是决策规则，即根据每个参与人的申报信息θ_i，按照决策规则d，得到K中的一个结果$d(\theta_1,\theta_2,\cdots,\theta_n)$。一般而言，机制设计者或决策者要求决策是有效的，即最大化所有人的效用。由于社会的决策依赖于每个人的私人信息，如果有人提供了虚假的信息，社会的决策有可能偏离正确的轨道，从而提供虚假信息者可能借此谋利。但是从前面的介绍可以看到，要同时满足决策有效性或激励相容是不可能的。但是决策者可以针对每个参与人的申报信息θ_i设计一个转移支付t_i，使得选择函数(d,t)是激励相容的，即对任意的$\theta=(\theta_1,\theta_2,\cdots,\theta_n)\in\Theta$，任意的$i$，任意的$\zeta_i\in\Theta_i$，有

$$v_i(d(\theta),\theta_i)+t_i(\theta)\geqslant v_i(d(\theta_{-i},\zeta_i),\theta_i)+t_i(\theta_{-i},\zeta_i)。$$

从效率的角度，通常要求对所有的$\theta=(\theta_1,\theta_2,\cdots,\theta_n)\in\Theta$，有$t_1(\theta)+\cdots+t_n(\theta)\leqslant 0$。这意味着转移支付在成员之间进行，没有外部的资金流入。如果$t_1(\theta)+\cdots+t_n(\theta)=0$，则称转移支付是预算平衡的。

Clarke（1971）提出了下面的激励相容机制：对每个参与人i，引入集体成员之间的转移支付

$$t_i(\theta)=\sum_{j\neq i}u_j(d(\theta),\theta_j)-\max_{x\in K}\sum_{j\neq i}u_j(x,\theta_j)。$$

由于每个人的转移都是非正的，因此 Clarke 机制不需要外部资金的注入。由于转移支付的作用，机制 (d,t) 成为激励相容的机制。

Clarke 的转移支付 $t_i(\theta)$ 有很好的解释：如果 i 的出现没有改变其他人的总福利，那么 i 的转移支付为 0；如果 i 的出现给其他人的总福利带来了损失，那么 i 将承担相应的损失。

进一步，基于 Clarke 等学者的工作，Groves 提出了下面的更一般的机制。

令 $t_i(\theta)=\sum_{j\neq i} v_j(d(\theta),\theta_j)+h_i(\theta_{-i})\ (\forall i\in I)$，其中 h_i 是只与除了 i 之外其他人的申报信息有关的函数。这样得到的转移支付通常叫做 Groves 型转移支付，具有 Groves 型转移支付的机制叫做 Groves 机制。

命题（Groves，1973）：如果社会选择函数 d 是决策有效的，即选择结果最大化所有人的总效用，那么存在 Groves 型转移支付 t，使得机制 (d,t) 是激励相容的。

有没有其他的转移支付能够实现有效的决策函数转化为激励相容的？Green 和 Laffont 的研究表明，在一定的条件下，能够为有效率的决策函数提供个人激励的转移支付函数一定是 Groves 型转移支付。

定理（Green and Laffont，1979）：假设①每个人的私人信息如此丰富，以至于对结果的任意估值都是可能的；②决策函数是有效率的。如果一个转移支付函数 t 使得选择函数 (d,t) 是激励相容的，那么 t 一定是 Groves 型转移支付。

Groves、Green 和 Laffont 的研究提供了设计激励相容机制的基本思路和框架。即利用转移支付手段可以解决决策有效性和激励相容问题，但是从下面的 Green-Laffont 不可能性定理可以看到激励是需要付出代价的。

Green-Laffont 不可能性定理：假设 K 是至少包含两个项目的有限集合，并且满足①每个人的私人信息如此丰富，以至于对结果的任意估值都是可能的；②决策函数是有效率的。则不存在转移支付 t，满足选择函数 (d,t) 是激励相容的，并且 t 是预算平衡的。

从 Green-Laffont 不可能性定理可以看到，当个人拥有私人信息，而这些私人信息对集体决策来说是有价值的，为了得到集体的有效选择，为个人提供诚实显示私人信息的激励是有代价的。即一般而言，有 $t_1(\theta)+\cdots+t_n(\theta)<0$。换句话说，为了激励说真话社会付出了代价，因而社会选择失去了帕累托有效性。

那么有没有可能实现预算平衡？如果每个人拥有的私人信息比较少，那么有可能做到决策函数 d 是有效的，转移函数 t 是预算平衡的，选择函数 (d,t) 是激励相容的。但是进一步的研究表明，这样的机制是很少的。

另一种可能的结果是如果个人拥有对其对手的私人信息分布的概率信念，那么 Groves 机制中的预算平衡问题可以被克服。此外，Groves 机制中除了预算平衡的问题外，还面临另一个问题就是缺少对个人的参与约束。即有些人可能选择不参与或不显示私人信息，因为参与可能带给他更糟糕的结果。对这些问题的研究就是下面要介绍的第三种方法。

第三种方法就是以 Bayesian 激励相容代替激励相容。Bayesian 激励相容是一个比激励相容弱的要求。Bayesian 激励相容要求每个参与人具有在自己的类型是 θ_i 时对其他人的类型 θ_{-i} 的推断或者信念 $p(\theta_{-i}|\theta_i)$，并且每个人的统计推断是所有人及机制设计者的共同知识。一个选择函数是 Bayesian 激励相容，指的是说真话是每个参与人根据自己的统计推断 $p(\theta_{-i}|\theta_i)$ 求出的平均意义下的最优选择。

在 Bayesian 激励相容的条件下，可以得到更多正面的结论。例如，决策有效性和预算平衡是可以实现的，这就是著名的期望外部机制（d'Aspremont and Gerard-Varet，1979；Arrow，1979）。当考虑参与约束时，在 Bayesian 激励相容的条件下，决策有效性和个人理性是可以同时实现的。但同时要求 Bayesian 激励相容、决策有效性、预算平衡和个人理性依然是不可能的。

在前面的介绍中，要求在参与人的私人型是 θ_i 时，项目 k 带给参与人 i 的效用是 $u_i(k,\theta_i)$，即效用只与参与人的型和项目有关，这是著名的私人值模型。实际应用中还可能出现另一种情况，即一个人的私人型或信息不仅影响他自身的效用水平，还可能影响其他人的效用水平。例如，几位评委要从若干项目中选出几项予以资助。某评委对评选的项目有更多的信息，因此他拥有的信息可能影响其他评委的评价。这种现象称为信息的外在性。具有信息外在性的模型叫做交互值模型。当有信息外在性的时候，激励问题变得更加的复杂和困难。例如，当没有信息外在性的时候，一个有效的决策准则可以通过转移支付实现激励相容，但当有信息外在性的时候，即使通过转移支付也未必能够实现激励相容。在具有信息外在性的环境下实现激励相容是最近十来年的研究热点，尽管如此，在该领域依然存在许多问题。例如，一般情形下如何为有效的决策提供激励及这样的激励机制的性质，经济学家都还不甚清楚。

前面讨论了激励相容机制的设计，尽管成功地利用直接显示机制设计出激励相容的机制，但新的问题出现了：在激励相容的直接显示机制中，参与人虚假的显示信息也可能是他的均衡战略。这样完全可能导致最终的结果不是机制设计者期待的最优结果，从而陷入这样的次优均衡结果。能否设计一个一般的机制（不限于直接机制）使得所有的均衡结果都是最优的？

最一般地，实施理论研究的问题是：假设 θ 是社会的状态，它可能是所有参与人的偏好、私人类型和初始禀赋等。Θ 是可能的社会状态的集合，对应于每一种状态 θ，社会计划者或机制设计者的目标是 $F(\theta)$。在参与人自主选择、自主决策的前提下，能否找到一个机制，参与人自主选择的所有均衡结果恰好和社会计划者或机制设计者的目标 $F(\theta)$ 一致？如果这样的机制存在，就称社会选择规则 F 可被实施或执行。如果要求的均衡结果是 Nash 均衡结果，相应的 F 叫做可被 Nash 实施或执行。

并不是机制设计者的任何目标都可以被 Nash 实施或执行。Maskin（1977）证明：假设至少有三个或以上的参与人。如果社会选择规则 F 可被实施或执行，那么一定是单调的。所谓单调性指的是如果一个结果在一种社会状态下被选中，在另一种社会状态下该结果带给每个人的效用并不比前一种社会状态下的效用差，那么在后一种社会状态下，该结果也理应被选中。

反之，如果 F 满足单调性和无否决能力，那么 F 一定可被 Nash 实施或执行。F 满足无否决能力指的是，如果除了一人外，所有人都认为某个结果在某社会状态下是最好的，那么这个结果一定在该社会状态下被选中。

Maskin 及其后续者的工作形成了实施理论或执行理论，它们提供了一个分析设计这样的规则或者制度的基本框架。

4.3　不对称信息与信息经济学

以研究信息不对称现象为己任的信息经济学是 20 世纪 70 年代以来微观经济学中发展最为迅速的领域之一。如果将人与人之间形成的各种各样的关系视为形形色色的合同关系，信息经济学的基本任务就是研究信息不对称现象对激励合同的结构、福利性质的影响，故信息经济学又经常被称为合同经济学。合同无非就是一系列规定着当事人的权利与义务、促进当事人之间合作并规定合作利益如何分配的规则、制度的集合体而已。所以，信息经济学的另一个越来越被人熟悉的称呼就是机制设计理论。信息经济学的出现和发展大大加深了人们对真实世界的理解力与洞察力，影响、甚至改写了一系列经济学研究领域。

信息不对称是日常生活世界中最为常见的现象之一。所谓信息不对称就是指一些参与人拥有而另一些参与人不拥有该信息。

从信息不对称的内容看，可以把信息不对称分为隐藏知识和隐藏行动两种基本类型。隐藏知识是指一些参与人知道而另一些参与人不知道，某件已经客观形成的事实，即有关事物或参与人属于何种类型的知识呈不对称分布状态，如卖方比买方更加了解产品的质量，求职者比雇主更加了解自己的能力状况，研究生比导师更加了解自己的学术能力，本人比别人更加了解自己的道德水准。隐藏行动是指由于观测成本过于高昂，导致参与人的行动对其他参与人而言是不可观测的，即一方不知道另一方做了什么、没做什么，如员工有没有努力工作，显然员工比雇主更加清楚；学生有没有努力学习，显然学生比老师更加清楚。大家平时经常言及的偷懒现象就是典型的隐藏行动现象。

从信息不对称发生的时间顺序看，可以把信息不对称分为事前与事后信息不对称。事前信息不对称是指信息不对称现象发生在委托人与代理人的合同关系形成之前，本书把研究事前信息不对称现象对激励合同的结构与福利性质之影响的理论称为逆向选择（adverse selection）理论；事后信息不对称是指信息不对称现象发生在委托人与代理人的合同关系形成之后，本书把研究事后信息不对称现象对激励合同的结构与福利性质之影响的理论称为道德风险（moral hazard）理论。

Akerlof（1970）以二手车市场为例，从非对称信息的视角，对新车和“几乎”新车的市场价格之间的巨大差异给出了一个解释。

假设市场有两种汽车：质量好的车和质量差的车。购买车的消费者并不知道他想买的车是质量好的还是质量差的车。但是他知道有 q%的可能性他买的是质量好的车，（$1-q$）%的可能性他买的是质量差的车。

作为某二手车的车主，他对车的了解超过购买者。因此他对所拥有的车是质量差的车的概率有一个较准确的估计。这样信息不对称的现象产生了：卖方比买方拥有更多的关于车的质量的信息。由于购买者无法区分质量好的车和质量差的车，因此他只愿意以一个平均价格去购买。显然，质量好的二手车主不愿意以这样的价格出售他的车，而质量差的二手车主更愿意以这样的价格出售他的车。这样质量好的车逐渐地退出市场，于是逆向选择现象出现了。

解决逆向选择现象的一个基本途径就是利用信号发送（signaling）和信号甄别（screening）机制。如果处于信息劣势的一方想办法诱导出信息优势方的信息，这就叫信号甄别。如何设计信号甄别机制在 3.2 不完全信息与机制设计理论部分有大量的介绍，这里不再重复。如果处于信息优势的一方想办法主动发出信号，这就叫信号发送机制。这里主要介绍 Spence 的信号发送机制。以劳动力市场为例，求职者的素质和能力水平是他的私人信息，求职者受教育的程度和水平是公共知识。雇主根据求职者的受教育程度和他对素质和能力与教育水平的相关程度的信念决定给予求职者的工资水平。如果雇主认为受教育程度和人的实际能力关联度高，那么他愿意开出较高的工资水平，反之，则开出较低的工资水平。

假设有两种类型的求职者，L 型——低能力的求职者和 H 型——高能力的求职者。对 L 型的求职者，其接受高等教育的成本是$c_L(y)=\dfrac{y}{2}$，对 H 型的求职者，其接受高等教育的成本是$c_H(y)=y$。也就是说，H 型的求职者接受同样的教育只需要付出 L 型求职者的一半成本。注意在平面上，这里的两条成本曲线只有一个交点，称为单相交条件。

现在假设雇主的信念是：达到教育水平 y^* 或之上的求职者是 H 型的，并愿意支付 $2w$ 的工资，否则是 L 型的求职者，只愿意支付 w 的工资。根据求职者的受教育程度以及雇主对素质和能力与教育水平的相关程度的信念决定给予求职者的工资水平。如果雇主认为受教育程度和人的实际能力关联度高，那么他愿意开出较高的工资水平，反之，则开出较低的工资水平。

假设 y^* 在 w 和 $2w$ 之间。面对这样的工资安排，求职者必须在高教育水平带来的高薪诱惑与高教育水平需要的高成本的付出之间做出选择。对 L 型求职者，他选择教育水平 0 带给他的收益是 w，他选择教育水平 y 带给他的收益要么是 $w-y$（如果 $y<y^*$），要么是 $2w-y$（如果 $y \geqslant y^*$）；显然他选择教育水平 0 带给他的收益优于他选择教育水平 y 带给他的收益。对 H 型求职者，他选择教育水平 y^* 带给他的收益是 $2w-\frac{y^*}{2}$，优于他选择教育水平 $y \neq y^*$ 带给他的收益是 $w-\frac{y}{2}$。这样市场的均衡就是高能力的人选择高水平教育 y^*，而低能力的人选择教育水平 0。高能力的人才会积极向雇主标榜自己的高水平教育，从而获得较高的报酬。通过求职者发出的信号，雇主就把低能力的求职者和高能力的求职者区别开来。

上面的均衡状态叫做分离均衡。信号发送不成功的均衡叫做混同均衡。

信号发送机制要能起作用，最重要的是该信号的发送成本与信号发送者的类型必须满足负相关条件，从而满足单相交条件。即高能力的人发送某个信号的成本比低能力者低。此外，信息劣势方能够准确了解信息优势方能力类型的概率分布，即委托人关于代理人类型的信念是正确的。

另一种信息不对称的现象就是隐藏行动或事后信息不对称。隐藏行动是指由于观测成本过于高昂，导致交易的一方无法观测另一方的行动。事后信息不对称是指信息不对称现象发生在委托人与代理人的合同关系形成之后，例如，购买保险后的被保险人（代理人），他的行为保险公司（委托人）并不能够完全观测；和企业签订合同的员工（代理人），他工作的状态企业（代理人）也无法完全观测。通常把由于隐藏行动或事后信息不对称发生的代理人在签订合同之后改变行为的现象称为道德风险。道德风险问题可以通过适当的结构性的合同来削弱或消除。对隐藏行动或事后信息不对称现象对激励合同的结构与福利性质的影响的研究就形成了委托–代理理论。

国内经济学界喜欢从诺贝尔经济学奖这个窗口了解信息经济学，其实，到目前为止，诺贝尔经济学奖所褒奖的信息经济学成果大多数都可以归结到逆向选择理论框架之下。

依据道德风险问题发生的原因，可以把道德风险理论分为隐藏行动道德风险模型与隐藏知识道德风险模型。在隐藏行动道德风险模型里，当委托人与代理人之间的合同关系建立以后，代理人选择仅能为自己所观测的私人行动（如努力水平），然后，代理人的行动连同随机影响因素一起，共同决定了合同关系的结果（以后称为“产出”），而委托人只能观测到产出水平的高低，不能直接观测到代理人的行动。在隐藏知识道德风险模型里，当委托人与代理人之间的合同关系建立以后，代理人观测到了自然状态（即观测到了代理人的类型），而委托人则无法观测到自然状态。然后，代理人选择自己的行动（在此，行动不再是代理人的私人信息），代理人的行动连同代理人的类型、随机影响因素一起，共同决定了合同关系的产出，该产出水平对委托人来说是可以观测的。例如，基金投资者购买了基金公司的基金以后，基金经理对金融市场的了解要远多于投资者，但是，基金经理并不见得会把市场的真相告诉广大投资者，因此，投资者也就难以判断基金经理所购买的股票以及购买时机是否合理。又例如，公司聘用了销售人员以后，销售人员可能比雇主更加了解周围市场的状况，因此，雇主也就难以判断销售人员采取的营销策略是否合理。

几乎所有与道德风险问题有关的重要研究成果都是在隐藏行动道德风险模型框架下发展起来的。所以，教科书总是以隐藏行动道德风险模型作为介绍道德风险理论的标准模型。此外，隐藏行动道德风险模型与隐藏知识道德风险模型在博弈类型上有着本质的不同，隐藏行动道德风险属于完全不完美信息动态博弈，隐藏知识道德风险属于不完全信息动态博弈，尽管它们都是属于信息不对称现象。在后面介绍的道德风险理论也局限在隐藏行动道德风险模型的框架下。在这个模型中，最关键、最核心的事实是：对委托人来说，代理人的行动是不可观测的，即行动属于代理人的私人信息；而代理人的行动带来的产出是可以观测的公共信号。

由于代理人的行动或努力水平是不可观测的，激励合同就不能直接以行动或努力水平为合同的依存变量，尽管委托人希望代理人为自己尽心尽力地工作。合同变量必须以可观测变量为基础，否则，合同就会因为双方的理解误差与机会主义动机而无法履行。面对代理人不可观测的行动，委托人唯一明智的想法就是以可观测变量——产出为基础，通过把代理人的报酬与所观测到的产出挂钩，以诱导代理人作出合意的行为。

假设π表示行动带来的产出；$w(\pi)$表示代理人的支付函数或报酬函数，它刻画了代理人在不同的产出水平π之下所能够得到的产出份额。因此$R(\pi)=\pi-w(\pi)$表示了委托人的支付函数或报酬函数，它刻画了委托人在不同的产出水平π之下所能够得到的产出份额。从参与人的报酬与产出的函数关系看，合同结构可以非常复杂，一般只考虑单调合同。单调合同是指随着产出π的增加，参与人获得的回报不是递减的，用数学符号表示，即$\frac{\partial R(\pi)}{\partial \pi}\geqslant 0$及$\frac{\partial w(\pi)}{\partial \pi}\geqslant 0$。之所以不考虑非单调合同，是因为如果合同是非单调的，如$w(\pi)$是非单调的，则在任何使代理人的回报$w(\pi)$递减的产出部分（这个部分是产出水平π较高的部分），代理人会选择毁灭这部分产出，隐藏行动的代理人要做到这一点并非难事，这种行为无疑对委托人也是不利的；如果 $R(\pi)$ 是非单调的，则在任何使委托人的回报 $R(\pi)$ 递减的产出部分（这个部分是产出水平 π 较高的部分），委托人会选择毁灭这部分产出，委托人作为合同关系的所有者要做到这一点也并非难事。因此，非单调合同不会进入双方可行的合同选择集合。可以观测到的生活普遍事实是产出水平 π 越高，合作双方获得的回报也会越高，至少不会下降。

根据用来刻画合同的某参与人的报酬函数的单调性，可以把合同分为三种类型：①严格单调合同，即该参与人获得的回报随着产出水平的不断提高而严格增加，如果选择这种合同，意味着双方共同分摊合同的风险；②固定支付合同，即该参与人获得的回报与产出无关，即该参与人的报酬获得了完全保险，而另一方承担了合同关系的全部风险；③混合合同，即该参与人获得的回报在某些产出水平下是固定的，而在另外的产出水平下是严格增加的。道德风险理论的核心任务之一就是要探讨在不同问题情境下上述哪类合同会成为博弈双方的均衡选择，得出的最优合同的特征与福利性质。

首先考虑最简单、最基本的情形，即只包含一个委托人和一个代理人的模型。该模型是委托–代理理论的标准方法，其结论是众所周知的，对这些结论的证明非常容易从相关文献、教材（如 Mas-Colell et al.，1995）中查阅到。该模型所讲述的故事是这样的：一个总是风险中性的委托人向一位代理人提出一份合同，代理人要么接受这份合同，要么不接受，他没有任何讨价还价能力。至于代理人的风险偏好态度是风险厌恶还是风险中性，将视研究的具体问题而定。如果代理人不接受这份合同，他将获得数量为 $\bar{U}$ 的保留效用；如果他接受了这份合同，代理人接下来将选择自己的努力程度 $e \in [0,\bar{e}]$ 以最大化自己的效用（这里 $\bar{e}$ 是代理人所能够采取的最大努力程度）。然而，对委托人来说，代理人的努力程度是不可观测的，即努力程度是代理人的私人信息。代理人的努力会带来产出 $\pi \in [\underline{\pi},\bar{\pi}]$，其中 $0 \leqslant \underline{\pi} < \bar{\pi}$，产出 π 是双方均可观测的公共信号。特别要说明的一点就是，产出 π 的高低不仅要受努力水平高低的影响，还要受到诸多随机因素的影响，否则，委托人就可以通过观测产出确切地推测出代理人的努力水平。以密度函数 $f(\pi|e)$ 与分布函数 $F(\pi|e)$ 刻画努力水平 e 与产出 π 之间的随机关系。委托人观测到产出 π 以后，将按照合同的约定向代理人兑现报酬 $w(\pi)$。

上面描述的故事还将包括以下非常关键的基本假设。

假设 1：密度函数 $f(\pi|e)$ 与分布函数 $F(\pi|e)$ 是二次连续可微的，且对任意的（π,e），都有 $f(\pi|e)>0$。

$f(\pi|e)>0$ 说明产出只是努力水平的一个不完美信号。如果存在等于 0 的情况，则意味着委托人可以获得关于代理人努力程度的完美信号，这样，委托人就可以通过运用所观测到的完美信号以及足够严厉的惩罚威胁来实现最优结果，所以，也就

不存在真正意义上的道德风险问题了。为了避免这种情况，有必要假设任何产出在任何努力水平下均有出现的可能（Macho-Stadler and Pérez-Castrillo，2001）。

假设 2：对任意的e，有$\frac{\partial}{\partial \pi}\left(\frac{f_e(\pi|e)}{f(\pi|e)}\right)>0$。

这个假设是道德风险理论中最重要的假设之一，被称为单调似然比假设，它所表达的经济学思想是很简单的：如果被观测到的代理人的产出水平越高，则说明代理人选择更高努力程度的可能性也越大。这个技术关系表明代理人的努力程度越高，所实现的随机产出也就越大。单调似然比假设是一个比一阶随机占优（即对任意的π，$\frac{\partial F(\pi|e)}{\partial e}<0$，即代理人的努力水平越高，更高产出的实现概率也越高，这意味着在不考虑激励成本时委托人总是偏好代理人付出更高的努力水平）更强的假设。单调似然比意味着一阶随机占优，但从一阶随机占优并不能够推出单调似然比。一阶随机占优的作用在于：如果委托人的效用对产出π是递增的，则该委托人偏好代理人付出更高的努力水平。但一阶随机占优并不能保证代理人获得的报酬$w(\pi)$在π是递增的，而单调似然比假设就是为了保证这一点。

虽然这个假设是如此地重要，但在努力水平与产出水平均取两个值的2×2的框架下，只需要一阶随机占优假设就足够了。

假设 3：分布函数$F(\pi|e)$在e上满足凸性条件。

这个假设被称为分布函数凸性假设，这个假设表达的经济学思想依然非常简单，它意味着努力程度的提供会增加高产出的出现概率，但影响是边际递减的，即努力的边际产出具有随机递减性质。分布函数凸性假设与微观经济学中常见的边际产量递减规律在性质上是一致的。分布函数凸性假设之所以是必要的，在于需要它保证关于最佳努力水平的规划问题是一个性质良好的凹函数，使得该规划问题的一阶条件可以刻画最佳努力水平。

假设 4：代理人的贝努利（Bernoulli）效用函数$u(w(\pi),e)$是可加可分形式的、二次连续可微的，即$u(w(\pi),e)=v(w(\pi))-c(e)$，其中，$v'>0$，$v''\leqslant0$；$c'>0$，$c''>0$。

假设贝努利效用函数$u(w(\pi),e)$是可分可加的、而不取一般形式，是因为这种拟线性函数形式使得问题在技术上变得易于处理，但一般说来，又不损害结论的一般性。$v'>0$、$v''\leqslant0$说明代理人要么是风险中性的，要么是风险厌恶的，具体是何种情形视情况而定。

前面已经假设委托人总是风险中性的，其贝努利效用函数可以表示为$V(\pi,w)=\pi-w(\pi)$。仔细观察委托人与代理人的效用函数，可以发现委托人与代理人的利益存在冲突：委托人直接关心产出，而代理人并不直接关心它；由于努力给代理人带来的是成本负担，代理人对努力有着直接的关心，而委托人并没有；委托人希望代理人努力程度越高越好，而代理人则希望努力程度越低越好，除非他的努力成本能够得到补偿（Macho-Stadler and Pérez-Castrillo，2001）。

$v'>0$，$v''\leqslant 0$；$c'>0$，$c''>0$ 也意味着必然存在一个努力水平的最大值 $\bar{e}$，随着代理人的努力水平越来越接近 $\bar{e}$，代理人的努力成本会变得如此之大、而获得的补偿效用又是如此的低，以至代理人发现此时不如偷懒更加合算。

以上所有的假设是委托人与代理人之间的公共知识。以上就完成了对基本理论模型的刻画。基本理论模型最核心的事实就是努力程度具有不可观测的性质，只有合同关系带来的产出才是可观测的。还有一点要提及的就是，在本书描述的道德风险模型中，当假设某个变量是可观测的时候，也同时意味着它是可证实的。除非有必要，以后不再提及此点。基本模型的任务就是要考察在这个世界里，隐藏行动问题会给委托人与代理人之间的合同关系带来何种影响，或者说，双方的最佳激励合同具有什么样的特征与福利性质？依据代理人对待风险的态度不同，基本理论模型可以分为风险中性与风险厌恶两个具体模型。

特征的识别总是离不开参照系。要识别信息不对称对激励合同的结构与福利性质的影响，理想的参照系就是信息对称条件下的最佳合同。因此，首先分析信息对称条件下最佳合同的结构与福利性质。

（1）信息对称条件下的最佳合同

当代理人的努力水平可以观测时，委托人需要求解的是最优化问题 1：

$$\max_{w,e}\int_{\underline{\pi}}^{\bar{\pi}}(\pi-w(\pi))f(\pi|e)\mathrm{d}\pi$$

$$\text{s.t.}\quad \int_{\underline{\pi}}^{\bar{\pi}}u(w(\pi))f(\pi|e)\mathrm{d}\pi-c(e)\geqslant\bar{U}$$

约束条件称为参与约束，如果委托人提供的合同期望回报低于 $\bar{U}$，代理人将拒绝委托人提出的合同，这也说明描述的是一个参与人自愿签约的社会，没有谁可以强迫别人签约。观察委托人的规划问题，可以发现这是典型的帕累托最优的表达形式，即这个规划问题获得的解是帕累托最优的。

求解上面的规划并对所得的结论进行分析，可以获得下面的结论 1。

结论 1：规划问题 1 的最佳合同是给予代理人以完全保险的固定支付合同；该合同实现的最佳努力 e^* 是帕累托最优的。

结论 1 说明，当努力信息对称时，最佳合同具有两个鲜明的特性：一是给予代理人以完全保险，即代理人获得固定的合同报酬，所有的合同风险都由风险中性的委托人承担。这个合同的风险分摊是帕累托最优的。不过，特别要说明的一点就是，当代理人自己也是风险中性时，由谁承担风险都可以，因此，在后面将发现结论 1 对代理人风险厌恶情形特别富有吸引力，是这种情形的最佳参照系。二是委托人所要求的最佳努力水平是帕累托最优的，即委托–代理关系没有带来任何福利损失。

下面转向分析代理人隐藏行动问题给最佳合同的结构及其福利性质带来的影响。

（2）风险中性道德风险基本模型的最佳合同

假设代理人是风险中性的，则代理人的贝努利效用函数可以表示为 $u[w(\pi),e]=w(\pi)-c(e)$。此时，委托人需要求解下面的规划问题 2：

$$\max_{w,e}\int_{\underline{\pi}}^{\bar{\pi}}[\pi-w(\pi)]f(\pi|e)\mathrm{d}\pi$$

$$\text{s.t.}\quad \int_{\underline{\pi}}^{\bar{\pi}}w(\pi)f(\pi|e)\mathrm{d}\pi-c(e)\geqslant\bar{U}$$

$$e\in\arg\max_{e}\int_{\underline{\pi}}^{\bar{\pi}}w(\pi)f(\pi|e)\mathrm{d}\pi-c(e)$$

其中第二个约束条件被称为激励相容约束，它说明在信息不对称条件下，代理人可以自由地根据自己的利益选择最有利于自己的努力水平，由此给委托人带来的限制就是他所设计的合同必须符合代理人的利益诉求，否则该合同就是不可自我实施的，或者说，代理人没有积极性实现合同要求的努力水平。对于机制设计者——委托人来说，为了实现自己的目的，可供选择的合同是很多的，但激励相容约束告诉我们，机制设计者只需要关注激励相容合同，无需关注非激励相容合同，依据就是 2007 年度诺贝尔经济学奖得主 Myerson（1979）的显示原理。显示原理说明：任何从不满足激励相容约束的合同中获得的均衡结果均可以通过一个激励相容合同来获得。

规划问题 2 的解非常简单，本书将从规划问题 2 获得的结论概括为结论 2。

结论 2：规划问题 2 的最佳合同是代理人成为合同关系中唯一的剩余收入索取者；该合同实现的努力水平依然是帕累托最优的。

结论 2 说明，在规划问题 2 中，道德风险问题并不成为一个真正的问题，帕累托最优的风险分摊与努力水平依然是可以实现的。

规划问题 2 获得的最佳合同是让委托人获得固定的合同报酬，代理人则承担合同关系的全部风险，因为代理人是风险中性的，当然不在乎承担全部的风险，因此，最佳合同实现的风险分摊依然是帕累托最优的。这个结论实质上也意味着委托人将合同或组织的所有权出售给了代理人。

当代理人成为唯一的剩余收入索取者时，增加努力带来的期望边际产出全部由代理人享有。因此，他具有最强的努力激励，将一直付出努力，直到努力的边际期望产出等于努力的边际成本。

总之，结论 2 说明，在规划问题 2 所描述的世界里引入道德风险问题，不会带来新的选择困难，风险分摊问题与激励问题可以同时获得圆满解决，不会存在冲突，或者说，道德风险问题在风险中性世界并不成其为一个问题。

（3）风险厌恶道德风险基本模型的最佳合同

真正最能够展现道德风险问题独特魅力的是风险厌恶道德风险模型。此时，委托人需要求解规划问题 3。

$$\max_{w,e}\int_{\underline{\pi}}^{\bar{\pi}}[\pi - w(\pi)]f(\pi|e)\mathrm{d}\pi$$

$$\text{s.t.}\quad \int_{\underline{\pi}}^{\bar{\pi}}u(w(\pi))f(\pi|e)\mathrm{d}\pi - c(e) \geqslant \bar{U}$$

$$e\in\arg\max_e\int u(w(\pi))f(\pi/e)\mathrm{d}\pi - c(e)$$

求解这个道德风险问题的方法是 Mirrlees（1974）和 Holmstrom（1979）首先开创的。具体的求解可以参见 Holmstrom（1979）或者 Macho-Stadler 和 Pérez-Castrillo（2001）。

通过求解上面的规划问题，可以获得结论 3。

结论 3：规划问题 3 的最佳合同是使代理人的合同报酬具有严格单调递增性质；该合同实现的努力水平是次优的。

将结论 3 与结论 1（信息对称条件下的最佳合同）进行对比，最能够体现道德风险问题带来的选择困难与变化。

第一，在信息对称条件下，最佳合同是固定支付合同，代理人获得的报酬与产出水平无关，而在道德风险情境，最佳合同是严格单调合同，代理人获得的报酬与产出挂钩，由于 $\dfrac{f_e(\pi/e)}{f(\pi/e)}$ 服从单调似然比性质，代理人获得的报酬将随着产出水平越高而不断增加，即代理人的报酬是产出水平的严格增函数。

第二，在信息对称条件下，最佳合同实现的风险分摊是帕累托最优的，而道德风险情境下的最佳合同必须牺牲最优风险分摊。因为为了激励代理人，必须让代理人承担一部分风险，否则，代理人付出的努力水平就是 0。

第三，在信息对称条件下，最佳合同实现的努力水平 e^* 是帕累托最优的，而道德风险情境下的最佳合同所实现的努力 e^{**} 必然小于最优努力水平 e^*。直觉的理由很简单，因为在该合同下，代理人提高努力所带来的边际产出要与委托人分享，而增加努力的边际成本却全部由代理人承担，因此，代理人提高努力的私人边际产出小于社会边际产出这个事实，肯定会使得代理人的努力激励不足。

综观道德风险理论的基本模型，它们具有以下几个非常鲜明的共同特点：①基本模型的参与人只有两个：一位委托人与一位代理人，探讨的则是该委托人如何通过设计合同以激励该代理人选择合意的行动水平，即委托人是合同的设计人与主动提出方。②代理人的行动选择是一维的，而不是多任务、多目标的，即代理人只需要考虑如何完成一项工作任务，而非多项工作任务。③代理人的行动选择决策是一次性的，即双方的博弈关系是一次性的，而不是重复性的，代理人不需要多次就行动选择作出决策。④只存在隐藏行动现象，绝对不会同时存在隐藏行动与隐藏知识问题。⑤在基本理论模型中，委托人拥有全部的讨价还价力量，而代理人只有两个选择：要么接受委托人开出的合同条款，要么不接受。⑥在基本模型中，参与人的承诺是完全可信的。对于合同赋予的责任，参与人总是有足够的能力去履行；他们既不会有意违约，也不会事后重新协商合同。

在前面介绍的最基本的模型的基础上，下面介绍道德风险理论的进一步发展。

就道德风险理论的发展来说，其成果最为丰硕的领域就是多代理人道德风险模型。它所要考察的世界就是：委托人面对的不再是一个代理人，而是多个代理人，其中每个代理人都采取隐藏行动。如雇主与一群员工签约，就博弈的基本动态路径看，与基本模型类似：第一步，拥有全部讨价还价力量的委托人向若干个代理人提出合同；第二步，代理人选择是否接受合同，如果不接受，则博弈结束，如果接受，博弈则进入下一步；第三步，代理人选择他们的行动水平；最后，依据被观察到的结果，按照合同的规定兑现报酬。尽管博弈的动态路径与基本模型类似，但是，多代理人模型给出了一系列富有价值的新见解。

与基本模型相比，多代理人模型最大的不同就出现在第三步：每个代理人为了最大化自己的效用，完全可能与其他代理人进行合作博弈，博弈的均衡结局既可能是合作（即代理人之间进行合谋），也可能是不合作。代理人之间的博弈又会反过来影响委托人的激励机制设计。

多代理人模型引出的第一个重要问题就是：对某个代理人的支付是否要考虑其他代理人的行动结果。对此，充分统计量原理给出了回答：如果其他代理人的结果能够为委托人更加准确地判断该代理人的行为提供更多的信息，则委托人对该代理人的支付不仅仅应该依据该代理人的结果及其他个人化信息，而且应该考虑其他代理人的行为结果（Holmstrom，1979；Mookherjee，1984）。

上面的问题实际上还是依然假设每个代理人从事的工作是独立的，如果若干个代理人共同完成同一项工作，最佳激励合同又应该如何设计？这个问题实际上就是团队生产问题，如几个人一起抬一个重物、一个研究团队共同开发一项新产品、一支足球队参与比赛。将团队生产问题引入道德风险模型，等于将搭便车问题引入了道德风险模型：由于委托人只能观测到团队的产出，单个代理人对团队产出的贡献难以准确度量，那么，如果团队的产出全部在代理人之间进行分配，则团队的工作必然是低效率的，这意味着有必要引入剩余收入索取者对团队的工作进行监督（Alchian and Demsetz，1972）。用 Holmstrom（1982）的话来表述就是委托人必须实施预算不平衡协议。所谓预算平衡就是指由团队成员获得全部的团队产出，而预算不平衡则意味着委托人成为了剩余收入索取者。

前面的两个研究问题均是假定代理人之间不会进行合谋，由此引出的一个饶有兴趣的问题则是假设代理人之间存在联盟现象，典型现象如工人与工头之间合谋对付雇主；系主任与普通教师之间合谋对付校长。当委托人设计激励合同时，他必然会预料到代理人之间存在合谋的积极性，并且会试图不给合谋者以可乘之机。道德风险理论由此得出了一些重要的结论（Kofman and Lawarree，1993）：面对以监督者身份出现的代理人与被监督的代理人之间的合谋行为带来的效率损失，引入外部审计或监督可能是有利可图的，尽管委托人必须向外部审计人或监督人支付不菲的审计或监督成本，这就为股份公司的股东及董事会聘用外部审计提供了一个可信的解释。除此之外，为了减缓监督者与被监督者之间的合谋行为带来的效率损失，委托人对代理人的支付不能完全依赖代理人的行为，因为合谋状态下的结果信息可能是扭曲的，此时，以非个人的统一的规则为基石的、具有按部就班特点的官僚制可能具有某种技术上的优势。一般说来，代理人的个人自由活动的空间越大，官僚制的优势就越大。一旦把监督者这个特殊的代理人引入到多代理人模型，道德风险理论的一个新的关注热点就是：委托人在何种情况之下应该选择自己成为监督者，在何种情况下应该把监督任务委派给代理人。对这个问题，基本的答案有两个（Olivella，1995）。第一，如果委托人相比监督人不具有监督方面的专业技能优势，或者委托人实施监督的机会成本太高，委托人将监督任务交给监督人是有利可图的。第二，当委托人与潜在的监督人完全相同时，是否意味着委托人应该自己承担监督任务，答案是否定的。当委托人无法向被监督的代理人作出公正的监督（比方说如实地报告监督结果）时，委托人将监督任务委派给第三者无疑是更加合适的选择。

另外两个与多代理人道德风险模型有关的问题有以下两点。第一，以何种方式组织多代理人是最佳的？或者说，何种组织架构最佳？第二，多代理人情境下的最佳合同都是非常复杂的，可为什么生活中经常可以观察到非常简单的与多代理人有关的合同呢？

对于第一个问题，Macho-Stadler 和 Pérez-Castrillo（1998）给出的一个答案则是：代理人之间的工作任务越不独立、代理人所处的工作环境越不确定、越是风险厌恶，集权化的组织结构就越有效率；反之，则分权化的组织结构更加富有效率。

对于第二个问题，在生活中观察到的一类极其简单的激励合同就是锦标赛合同，即代理人获得的报酬仅仅取决于自己的结果在全体代理人中间的排序，而与结果的绝对水平无关。研究的结论（Lazear and Rosen，1981；Green and Stokey，1983）表明：当代理人所处的环境具有较大的公共噪音时，锦标赛合同可能会是更好的选择；反之，则应该将代理人的支付仅仅与他自己的结果挂钩。

第二个拓展就是多任务道德风险模型。基本模型考察的只是代理人付出一维行动的情形，而在道德风险情境中代理人需要为委托人付出多维努力的现象屡见不鲜。如代理人在合同期内接受了委托人的多项工作任务，如一个既要教学、科研，又要从事管理工作的大学院长，一个既要关注公司短期利润，又要关注公司长远发展的经理；或者，委托人托付给代理人的工作包含了多个维度的要求，如雇主希望员工能够又好又快地完成工作任务，消费者希望农民提供的蔬菜既充足、又美味，同时还没有污染。这种对一项工作包含了多个维度要求的情形与承担多项工作任务的情形，在本质上是相同的，均可以称为多任务模型。

对于多任务模型，一个值得思考的问题就是各任务之间的技术关系会对激励合同带来什么影响。如果代理人对一项任务付出的行动会减少完成另一项任务的行动成本，那么可以称这两项任务具有互补关系；如果代理人在一项任务上付出更多的行动会增加完成另一项任务的行动成本，那么可以称这两项任务具有替代关系。

如果任务之间具有互补关系，则委托人促进代理人完成一项任务的同时也就促进了代理人完成另一项任务，任务之间的互补并没有给道德风险理论带来额外的问题，这种情形非常类似于一维情形。如果任务之间具有替代性，则麻烦就来了，对一项任务的过度激励往往可能会导致代理人忽视另一项任务，导致资源配置的扭曲。例如，大学以论文数量考核教师有利于激励教师撰写更多的论文，但往往会导致教师们忽视论文的质量；以学生的考试成绩奖惩教师可能会导致教师忽视学生的创造性，而仅把目光放在如何提高学生的应试能力上；年薪制有利于激励经理关注企业的短期利润，也许不利于激励经理关注公司的长远发展。

在工作任务相互替代的情形下，委托人要激励代理人完成某项任务，可以借助两个途径：或是直接对代理人从事该任务进行奖励，或是降低代理人从事该任务的机会成本，即弱化对其他任务的激励。

在各任务相互替代的情形下，基本模型得出的结论很可能不再适用（Holmstrom and Milgrom，1991）。当一个代理人从事多项任务时，对其中一项任务的激励不仅取决于该项任务的可观测性，也取决于其他任务的可观测性。如果某项任务是非常难以观测的，而该任务又是很重要的，哪怕其他任务是可以观测的，委托人也不应该把对代理人的报酬建立在可观测变量之上，此时，固定支付合同就可能优于依据可观测变量支付报酬的分摊合同。例如，论文的质量是非常重要的但又难以准确度量，所以激励大学教师们的最佳合同就可能是固定支付合同，而不是依据发表论文的数量奖惩教师。同样的理由也可以解释为什么官僚制在多任务情境下具有优势。多任务模型面临的特殊困难也为专业化提供了另外的理由，即便专业化本身没有技术上的优势以及代理人之间是完全相同的。

多任务道德风险模型中一个有趣的问题就是委托人是否应该允许代理人从事

合同规定以外的外部任务，如一个大学是否应该允许老师在校外兼职。这个问题并没有统一的答案，在有些领域，代理人从事外部活动是被禁止的，而有的领域则允许代理人从事外部活动。委托人的回报当然取决于代理人在被委派任务上的投入，但这并不意味着委托人就一定禁止代理人从事外部活动，因为允许代理人从事外部活动可以节省委托人给予代理人的报酬。Holmstrom 和 Milgrom（1991）等对这个问题的研究得出了一些富有启发性的结论：委托人越难激励代理人完成自己委派给他的任务，则委托人越应该禁止代理人从事外部活动；代理人的工作结果越难度量，委托人制定的禁止从事外部活动的规定也就会越多。委托人给予代理人自由处置的空间越大，则代理人对委托–代理关系中的产出所负的责任也应该更大。

第三个拓展就是重复性道德风险模型。基本模型的一个特色就是委托人与代理人之间的博弈关系是一次性的，即代理人只需要作出一次行动选择，也就是说，道德风险问题只发生一次。但是，在许多生活情境中，道德风险问题总是在相同的委托人与代理人之间重复出现，代理人在一段时期内需要重复地就选择合适的行动水平作出自己的决策，这意味着双方的博弈关系是重复性的、持续多期的。例如，一个与学校签订了五年工作合同的教师，一般至少得十次（每个学期算一次）决定是否在这学期努力工作，一个工人每个月上班时均得思考一个相同的问题——这个月是否该努力工作。

如果道德风险问题发生在重复博弈情境中，是否会获得与一次性道德风险问题完全不同的基本结论？这个问题实际上就是重复博弈理论的运用，重复博弈理论的研究表明：如果博弈关系的重复是无限期的，那么在完全信息博弈情境下，有效率解可以作为子博弈精炼结局出现，这就是著名的无名氏定理；如果阶段博弈具有多重纳什均衡，则完全信息的有限期重复博弈也可以产生有效率解；即便阶段博弈只有唯一的纳什均衡，但在有限期重复博弈中照样可以产生有效率解。

运用无限期重复博弈理论，无限期重复的道德风险问题不会给效率带来损失（Radner，1981），因为委托人可以对代理人的不合作行为施加可信的惩罚、对合作行为给予可信的奖励。这种可信的奖惩赖以建立的基础是：激励不再是依存于每个时期的结果，而是取决于平均结果、取决于长时期提供的信息。

重复性道德风险理论真正重要的、有价值的结果都是在有限期重复框架中发展出来的。如果委托人与代理人签订的合同覆盖所有的博弈时期，则称这种合同为长期合同；如果虽然委托人与代理人的博弈关系持续多期，但他们签订的合同只覆盖当期，则称这种合同为短期合同，即合同是一期一签。假设大学教师与学校的博弈关系以学期为单位，一个学期算一期，那么，短期合同意味着教师与学校的合同是一学期一签，长期合同意味着几年一签。

大量的研究（Lambert，1983；Rogerson，1985；Rey and Salanie，1990；Chiappori et al，1994）表明：在有限期重复道德风险世界里，最佳长期合同具有两个非常鲜明的性质，一是最佳长期合同具有记忆性质，即代理人在任何后续时期获得的报酬不仅仅取决于当期的结果，还取决于所有以前时期的结果。或者说，代理人在过去的良好表现不仅仅会在当期受到奖励，而且也会在未来获得回报；同样地，代理人在过去的糟糕表现不仅仅会在当期受到惩罚，而且也会在将来受到惩罚。这种历史与未来的高度正相关使得代理人必须注重自己的一贯表现，有助于抑制代理人的低效率行为。二是最佳长期合同具有鞅性质，即为了激励代理人，委托人给予代理人的每个时期的边际报酬应该相等。这个相当重要的性质说明，为了激励代理人当期的行为，委托人不应该在当期施加所有的奖惩，这种做法并非最佳，最佳做法是平滑不同时期之间的激励成本，即把奖惩分布在不同时期。合同的鞅性质说明，与一次性道德风险模型相比，委托人为了调动代理人的积极性所需要付出的当期激励力度要更小，代理人在当期承担的风险也就更小了，而且如果未来在代理人的心目中显得越重要（即贴现因子越大），代理人在当期承担的风险也就越小，因为可以把一部分风险转移到未来。

有限期重复道德风险理论研究的另一个重要问题则是探讨在何种条件下最佳长期合同与最佳短期合同的均衡结果是等价的，即最佳短期合同序列可以实施与最佳长期合同相同的结果，Chiappori 等（1994）的研究表明两个条件必须得到满足：最佳短期合同序列要与最佳长期合同一样具有记忆功能，最佳长期合同必须是防再协商的。

第四个拓展就是隐藏行动与隐藏知识相混合的道德风险模型。通常，道德风险理论要么是关于隐藏行动的（这是主体），要么是关于隐藏知识的。然而，在真实世界，隐藏行动与隐藏知识问题经常交织在一起，激励机制的设计也经常试图同时解决隐藏行动与隐藏知识问题，而不像基本模型那样仅仅只关注激励问题的一个方面。来自真实世界的观察为道德风险理论的发展提供了另一条路径——把隐藏行动问题与隐藏知识问题结合起来，本书称这种复杂模型为混合模型。在文献中，隐藏行动与隐藏知识的结合主要有两种形式：一是隐藏行动与隐藏知识均发生在合同订立之后（称为“混合模型一”）；二是隐藏知识发生在合同订立之前，而隐藏行动发生在合同订立之后（称为“混合模型二”）。不管何种结合方式，代理人均面临双重的信息优势：既对自己的行动状态拥有信息优势，也在对自然状态的了解方面拥有信息优势。因此，委托人面临的合同设计问题在两种混合模型中都是相同的：既要激励代理人作出合意的行动选择，又要激励代理人对自己掌握的私人知识或关于自然状态的私人信息“说真话”。

混合模型最重要的一个问题就是：激励合同要同时解决两个方面的问题，是否会使得激励问题更加恶化、资源配置效率更加扭曲？研究的结论大大出乎人们的意料，混合模型一有可能改善配置效率，混合模型二会进一步降低配置效率。

尽管结论出乎人们的直觉，但一切又在情理之中。

混合模型一采取的博弈动态路径如下：首先，委托人向代理人提供合同。然后，代理人选择是否接受合同，如果拒绝，则博弈结束；如果接受，则博弈继续进行到下一步，即由代理人对自己不可观测的私人行动作出选择。接下来，自然实现自己的状态，但只有代理人观测到了自然状态（这个状态通常就是指代理人的类型）。最后，代理人的行动连同类型及各种随机因素一起实现产出，产出能够为双方所观测，委托人根据实现的产出兑现合同。这样的例子是很多的，公司经理采取的许多非实物性质的投资行为（如经理本人的人力投资行为）对股东来说是不可观测、证实的，而这些行为会改善公司的生产率，但通常，公司生产率的高低只有经理才知情，股东并不清楚。又如，员工如果在平时努力钻研业务，肯定会提高自己的业务能力，不过，这两方面的信息经常都只有员工自己清楚，雇主通常并不知情。混合模型一的一个重要特点就是代理人的行动对随后的自然状态有重要影响。研究表明：如果代理人是风险中性的，而且其承诺是完全可信的、不存在有限承诺能力问题，那么，最佳合同设计就是让代理人成为合同关系的剩余收入索取者，即采取委托人获得固定报酬；这个合同可以实现最优结果，根本不会带来效率损失与扭曲。然而，一旦风险中性的代理人受制于有限承诺能力，或者代理人是风险厌恶的，则上述合同不再成为最佳选择，为了激励拥有双重信息优势的代理人，委托人必须向代理人支付一部分信息租金。但与非混合情形相比，混合模型一可能会导致更少的资源配置扭曲，会给代理人带来更多的信息租金回报。这背后的道理并不复杂，以代理人在合同订立后的学习行为会影响代理人工作效率高低为例来说明。把代理人分为高效率与低效率两种类型，如果要激励代理人对自己的效率状况（即隐藏知识）“说真话”，则高效率类型获得的回报必须高于低效率类型，即高效率类型可以凭借自己的信息优势获得一笔信息租金，为了降低租金成本，委托人会减少对低效率类型的产出要求，即合同不再要求低效率类型提供最优产出，从而导致了效率损失；代理人究竟属于何种效率类型，与他事前是否努力学习有关，如果他努力学习，则有更高的概率成为高效率者，因此为了激励代理人努力学习、尽力成为高效率者，那么给予高效率类型的回报也必须高于低效率类型，即高效率类型可以凭借自己的隐藏行动行为获得一笔更高的租金。上面的分析表明：无论是为了激励代理人努力学习，还是激励代理人讲真话，高效率类型与低效率类型之间必须具有一定程度的租金回报差异。随着代理人努力学习的成本越来越高，努力激励要求的租金差异也要求越高，这使得讲真话激励的租金也会水涨船高。委托人要给予代理人更多的讲真话租金，唯一的办法就是提高对低效率类型的产出要求，这就使得合同对低效率类型的产出要求方面的扭曲不断下降，甚至当努力成本高到一定程度以后，合同对低效率类型的产出要求也是最优的。

混合模型二采取的博弈动态路径如下：代理人在合同订立前就获得了有关自己属于何种类型的信息，而这个信息并不为委托人所知晓。随后，委托人向代理人提出一份合同，如果代理人接受了这份合同，则接下来由代理人选择行动。代理人的行动连同类型及其他随机因素一起，决定了合同的产出，委托人依据产出兑现合同。这方面的例子很多。一个员工在进入企业前就熟知自己的能力状况，员工进入企业以后，究竟能够为雇主带来多少产出，既与员工的能力水平有关，又与员工是否努力工作有关；一个私家车投保人的事故发生概率如何，既与投保人的开车水平有关，也与投保人是否小心驾驶有关，而投保人的开车水平是投保前就决定了的，而投保人是否小心驾驶则发生在投保以后；一个研究生的学术造诣如何，既取决于他的学术能力，又取决于他入学后是否努力学习，而通常可以假定研究生的学术能力是先天形成的。依据前面的定义，混合模型二实际上是道德风险问题与逆向选择问题的结合。在上述这些例子中，委托人设计的激励合同要同时实现两个目标：既要对自己先天的能力水平“讲真话”，又要在事后付出努力。研究表明：混合模型二会进一步降低资源配置效率。假设代理人可以分为高效率与低效率两种类型，如果不存在隐藏行动问题，则最佳合同应该为：低效率类型正好获得保留效用，而高效率类型可以凭借信息优势获得一笔信息租金，双方均无需承担风险。然而，当隐藏行动问题被引入以后，要激励代理人努力工作，就必须让代理人承担一部分风险，此时，不论何种类型的代理人，均可以获得一笔由隐藏行动带来的、与努力成本有关的信息租金。于是，在混合模型二中，代理人获得的租金由两部分组成：隐藏行动租金加上隐藏知识租金。委托人为了减轻自己的租金成本，会进一步降低对低效率类型的产出要求，从而导致资源配置效率的进一步下降。在混合模型二中，还有一种被称为“伪道德风险”的模型值得关注（Mirrlees，1971）。伪道德风险模型在最优税制设计、政府规制以及政府采购研究中有着非常广泛的应用。伪道德风险模型与混合模型二高度类似，那就是隐藏知识问题发生在合同订立之前，隐藏行动问题发生在合同订立之后。然而，这个模型之所以被称为伪道德风险模型，关键在于合同的结果不受随机自然因素的影响。这就涉及如何准确理解行为的可观测性。说代理人的行为是可观测的，并不是在生物学意义上说的。即便代理人的行为在生物学意义上不可观测，但如果行为的结果与行为之间存在确定的函数关系，即行为的结果只受代理人行为的影响，不受随机因素的影响，那么依然说代理人的行为在经济学意义上是可观测的，因为可以借助结果与行为之间的函数关系，由结果准确地推知行为情况。因此，在所有真正的道德风险模型中，行动不可观测还意味着结果要受随机因素的影响。伪道德风险模型的核心特征就是行为的结果只受两个因素的影响：一是代理人的类型，二是代理人的行动，除此之外，不存在影响结果的随机影响因素，即代理人的类型、行动与结果之间存在确定的函数关系。伪道德风险模型的真正困难在于虽然代理人的类型、行动与结果之间的关系是确定的，但委托人无法厘清类型及行为各自对结果的影响究竟有多大。

第五个拓展就是讨价还价道德风险模型。另外一个值得提及的研究发展方向就是对委托人与代理人之间的讨价还价能力不再作极端假设，即将全部的讨价还价能力都赋予合同设计人。这种做法当然不符合现实，在生活中，尽管双方的讨价还价能力并不对等，但都或多或少具有一定的讨价还价能力，现实生活中的合同通常都是双方讨价还价的结果。为了描述这一生活现实，有不少研究文献不再假设合同由某一方单方面设计，而是假设合同是双方讨价还价的结果。这种做法就等于将讨价还价理论引入了道德风险模型。在这个被修改的模型中，最佳合同通常由纳什讨价还价解来确定，所谓纳什讨价还价解就是指最佳合同应该最大化合同谈判各方指数化以后的净效用之积，指数的大小就反映了双方讨价还价能力的大小。值得特别提醒的就是，最佳合同绝对不是最大化他们指数化以后的净效用之和。鉴于纳什讨价还价解非常难以求解，这个修改后的模型所带来的一个缺陷就是只能假设双方均是风险中性的。因此，要把风险厌恶引入模型，合理的做法就是假设讨价还价能力集中于一方参与人，而且这个假设不会损害合同的基本性质，因为讨价还价能力的相对大小只影响合作剩余在合同双方的分配，并不影响改变合同的定性特征。

以当事人风险中性、纳什讨价还价解为基础的讨价还价道德风险模型在企业理论文献中（Hart and Moore，1990）有着非常广泛的运用，已经成为从道德风险角度讨论企业所有权最佳安排的基本模型。这个模型的基本内容如下：假设合同参与人均怀揣一定数量的资产，他们希望组成一家企业，企业的所有权可以有多种安排形式。该模型的研究思路则是，给定企业所有权结构，参与人首先同时选择自己的人力资本投资水平，这个投资水平是不可观测的私人信息，然后双方就合作剩余分配进行讨价还价，如果能够达成一致意见，则随后他们投入的人力与非人力资本就可以为企业创造一定数量的剩余。哪种所有权结构产生的剩余越多，哪种所有权安排就越佳。

该模型的另一个重要的应用领域就是团队道德风险问题。不过，团队道德风险理论的一个重要模型就是假设当事人都是需要为一项共同任务付出自己不可观测的努力，其博弈动态路径为：首先，团队成员就团队产出进行讨价还价，如果讨价还价能够达成一致，则形成了由纳什讨价还价解确定的分配合同；然后，各方依据已经确定好的分配规则同时选择自己的努力水平，由于团队成员存在博弈，最佳努力水平的解由纳什均衡确定；最后就是团队成员按照事先的约定分配团队产出。由于团队成员的行为相互影响，个人绩效难以考核，纳什均衡努力水平通常是次优的，为此，需要为团队成员引出一位享有剩余收入索取权的委托人，以打破团队预算平衡的方式提高团队效率。

围绕着道德风险理论的基本模型，还有其他许多发展方向。例如，基本模型总是假设委托人与代理人的合同不会对第三方带来外部效应，目前，有些文献试图在激励合同具有外部效应的情形下讨论最佳合同的设计问题。又如，在基本模型中总是假设委托人拥有全部的讨价还价力量，是合同的设计者，但是，也有不少模型假设代理人拥有全部的讨价还价力量，是合同的设计者。但是，这个假设的修改通常是无关紧要的，因为它只是导致合同双方分配状况的改变。当代理人具有全部讨价还价力量时，获得保留效用的不再是代理人而是委托人，除此之外，不会对最佳合同的结构与福利性质带来根本性的影响。再如，基本模型中代理人的保留效用是外生的，也有文献讨论内生的保留效用。由于上述这些拓展方向并没有产生特别重要的成果，本书并不加以详细介绍。虽然本章没有提及，但是值得关注的一个重要研究发展方向则是将参与人承诺不可信问题引入道德风险理论。

第5章

科技创新人才遴选的逆向选择及其工作激励问题

5.1 广州市创新组织人才遴选中的逆向选择及其形成原因

《国家中长期人才发展规划纲要（2010—2020年）》（简称《人才规划纲要》）指出：人才是人力资源中能力和素质较高的劳动者，是我国经济社会发展的第一资源，但是当前我国人才发展的总体水平同世界先进国家相比仍存在较大差距，与我国经济社会发展需要相比还有许多不适应的地方，主要是：高层次创新型人才匮乏，人才创新创业能力不强，人才结构和布局不尽合理，人才发展体制机制障碍尚未消除，人才资源开发投入不足等。

针对上述问题，《人才规划纲要》推出了创新人才推进计划、青年英才开发计划、企业经营管理人才素质提升工程、高素质教育人才培养工程、海外高层次人才引进计划、专业技术人才知识更新工程、国家高技能人才振兴计划等规划，鼓励创新组织积极引进、培养和开发各类创新型人才。但随着各项创新型人才引进、培养和提升计划的实施，一个越来越突出的问题制约着我国创新型人才工程的发展以及科技创新水平的提高：到底谁才是真正的创新型人才？

本书主要考察广州市的各类创新组织，即高校、科研机构和企业的研发部门的人才选拔，这些部门的核心人才就是那些高层次的优秀的创新性科技人才，即那些具备专业的知识和技能、具有较高创造性才能并且能够对科学技术发展和社会进步作出较大贡献的人才。这些人才最核心的素质就是他们的科技创新能力。

正如前面所说的，创新组织的人才选拔主要包括两种情形：一种是新成员的引进，包括招聘没有过科研职位、但是具备创新能力的新成员，如应届博士毕业生，从中选拔出符合创新组织具体标准的新成员；以及海外人才的引进。不包括已经拥有科研职位更换工作部门的情况。这可以理解为是整个创新组织人员的增加而不是人员流动，属于纯粹的人才增量增加；另一种是职称或职位晋升遴选，即针对创新组织内部已经具有相关职位但处于低层级的人员晋升高层级职位的情况，这类人员已经从事了一定时间段的科研创新工作，期望能够得到职位晋升。尽管从信息不对称博弈角度看，这两种情形并没有什么本质上的区别，但在解决对策上有差异，因此将它们进行适当区分。下面，结合广州市创新组织的实际，对新成员引进与职位晋升遴选的现行机制进行概括分析。

就广州市创新组织新成员引进而言，尽管创新组织学科门类繁多、每类学科的知识架构、研究方法和成果形式都有不同的特点，虽然同属于科技创新类岗位，但难以采取完全相同的聘用标准。但是综合广州市各类创新组织新成员引进的实际做法，可以发现他们在新成员引入时的流程（图 5-1）和标准基本是相同的。

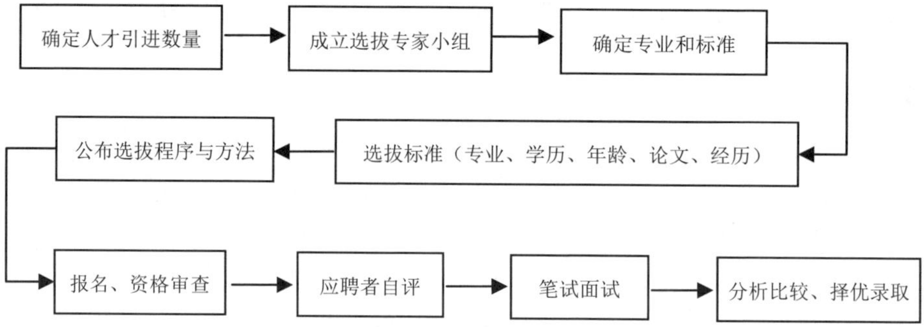

图 5-1 广州市创新组织新成员引进的基本流程

按照上述基本流程，一般首先都是由创新组织（由创新组织内部的具体用人部门和人事部门共同确定）确认需求人员数量、要求并对外公开招聘启事，招聘启事的内容主要包括一般性的岗位职能描述、基本限制条件、单位薪资待遇以及选拔方式等。除政治审查等环节，主要的选拔方式就是笔试和面试考核，当前高校和科研机构等事业单位的笔试内容主要包括行政能力测试和专业测试，而企业的研发机构则主要是性格能力测试与专业测评。这样的选拔流程广泛适用于广州的各类创新组织。

无论是高校还是科研机构、企业，创新组织的新成员引入的选拔信号或标准基本雷同。以广州某著名大学为例，该校将教师岗按照不同的工作性质进行了岗位划分，并划定了不同的评价标准。该校将教师岗位划分为教学科研岗和专职科研岗。除了基本的学位要求、外语水平要求等条件外，专职科研岗的主要衡量标准是论文发表要求、项目要求、所获奖励、同行评议四大条件。论文发表要求中只考虑第一作者的论文，并对论文等级进行区分：学科一流期刊论文的衡量标准一般为 SCI、EI 的一区和二区期刊论文，或同行公认的高水平和引领学科前沿的论文；项目条件中一般是要求国家级项目、省部级项目，并考虑横向项目中的项目数量和类型，或者规定经费最低标准。奖励条件中一般是将省部级以上科研奖励列入评价条件；同行评议要求则一般是要求候选人提供同行三位专家的推荐信（海外引进人才至少须提供两封以上海外专家的推荐信）。

从以上基本流程可以看出，广州市创新组织在引进新成员时主要采用 Spence 所说的信号发送机制，即通过申请者发送的学历、论文、课题等信号来为创新组织遴选新成员。越是高水平的创新组织，在新成员遴选时对于候选人的信号要求就越苛刻，如创新组织通常会对申请者的学位作出明确规定（如具有博士学位），同时对于毕业院校的等级进行分类，如要求候选人毕业于 985 高校或 211 高校，或者要求申请者拥有国外著名高校的文凭。因为越是严苛的信号，对于低能力者来说，其信号发送成本越高（即他获取该信号的机会成本等越高），因而其遴选功能越强。

职位晋升遴选机制是针对正在从事科技创新工作的内部人员进行选拔并加以等级提升。目前，我国创新组织的职位等级情况具体如下：在高校，职位系列主要为分为讲师、副教授、教授等，同时它们又被分成若干等级，如教授包括四级，副教授包括三级。在科研机构，职位系列主要是研究员、副研究员、助理研究员。企业研发部门的职位系列则被分为高级工程师、工程师、助理工程师等。

目前，广州市大多数创新组织的职称晋升遴选普遍采用基于量化评定的选拔方式，针对不同等级的职称制定相对应的限制条件，如包括任职时间、学历、科研创新成果等。创新组织的成员如果想获得更高一级的专业技术职称或职位，就必须首先满足这些标准中的各项硬性要求，在满足这些申报条件后，还要经过职称评定委员会评审给予确认。同时，对获聘不同职位层级的人员再下达硬性的科研指标，要求其在任职内必须完成相应的科研任务，如承担各类各级课题、发表学术论文、出版学术专著等，并定期对科研人员按照相应指标进行科研考核，考核结果决定着其福利待遇和将来的职称晋升与岗位聘用。这就是广州市创新组织职位晋升的一般流程。

下面以高校的职位晋升为例，具体介绍职位晋升的具体技术标准与要求。

《广东省高等学校职称评审资格条件》对于教授和研究员、副教授和副研究员、讲师和助理研究员等职称的评审资格条件作了详细的规定和解释，主要指标条件涉及学历（学位）、资历条件、外语条件、继续教育条件、专业技术工作经历、业绩成果条件、论文著作条件等各个方面。以教授职称的评定条件为例，除思想政治条件外，与科研创新能力紧密相关的指标条件主要有以下几点。

“第三条　学历（学位）、资历条件：具备下列条件之一。

（一）获得博士、硕士学位，取得副教授或副研究员资格后，受聘副教授或副研究员职务5年以上。

（二）未具上述学位，但取得副教授或副研究员资格后，受聘副教授或副研究员职务5年以上；或具备上述学位，且取得副教授或副研究员资格后，受聘副教授或副研究员职务3年以上。任现职期间年度考核优秀1次以上，并符合下列（1）或（2）的要求。

（1）具备下列条件中1项以上：①获国家自然科学奖、科技进步奖、发明奖、星火奖或国家级的社会科学奖及其他专业奖项。②获国家级优秀教学成果奖；或获省（部）级优秀教学成果奖一等奖（前3名）。③获省（部）级自然科学奖、科技进步奖、社会科学奖及其他专业奖项一等奖以上（前3名）。

（2）具备下列条件中2项以上：①获省级优秀教学成果奖二等奖，或获省（部）级自然科学奖、科技进步奖、社会科学奖及其他专业奖项二等奖1项或三等奖2项（前2名）。②主持完成省（部）级以上科研（课题）2项以上或直接解决生产建设中重大的技术问题，并取得明显的社会和经济效益。③在国内外公开发行的学术刊物上发表高水平的学术论文（著作）：在第八条的基础上，理工类增加3篇（部）、文科类增加5篇（部）、艺术类增加高水平的艺术作品2件（独立完成或第一作者）。④培养的学生在省级以上运动会或专业比赛上获得前3名。⑤获国家级优秀都是或省级以上劳动模范等称号。

第六条　专业技术工作经历：任现职期间，具备以下条件。

（一）系统讲授2门以上课程，其中1门为基础课或专业基础课或技术基础课，并根据教学计划的安排组织课堂讨论、社会调查，指导实习和毕业论文、设计。

（二）担任过1届研究生的导师或独立、系统担任过1门研究生学位课程的讲授工作，或指导过青年教师、进修教师学习1年以上。

（三）主持过省（部）级以上的科研项目全过程的研究、开发工作并通过省（部）级鉴定；或在本学科领域开展科学研究、科技开发工作，取得多项或发表多篇（部）有较高水平的学术论文、著作或艺术作品。

第七条　业绩成果条件：任现职期间，完成学校规定的教学工作量，且具备下列条件之一。

（一）超额完成学校规定的教学工作量，教学效果好，有3次以上年度教育教学质量评估被评为优秀。

（二）在教学研究上有较深的造诣，获国家级优秀教学成果奖；或获省（部）级优秀教学成果二等奖（前3名）。

（三）获国家自然科学奖、科技进步奖、发明奖、星火奖或国家级的社会科学奖及其他专业奖项；或获省（部）级上述有关奖项三等奖以上（前 3 名）。

（四）作为主要参加者完成或承担省（部）级科研（课题）1 项（前 3 名，项目已完成或取得阶段性成果）。

（五）本人主持的科研成果通过省（部）级鉴定，已推广应用，获得较大的社会经济效益。

（六）被评为市（厅）级以上劳动模范或省高教系统优秀教师。

第八条　论文、著作条件：任现职期间，具备以下条件之一。

（一）年均授课 240 计划学时以上者，论文、著作：理工类 5 篇（部），文科类 6 篇（部）。

（二）年均授课 120～239 计划学时者，论文、著作：理工类 6 篇（部），文科类 7 篇（部）。

（三）年均授课 60～119 计划学时者，论文、著作：理工类 7 篇（部），文科类 8 篇（部）。

（四）年均授课 59 计划学时以下者，论文、著作：理工类 9 篇（部），文科类 10 篇（部）。”

透过上述评定条件及职位晋升的一般流程，广州市创新组织的职位晋升机制属于典型的信号发送机制：申请人首先按照相关规定向创新组织的有关委员会发送信号，委员会根据这些信号决定是否对申请人给予提级与聘用。

创新组织的人才选拔与一般劳动力市场的人才选拔具有显著不同的特点，因为创新组织需求的人才主要是各专业的高端创新型人才，他们必须具有优秀的创新能力与科技创新素质，他们的素质直接决定了科技创新成果的质量。由于这些人才很难通过高等教育加以培养，或者说培养成本极其高昂，因此这些高端创造性人才属于市场中高度稀缺资源，一个国家或地区的科技创新绩效就看这些高度稀缺的创造性人才能否人尽其用。但正如前面所说的，人们的创造性才能属于他们的私人信息，是否具有足够优秀的学术创新能力通常只有他自己最清楚，外人很难直接测评和度量。通常，只有在创新组织的人才选拔过程结束、人员真正参与工作后，才能在长期的创新实践中了解到一个人究竟是否属于优秀的创造性人才。这就是所谓的“路遥知马力、日久见人心”。这就给创新组织的人才选拔提出了一个巨大挑战：在职位申请者的科技创新能力水平信息高度不对称的条件下，如何遴选合格的创新人才。

下面关于华裔数学家张益唐的故事（汤涛，2013）充分地诠释了创新人才选拔的难度，尽管这个例子有点极端。

2013 年 4 月 17 日，一篇数论论文被投递到纯粹数学领域最著名的刊物《数学年刊》。不到 1 个月，论文所涉及领域的顶级专家罕有地暴露自己审稿人的身份，信心十足地向外界宣布：这是一个有历史性突破的重要工作，文章漂亮极了。

顶级专家的高度评价被科学界的顶级期刊《自然》敏锐地捕捉到了。2013年5月13日，《自然》催生了一次历史性的哈佛演讲。这篇文章的作者、一个学术界的“隐形侠”，第一次站在世界最高学府的讲台上，并告诉世人：我走进了世纪数学猜想的大门。哈佛的讲台下面座无虚席，连过道上都站满了人。演讲内容被即时传到网上，网上不少人在刷新网页等待最新消息。

2013年5月14日，《自然》在“突破性新闻”栏目里，宣布一个数学界的重大猜想被敲开了大门。5月18日，《数学年刊》创刊130年来最快接受论文的纪录诞生了。5月20日，《纽约时报》大篇幅报道了这个华人学者的工作。文中引用了刚刚卸任《数学年刊》主编职务的彼得·萨纳克的讲话：“这一工作很深邃，结论非常深刻。”5月22日，老牌英国报纸《卫报》刊登文章，文章的标题是：鲜为人知的教授在折磨了数世纪数学精英的大问题上迈进了一大步。印度主流报纸把作出这一非凡贡献的人，与印度历史上最伟大的天才数学家拉马努金相媲美。

这位作出重大数学突破的学者就是张益唐，由于对数学界最著名的猜想之一孪生素数猜想的破冰性工作，使他从默默无闻的大学讲师一跃成为世界重量级的数学家之一。

张益唐的故事之所以特别轰动的原因在于，作出巨大数学贡献的他已经接近60岁，在此之前，他在美国长期沉寂，没有正式教职，只是个默默无闻的讲师，能公开检索到的学术论文只有2篇。即使在不十分追求学术GDP的美国，考虑到张益唐的年纪，如此“低产”也难以获得大学的芳心。一些学者分析，这可能就是张益唐到目前仍然没有拿到美国大学终身教职的原因——“他没有任何东西能证明自己的水平。”

张益唐于1955年出生于北京，1978年考进了北京大学数学系，是1978级公认的数学学习尖子。北大1977年没有招生，所以他是北大数学系“文革”后恢复高考的第一批学生。4年的北大学习为张益唐打下了坚实的数学基础，也养成了他一辈子只做大问题、不为小问题折腰的风格。张益唐1982年毕业后跟随著名数论专家潘承彪读了3年的硕士。潘承彪的哥哥就是大名鼎鼎的山东大学前校长，因在哥德巴赫猜想方面的工作而闻名的潘承洞院士。潘氏兄弟也是北大数学系校友，毕业后在各自的岗位上演绎了非凡的精彩。

1985年，张益唐来到了位于美国的名校普渡大学读博士，成为抗日名将孙立人和物理学家邓稼先的校友。但张益唐在普渡的六七年是不堪回首的时光，他在美国的导师是代数专家莫宗坚，张益唐的研究课题是导师的专长——雅可比猜想，但苦干了7年，得到的结果乏善可陈。眼界极高的张益唐不屑把博士论文结果整理出来发表。更糟糕的是，他和导师的关系一塌糊涂。这里有学术上的冲突，也有性格上的不和。

因为博士论文的结果没有发表，加上导师连一封推荐信都不愿意写，张益唐毕业后连个博士后的工作都没有找到。

一面要继续做数学，一面还要糊口。毕业后的前六七年他干过很多杂活，包括临时会计、餐馆帮手、送外卖。你能想象一代北大数学才子、数学博士数年间在快餐店、在唐人街餐馆打工的情形吗？

1999 年后，张益唐在朋友的帮助下又回到了学校，到美国的新罕布什尔大学做助教、讲师（Lecturer）。新罕布什尔大学是成立于 1866 年的一所综合性公立大学。新罕布什尔大学在数学界乃至整个美国学术界也毫无名气，属于很一般的学校。

美国学术界的核心是终身教职系统，分为助理教授（Assistant Professor）、副教授（Associate Professor）和教授（Professor）三个级别。这些教授职位就是传统意义的学者，既进行教学活动，也进行科研（如果是研究型大学的话，是科研为主）。一旦获得终身教职（通常是在升到副教授时，少部分学校是到正教授时，也有部分是助理教授期间），这些教授就可以做任何自己想做的科研，即使没有经费，科研没有进展，甚至不再科研，学校无正当理由（如渎职、犯罪等）也不能开除他们。因此，终身教职是学术界的核心精神，绝大多数数学家（除了在研究所工作的外）都会进入终身教职系统。而讲师就差多了，是临时教学职位，收入比起同资历教授（包括助理教授）差很多，教学任务也远远比教授们重。科研上来说，则是完全得不到任何支持。讲师往往由不具有博士学位的教师来担任，教学任务是普通终身教职系统内教员的 2～3 倍。注意，美国的讲师和英国的讲师是不同的，后者是等价于终身教职系统内职位的。

由此看来，无论如何，张益唐的职位都不是一个数学家理想的职位，可以说他是在讲师的位置上蛰伏了多年。

虽然教学量比较大，比起研究系列的教授、副教授的工资性价比低很多，但能回到学校，做自己驾轻就熟的事情，还能利用图书馆、办公室作研究，对一个胸有大志的数学人来说，应该是非常满足的了。

在新罕布什尔大学的 14 年是张益唐研究的黄金期。不需要研究经费，凭自己坚实的数学功底，充满智慧的大脑，以及潜心钻研的精神，他终于演绎出数学史上的一个神话，在孪生素数猜想上找到了别人没有想到的特别突破口。

现代创新活动的基本特征之一就是创新研究的学术化和职业化。在此之前，从事学术活动通常纯粹是个人兴趣与使命使然。在这种情境下，通常只有那些具有强烈的学术创新兴趣与使命感、具备优秀学术创新能力的人才会献身于艰辛的学术创新事业，社会也就无需担心研究者的投入热情与能力素质。但是，在以大学、专门研究机构等现代学术组织为学术创新主体的现代社会，从事学术创新活动不再纯粹是基于个人的兴趣与使命。职业化的学术创新活动已经成为了人们谋生、谋取社会功利的职业。能够占有一个稀缺的学术职位，不仅可以获得一份较大多数社会成员优厚的经济回报，也意味着拥有声望不错的社会地位。在利益的驱动下，信息不对称问题会给现代学术组织的生存与发展带来严重的挑战。一旦现代学术组织不能解决学术职位遴选中创新能力方面的信息不对称问题，低能力者将可能大量地充斥各类学术组织，占据着本来极其稀缺的学术职位。

Stigliz 早就指出，广泛存在于经济社会生活各个方面的信息不对称问题是资源配置效率低下和市场交易利益不能充分实现的基本原因。创新资源的配置更是如此，创新组织与生产部门不同，生产部门的产出绩效主要取决于员工的努力程度，即使一个员工的生产能力有限，只要能够激励其努力工作，通常就可以带来一定数量与质量的产出；但是创新组织的产出绩效更多依赖于员工本身的创新能力，如果缺乏足够优秀的创新能力，即便他们的努力程度再高，也不可能带来高质量产出。因此，能力信息不对称问题对创新组织的影响要远远大于生产部门。

目前，一方面是各级创新组织和政府给予创新型人才的经济报酬和声誉报酬等越来越高，另一方面则是由于能力信息不对称导致的欺诈现象愈演愈烈。无论从新成员引进还是职位晋升遴选看，这种信息不对称现象均广泛存在。

2010 年人民网的一篇评论中就提到了海外高层次人才引进存在的造假欺诈问题：一些海归趁国内风气不正之虚、凭借国内外信息不对称，打着“回国效力”的旗号浮夸造假，招摇撞骗。以学术打假著称的方舟子就揭穿了一位即将回国高就的海归的“西洋镜”——担任加拿大国家航天局“空间环境项目科学家”的刘维宁，受中科院之邀，回国担任我国“夸父”卫星项目的首席科学家。方舟子经过认真查询，才知道刘维宁只是加拿大航天局日地科学项目的几个“项目科学家”之一，他上面还有“资深项目科学家”和主任，根本不是独一无二的加拿大国家航天局的“首席科学家”。此外，方舟子还查实：自称是英文写作高手的刘维宁，所有用英文写作的作品都没有发表。其实，刘维宁并不是绝无仅有的个案，又如：2000 年，“美籍华人科学家”陈晓宁打着“加州大学副教授”的大旗，携带其科研成果——三个“世界上独一无二、价值无法估量”的基因库回到北京，报效祖国，她自己也被媒体追捧为“基因皇后”。后经方舟子查证，陈晓宁不过是洛杉矶一所私营医院的普通技术人员；其“独一无二”的基因库，在美国用 3000～4000 美元就可以买到。

在创新组织引进新成员时，创新组织处于信息劣势，应聘者处于信息优势，应聘者比创新组织更清楚自己是否符合创新型人才的标准和要求，更清楚自己的创新能力水平。也就是说，应聘者的创新能力水平高低信息是他的私人信息。同样地，在职称职位的晋升遴选中，创新组织的评选委员会处于信息劣势方，候选人处于信息优势方。总之，对于创新组织来说，他们期望能够引入创新能力高的人才或者将更高层次的职位授予创新能力更优秀的人才，但是一个人的科技创造性才能高低是很难通过硬性客观的指标加以准确测量的；同时，由于创新组织所需求的人才往往具有高度专业性和精细化的特点，就使得对科技创新能力的衡量和测量更加困难。正是这种巨大的测量或度量成本，使得科技创新能力高低具有极强的私人性。这显然与生产能力有着巨大的差异，如一个人是不是一个优秀的厨师，用人单位无需多大的成本就可以获得其能力水平的真相。因此，创新组织人才选拔之所以会面临极大的信息不对称，根源在于科技创新能力的巨大测量成本。一旦创新组织的人才选拔解决不了信息不对称问题，就会导致人才选拔的逆向选择。

下面，借助 Akerlof 开创的逆向选择模型分析创新组织人才逆向选择问题的具体形成机制。

创新组织人才选拔博弈的双方是创新组织和职位申请者，他们都是风险中性的。创新组织所处的劳动力市场是竞争性的，这意味着职位申请者获得的报酬正好等于其能力水平。为了分析的方便，职位申请者的科技创新能力被分成两种类型：高能力者与低能力者。创新组织希望聘用高能力者，因此，对于高能力者，创新组织给予一笔丰厚的、与其能力水平相匹配的报酬 w；而对于低能力者，创新组织给予的报酬为 0，即不聘用或不提职。但是，职位申请者究竟属于何种能力类型是他的私人信息，创新组织并不清楚职位申请者具体属于何种能力类型，他只知道他们的分布函数，即职位申请者有 θ 的可能性属于高能力者，有 $(1-\theta)$ 的可能性属于低能力者。此外，假设人们的创新能力基本是天生的，后天的教育和创新实践虽然能提高其创新技术技能，但无助于从根本上提高人们的创造性才能。这一假设是为了方便后面的激励机制设计，当然如果修改这一假设，只是使得分析的技术难度大幅度增加，但不会改变本部分的基本结论。其实，假设人们的创造性才能是天生的是符合大部分现实的。

在上述假设条件下，低能力者显然非常有积极性冒充高能力者，以获得丰厚的报酬 w。创新组织作为理性人，当然知道这一情况。因此，面对任何一个潜在的职位申请人，创新组织将根据他们掌握的概率分布给予 θ_w 的报酬。显然，对于这笔报酬，只有低能力者才会感兴趣，而高能力者则会退出该创新组织的聘用竞争，于是相关劳动力竞争市场上剩下的都是“柠檬”，出现了以“劣币驱逐良币”著称的逆向选择问题。举一个数值化的例子，假设职位申请者属于高能力与低能力者的概率各为 50%，创新组织给予高能力者的工资为月薪 1 万元整，低能力者的月薪为 0 元。显然，按照上述情况，在信息不对称条件下，创新组织给予潜在申请者的期望工资为 5000 元。面对这样的期望工资水平，只有低能力者才对创新组织的岗位感兴趣，而高能力则会自愿退出职位竞争。

逆向选择问题产生的基本机理在于：能力信息不对称导致委托人只能以平均能力水平给予代理人相应的待遇，正是这种“平均化”或“均值化”，使得高能力者自动退出市场竞争，即信息不对称使得低能力者对高能力者产生了巨大的负外部效应。

由于逆向选择问题的存在，创新人才市场的均衡必定不是帕累托最优的，充斥市场的低能力者占据着稀缺的创新职位，进而导致科技创新水平低下。今天，由于能力信息不对称导致的创新组织的职位与人才不匹配现象成为了阻碍我国实施创新驱动发展战略、妨碍创新型国家建设的主要障碍，这种现象已经引起了从官方、学界到民间的普遍关注。因此，要实现创新资源的高效配置，就必须有效地解决好创新职位配置中的逆向选择问题。

根据前面的分析，创新组织人才与职位不匹配的根源在于科技创新能力信息不对称。为了缓解能力信息不对称对创新职位带来的低效率配置问题，第一个可以采用的路径就是用各种技术指标对人们的科技创新能力水平进行考核和测量，这是目前各创新组织以及社会最普遍使用的方法。心理学家们一直致力于研究能力测评问题，各类单位的人力资源管理部门则一直努力试图依据这些研究成果和管理经验对人才进行准确的考核，如对职位申请者使用严格的、数量化的考核或评价。这种基于数量化、技术化的解决路径要成功，必须要求被测量对象具有技术上的可测性，或者说，具有可以量化的属性。的确，在人类发展史上，随着测量技术的发展，许多原本不可准确度量的东西都可以准确度量了，也正是这些众多的成功事例激励着人们不断研究测评问题。但是，像科技创新能力高低则属于难以量化考核的东西，就如前面介绍的张益唐的故事所示（虽然这个故事有一点极端），至少心理学目前的知识不足以为创新能力高低提供准确的度量。

其实，目前管理中对每件管理对象均要进行量化测评和考核是一种“泛量化”、“泛技术”倾向的表现，是对量化技术的盲目崇拜。就其根源，可以视为近代法国启蒙理性的结果，以为以数量化为代表的“理性无处不在”（莱布尼茨）。这种“泛量化”、“泛技术”倾向是如此地根深蒂固，以致在创新组织的人力资源管理中，当员工对科研进行数量化考核高度不满时，员工和管理者的普遍思维模式是考核指标的设置及权重不合理，应该使之更加合理化。也就是说，在当前创新组织的人力资源管理中，双方只是对量化考核的方式、指标等存在分歧，而对量化测评本身没有根本性的意见分歧，双方均同意要对员工进行量化考核。

当前，各类组织对人力资源管理的一个普遍倾向就是泛量化、泛测评，不可准确度量的事物也一定要想方设法进行考核，并视这种做法为对科学管理的追求，并为此耗费大量的人力物力研究考核测评技术。人们已经囿于其中而不得自拔。但是，信息不对称博弈理论却为人力资源管理别开新路，它的基本立场是：对于外人难以准确量化和考核的东西（如创造性才能、幸福感），委托人或管理者的最佳选择是干脆不测评不考核，而是通过激励机制设计诱导人们自愿或不得不对自己的状况“讲真话”。这里所说的“讲真话”是指其行为能反映真实信息。基于信息不对称博弈理论的基本立场，致力于以有效的机制设计来实现创新组织岗位的合理配置，实现职位与人才的合理配置，矫正创新组织管理中的“泛量化”与“泛技术”倾向，倡导以激励机制设计解决相关管理问题。

按照信息不对称博弈理论对逆向选择问题的解决机制，要实现创新组织职位的合理配置，可以有两个选择：一是通过设置某些信号，要求职位申请者向创新组织发送这些信号。这就是前面反复提及的、Spence 开创的信号发送机制。二是通过设置一系列选择方案菜单（如聘用合同），让职位申请者自由选择聘用合同。这就是前面反复提及的、Stigliz 开创的自我甄别机制。

按照信号发送机制的运行原理，只要所选择的信号满足单相交条件，即信号发送成本与职位申请者的能力水平负相关，则这些信号就可以成为传递申请者科技创新能力高低的良好信号。创新组织只要通过观测职位申请者能否发送该信号以及发送频率，就可以判断出职位申请者的能力水平。这样，创新组织实际上就通过信号的设置让职位申请者对自己的能力水平不得不讲真话。而且，在一个高度竞争的创新型人才市场，优秀的创新人才为了不混同于低能力者，他们本身就非常有积极性寻找良好的能力信号并发送给创新组织，以便从竞争者队伍中脱颖而出。但是，如果所设置的信号不满足单相交条件，例如，这些信号是所有能力水平类型的职位申请者均可以轻易发送的信号，则该信号就属于“廉价话语”类的劣质信号。从上面的介绍可以看出：信号发送机制的动态博弈路径是：第一步，职位申请者向创新组织发送相关信号；第二步，创新组织根据信号判断职位申请者的能力水平，并考虑是否聘用以及给予何种待遇。在此，特别需要提及的就是这里的信号并非量化测评指标。量化测评指标的功能在于通过指标水平反映被测评的能力水平，这就要求该指标能够直接反映能力水平的高低，属于能力体系的构成要素；信号的功能则在于通过信号发送成本的高低差异诱导人们对自己的能力“讲真话”，这就不要求该信号属于能力体系的构成要素，信号可以不属于能力体系的构成要素，只要求不同能力水平的人获得该信号的机会成本有差异。

按照自我甄别机制的运行原理，只要创新组织设计的选择菜单满足参与约束及激励相容约束，就可以通过观测职位申请者对菜单的选择来区分其真实的能力水平，也就是说，他们对菜单的选择对自己的科技创新能力水平说了“真话”。关于参与约束条件及激励相容约束条件的含义，参见第 4 章的相关解释，在此，不再重复。从博弈的动态路径看，自我甄别机制的博弈路径是：第一步，创新组织设计选择菜单供职位申请者选择；第二步，职位申请者选择不同的菜单。

一旦信号发送机制与自我甄别机制能够实现对申请者科技创新能力的有效区分，就意味着创新组织与职位申请者之间的博弈形成了“分离均衡”。

尽管不少文献中认为自我甄别机制才是属于以激励手段解决逆向选择问题，但这是不正确的，如果信号发送机制是由创新组织主动设计的或由竞争性市场激发出来的，这显然也是以激励手段解决逆向选择问题。其实，就本质而言，单相交条件就是激励相容条件，它们均是通过机会成本的差异来鼓励人们对自己的能力水平说真话，只是一个通过信号说真话，一个是通过菜单选择行为说真话。其实也可以把菜单选择行为视为一种信号。尽管信号发送机制与自我甄别机制在本质上是相同的，但在管理方式上有着巨大的差异，因此，就实际操作而言，区分这两种机制非常有必要。

从上面的介绍，已经发现无论是新成员引进还是职位晋升遴选，广州市创新组织采取的是典型的信号发送机制。管理者建立这些制度的基本原因就是要克服信息不对称以遴选出优秀的创新型人才。这就引出了一个问题：这些机制能够帮助创新组织遴选出优秀的创新型人才吗？它们在帮助创新组织克服人才逆向选择问题中的效果究竟如何？这是对创新组织人才选拔机制进行绩效分析的最基本要求。

从上述介绍可以看出，综合新成员引进与职位晋升遴选，创新组织人才选拔的基本信号主要是学历、科技创新成果、科技研究项目、同行专家的意见四个方面，其中，论文、课题被称为硬条件。按照信号发送机制理论的要求，这些信号要成为人才选拔中的良好信号，就必须满足以下条件：第一也是最重要的，这些信号必须满足单相交条件；第二是创新组织对职位申请能力水平类型的信念模式恰当。例如，依据 Spence 的理论，如果创新组织认为申请者发送的信号水平低于某个临界值就肯定属于低能力者，但如果申请者发送的信号水平高于该临界值，也并不意味着该申请人就肯定是高能力者，则此时即便满足单相交条件，也有可能形成混同均衡。但这里不讨论第二个条件，即假设第二个条件是自动满足的，主要集中从第一个条件出发考察现行人才选拔机制的绩效。

从当前创新组织人才选拔逆向选择问题依然比较严重这一情况来看，学历、论文著作、科研项目、同行专家的意见等信号显然不是科技创新能力高低的良好显示信号。不难知道，学历、论文著作与科研项目情况是国际上创新组织人才选拔的主要信号，那么为什么这些信号在我国人才选拔中会严重失真呢？所谓信号失真就是指不论何种能力水平的人均能够发出该信号，即他们发出该信号的成本均不高，这意味着单相交条件不成立。那何以会导致单相交条件被破坏呢？

首先，就学历这一信号而言，按照斯宾塞的观念，人们接受高等教育并取得相应的高文凭，是为了向劳动力市场发送自己能力高的信号。斯宾塞认为，只要人们的受教育成本与能力类型负相关，即高能力者的受教育成本明显高于低能力者的教育成本，那么学历就是求职者能力水平的良好显示信号。当然这里所说的教育成本，并不单纯指人们上学所需要缴付的学费，更多的是指接受教育所需要花费的时间、精力或是要付出的机会成本以及所需要承受的心理成本。显然，在正常的教育体制下，要获得同样的文凭，高能力者需要花在学习上的时间、精力肯定比低能力者少，所承受学业压力带来的心理痛苦也比低能力者小，因此，高能力者能够以更低的受教育成本获得教育文凭。于是，高能力者为了能在求职市场上与低能力者相区分，获得更好的工作或职位，就有积极性接受更高、更难的教育。此时，学历信号无疑是求职者能力高低的良好显示信号。因此，根据斯宾塞的分析，拥有名校学历的博士通常比普通院校毕业的博士具有更高的能力。但 Spence 的分析并不意味着学历是传递人们科技创新能力高低的良好信号。能力是多方面的，就获得文凭而言，一个创造性才能不足但学习能力、操作能力强的人照样可以用较低的受教育成本获得高文凭。例如，近几年有一个现象，大学本科学生中女生的比例逐年上升。在笔者之一的学院，学习数学的学生中，女生的比例已经超过 2/3，同样大学硕士生中女生的比例也逐年上升。是因为女生的创造性才能高于男生吗？显然不能下此结论。但至少女生的学习能力、操作能力在高中阶段或大学阶段表现比男生强，因此她们可以用较低的受教育成本获得高文凭，这样说并不意味着贬低女生的创造能力。因此，高文凭即便可以反映一个人能力水平的高低，但也不意味着能够反映创新能力的高低，从这一点看，高学历文凭只能成为创新能力的参考性信号。但在当前的中国，学历的这一参考性作用也要大打折扣。当前人们对中国教育做出的一种基本评判是“高学历低智商”，高学历显然不是证明自己能力高的良好信号了。因为在我国目前的高等教育体制下，高校对大多数人来说成了“宽进宽出”的所在：考上大学比以前更容易了；即使平时不好好读书，毕业时候交一篇差不多的论文也能通过毕业答辩，顺利获得学位。高等教育的这种规则松弛使得不论大家的实际能力是高是低，都能够比较容易发出高学历信号，这时候的学历信号就不再满足信号发送成本与能力类型负相关的关键性条件，成了“廉价话语”式的劣质信号。准确地说，如今高文凭已经蜕化成：如果申请者没有高文凭，极大的概率意味着他是低能力者，而拥有高文凭也并不意味着他一定是或很大概率上是高能力者。由上面的分析可以看出：学历作为创新人才选拔信号本身就具有局限性，同时，我国高等教育制度本身的规则松弛使得学历连这种有局限性的作用都大打折扣。

其次，就科研项目要求看，它要成为人才选拔中创新能力高低的良好显示与传递信号，就必须以该项目的完成质量作为基本信号，而不应该以项目获得情况作为基本信号。因为高能力者发送高质量科研创新的机会成本要大大低于低能力者，或者说，高能力者的项目绩效要大大高于低能力者。而项目获得信号则难满足单相交条件，并没有足够证据表明高能力者会比低能力者能找到有价值的选题，创造力平庸的人一样可以发现有价值的选题。创造性才能的高低更多不是表现在问题发现上，而是表现在问题的解决上。我国的人才选拔常常对课题设置等级，在人才选拔中国家级课题的价值大于省部级，省部级大于厅局级，厅局级大于横向课题，以行政级别等级衡量科技创新问题的价值等级，这其中的逻辑显然荒谬无比。但是，目前在我国，项目完成质量成为人才选拔的良好信号依然只能是停留于理论分析，因为项目完成质量要成为良好的人才选拔信号，就意味着必须存在一个能够对项目完成质量进行客观评价的体系，但由于存在课题承担人与评审验收专家串谋现象、评审验收专家缺乏认真评审的积极性，导致我国科技创新项目的成果验收缺乏应有的客观性。

再次，看论文著作发表情况。单就论文著作发表数量而言，这并不是一个良好的科技创新能力高低的显示信号。因为在不要求质量的前提下，即使是能力不足的研究者，通过东拼西凑同样可以炮制出一篇篇粗制滥造的论文，并选择那些对论文质量审核不严格的期刊或杂志投稿，或者直接花点钱向期刊或杂志买版面就可以发表了。所以，不论科技创新能力的高低，潜在资助对象要发送这一信号的成本几乎没有差别，这已经成了科技界内部的一个共识。就论文质量信号而言，在我国人才选拔中一般以期刊或杂志等级为基础。通常的做法是先将相关专业的刊物划分成由高到低的几个等级，然后规定潜在资助对象必须在高等级刊物发表若干篇文章，当然，在高级别刊物发表的文章越多，被获聘的可能性也就越大。按照常识，越是高等级的刊物，对文章的质量要求就越高；相比低能力者，高能力者更容易写出高质量论文。因此，以学术刊物等级为代表的论文质量信号也就具有了作为筛选申请人的合理性，比单纯的论文著作数量信号具备更强的筛选功能，因为它满足能力类型和信号发送成本负相关的条件。不过，这个信号要具有良好的显示功能还取决于两个前提，其一是相关专业的刊物等级划分是合理的、科学的，若是按照刊物主办单位的行政级别来划分，那将极大弱化论文质量信号的筛选功能；其二是论文发表的评审制度是公正、严谨的，如一些高档次刊物采用匿名审稿的制度，就让学者们普遍认可。

在创新人才的选拔中，同行专家的推荐评审意见也是重要的信号。以新成员引进来说，同行专家的推荐意见通常是基本信号要求。但同行专家推荐评审意见要成为人才选拔的良好信号，必须满足以下两个最基本的条件：一是这些专家必须具备优秀的判断与评价能力；二是这些专家有认真客观地推荐评审的积极性。

第一个条件意味着专家必须是严格意义上的同行专家，否则，他就没有能力和资格判断申请人的创新能力。在实际操作中，这个条件通常得不到严格满足，在晋升遴选中许多评审并非严格是由本领域专家评审的，而是由其他领域的专家评审的，一个专家一旦要对其他领域的专业问题作判断，其判断能力并不比普通人高出多少。导致这一现象的原因主要有以下几点：①由于学术研究分工越来越细，每个专家只是对自己研究领域内的问题具有良好的判断力。但学术分工细化，有些研究领域也许全国就那么几个人在研究，这就使得创新组织通常难以邀请到足够多数量的合格专家。在学科高度分化的时代，同学科但不同细分研究领域的专家其实已经难以对话了，这就使得研究项目事实上不是由真正的“专家”负责评审的。②创新组织在邀请专家时通常是基于职称高低判断专家们的能力与资格，可是正如前面所说的，职称在我国已经成为了一个严重失真的信号。③谁是真正有评审能力的专家本身也是信息不对称的。这就要求投入主体必须具有识别真正专家的“火眼金睛”，但就现实表现看，投入主体识别“真专家”的能力得不到任何保证。④即便创新组织有判断“真专家”的能力，还有另一个制约因素，那就是创新组织本身有没有邀请真正专家进行评审的积极性。一旦创新组织缺乏这种积极性或抱有其他目的，就自然不会努力搜寻及邀请真正的评审专家。

第二个条件意味着专家在评审或推荐时本身不能存在道德风险问题，即有积极性严格认真客观地评审项目，撰写推荐意见，不会对相关工作敷衍了事，更不会出现专家被申请人“俘获”的现象。但专家是否严格认真客观地评审推荐这一信息也是不对称的，因此，除非专家具有良好的社会良知，否则，专家们认真评审推荐的积极性没有保证了。

因此，在信号发送机制体系下，以专家的推荐或评审意见来解决申请人创新能力信息不对称导致的人才逆向选择问题，可能意味着该逆向选择问题没有得到很好解决，同时又制造出了新的信息不对称问题：评审或推荐专家的评价能力信息不对称导致的评价专家逆向选择问题，评价专家是否认真客观工作这一信息不对称导致的评价专家道德风险问题。

综合上面的分析，导致信号失真的基本原因有两类：一是“串谋”问题的存在使得信号发送人能够操纵信号。学历、科技项目、论文著作发表质量、专家推荐与评审意见，申请人均可以通过与相关部门或专家“串谋”进行操纵，如与学校串谋获得博士文凭；与相关部门串谋以获取项目，或与相关专家串谋，在项目中挂名；与学术杂志编辑串谋以发表论文；与评审或推荐专家串谋以获得高评价。原本这些信号从其“自然属性”看本应符合 Spence 所说的单相交条件，但由于串谋问题的存在使得单相交条件被这种后天因素破坏了。正如第一部分的分析所指出的：单相交条件是否得到满足，不仅仅取决于这些信号的自然属性，还取决于社会制度因素。这种种串谋问题是导致我国人才逆向选择问题得不到有效解决的最重要的根源。二是新的信息不对称问题没有得到有效解决：是否是真正的同行专家以及这些负责各类评审的专家是否有认真评审的积极性。由于这些领域的逆向选择与道德风险问题没有得到有效解决，也就导致人才逆向选择问题得不到有效解决。从上述分析可以看出，要使得人才选拔中的信号发送机制正常发挥作用，必须要进行大范围的体制机制改革，如教育制度、学术论文发表制度、项目验收制度、同行专家评价制度等的改革。只有具备了这些良好的基础性制度设施，人才选拔的信号发送机制才能发挥其应有的功能。从这个角度看，创新组织的人才选拔是一项涉及众多领域改革的系统性工程。除此之外，部分信号的选择天然不合理也是重要原因之一，即某些信号从其自然属性看就不符合单相交条件。

当前，广州市各类创新组织的人才选拔，无论是新成员的引进还是内部职称职位的晋升遴选，基本都是采用信号发送机制，即通过候选人向需求部门发送能够代表其高科研创新能力水平的信号，由需求部门进行甄别。但是，前面的分析已经表明，由于信号选择有误（如以论文数量评定高下、以课题获得情况评定高下），或由于基础性制度安排存在重大缺陷（如存在串谋现象、没有有效地解决好内外部专家评议的逆向选择与道德风险问题），使得人才选拔的逆向选择问题没有得到很好的解决，从而导致创新职位的长期低效率配置。下一节我们拟利用信息不对称理论的相关研究成果，结合广州市的实际，提出改进广州市创新组织人才选拔机制的具体对策建议。

5.2 创新人才选拔中解决逆向选择问题的激励机制设计

根据前面确定的基本原则与思路，我们对解决广州市创新组织人才选拔的逆向选择问题提出以下具体的对策建议。

1）完善和优化信号发送机制。针对创新人才市场中信号筛选功能弱化和失灵现象，借鉴发达国家的经验，结合信号发送理论的研究成果，有关部门应该采取如下措施。第一，建立和完善基础性的学术评价与规范制度。充分的民主化、公开化、程序化、严格的同行评审、评审匿名化是基础性学术制度建设必不可少的五个环节，以有效缓解人才选拔中的串谋问题以及评审专家的逆向选择与道德风险问题。此外，高校教育部门要对毕业生实行“严进严出”的政策。第二，学术评价应该去行政化。这个问题已经成为了科技创新共同体的一致意见。就人才选拔的逆向选择问题看，行政化是导致信号失真的基本原因，它也无助于解决评审专家本身的逆向选择与道德风险问题。可以这么说，我国评审专家的逆向选择与道德风险问题就是学术行政化的产物。例如，论文质量评价的普遍方式是根据学术期刊的级别，高级别的期刊代表论文的高质量，这种评审机制就要求对于学术期刊级别的分类是科学和可观的。可在我国，学术体系内对于期刊的分类是以行政等级划分的，这样，论文信号的甄别能力就会被弱化甚至误导。学术管理的行政化和“官本位”滋生各种学术腐败，如滥发文凭、买卖文凭、科研质量评估的造假、课题申请与职称评选中相互串谋。因此，要使得人才选拔评价客观公正，去行政化是一项必不可少的基础性制度建设要求。第三，精心选择信号，确保信号符合单相交条件。前面分析已经指出，导致单相交条件不成立的基本原因有二。首先，从自然属性角度分析，信号不符合单相交条件，如论文数量的信号功能就不如论文质量，课题获得的信号功能就不如课题完成质量；其次，信号由于各种社会因素（如串谋）而失真，因此，信号选择的一个要求就是要具有强大的防串谋功能。在笔者看来，论文的同行引用率就是一个防串谋能力强的信号。论文引用率是一个很难被串谋操纵的信号，因为潜在竞争者要收买所有的同行几乎是一件不可能完成的事情。正是因为论文引用率难以被串谋操纵，能够被同行广泛引用的论文必定是高质量的、创新价值大的论文，这种信号只有学术创新能力强的人才发得出来。这个信号特别适合于职称晋升，采用这种信号的一个额外好处是有利于克服学术共同体追求成果数量的冲动。此外，就防操纵而言，专家评审应该尽可能引入国际或省外专家评审，国际知名匿名学术刊物所发表的论文也是一个具有强大防操纵能力的信号。就推荐意见而言，应该看重卓著声望的国际同行专家的意见，因为这些专家的声誉使得他们难以被操纵；就文凭而言，越是卓著声望的文凭，其信号功能越强，因为它更难被操纵。在华南理工大学的“杰出人才与团队引进计划”的招聘中就采用了论文的同行引用率和同行著名专家推荐信这两种信号，从信号的实施效果来看，论文的同行引用率和著名专家推荐信都是造假成本比较高、具有较高防串谋能力的信号。而从低能力候选人的角度来看，如果论文质量不高或者学术科研成果不足就很难发出这两类信号，所以它们也就具备了良好的筛选功能。

2）充分利用声誉机制。要消除人才选拔过程中的逆向选择问题，另一个关键是要把创新人才的私人信息通过信息传递机制转变为共同信息，声誉机制就具有这个功能。声誉机制实际上是利用重复博弈对低能力者伪造信号的行为进行制约，实质上也就是将声誉看做一个有效的信号。声誉作为衡量应聘人员水平的重要信号工具，可以显著降低人才市场的交易成本。为了充分利用声誉机制，创新组织及有关管理部门应该建立高端人才信息库，记录人才的应聘和工作记录。应聘人员为了能够与创新组织长期合作，有积极性在社会上为自己积累良好的信誉。声誉机制意味着创新组织在选拔创造性人才的时候，除了要衡量应聘者的能力之外，还要重点关注应聘者之前的社会工作背景、工作经验和工作能力等。目前我国基本没有建立创新性人才的资料库，人才市场实际上也只是起到为人才和用人单位提供交易场所的作用。如果创新组织与人才市场、猎头公司、中介机构联手，为创新人才建立全面的资料库，及时记录创新型人才的学历、业务水平、创新能力、成绩、信用、身体状况等情况，这样就可以将创新人才的私人信息转变为共同信息。

3）充分利用信号发送竞争机制。在创新组织的人才选拔中，高能力的候选人相比较于低能力的候选人来说更愿意传递真实私人信息给需求部门。信号传递机制的作用不仅是让低能力者发不出代表高能力的信号，还要能够让高能力者充分传递真实信息的功能。对一些重要的岗位，由创新组织允诺给予充满吸引力的薪酬、工作环境等良好待遇，然后在全球公开招聘，这样就能够吸引了大量的候选人，形成竞争性的人才市场。在高度竞争的市场上，无需创新组织的劝导，为了不混同于低能力者，高能力者本身就会主动寻找和发送良好信号，这种竞争实际上就是信号发送竞争：通过构造竞争性环境，让高能力者自动想方设法与低能力者区分开来。

4）新成员引进应该充分利用自我甄别机制。前面已经提出，创新组织应该主要以自我甄别机制来遴选新成员。对此，笔者的设想是：通过精心设计的阶梯形工资合同来自动筛选低能力者。笔者认为，合同甄别机制特别适合于新成员引进。学术组织引进新成员时不能过分依靠论文信号，因为要求潜在新成员在求学期间一定要发表若干论文并不符合人才培养规律。针对新成员引进，学术组织在利用文凭等信号外还可以充分利用具有如下特征的合同制度：一旦潜在竞争者被学术组织聘用，学术组织在前若干年提供给新成员的报酬将明显低于该类人才市场的平均水平，一旦在这若干年内新成员能够向学术组织充分证明自己的学术创新能力，则待若干年满后，学术组织向该成员提供一份明显高于平均水平的长期回报。

只要在年限（新成员获取低回报的年限）、差距（低于、高于平均水平的差距）方面设计恰当，上述合同无疑会具有良好的甄别功能。具体理由如下：这种合同对理性的低能力者根本没有吸引力，因为低能力者即使欺骗成功，他也只能欺骗若干年，而这若干年给他带来的回报却低于市场平均水平，显然他不如去欺骗别人，因为那至少还可以获得平均水平的回报。此外，这位低能力的欺骗者在若干年后还将为自己的欺骗行为继续付出代价：在自己信用记录上留下了不佳记录、若干年后他要在新的行业再就业也并非易事。这种合同只有学术创新能力强的人才会感兴趣，因为他只要忍耐若干年就可以获得长期高额回报。于是，面对学术组织提供的这种聘用合同，经过理性计算，低能力者将自动退出竞争，只有高能力者才会向学术组织递交申请。这些学术创新能力高低不同的潜在竞争者就这样通过自己的选择行为对自己的能力水平讲了“真话”。

用上述合同甄别人们的能力高低，必须具备一个基本的前提条件：这种能力难以通过后天实践获得根本性提高。否则，低能力者照样会对这种合同感兴趣，因为他可以利用这若干年时间把自己训练成高能力者。这就是为什么要在前面假设学术创新能力难以通过后天实践获得根本性提高的原因，事实上也的确如此。

5）设计堆积岗位合同。这种合同是利用自我甄别机制应对职位晋升遴选问题，也可以用于新成员引进。所谓堆积岗位合同就是指在设置目标岗位时，摆放出其他的顺序岗位，并按任务要求与待遇的不同，设计出若干不同层级的聘用合同，然后把所有提出的岗位堆积在所有候选人面前，让他们根据自己的能力自由挑选合适的岗位。出于机会成本的考虑，应聘者必定根据自己的实际情况，进行自动对号入座，这样就形成了分离均衡，因此这种方法也称为“堆积岗位对号入座法”，这种方式目前多运用于企业的研发部门。例如，可以在招募20万年薪的科研项目负责人这个目标岗位的同时，可以设置 10 万年薪科研项目副负责人，5 万年薪的科研小组成员等若干个顺序岗位，不同岗位的任务要求不同，并将这些岗位合同堆积在候选人面前，因各应聘者都面临着机会成本的考虑，所以每个候选人都不得不根据自己的能力自动选择符合自己科研创新能力的合同，作为低能力者决不会冒着科研项目失败后他需要负主要责任的风险，而失去本有把握可以得到最低层次年薪的机会。这种通过“赛马”的方式使得真正有能力胜任项目负责人的候选人选脱颖而出，达到了筛选的目标。这种机制的本质就是通过待遇与任务的不同搭配、巧妙搭配设计出一系列选择菜单，供申请者自由选择，这实际上就是 Stigliz 设计的保险合同机制的应用，这种自我甄别合同设计的核心原则就是高待遇高任务高风险，低待遇低任务低风险。从这种机制的运行看，它特别适合职位晋升遴选。目前各创新组织设置岗位教授时就应该充分利用这种自我甄别机制，否则，高层级岗位就成为了少数人的额外租金收入。

无论是新成员引进的自我甄别机制还是职位晋升中的自我甄别机制，均有一个共同特征：工资回报呈现出阶梯状况，或是前若干年的工资低于后来，或是不同任务要求给予的工资不同，任务要求越高，工资越高。因此，本书称这些具有自我甄别功能的遴选机制为阶梯工资制度，其目的在于诱导人们对自己的科技创新能力自愿“说真话”。

5.3　广州市创新组织中创新人才工作的道德风险问题及其形成原因

科技创新是一种典型的智力密集型劳动，其产出（科技创新成果的质量和数量）不仅取决于科技创新主体的科技创新能力以及科技创新项目的难易程度，更取决于科技创新主体在具体科技创新活动中的投入，尤其是人力资本投入（陈志俊和张昕竹，2004）。爱因斯坦曾说：“在天才与勤奋之间，我毫不迟疑地选择勤奋。她几乎是世界上一切成就的催生婆。”由此可见，勤奋与努力对于科技创新的重要意义。但是，当创新人员获得资格和职位后，即投入主体与招聘人员建立契约之后，由于投入主体无法准确地观测到招聘人员在科技创新活动中的工作情况和努力程度，双方之间就出现了关于招聘人员行为信息的不对称现象，因而导致了在工作中的道德风险问题或激励问题。事实上，创新组织也一直受困于其员工的道德风险和工作激励问题。无论在什么类型的创新组织中，部分知识型员工在工作中总是会利用自己的信息优势谋利。例如，在高等院校，部分老师在评比职称（副教授、教授等）之前为了能够顺利获得职称会认真从事科研，但是一旦评上自己期望的职称之后就会懈怠下来，采取偷懒和糊弄的手段，科研工作应付了事，或者应聘后对承诺的研究成果，如研究论文或项目成果等东拼西凑甚至是剽窃抄袭；在科研院所、企业中也经常发现部分科研工作人员一旦获得相应的职位后，工作不认真努力，对所负责的工作随意对待，对检查监督则是利用自己的信息优势蒙混过关。

科技创新活动中存在的严重的道德风险问题，使得科技创新人员工作积极性低下，导致科技创新成果低水平重复，甚至出现了学术不端现象，掣肘了我国科技创新事业的健康持续发展。因此，本书中以道德风险理论为基础，结合广州市政府科技创新活动的实际情况，对广州市政府科技创新活动中的道德风险问题进行系统的分析，并就如何解决科技创新人员工作中的道德风险问题提出建设性的意见，以期对当前广州市政府科技创新的激励政策制定提供有益的参考。

正如前面所说的，信息不对称包括两种基本类型：隐藏特征与隐藏行为。其中，隐藏行为是指关于人们行动方面的信息，一方知道的比另一方更多。例如，雇员通常比雇主更清楚自己的努力水平，科技创新人员比政府更清楚自己有没有兑现承诺，有没有努力从事科研活动。一旦隐藏行为问题得不到有效解决，人们就有可能缺乏努力学习与工作的积极性，信息不对称博弈理论把因为隐藏行动所导致的代理人行为扭曲的现象称为道德风险。

由于前面已经对创新组织人才选拔中的逆向选择问题作了详细的分析论述，在本部分，首先假设创新组织（委托人）通过事前的筛选所选定的科技创新人员（代理人）为高能力者，即不存在逆向选择问题。随着委托人与代理人之间契约关系的建立，两者就形成了委托–代理关系。委托人委托代理人进行科技创新研究，并为代理人的科技创新工作提供资金和各方面的支持；科技创新人员作为代理人本应该按照委托方的要求保质保量地完成科技创新研究。但在契约执行阶段，代理人是否努力进行科技创新工作和研究是代理人的私人信息，委托人难以直接观测到。因此，科技创新人员可能利用自己的信息优势，对于完成应聘工作采取不认真、不努力的态度，甚至尽可能地偷懒。例如，这些创新组织的员工可能对自己的工作敷衍了事，或者炮制低质量的科技创新成果应付考核。又如有的科技创新人员利用自己已有的学术基础取得相关职位后，出于种种原因不再认真从事相关的工作，而是将本该自己亲自承担的工作分解给自己的助手或者研究生进行。更为恶劣的是，有的甚至伪造没有实施的研究活动和实验数据，或者直接剽窃、抄袭他人成果。这种种减少人力资本投入、不努力的行为使得科技创新成果质量低下，各种科技创新成果大批量、低水平重复。这种炮制低质量科技成果的现象在创新组织的员工应付考核时大量存在。这就是由事后行为信息不对称所引发的道德风险问题。因此，要想科技创新人员实现努力工作，完成自己的工作任务，生产出更多高质量的科技创新成果，委托人首当其冲应该解决的就是科技人员工作中的道德风险问题。

广州市的科技创新活动无疑也存在着严重的道德风险问题，如科技创新人员获得市政府的科技资助后并不努力从事研究，滥用科技研究经费，一部分广州市高校及研究机构的员工工作积极性低下。一旦缺乏对创新活动的激励，哪怕政府投入的科技创新经费再高，哪怕政府投入到高校和研究机构的经费再多，哪怕科技创新人员的能力再强，只要这些科技人员缺乏创新和研究的积极性，这些为科技创新所投入的创新资源就无法实现高质量成果。其实，科技人员的工作积极性问题对科技创新成效的巨大影响力，是一个早已被各界的共识。自改革开放以来，我国各级政府就一直重视激励科技人员的积极性。从这一点看，研究如何激励科技创新人员努力工作，实际上是在探讨一个已有文献汗牛充栋的问题。本书试图运用道德风险理论或信息不对称博弈理论给出新的回答，从而为相关部门提供可供选择的更有效的、更有针对性的解决方案。

科技人员工作中的道德风险问题的基本根源就在于委托人与代理人之间存在着严重的事后的行为信息不对称。如果在事后行为信息完全对称的情况下，道德风险问题将不复存在。委托人可以通过低廉的成本以及相关技术轻而易举地获知代理人的努力程度等具体行为信息，并根据代理人的具体行为信息来进行监督与管理。如果代理人努力从事科技创新研究，委托人就对其实施各种各样的奖励，如给予高额的奖金、颁发荣誉证书等；如果代理人在获得职位后不努力做研究，委托人就可以对其施以严惩，如追回已下拨的资金、处以相应的罚款、取消其岗位资格等。对于科技创新人员来说，由于其所作所为都在投入主体的掌控中，他也就不敢出现偷懒、敷衍了事甚至抄袭等行为。但是，现实往往不尽如人意，具体而言，科技创新活动中道德风险问题的根源有以下几点。

1. 科技创新行为的不可观测性

在信息不对称博弈理论中，一个变量是否可观测，不纯粹是从生物学及物理学角度定义的，如果行为的结果完全一一对应地取决于行为，此时即便外人的眼睛不能“观测”到该行为，但如果能“观测”到行为的结果，就可以由结果准确地推断出行为水平，也就等同于行为是“可观测”的（Macho-Stadler and Pérez-Castrillo，2001）。如果他人能够以较低的信息搜寻成本或测量成本就获得该行为水平的准确信息，则该行为就是可观测的。因此，说行为是不可观测的，其真正的含义包括两个方面：一是人们不能直接观察该行为；二是该行为的结果不仅受行为水平高低的影响，还受诸多随机因素的影响，因而人们无法从结果准确推断行为的准确水平，即结果只是行为的不完美信号。

对于委托人来说，要想获知代理人在科技创新活动中的具体行为信息，就需要派人无时无刻地监督代理人每天是否努力做研究等。这样一来，监督成本将极其高昂；其次，科技创新活动主要是一种脑力劳动，无论如何也无法对科技创新人员脑中正在思考的东西进行观察。因此，无论从经济上，还是从技术上，委托人都无法对科技创新人员的具体行为进行直接的观察。此外，科技创新成果的质量也并非与科技创新人员的行为水平完全相关，即委托人无法由科技创新成果的质量直接准确地推断出代理人的努力程度。因为科技创新成果质量不仅取决于代理人的努力程度情况，还取决于大量的随机影响因素，如实验中可能出现的意外事故、运气、研究问题的难易程度等。如果无法对随机影响因素进行分离与测度，就无法确定科技创新成果的低质量是由不努力所造成的，还是由随机影响因素所造成的。因此，即使科技创新人员因不努力而造成科技创新项目的失败或成果质量的低下，他们也可以将原因归咎于随机影响因素，以此来推卸责任。

正是由于科技创新人员努力程度的不可观测性像企业的生产过程那样难以有效的监督与管理，科技创新活动中的道德风险问题就有了滋生的土壤。

2. 成果质量的不确定性

大部分科技创新成果的质量是具有不确定性的，这种不确定性不仅表现在上述的影响因素上，而且体现在其特征与价值上。许多科技创新成果质量的特征与价值无法找到现有的技术标准来进行评价，也无法由其所属领域的学术共同体来进行认定，尤其是基础知识的研究领域，如著名的费马大定律的证明历时 300 余年，而哥德巴赫猜想至今都没有得到最终的证明。即使委托人可以委托一个学术共同体来进行鉴定，这个鉴定的结果也可能是主观的结论，无法确保其评价的客观性。因此，就最终所生产出的科技创新成果的质量是高是低，是否达到契约中所规定的要求，委托人与科技创新人员无法达成统一的意见，从而造成委托人故意压低成果质量的情况出现。当科技创新人员预期到这点以后，他在科技创新研究中就会采取消极的行为态度。总之，科技创新成果质量的高度不确定性、不可准确度量性进一步恶化了科技创新人员的努力程度与结果之间的联系，导致行为的努力水平信息更加不对称。

3. 双方利益的不一致性

委托人与科技创新人员两者追求的利益目标并不一致。例如，政府和研究机构作为科技创新投入主体和组织者，追求的是社会效益的最大化，其希望科技创新人员努力从事科技创新，生产出高质量的科技创新成果；而科技创新人员追求的则是个人效用的最大化，不仅有经济收入的最大化，还包括社会地位的提高、自我价值的实现等目标。从长远来看，科技创新人员的社会地位与自我价值等目标在一定程度上与政府和创新组织的目标存在着一致性（这意味着政府和创新组织可以利用长期的委托–代理关系来约束科技创新成员的行为，一旦发现对方出现滥用资金或不努力的行为，委托人就可以立即终止与代理人的长期合作关系，其不仅可以追回资金、加以处罚，还可以将此人的行为公之于众，使该项目承担人“臭名昭著”）。但从短期来看，科技创新人员的个人目标会和政府及创新组织的目标产生冲突，他们有可能为了追求个人短期经济效益的最大化而牺牲委托人的利益。因而，在短期的合作关系中，科技创新人员可以选择“打一枪换一个地方”，改头换脸后在各地变换着方式进行“圈钱”活动。

综上所述，导致科技创新活动中道德风险问题的基本原因有：行为不可直接观测，成果质量不可客观度量，以及委托人与科技创新人员之间的利益目标冲突。

5.4　发达国家创新组织员工的工作激励体系

发达国家的创新型企业对如何激励员工形成了各具特色的做法，这些措施对激励其员工努力工作与创新、保持企业强大的市场竞争力，起到了巨大作用。

以微软公司为例，其激励机制的特色之一就是授权制。在微软，优秀的员工可以有权招聘空缺岗位所需的人员，这样既满足了现有员工对公司的归属感，也能够很好地完成招聘工作（相同岗位上的员工要比其他人更了解这个岗位的需求）。授权其实并不会削弱公司管理层的权力，反而是让员工拥有自主权。这种自主权本身就是一种激励因素，可以满足员工较高层次的需求（马斯洛需求层次中的尊重需求），因而也激发了员工的工作热情和创造力。其次，微软建立起薪酬与级别相适应的晋升机制。微软有统一的晋升标准，公司划分级别，从低级别到高级别的晋升，必须得到上一级管理层的审批，对于技术人员，微软公司提供了两种不同成长路径，一是钻研技术的科研人员，微软的技术部门有明晰的晋升机制。二是从技术转为管理者，授予管理权。最后，微软采用股票期权激励制度。这种薪酬激励手段把企业技术人员对企业的贡献和自身利益捆绑在一起，克服了传统的固定工资制度（年终奖金制度、年薪制）的弊端。股票期权激励机制，使得微软从普通的技术公司发展为全球实力雄厚、技术高端的行业巨头。2006 年布鲁梅尔上台以后又进一步在股权分配方面增加优秀科研员工的股权量。

美国微软公司的激励方法使得技术人员可以索取科研成果的剩余收入，使其自身的利益和公司的发展捆绑成一体，达到了激励相容。

IBM 作为同样成功的创新型企业，其员工激励的特色就是强调用自身独特的文化激励科研人员。这套文化激励机制的前提是科研人员必须认同企业的价值观。IBM 公司的企业价值观是：成就客户、创新为要、诚信责任。这种企业价值观成为科研人员研发的出发点和标准。另外，IBM 公司还用思考、勇敢、协作、开放、包容的创新行为理念来保护科研人才的创新热情。围绕科技创新理念，IBM 公司推行了创新激励体系。第一，建立个人创新建议制度。公司建立了年度全球技术展望创新建议制度和随机的个人创新建议制度，以鼓励科研人员畅所欲言。第二，自由探索制度。公司为科研人员提供资金和实验环境，让科研人员可以自由地探索新的科学问题。第三，协作研究制度。公司建立了矩阵式的科研组织机构，形成一个有条不紊的管理体制，科研部门、产品部门、客户等多个部门参与科研环节，开展联合研究。第四，公司还与外部科研机构建立起以知识产权为纽带的合作性科技生态系统。第五，技术职业通道制度。IBM 公司为科研人员做好职业生涯规划，使公司优秀的科技人才沿着高技术职员、研究员、杰出工程师、IBM 院士的职业路径发展。第六，创新奖励制度。设立技术成就奖（成就奖、突出成就奖、非常成就奖）表彰有杰出创新贡献的科研人员。第七，人才流动制度，给予科研人员自主研发权。科研人员可以根据研究所需，流动到产业单位，可以与客户直接合作，也可以申请到其他领域开展科研工作。从上面我们可以看到，IBM 公司以独具特色的企业文化和创新激励制度体系，吸引了大批优秀科研人员，保持科研创新热情，同时人尽其才，以实现科研人员的自我价值，促进公司的创新发展。自 1940 年美国 IBM 公司研发体系建立以来，已经成为引领信息行业发展的龙头企业。

日本索尼公司在对其技术员工的管理中，不但继承了日本企业传统的情感激励方法，更是发展出了一种全新的员工激励办法：内部创业法。内部创业激励法鼓励索尼的科研人员开动脑筋提出富有创造性的、和公司发展现实紧密挂钩的科研设想，并且会为此提供一定的资源投入帮助其努力的完成自己的想法。当这项技术没被索尼公司看上，但又确实有一定的社会效用的时候，索尼公司也会大度地为想实现这项技术的员工筹措经费，支持将其完成。例如，在索尼声音实验室工作的多久良木，索尼公司就出资帮助他建立了索尼电脑娱乐公司，实现了他为游戏机添加游戏声控数码芯片的设想。索尼电脑娱乐公司也成为索尼利润最高的分公司之一。

索尼公司的激励方法使得科研人员能够毫无顾忌和限制地进行创新研发，即使设想和公司预期不符也不怕无法实现，这就充分地调动了科研人员的工作积极性，这种内部创业法将原本分离的委托代理关系合二为一，使科研人员既是委托人也是代理人，既是监督者又是创新科研活动的实践人，道德风险问题自然也就解决了。内部创业激励法实际上是让代理人分享剩余收入索取权来解决员工的道德风险问题。

创新组织中的重要一员——高校的情况又如何呢？

以哈佛大学为例。学校运用约翰·E·特鲁普曼于 1990 年提出的全面薪酬理论推行“全面薪酬激励模式”，从而成功地将教师的晋升、薪资与工作联系起来。这种激励模式包括三个部分：广泛的薪酬结构外延；注重教师个人发展；人性化的福利政策。具体来看，首先，就薪酬结构而言，有经济性薪酬（按学年发放的工资收入等）与非经济性薪酬（个人学习发展计划、健康和谐的校园文化和有利于实现自我的职位晋升空间等）。其次，针对教师个人的发展，哈佛推出了以专业发展计划、领导能力发展计划、网络课程及博雅教育为主的教师学习与发展计划。而对于新入职的教师，哈佛则是为新教师量身打造教师规划和计划。最后，人性化的福利政策更是薪酬体系中重要的组成部分。不仅考虑到教师本人的福利，还考虑到教师的家属的福利和待遇。哈佛大学推出分别针对未成年子女的和年老体弱需要子女照顾的父母的一揽子帮助计划，包括照顾和接送未成年子女上学，照顾生活无法自理或生病中的父母。这种全面薪酬激励模式，以教师为中心，全面考虑到教师的学习、发展和生活，使得教师可以全身心地投入到教学教研工作中，而无后顾之忧。

从上面的分析可以看出，发达国家对创新组织的员工激励有以下几个鲜明的特点。

首先，物质经济激励与非物质经济激励相结合，高度重视非物质经济激励。从道德风险理论角度看，导致道德风险的基本条件之一就是委托人与代理人的利益目标函数存在差异，代理人追求个人经济利益最大化。其实，这种假设过于简单化，在现实生活中，科技创新人员除了功利性追求外，他们还有非功利性追求的一面。发达国家创新组织对员工的激励高度重视非功利性追求，这种做法其实相对于在改变理性人的目标函数，使得他们的目标函数与组织的利益内在趋于一致。目前，国内的科技人员激励研究对这个问题有着非常多的研究，提出了许多对策建议，这种主张从非物质激励角度调动科技人员创新积极性的管理路径是管理心理学关于员工工作激励的基本立场。

其次，注重激励相容。无论是股票期权制度还是内部创业制度，本质上就是通过让创新组织员工获得剩余收入索取权方式实现激励相容。这对思考广州市创新组织的员工激励问题有着重要参考价值。

最后，一个不得不提的事实就是，绩效工资制度并没有成为发达国家创新组织员工激励的普遍方式。

5.5 解决创新组织员工工作激励的对策建议

科技创新活动中道德风险问题的根源就在于委托人与科技创新成员之间存在着事后的行为信息不对称。由于在科技创新活动中，委托人与科技创新成员在某些情况下利益目标并非一致，委托人所追求的是资金的有效使用以及高质量科技创新成果的产出，而科技创新成员追求的则是自身经济效益的最大化。此外，由于科技创新活动的努力程度不可观测，甚至有时连科技创新行为的结果也无法准确度量，此时，创新组织的这些员工就可能为了自身利益，选择委托人所无法观测到的隐蔽性行为来欺瞒委托人，如滥用资金、将资金占为己有，对科技创新成果东拼西凑、抄袭等，从而导致委托人的利益受到损害，这也就引起了道德风险问题。

生活中道德风险问题无处不在，不仅这里讨论的科技人员工作激励领域，还有保险市场、食品安全领域等，大到国与国之间、小到雇主与雇员之间都存在着道德风险问题，只要建立委托-代理关系，道德风险问题就通常会相伴而生。由于道德风险问题的存在，使得资源无法得到有效的使用，社会利益受到了极大的损害。因此，如何解决道德风险问题便成为学术界的热议话题之一。

在介绍现行的道德风险的一般解决思路之前，要注意两点。

首先，在道德风险理论中，通常假设代理人的行为是不可观测的，而行为的结果（又称为“产出”）是可观测的。道德风险理论认为，机制设计不能以不可观测的变量为基础，因为这种机制事实上是不可实施的，或者说实施成本过于高昂，一旦双方发生纠纷，也难以向第三方证实。因此，要解决道德风险问题，机制设计不能直接以行为作为机制实施的基础，而应该以可观测变量为基础。

其次，一个有效解决道德风险问题的激励机制必须满足两个条件：参与约束条件，即代理人从委托人所委托的工作中得到的效用不得低于从其他工作中得到的效用，否则代理人将会选择参与其他效用更高的工作；激励相容条件，即代理人努力从事该委托工作所得到的效用不得低于不努力工作所得到的效用，否则代理人就会选择不努力工作。因此，一个有效的激励机制必须同时满足参与约束条件和激励相容条件，才能使代理人的个人利益与委托人的目标相一致，才能使代理人主观上追求个人利益时，客观上也同时达到委托人的既定目标。

据此，现行的道德风险问题的解决思路大致可以分为以下几种。

1. 代理人成为剩余收益的索取者

当代理人的类型为风险中性时，最佳的激励机制就是：让委托人获得固定的产出，让代理人成为工作成果剩余收益的索取者，此时风险将全部由代理人承担，如古代的固定地租制度。

对于风险中性的代理人来说，只要能获得高收益，则无所谓风险大小。那么，为了激励代理人提高行为水平则让委托人获取固定的产出，并将工作成果剩余收益索取权给予代理人。该契约能让代理人意识到要想获取高额的收益，就必须创造出高质量、高收益的工作成果，为此他就必定有积极性努力工作以此来提高工作成果的收益；如果代理人因不努力工作而造成工作成果质量低下，他不仅无法获取由工作成果所带来的高额的收益，还要另外支付给委托人一笔事先商定好的固定资金，对于代理人来说，这将是得不偿失。经过得失权衡之后，代理人就会为了高额的收益而积极地提高自己行为的努力水平。因此，代理人的个人利益就与委托人的目标形成了统一。在该激励机制中，代理人为了自己的利益，不但愿意参与委托人所委托的工作，而且会自愿努力地工作。所以上述的激励机制是一个有效的激励机制，而且其实现的结果是社会最优的（Laffont and Martimort，2002）。

2. 将代理人的报酬依存于产出

有时代理人并非如上述所述是风险中性的，其并不愿意承担过多的风险。那么当代理人的类型为风险厌恶时，有效的激励机制又该如何设计呢？Holmstrom（1979）给出了一条有益的参考思路。在代理人的行为不可观测，而行为的结果可观测的假设前提下，解决代理人的道德风险问题的最有效的激励机制就是：通过观测代理人的产出，将代理人的报酬与所观测的产出相挂钩，如生产企业的绩效工资制。

由于代理人是风险厌恶者，其只愿意承担有限责任的风险。因此，委托人则不能再让代理人承担所有的风险，而是与代理人共同分担风险。此外，虽然委托人无法观测到代理人的行为水平，却可以观测到行为的结果，委托人知道由代理人行为水平所决定的产出质量的概率分布，即委托人知道这么一个事实：如果观测到代理人的行为结果水平越高，意味着代理人采取高水平行为、付出高努力的概率就大；而如果观测到代理人的行为结果水平越低，意味着代理人采取低水平行为、付出低努力的概率就大。因此，为了有效地激励代理人按照委托人的意愿行事，委托人则可以根据行为的结果来进行支付。只要行为结果的水平是高的，就意味着代理人付出高努力的概率大，那么委托人就给予代理人高额的报酬；但如果行为结果的水平是低的，就意味着代理人付出低努力的概率大，那么委托人就给予代理人低额的报酬，甚至进行严厉惩罚。也就是说，按照这种机制，代理人的个人收益将在很大程度上取决于其行为结果水平的高低。对于委托人来说，其只需在代理人完成工作之后，对代理人工作成果的水平进行鉴定，并根据鉴定结果给予代理人相应的报酬。对于代理人来说，其如果想获取高额的报酬，则必须努力创造出高水平的工作成果，否则，他只能获得低额的收益。

因此，在该激励机制中，代理人为了高额的报酬，不仅会参与工作，而且会提高行为水平并努力地工作，但由于其中代理人承担的是有限的风险，于是就会出现有效的激励和给予代理人适当的保险之间的权衡（陈志俊和张昕竹，2004）。虽然该激励机制同样是一个有效的激励机制，但其实现的结果与上一种激励机制不同，是社会次优的。

3. 充分利用完美信号

所谓完美信号是指依据该信号可以对被隐藏的行为水平作出准确的推断，即该完美信号与行为水平之间是一一对应的关系。Harris 和 Raviv 的研究表明，一旦能够获得关于他人行为的完美信号，只要根据完美信号实施重奖重罚，使得代理人的参与条件与激励相容条件满足，则该机制可以导致他人付出最优的行为水平，即隐藏行为问题不会导致任何绩效上的损失（Harris and Raviv，1979）。因为，一旦出现了该完美信号，就说明代理人在工作中采取了相对应的行为。所以，如果该完美信号对应的是一种积极的行为，委托人对此进行高额的奖励就可以鼓励代理人的这种积极的行为；相反，如果该完美信号对应是一种消极的行为，那么委托人对此就要进行严厉的惩罚，借此就可以有力地警告代理人不再采用消极的行为。如在食品安全的监管中，一旦食品质量被检测出了重大问题或者发生了重大群体性食品安全事故，则可以毫无疑问地推断出相关企业没有严格遵循食品安全标准。因为上述信号是企业行为的完美信号，监管机构就应该据此信号对企业进行严厉的惩罚。

因此，只要有完美信号出现，委托人就能准确地推断出代理人相对应的行为水平，那么与这个完美信号相对应的激励就要是大额的，即根据完美信号进行重奖重罚，这样便能有效地激励代理人采取积极的行为。完美信号理论在解决科技创新活动中的道德风险问题时有着非常巨大的应用价值。

4. 在产出水平难以准确度量时机制设计要另辟蹊径

正如上文所讨论的，当行为不可观测，而产出可观测时，有效的激励机制就是根据代理人的风险偏好类型分别采取以下方式：让代理人成为剩余收益的索取者，或让代理人的报酬与产出相挂钩。但现实中，解决道德风险问题最大的困难莫过于不仅代理人的行为不可观测，就连行为结果的水平也难以度量。通常如果产出属于数量考量时，其度量就比较简单，而当产出属于质量考量时，通常就难以进行准确的度量考核，往往需要长时间检验，才能对科技创新成果的质量作出比较客观准确的评价。如在科技创新中，要求科技创新人员创造出“大量国际领先水平”的成果，通常，成果的数量很容易确定，但“世界领先水平”则无法准确衡量。在行为结果的质量无法准确度量的情况下，委托人又该如何激励代理人努力工作呢？这种情况下，如果代理人是风险厌恶的，显然就无法让代理人的报酬依存于产出，而是需要寻找另外的激励路径。

5. 建立适当的监督考核体系（即利用充分统计量原理）

道德风险理论在强调结果监管的同时并没有排斥行为监督，这一结论来自道德风险理论迄今为止取得的最为重要的研究成果——充分统计量原理。道德风险理论中的充分统计量原理与统计学所说的充分统计量原理形似而实非。道德风险理论所说的充分统计量原理是指解决道德风险问题的机制除了应该以行为的结果即产出作为依据变量以外，是否还应该纳入其他的变量。充分统计量原理对此给出了明确的判断标准：如果引入新的变量能够有助于更准确地推断、了解行为水平，且获取这些新信息的成本低于新信息带来的收益，则这些新变量就应该引入相关机制。依据充分统计量原理，只要对代理人行为的监管有助于改善对代理人行为的推断，监督机构就应该引入一定频率的行为监督，但是这种频率安排应该受制于一个基本的原则：不能使行为监控成本高于监控带来的收益。

事实结果表明，以结果监督为基础的激励机制，辅以必要的行为监管将更加有助于委托人对代理人行为水平的掌控。因此，在解决道德风险问题的机制中，应以结果监管为主并辅以适当的行为监督。

根据道德风险理论的基本原理，为了有效地解决科技创新活动中的道德风险问题，有关管理部门应该采取的第一项基本原则或思路就是：能够实现最优就不追求次优。道德风险理论说明，如果代理人是风险中性的，则让代理人成为剩余收入索取者，能够实现资源配置的最优结果；同样地，如果存在完美信号，只要充分依据完美信号进行大幅度奖惩，资源配置结果也是最优的。按照道德风险理论的说法，在这两种情形下，道德风险问题事实上已经不存在了。第二项基本原则或思路是：以激励为主，监督为辅。这是基于制度或机制实施成本的考虑，监督手段的实施成本无疑高于激励手段，因为监督手段要发挥作用，必须要求监督者具有监督能力和监督积极性，尤其是他要具备充分的监督积极性。因此，用监督手段解决道德风险问题等于制造了另一个道德风险问题：监督者本人的积极性如何保证？如果这个问题得不到有效解决，那么工作激励使用将处于双重道德风险境地。所以，监督手段要奏效，就必须有效地解决好监督者的监督问题。正是基于监督者的监督问题难以解决，道德风险问题的解决应该首先尽可能运用激励机制。第三项基本原则或思路就是：激励机制设计应该尊重科技创新活动的基本特征。目前，为了调动科技人员的工作积极性，一个弊病就是盲目套用激励机制，如盲目推广绩效工资制度。

依据以上确立的三大基本原则和思路，接下来对广州市科技创新组织员工工作中的道德风险问题提出一些具体对策建议。

当科技创新组织员工是风险中性时，应该充分采用剩余收入索取权激励法，如通过股票期权制度、技术入股、资助创业等方式让员工的创新行为实现激励相容，充分调动起员工的工作积极性至社会最优，正如前面介绍的，微软与索尼等公司就采用这种激励方式激励科技创新人员。

当员工的创新行为中出现完美信号时，创新组织应该充分利用这些完美信号激励员工，使其努力程度达到社会最优。基于这一点，创新组织绝对要实施对学术不道德行为的“零容忍”，对学术不端者要实行严惩，如将其直接逐出学术界。而对于那些做出真正巨大贡献的员工，则要实施重奖。因此，当前创新组织的奖惩制度应该进行调整，建立基于完美信号的奖惩制度，改变目前这种基于所谓科研业绩的奖惩制度。

要充分利用声誉机制。创新组织与员工之间的博弈关系是长期的、重复的，为了激励员工努力工作，创新组织对员工的管理应该充分利用声誉机制：如果员工努力从事研究，则创新组织在日后提供更好的报酬、更好的工作条件、更多的晋升机会等予以回报；如果员工不努力从事科技创新，则创新组织未来则对其进行惩罚，如低聘，甚至解聘。

取消职位与岗位终身制，引入竞争性职位晋升制度。这种制度是锦标赛制度的翻版，即在科技创新成果难以准确度量但可以进行相对比较时，通过取消职位与岗位终身制、引入竞争性职位晋升制度激励员工。这种机制无疑是激励相容的，因为员工只有让自己的业绩比其他同事更加优秀，才能获得更高的职位。

道德风险理论认为在代理人风险厌恶情形下，依存于产出的报酬制度是最佳激励机制，可以实现次优努力水平。这是实践中解决道德风险问题最常用的机制，如分成地租、销售人员收入与销售额挂钩、计件工资制度、绩效工资制度等。经典的道德风险理论为绩效工资制度的激励功能提供了彻底的证明，可以这么说，经典的道德风险理论的主要结论就是证明了绩效工资制度是一种良好的激励制度。正是基于绩效工资制度在工商企业管理中的良好激励效果，近年来，绩效工资制度进一步被推向非工商企业。事业单位，包括学校和研究机构在内的事业单位绩效工资制度改革是近年来我国社会改革的重点，其目的是调动事业单位员工的工作积极性。但是，道德风险理论的基本原理说明：绩效工资制度有效运行的基本前提就是要求员工的绩效可以准确度量。因此，在本部分一开始，笔者就强调了道德风险理论的一个基本结论：激励方案必须建立在可观测变量的基础上。当管理者将绩效工资制度推向创新组织时忘记了这个最重要的前提：科技创新活动的绩效（即成果质量）是难以进行准确测量的。目前，面对成果质量度量这个棘手的技术问题，管理者试图通过替代性指标对科技创新的绩效进行度量，如刊物和出版社的等级、杂志的影响因子、课题的等级和金额等。这些替代性指标均只是科技创新成果质量的极度不完美的度量指标，用这些指标衡量成果质量给科技创新带来的问题要远远大于带来的激励作用。那么，如果科技创新人员是风险厌恶的、且科技创新成果的质量又在短期内无法准确度量，那么，创新组织应该如何调动员工的积极性？笔者认为，正确的选择不是大力推行基于极度不准确的业绩考核的绩效工资制度，而是采用机会成本激励法。

机会成本激励法包括两个方面：一是降低创新组织员工努力从事科技创新的机会成本，二是提高创新组织员工不努力从事科技创新的机会成本。就第一条而言，这意味着要激励创新组织员工努力从事科技创新，必须采取以下措施：第一，严厉禁止创新组织的员工在外单位兼职，除非经过了其所在创新组织的同意，否则一律解职。第二，对科技创新人员在数量方面的产出坚决不进行奖励，即科技创新人员的成果数量多不会给他带来任何回报。第三，尽量减少科技创新人员在本单位内部的兼职。例如，大学通常包括教学、科研、行政管理三种工作，对于那些处于创造力高峰期的员工应该考虑不让他们承担教学与行政工作。显然，如果科技创新成员除了本职的研究工作外，不再能够或不再需要承担其他工作，就意味着其时间和努力只有一个投入方向：科技创新（正常的休闲除外）。就第二条而言，意味着创新组织应该给予员工较高的固定工资报酬，同时规定如果若干年后没有高质量成果出来，就必须离职。这种做法实际上就是在提高员工不努力从事科技创新的机会成本。机会成本激励法与绩效工资制度的一个巨大区别是员工的工资虽然固定，但通过禁止兼职、高薪、解雇等手段激励员工努力工作。

虽然机会成本激励法是陈友芳率先提出来的，但这是创新组织管理中早已行之有效的普遍方法，发达国家的创新组织基本上都是采用机会成本激励法，而非绩效工资制度。Holmstrom 早就发现教育等许多部门并非像道德风险理论所说的那样采用绩效工资制度，恰恰相反，固定工资制度这种看起来属于弱激励的管理措施在现实世界更为流行，根源就是代理人的绩效难以准确度量，这种情况下固定工资制度就成为了管理者的选择，再辅之以本项目所提出的机会成本激励法，就使得这种情形下的激励问题迎刃而解。

田国强等研究了从要素驱动向创新驱动转型经济中各种委托代理关系间最优激励机制或合约的设计问题。其研究结论认为，对中国而言，在要素驱动阶段中，由于劳动力相对丰裕，委托人的目标对代理人努力的反应非常敏感，且绩效指标的不确定性较小，此时激励效应优于保险效应，因而与努力程度挂钩的高能激励合约是必要和相对最优的。而在创新型经济中情形恰好相反，由于创新活动风险较大，则保险效应优于激励效应，从而低能激励合约是合理和相对最优的。进一步，当道德风险和逆向选择并存时，最优合约的激励强度将进一步降低。这在理论上为现实中普遍存在的低能激励现象提供了一种全新的解释，并证明了低能激励对创新驱动的必要性。其实，这种低能激励的做法在国外大学中早被广泛采用，例如，对初获教职的人员实行严格的绩效考察，而对经过甄别选出的优秀教员则给予待遇相对丰厚且固定的终身教职。他们的研究成果从另一侧面佐证了机会成本激励法的合理性。事实上，国内少数高校已经开始尝试类似的机制，如北京大学、中山大学等。

第6章

科技创新资金配置与利用中的逆向选择及道德风险问题

6.1 创新资金配置中的信息不对称与逆向选择问题的形成

为了建设国家创新型城市和提高自主创新能力，广州市各级政府、企业和研究机构一直持续加大对科技创新的投入力度。但是，一个地区的科技创新水平和质量，不仅仅取决于投入力度，还取决于这些科技创新资源是否分配给了具有优秀创造性才能的研究者或研究机构，因此，建立一套行之有效的科技创新资金分配机制就显得非常重要。为方便以后的分析，本节先梳理出既有的五种科技创新资金分配机制，从而为进一步改进和解决存在的问题提供理论基础。

当前尚未有文献对科技创新资金分配机制进行过系统归类整理，本书根据既有机制在科技创新资金分配过程中运行环节和方式的不同，将我国和广州市可以采用的科技创新资金分配机制概括为以下五种。

第一种：项目招标投标制。国家科技部在 2000 年 12 月 28 日颁布了《科技项目招标投标管理暂行办法》(以下简称《暂行办法》)，将科技项目招标投标定义为“招标人对拟定招标的科技项目事先公布指标和要求，众多投标人参加竞争，招标人按照规定程序选择中标人的行为”。这种机制一般适用于使用政府财政拨款的科技项目。《暂行办法》中还规定“只要涉及政府财政拨款投入为主的技术研究开发、技术转让推广和技术咨询服务等目标内容明确、有明确的完成时限、能够确定评审标准的科研项目，应当实行招标”。

根据《暂行办法》，科技项目招标人是“依照本办法提出招标科技项目并进行招标活动的法人或其他组织”，招标人可以自行组织招标，也可以委托招标代理机构进行招标。此外，《暂行办法》将科技项目的招标分为公开招标和邀请招标，并据此有不同的发布方式。

“第十一条　科技项目招标分为公开招标和邀请招标。公开招标，是指招标人以招标公告的方式邀请不特定的法人或者其他组织投标。邀请招标，是指招标人以投标邀请书的方式邀请特定的法人或者其他组织投标。”

“第十七条　招标人采用公开招标方式的，应当发布招标公告。依法必须进行招标的科技项目的招标公告，应当通过科技部指定的报刊、信息网络或者其他媒介发布。采用邀请招标方式的，应当向三个以上（含三个）具备承担招标项目能力、资信良好的特定的法人或者其他组织发出投标邀请书。”

科技项目的具体招标方式，各地根据自己的实际情况有不同的规定，如《广东省重大科技项目招标投标管理办法》将招标分为竞争性招标、有限竞争性招标和协议招标三种方式。这里所指的竞争性招标其实就是上述的公开招标，而有限竞争性招标即为邀请招标，而协议招标是指“招标方向一定数量的潜在投标方发出投标邀请书，邀请其在投标前参加协商谈判，并按法定程序选定中标方的招标方式。省科技行政部门直接邀请一个或多个具备条件的单位投标，通过协商达成协议”。

《暂行办法》对投标人及投标文件需具备的条件也有明文规定。

“第二十八条　投标人是指按照招标文件的要求参加投标竞争的法人和其他社会组织。投标人参加投标必须具备下列条件：（一）与招标文件要求相适应的研究人员、设备和经费；（二）招标文件要求的资格和相应的科研经验与业绩；（三）资信情况良好；（四）法律法规规定的其他条件。”

“第三十条　投标文件应当对招标文件提出的实质性要求和条件作出响应，至少包括下列内容：（一）投标函；（二）投标人概况；（三）近两年的经营发展和科研状况；（四）技术方案及说明：含方案的可行性、先进性、创新性，技术、经济、质量指标，风险分析等；（五）计划进度；（六）投标报价及构成细目；（七）成果提供方式及规模；（八）承担项目的能力说明，包括：①与招标项目有关的科技成果或产品开发情况；②承担项目主要负责人的资历及业绩情况；③相关专业的科技队伍情况及管理水平；④所具备的科研设施、仪器情况；⑤为完成项目所筹措的资金情况及证明等。（九）项目实施组织形式和管理措施；（十）有关技术秘密的申明；（十一）招标文件要求具备的其他内容。”

对于评标工作，《暂行办法》规定首先由招标人负责组建评标委员会，然后由评标委员会负责评标，接着根据评标结果提出一份书面评标报告，向招标人推荐中标候选人，最后招标人根据书面评标报告和推荐的中标候选人确定中标人。评标、中标工作是整个招标工作中的重点，因此《暂行办法》对评标委员会的组建、评标过程及中标工作有详细的规定。

“第三十八条 招标人负责组建评标委员会。评标委员会由招标人和受聘的技术、经济、管理等方面的专家组成，总人数为7人以上的单数，其中受聘的专家不得少于三分之二。投标人或与投标人有利害关系的人员不得进入评标委员会，评标委员会成员名单在中标结果确定前必须保密。”

“第四十条 评标委员会负责评标，对所有投标文件进行审查。有下列情况之一的，其投标无效：（一）投标文件未加盖投标人公章或法定代表人未签字或盖章；（二）投标文件印刷不清、字迹模糊；（三）投标文件与招标文件规定的实质性要求不符；（四）设有标底的，投标报价远低于完成项目必需的实际成本；（五）投标文件没有满足招标文件规定的招标人认为重要的其他条件。”

“第四十四条 评标报告为定标提供重要依据，包括以下主要内容：（一）对投标人的技术方案评价，技术、经济风险分析；（二）对投标人承担能力与工作基础评价；（三）推荐满足综合评标标准的中标候选人；（四）需进一步协商的问题及协商应达到的指标和要求；（五）对投标人进行综合排名。”

“第四十五条 招标人根据书面评标报告和推荐的中标候选人确定中标人。招标人也可以授权评标委员会直接确定中标人。科技项目一般确定一个中标人，特殊情况下也可根据需要确定一个以上的中标人。”

其实，早在1985年，科技创新领域就引入了招标投标制，当时中共中央颁布的《中共中央关于科学技术体制改革的决定》就提出了“科技计划管理也要利用经济杠杆，尊重价值规律，并逐步试行面向社会公开招标”。其后，国家科委在“七五”、“八五”和“九五”期间开展了一系列试点工作，在优化配置科技创新资源和调动研究人员的积极性方面收到了较好的效果（鲍玉昆等，2002）。但是在实践中，项目招标投标制还面临着不少问题，如科技招标项目的确定问题。《暂行办法》规定应该实行招标的项目是“目标内容明确、有明确的完成时限、能够确定评审标准”，但是这些尺度很难把握，因为科技创新活动的特性就是具有不确定性和风险性，因此对于哪些项目应该实行招标制难以确定。

第二种：定向委托制。这种科技创新资金分配方式现在还未有明晰说明和权威定义，根据收集的文献资料，将其定义如下：委托单位面向特定的法人或者其他组织公布项目指标和要求，符合其特定要求的法人或者其他组织参与申报，最后通过专家评审择优选择代理单位的行为。这里的委托单位是指拥有科技创新资金的政府机构、企业及其他相关研究单位。根据资金来源层次的不同，还可以分为纵向委托和横向委托。纵向委托是指由上级政府机构作为委托单位，由其下属政府机构作为代理单位承担项目任务，如审计署发布的2011～2012年度重点科研课题的通知中，将第四项课题“国家审计的组织管理模式”规定为定向委托课题，只对审计机关开放申请。横向委托则是在委托单位和代理单位之间不存在上下级关系，常见如兄弟单位之间、企业与高校之间的委托关系即为横向委托。如《辽宁工业大学横向委托科研项目管理办法》将横向委托科研项目定义为“企、事业单位委托学校承担的各类项目，包括技术开发、技术转让、技术咨询、技术服务等‘四技’项目”。

第三种：项目申报制。这种资金分配机制是指政府机构面向企业、研究机构和高校等相关组织或个人发布项目申报指南或资助计划，企业、相关研究单位或个人再根据申报指南进行申报文件编写，然后根据相关申报要求和流程进行申报，最后通过专家评审或同行评议择优资助。一般来说，政府机构公布的项目申报指南，只对研究项目或课题的研究范围进行设定，申请者在此基础上确定具体研究项目再行申报，因此具有一定的灵活性和自主性。为了更好地实现科技资源的优化配置，投入主体常在项目申报制的应用中进行灵活调整，如英国研究理事会对大学进行基础研究资助时，一般由大学对研究理事会提出项目申请，在符合该理事会宗旨的情况下，任何研究领域内的申请都有可能获得理事会的资助。相比先发布研究计划再据此申报的典型项目申报制，这种自由申报项目或课题的形式更契合学术自由思想。

在科技创新领域，从国家、省、市资助计划体系到各部委资助计划，可申请的资助项目非常多：863 计划、973 计划、科技型中小企业创新基金、中小企业发展专项资金、企业科技新技术、国家社会科学基金、国家自然科学基金、省社会科学基金、省自然科学基金等。项目级别越高，对申请人资格和条件的要求也越高，申请难度越大。

相较于其他机制，项目申报制的使用非常普遍，如国家自然科学基金会采用的科技创新资金分配机制正是项目申报制。《国家自然科学基金条例》第五条规定“确定国家自然科学基金资助项目，应当充分发挥专家的作用，采取宏观引导、自主申请、平等竞争、同行评审、择优支持的机制”，很好地概括了项目申报制的内涵。

第四种：专项拨款制。这是一种不需要经过专家评审或同行评议的经费分配机制，主要由政府财政出资，对公共研究机构、高校进行资助。如教育部在 2012 年 3 月 15 日发布的《教育部关于开展“本科教学工程”大学生校外实践教育基地建设工作的通知》，对该专项经费的规定是“中央部门所属高校建设的 500 个实践基地，由中央财政专项资金支持，按每个实践基地 200 万元经费拨款。地方所属高校建设的 500 个实践基地，由省级财政支持，支持力度一般不应低于每个实践基地 200 万元”。美国也有这种经费分配机制，这种专项资助并不包含在行政部门的预算之中，而是国会议员在国会制定拨款法时，为某个州或某个项目特别争取的一种款项，其中用于资助大学科研的就是学术专项拨款。这种避开激烈竞争的学术专项拨款，就成了科研实力稍弱的大学筹措科研经费的有效途径。

第五种：锦标赛制，又称研发竞赛制度。这个机制是指委托方向社会公开发布包含竞赛任务、完成时间、获奖金额在内的竞赛信息，潜在代理方据此自筹经费进行科技研发活动，并在规定时间内向委托方提交成果，委托方选出赢家并付给奖金。这个机制的关键是委托方和参与锦标赛的代理方在事前要签订一份合约，合约应注明以下几点：第一，代理方自愿参加科研锦标赛，并承诺在规定的时间内完成科研任务；第二，由委托方根据成果的质量选出其中一个代理方作为赢家，并向其支付总金额为XX的补偿金；第三，本次锦标赛的最终解释权归委托方所有，代理方不得对此提出异议（陈志俊和张昕竹，2004）。

锦标赛制并不是新的科技创新资金分配机制，早在1714年就出现了它的雏形。那时候缺乏准确的海上定位的方法，大英帝国的四艘战舰触礁沉没，造成了2000多人丧生的重大海难事故。其实，当时已经具备了海上确定纬度的方法和仪器，但是尚未有确定经度的方法和仪器。于是为了找出海上定位的方法，英国国会向公众公布了一个金额达两万英镑的研发奖励，只要能成为第一个找到在海上确定经度的方法和仪器且误差不超过0.5度的人，即可获得该项奖励。奖励公布不久，一个叫约翰·哈里森的钟表匠就找到了简单易行的方法，其方法被确认有效后立即获得了1万英镑的奖励。其后，哈里森对其方法进行了长达11年的试验改进，最终又获得了8750英镑的奖励。因为海上湿度过大和润滑油的影响使得哈里森研制的仪器不能稳定保持精确，所以未能获得全部奖金。显然，这次政府资助科技发明的成功实践为近代的政府资助科研和研发竞赛拉开了序幕，因为在此后的一百多年中，欧洲各国政府资助科技创新或是政府采购新技术和新设备时，主要方式即为公开的研发竞赛。

上述五种机制，除了专项拨款制以外，其他四种机制在确定资助对象后，投入主体和资助对象之间均达成了一种契约关系，因此，一些学者将这四种分配机制均称为科研合同制。所谓科研合同制，是指通过缔结合同或其他形式的契约来达到有效配置科技创新资源的机制。这种契约关系要么体现为书面合同，要么体现为以规章制度为保障的项目计划书。项目招标投标制、定向委托制和锦标赛制均需订立书面合同，如《科技项目招标投标管理暂行办法》第四十八条规定：“定标后，招标人向中标人发出《中标通知书》。并据此与中标人签订书面合同，并同时将中标结果通知所有未中标的投标人。中标通知书对招标人和中标人具有法律效力。”定向委托制也需要资助方和资助对象签订一个研究合同，将相应的权利义务进行书面确定。同样，锦标赛制也需要签订书面合同，不过与前两者不同的是，这份合同是在确定最终的资助对象前就先签订。而在项目申报制下，投入主体和资助对象之间缔结的契约表现为项目计划书，该契约所具有的约束力主要由相关的法律法规来提供，如国家自然科学基金在其《国家自然科学基金条例》第二十三条规定："项目负责人应当按照项目计划书组织开展研究工作，作好基金资助项目实施情况的原始记录，通过依托单位向基金管理机构提交项目年度进展报告。依托单位应当审核项目年度进展报告，查看基金资助项目实施情况的原始记录，并向基金管理机构提交年度基金资助项目管理报告。基金管理机构应当对项目年度进展报告和年度基金资助项目管理报告进行审查。"同时，在该条例中还明确了各种不符合契约关系的处罚办法，以此约束资助对象的履约行为。

就广州市政府科技经费的分配看，主要采用的机制有三项：项目招标投标制、定向委托制以及项目申报制。就这些制度运行的现状分析，它们均属于前面所说的信号发送机制。

在科技创新资金分配中，使用的基本信号包括学历、技术职称、项目经验、论文著作发表情况、制作项目申报书等。从学历及技术职称信号看，投入主体会对经费申请者的受教育程度及获得的技术职称级别有明确规定，如具有博士学位或（副）高级技术职称。随着资助项目层次的提高，对学历及技术职称信号的要求也随着提高，如对学历信号而言，就有要求经费申请者取得的最高学历必须是"985"高校或"211"学校或国外著名高校的规定，有些更是要求申请者的本科以上文凭均须出自名校。从项目经验这一信号看，投入主体通常会根据不同层次的资助项目对潜在资助对象参与过的项目次数、等级做出明确规定，项目经验越多、等级越高，那么获得资助的可能性就越大。与项目经验这一信号类似，若经费申请者发表的前期相关论文多且档次高，就更容易获得资助。

在实践中，学历、技术职称、项目经验、论文著作、项目申报书的质量等信号作为科技创新领域区分创新能力高低、遴选资助对象的基本信号，是不可相互替代的，通常要求潜在资助对象同时发出这些信号。潜在资助对象若对上述信号的发送强度越大（即取得学历的院校名气越大、获得的技术职称越高、参与的项目级别越高、发表的论文档次越高）、发送频率越高（即主持或参与过的国家级、省部级项目越多、发表的高档次论文越多），那么该申请者获得资助的可能性就越大。

但是，从当前科技创新资金分配中逆向选择问题依然比较严重这一情况来看，学历、技术职称、项目经验、论文著作、项目申报书质量等信号显然不是科技创新能力高低的良好显示信号。

首先，就学历这一信号而言，根据 5.1 节的分析可以看出，当前发送的学历信号往往失真。

再考查技术职称信号。技术职称的级别评定自有一套严格的考核体系。但是在当前越来越浮躁的科技界，技术职称的考核也越来越成了"走过场"的形式，于是，不管研究能力如何，潜在资助对象都能比较容易地发送技术职称评定所需要的信号，这意味着技术职称信号作为科技创新能力高低的显示信号功能被大大弱化。

其次，考查项目经验信号。施一公和饶毅曾在《科学》杂志上撰文揭露科技经费分配怪状，指出“作好的研究不如与官员和他们赏识的专家拉关系重要”。的确，如果存在这种问题，那么主持或参与过哪些项目的信号也同样不是显示科技创新能力高低的良好信号。

再次，考查论文著作发表情况。从前面 5.1 节的分析可以看出，当前不管是论文著作的数量和质量往往都是失真信号，不能反映申请人真实的科技创新能力水平。

最后，考查项目申报书质量。要获得科技创新经费资助，一个绝对不可缺少的信号就是申请人必须撰写一份项目申报书，主要内容涉及以下内容：研究背景与研究问题的提出、研究意义、研究文献综述、研究内容、研究方法及研究技术路线等。综合这些信息，投入主体能够较好地判断出该项目是否具有研究价值，该申请人是否具有完成该研究所必须具备的创新能力，因此，项目申报书是投入主体判断研究项目价值以及潜在申请人创新能力的良好信号。但是，这一信号要正常传递申请人的创新能力与项目价值高低的信息，必须满足以下两个最基本的条件：一是负责评审项目申报书的专家必须具备优秀的判断与评价能力；二是这些负责评审的专家有认真评审的积极性；三是项目申报书的质量与创新能力是正相关。

根据前面 5.1 节的分析，第一个条件和第二个条件在实际操作中通常得不到严格的满足。

第三个条件意味高质量的项目申报书一定反映了申报者的高创新能力。在信息传播十分发达的今天，并没有数据支持这样的结论。一个知识渊博的学者未必一定是创新能力突出的开拓者，就像一个满腹经纶的学者未必是一个好教师一样。

因此，在当前信号发送机制体系下，无法由专家评审来解决申请人创新能力信息不对称导致的科技经费逆向选择问题。

按照一般常理，学历、技术职称、项目经验、论文著作发表质量、项目申报书的质量，均是反映潜在项目申请人创新能力高低的良好信号。综合如此众多的信号，科技经费的分配应该基本上不存在逆向选择问题。可各类科技经费分配的现状表明：事实并非如此，这些信号为什么在科技经费分配实践中会失真呢？为什么本来应该具备良好筛选功能的信号甚至会退化成廉价话语？根据前面和上面的分析，基本原因有两类：一是“串谋”问题的存在使得信号发送人能够操纵信号。学历、技术职称、项目经验、论文著作发表质量、项目申报书，申请人均可以通过与相关部门“串谋”进行操纵。二是新的信息不对称问题没有得到有效解决。无论职称评审、学术杂志对论文的评审、专家对项目申报书的评审，均面临两种严重的信息不对称问题：是否是真正的同行专家及这些负责各类评审的专家是否有认真评审的积极性。由于这些领域的逆向选择与道德风险问题没有得到有效解决，也就导致科技经费分配的逆向选择问题得不到有效解决。职称评审、学术杂志对论文的评审、项目申报书评审中的逆向选择与道德风险问题得不到有效解决，归根结底，还在于另一更高层次的问题：负责职称评审、论文评审的部门（如学校、杂志）及科技经费投入主体是否有能力和积极性评审职称和论文以及筛选合格的项目评审专家。从上述分析可以看出，要使得以“项目招标投标制、定向委托制及项目申报制”呈现出来的信号发送机制正常发挥作用，既要对科技经费投入主体进行改革，使得他们有积极性筛选真正的专家及有识别真专家的能力，还要进行更大氛围的体制机制改革，如教育制度、职称评审与学术论文发表体制的改革。只有具备了这些良好的基础性制度设施，科技经费分配的信号发送机制才能发挥其应有的功能。从这个角度看，项目招标投标制、定向委托制及项目申报制要成为良好的科技经费分配机制，是一项涉及众多领域改革的系统性工程。

就目前的现状看，科技经费分配面临的尴尬局面是本来要解决的逆向选择问题没有得到有效解决，反而又制造出了新的逆向选择与道德风险问题。本章的目的之一就是试图在这种困境下为科技创新资金的最优分配寻找改进与突破的路径。接下来，首先考察发达国家和地区科技创新资金分配的体制机制，然后为广州市科技创新资金分配逆向选择问题的解决提出相关的对策建议。

6.2　科技创新资金配置中的激励机制设计

首先以美国为例，通过对其科技创新资金分配机制进行研究分析，为认识我国及广州市政府科技创新资金分配体制改革提供有益的经验借鉴。

美国的资助主体主要包括政府（联邦政府和州政府）、企业和社会各类非营利组织（如基金会），他们根据自己的科研计划和发展预算遴选合适的大学、研究机构或个人作为资助对象开展科技创新活动。政府投入的科技创新资金主要发挥政策引导、协调和控制各学科全面发展的功能，主要资助对象为企业、大学和科研院所等组织。来自企业的科技创新资金是进行具体科技创新活动的重要资金来源，主要投向企业内部或者产研学结合领域，包括私人基金会在内的社会各类非营利组织提供的资金则主要用于支持大学、科研院所和个人进行创新活动。

1. 美国联邦政府的资助体系

美国联邦政府并没有一个集中管理全国科研事务的科学部门，而是由各个联邦职能部门分散地资助大学、企业及非营利科研组织开展相关的研究活动。其中，主要有六个部门为科研活动提供经费支持，分别为：卫生与人类服务部（该部门包括国家卫生研究院）、国防部、能源部、国家航空航天局、农业部和国家科学基金会。这些部门有各自的研究资助计划和预算，设有一些下属研究机构从事少量科技创新活动（NSF除外），但大部分研究开发任务交给大学、企业和非营利性科研机构，而且侧重于资助那些与本部门有密切联系的学科领域或研究项目。这六个部门加上其他零散资助科研的联邦职能部门，就构成了联邦政府的资助体系。

按照其支持的研究类型可将六大部门分为应用研究为主和基础研究为主两类部门，这两类部门所采用的科技创新资金分配机制也不同。以支持应用研究为主的职能部门，包括国防部、能源部、国家航空航天局、农业部，这类型的研究活动具有明确的任务导向性，资助方式多采用项目招标投标制，强调研究结果的应用价值。

联邦政府部门公开发布研究资助计划后，任何研究人员都可以根据计划或指南提出申请，联邦部门收到申请书，就进入筛选过程，一般联邦部门会采用两次评估来确定最终的资助对象。第一次评估是由部门官员进行，评估所考虑的因素一般为申请资助的研究项目有多大的科学价值、研究是否具有可行性、取得成果的可能性、研究方法是否适当、研究项目的主要负责人及其所在机构的资质是否合格、是否有齐全的设备、申请者的科研能力与申请的预算额度是否相称，等等。通过第一轮的审查，部分申请者将被淘汰，其余的申请者则进入第二轮评估，即同行评议。同行评议考虑的因素主要包括研究项目是否属于前沿性课题、是否有新颖的学术思想、研究项目是否有好的前景、能否产生令人满意的结果、所选择课题是否为国家当前优先发展的项目，以及是否符合本部门的任务。

同行评议可分为两种：一种是由政府部门本身所雇用的全日制科学家对研究项目进行评议，称为内部评议；另一种是由政府部门以外的非政府部门雇用科学家进行评议，称为外部评议。外部评议还可分为“通讯评议”和“会议评议”，前者是指由政府部门官员选择参与同行评议的专家，然后将研究项目申请书寄给他们，由专家们对项目申请书进行评审；后者则是将选定参与评议的专家们召集在一块，以小组或委员会形式每年召开若干次会议，对申请项目进行集体讨论和审议，政府官员也会参与这种评审会议，所要审查的申请书一般也会提前寄给评审专家。通常，外部评议所选择的专家都是活跃在科研第一线、在其学术领域内有杰出学术能力和学术成就的学者。

不同的联邦政府部门采取的同行评议方式也不一样，有些只采用内部评议；有些只采用外部评议，如国家科学基金会；有些则同时采用两种评议方式，如国家卫生研究院。一些著名的私人基金会如洛克菲勒基金会也会征询外部科学精英的意见，而不是仅仅依靠基金会内部人员做出资助决策。

通过筛选获得资助后，政府与资助对象签订契约。如果是政府对私人企业提供资助，并且资金主要用于应用研究和产品开发，那么政府和企业订立的书面合同会对研究项目有较为详细的条款规定，一般都会要求项目代理人就研究工作的进展情况定期提交书面报告，政府部门也会经常检查合同的执行情况；资助经费要么按照合同约定的程序拨给，要么是在合同期满且收到最后报告时，国会才拨给经费；利用经费所购买的仪器设备归拨款者所有；而对研究结果，企业一般要求拥有独占权，政府部门通过与企业签订合同，往往成了研究成果的购买者；若是政府研究机构直接参与所资助项目的研究工作，那么委托和代理双方通过谈判，明确合作研究项目进程中各自的分工、经费分摊及成果专利权等，并在合同中注明。

以支持基础研究为主的部门有国家卫生研究院和国家科学基金会。这类型的研究活动主要资助对象为高等学校，以项目申报制和专项拨款制为主，强调研究的学术价值和人才的培育。

相较于项目招标投标制，项目申报制和专项拨款制给予了受资助机构和研究人员更大的自由度和灵活性，拨款手续较为简便，在项目批准时即可拨给经费，且允许受资助方获得仪器设备的所有权，研究人员不用定期提交诸如经费开支、工作进度、工作质量之类的书面报告。因此，项目申报制和专项拨款制比较适用于周期较长且不能受到过多干扰的基础研究，如政府对大学基础研究的资助就多采取这两种方式。

项目申报制是一种公开发布、平等竞争、择优授予的研究资助，任何研究机构和个人都可以在联邦政府机构发布科研项目或科研计划后，在平等的条件下，按照所公布的资助指南向联邦政府递交申请，然后就进入了同行评议过程，最后根据同行评议的结果，联邦政府决定研究资助的对象。

而专项拨款是不用经过同行评议的定向拨款，这种专项资助并不包含在行政部门的预算之中，而是国会议员在国会制定拨款法时为某个州或某个项目特别争取的一种款项，其中用于资助大学科研的就是学术专项拨款。因为，对于大学而言，要想通过项目申报制获得资助，取决于大学本身的科研实力，这就导致了绝大部分资源流向了科研实力较强的大学，而科研实力稍弱的大学基本无法获得资助，造成了大学科研的“马太效应”。因此，这种避开激烈竞争的学术专项拨款，就成了这些科研实力稍弱的大学筹措科研经费的有效途径。

支持科技创新的资源有限，而希望获得科技创新经费资助的申请又远远超出研究预算，所以，无论是项目招标投标制还是项目申报制的，都必然要采取一定的方法对申请者进行取舍，让有限的资源分配给具有优秀科技创新才能的资助对象。而美国联邦政府现行的科技创新资金分配机制能够高效透明运作，关键在于其严谨科学的同行评议。为此，下面将详细介绍美国国家科学基金会的同行评议系统，为本书逆向选择问题的解决思路提供有益借鉴。

2. 国家科学基金会的同行评议系统

国家科学基金会（National Science Foundation，NSF）绝大多数项目都为竞争性项目，这些项目申请全部都要经过NSF的同行评议系统进行遴选。NSF的评议系统由评议程序（包括评议方法和评议标准等）、评议组织者、评审专家、评议的评估和监督等部分构成。

（1）同行评议程序

NSF的同行评议程序如下：NSF项目申请小组处理部门接受申请并分送各资助计划的主管部门，由项目主任进行初审，然后再进行同行评议。具体的同行评议形式（函评、会评、函评+会评，评议科研设施和中心往往还要进行实地考察等）由项目主任根据申请项目的特点确定，然后报学部批准。之后，由项目主任在同行评议（和实地考察）的基础上确定推荐资助的项目名单，并报上一级主管（通常是各学科处的主任）审批。其中，对于资助金额超过该处上年资助金额的2.5%的项目必须由学部评审委员会审核；资助金额超过学部上年资助总额的1%的项目需由NSF的决策部门——国家科学委员会审核，还要通过预算、财政和资助办公室审批，最后才递交国家科学委员会审批。

目前，NSF主要通过函评、会评、函评+会评这三种评议形式收集同行评议专家的意见，NSF的各学部根据传统以及研究领域的不同，对这三种评议形式有不同的侧重。例如，生物科学部、地球科学部、社会、行为与经济科学部以函评+会评的方式为主，而计算机、信息科学与工程学部、教育与人力资源学部、工程学部则以会评为主。三种评议方式各有特点。

第一，函评。NSF的Fastlane网络系统专用于以电子版方式提交的申请和评审。申请发送给专家，然后由专家们将书面评审意见通过Fastlane提交至NSF，再由项目主任将这些函评意见进行综合。这种评议方式能让评议人有较为充足的时间对项目申请进行深入细致的评议，且评议成本较为低廉。

第二，会评。由项目官员确定评议专家，召集专家小组开会，对项目申请讨论评审，并直接向项目官员提出建议。一般在评议会议之前会将项目申请资料发送给小组专家，并收到至少三位专家的评审意见。这种评议方式对于多学科交叉或涉及面较广的领域的项目申请，评议专家可以面对面进行充分交流，对同一计划的所有项目申请进行比较，发挥比较分析的优势。

第三，函评+会评。很多项目就是采用这种方式综合评审的，但具体操作方式有所不同，如同一名专家可以提交书面审核意见，同时又是会评专家小组成员；或者一名专家只可以参加会评小组，结合其他专家撰写的函评意见对项目申请进行讨论、交流，而后向项目官员提供口头和/或书面意见。这种方式将函评的深入与会评的讨论结合起来，但程序较为复杂，协调工作量较大，评审时间也相对较长。在2010财政年度，59%的项目申请采用了会评，30%采用函评+会评，7%采用函评。另外有4%的诸如早期概念探索性研究项目、快速响应研究项目、小型会议等类型的项目申请不用接受外部评议。

1998财政年度，国家科学委员会批准了NSF开展项目评议的两项准则，即“学术价值”与“广泛影响”；2007年，国家科学委员会又修改了此准则，以促进具有潜在变革性意义的研究。目前NSF采用的评议准则为以下两项。

第一，学术价值。申请人拟开展的活动的学术价值是什么？其对于促进本领域或其他领域知识发现和理解力提升有什么重要意义？申请人（个人或团队）开展该项目活动的资格条件怎样？申请人拟开展的活动在提出和探索具有创造性的、原创性的或具有潜在变革性的概念方面程度如何？申请人拟开展的活动的清晰性和条理性怎样？是否具有开展活动所需的足够资源？

第二，广泛影响。申请人拟开展的活动的广泛影响有哪些？拟开展的活动在促进教学、培训和学习的同时，是否能够很好地推动知识发现和理解力提升？拟开展的活动能否很好地扩大弱势群体（如女性、少数族裔、残障人士、边远地区人群等）的参与度？拟开展的活动在提升研究与教育基础设施（如仪器设备、网络和伙伴关系等）建设方面程度如何？申请项目的成果是否会广泛传播，以增进公众对科学技术的认知？申请项目可能带来何种社会效应？

（2）评议组织者和评审专家

NSF评议活动的组织者是工作在各学部相关处的项目主任，他们都是各个学科领域的专业人员，是NSF评议系统的核心。他们的职责是，指派评议专家，综合评议意见，提出资助建议。在遴选评议专家时，项目主任要严格遵守NSF《申请与资助手册》中的相关条款，确保所选择的外部评议专家在将要进行的评议中没有利益冲突。因为遴选评议专家及在综合评议人意见时，项目主任主要依靠自己的学术水平做出正确判断，所以，NSF对项目主任的学术水平要求很高，都要求其拥有与所管理的资助计划相关领域的博士学位和研究经历。

为了保证所聘用的项目主任保持着对学术前沿的熟悉与敏锐，NSF采用所谓“轮换者”（rotators）的制度，即直接聘请活跃于学术前沿的一线科学家担任项目主任职务，当他们在NSF服务一两年之后回到学术界，NSF再聘请新的一线科学家接替其工作。2010财年NSF的项目主任共有518人，其中固定人员有279人，占54%，而所谓的“轮换者”包括三类：一是访问科学家、工程师和教育家，占项目主任的7%；二是根据政府间人事法聘用的专业人员，占项目主任的29%；三是其他临时人员，占项目主任的11%。

尽管项目主任在评议系统中处于很重要的地位，但项目评议中评议专家的意见仍然是决定性的。因为评议专家一旦对所评项目提出了合理的评议意见，而项目主任又没有充分理由反驳评议专家的意见的话，那么这些意见就决定了每个项目能否得到批准的最终命运。也正因为此，NSF高度重视评议专家的遴选政策，制定了一系列指导项目主任选择评议人的政策条款。一般项目主任可通过以下几个途径遴选外部评议专家：通过自己的研究和教育背景、申请书所列的参考文献、新近的核心研究文献和专业会议、文献数据库以及其他评议人的建议等，有时申请项目过于偏门，也可以根据申请人的建议选择评议专家。

NSF 还十分注重专家库的建设，该专家库不仅收录了各学科领域高水平专家的信息，而且时时更新信息，大大方便了项目主任遴选评议专家。目前，NSF 中心电子专家库中的评议专家保持在 30 万人以上。2010 财年有 15 493 人参加了会评，30 560 参加了函评，4217 既参加了函评又参加了会评，其中大约有 9397 人（占评议人的 20%）第一次参加评议。评议人遍及美国的 50 个州除哥伦比亚特区、波多黎各等地，另有 6531 多位评议人来自美国以外。评议工作建立在自愿的基础上，会评专家可以报销相关费用，而函评专家则没有任何经费补偿。2009 财年，NSF 共发出 101 104 封评议书，只有 36 457 封评议书得到了积极回应，占发出评议书的 36%，与近年相比，回应率急剧下降。

（3）对评议的评估和监督

为了保证同行评议过程的公正性，NSF 设立了多层次的监督机制和制度化评估，包括以下几个方面。

第一，同行评议程序过程中“项目主任监督评议专家，科学处主管监督项目主任”的制约机制。尽管评议专家在整个系统中处于核心地位，对申请项目提出自己的意见，但是这些意见必须通过项目主任的取舍和整理，而后由项目主任提出自己的判断；而项目主任的项目判断并不是最后的结论，而是要提交其上级主管即科学处主管进行审核。还需注意的一点是，这些评议结论还不等于最后的资助决定，最后的资助决策要由职能部门对各科学部的资助建议进行综合平衡和审核之后才能做出。

第二，对评议专家和项目主任的行为规范和制约。对项目主任的制约和管理在前文已有详细介绍，在此不作赘述。对评议专家的制约主要体现在遴选专家的要求，以及在评议过程对专家的行为规范。NSF 主要依照以下几点遴选评议专家：在评议的领域具有专长；没有利益冲突；客观公正；评议专家学术生涯的不同阶段，所在研究机构的不同类型和地域分布，在研究及研究人员的多样性等方面的平衡。评议专家收到需要评议的申请书的同时，也会收到 NSF 的评议须知和“利益冲突和保密声明”。这份须知包括评议准则、利益冲突提醒、保密义务提醒以及 NSF 承诺对评议专家姓名、身份和所在机构予以保护等内容。评议专家必须签署“利益冲突和保密声明”，表示自己已仔细阅读了该声明所列数的三类共十七种可能的利益冲突及相应处理办法（若发现有利益冲突，必须告知 NSF 项目主任），而且没有利益冲突，也同意为申请书和申请人信息保密。NSF 列举三类共十七种可能存在的利益冲突包括以下内容。

第一类：评议专家与申请人所在机构的关系，共十种，有雇佣关系、顾问关系、师生关系等。

第二类：评议专家与申请人或与之相关的人员之间的直接关系，共五种，有家庭成员、业务伙伴、学位论文导师或学生等。

第三类：包括评议专家与申请人之间的间接关系（如评议人的配偶与申请人的关系等）或者其他关系（如评议专家与申请人之间个人私交密切），共两种。

第三，评议过程之后的监督机制，包括：申请人申诉机制、总监察长办公室监管、审查委员会评估、咨询委员会评估等。

申请人申诉机制：进入申诉程序后，每一个申请者都能收到来自项目主任反馈的说明材料，详细阐明所采用的评议方法、评议意见及理由、评议过程中每一个环节的文件副本（不记名）。被拒资助的申请者可要求相应的项目主任就该决定作附加说明。如被拒者依旧不满，可要求相应的主任助理对该项目进行正式重审。

总监察长办公室监管：根据美国的法律，每个联邦机构都必须设有独立的总监察长办公室，负责开展客观的审计、调查、监察与评估，并对欺骗、浪费与滥用行为进行检查与防范。1989 年，NSF 设立总监察长办公室，其地位等同于 NSF，直接向国会和国家科学委员会负责，对 NSF 各类项目申请与资助、各部门职能与作用、各系统（包括同行评议系统）状况与运行等各方面即兴监督与监察。总监察长办公室每年都收到来自各方面的投诉和举报，有不少涉及评议专家违反同行评议中有关利益冲突和保密的协定。总监察长办公室会通过严格的调查，在查实后向 NSF 提出处理建议，并在每半年向国会提交的报告中公开处理建议及依据。例如，对于剽窃他人申请书的评议专家，总监察长办公室根据情节轻重有不同处罚：有的要求在未来几年提交申请的同时提交证明并保证其中不含剽窃内容的书面说明，有的禁止在未来几年内申请联邦政府的科研资助，有的不得在未来几年内担任联邦机构的评议专家等（龚旭，2009）。

审查委员会评估：审查委员会是由来自学术界、政府、公共部门的独立的外部专家组成的审查委员会，负责各学科/计划的同行评议的评估，每三年一次，对每一个项目评审过程的可靠性和有效性、NSF 项目投资成果进行审核和评估，并将报告递交各科学部及资助部门的咨询委员会和 NSF 主任审阅。审查委员会对各学科/计划的同行评议评估主要集中以下问题上：项目主任的工作量是否太大？是否有足够的时间处理项目申请？评议专家的评议态度是否认真？打分是否合适？打分等级与文字评议的内容是否相称？对学科交叉项目的评议是否恰当？向申请人反馈的评议意见是否详细？等等。

咨询委员会评估：咨询委员会负责审阅审查委员会递交的报告、外部评估和理事会年度报告。他们判定项目的有效性，总结其优劣之处，提出重点任务等。他们就现有项目和未来规划项目所提出的建议将提交 NSF 管理层审阅并受到重视。

通过对联邦政府及非政府机构的科技创新资金配置机制的分析，发现不论是项目招标投标制还是项目申报制，这些资金分配机制能够高效透明运作的关键在于其严谨科学的专家评审或同行评议，NSF 的同行评议尤具代表性。一旦资助申请进入评审阶段，专家的评审工作质量直接决定了科技创新资金的配置效率，所以 NSF 对项目申请过程中的同行评议极其重视，制定多重措施以保障评议工作的质量。为了保证专家进行评议工作时能认真负责、客观公正、没有利益冲突及人情关系干扰，NSF 首先建立了约有 30 万人的庞大电子专家库，这些专家来自国内外并涉及各个研究领域；其次，采用匿名评审方式，且专家需要对自己的评审意见负责；再次，在进行评议工作之前，专家需要签署一份"利益冲突和保密声明"；然后设立了"项目主任监督评议专家，科学处主管监督项目主任"的制约机制。尽管评议专家在整个系统中处于核心地位，对申请项目提出自己的意见，但是这些意见必须通过项目主任的取舍和整理，而后由项目主任提出自己的判断。而项目主任的项目判断并不是最后的结论，而是要提交其上级主管即科学处主管进行审核；最后，还有对评议工作的监督机制，包括：申请人申诉机制、总监察长办公室监管、审查委员会评估、咨询委员会评估等。NSF 通过这种多重监督和制约的方式，保证了科技创新资金的有效配置。

和美国的情形略有不同，英国政府并不直接向科研机构或大学拨款，而是通过研究理事会和高等教育资助委员会进行经费的配置和管理。其中，研究理事会通过项目申请制向实力突出的大学分配科技创新资金，而高等教育资助委员会则在专项拨款制的基础上引入竞争模式，即在科研质量评估的基础上，用公式计算各个大学的科研拨款额度。这样，政府各部门就不能直接控制大学的拨款，而是由研究理事会和高等教育资助委员会对各大学实施具体的分配。这种中介式的拨款方式在一定程度上缓和了政府控制和大学自治间的矛盾，缓和了因政府部门的道德风险问题而导致的科技经费分配逆向选择问题，提高了政府拨款在大学中的分配效率。

接下来结合广州市科技创新资金分配的实践，借鉴发达国家的经验，运用信息不对称博弈理论，细化广州市政府科技创新资金分配逆向选择问题的基本解决思路，并最终提出可行的、具体的对策建议。

首先讨论解决逆向选择问题的基本路径。

根据解决逆向选择问题的基本原理，信号发送机制必须满足信号的发送成本与信号发送者的类型呈负相关即单相交条件，甄别机制则必须满足参与约束条件与激励相容条件，其中参与约束条件是自动满足的，本项目的研究不予以考虑。因此，针对科技创新资金分配工作，本节的关键工作是使设计的信号发送机制满足信号发送成本与能力类型呈负相关关系，甄别机制则必须满足激励相容条件。

信号发送机制要满足信号发送成本与能力类型呈负相关关系，即高能力者的信号发送成本低于低能力者。也就是说，投入主体要求潜在资助对象发送的信号，对高能力者来说是很容易发出的，对低能力者来说则却很难发出。因此，该机制的关键是要选取有效的显示信号，使得能力类型和信号发送成本负相关，从而将潜在资助对象的能力高低区别出来，此时该信号形成的就是分离均衡。如果所选取的信号在潜在资助对象之间不存在信号发送成本的差别，那么意味着低能力的研究者不用多花力气，也可以和高能力者一样发出该信号，此时该信号形成的就是混同均衡，即科技创新能力参差不齐的研究人员混杂在一起，无法区分。例如，前文所提到的论文数量就不是一个有效显示信号，因为在不考虑论文质量的前提下，低能力者通过拼凑论文、粗制滥造，不仅可以写出论文，甚至能比高能力者写出更多。相比论文数量，论文质量显然是一种更能区分研究者科技创新能力的有效信号，因为相较于高能力研究人者，低能力者要写出高水平的论文显得相当困难。但正如前面的分析所指出的，在我国科技创新资金分配实践中，许多在正常情况下能够很好地显示创新能力高低的信号，由于基础性配套制度不健全而退化成为了“廉价话语”。

而甄别机制满足激励相容条件，就意味着理性的潜在资助者对投入主体自愿说出自己真实的能力类型是科技创新资金分配博弈唯一的占优均衡结局。所谓占优策略是指不论对手选择哪个策略，参与人选择该策略总是最优的。如果甄别机制的实施结果能够构成占优策略均衡，就意味着在该科技创新资金分配博弈中，不论其他潜在资助对象是否选择“说真话”，每个潜在资助对象的最佳选择都是“说真话”。以占优策略实施甄别机制比纳什均衡的要求更高，因为纳什均衡可能是多重的，而占优策略是唯一的，但这也是占优策略的极大优点，同时也具有更强的可实施性。

明确了这个思路后，又带来了新的问题：甄别机制中存在这种占优策略均衡吗？如果存在，又要如何构造出来呢？对这个问题，斯蒂格利茨（Stigliz）早在 20 世纪 70 年代就作出过解答。他以保险市场为例，将潜在参保人分为高风险和低风险两种类型，并针对两种类型的潜在参保人分别设计了不同赔率的保险合同，通过潜在参保人对合同的选择即可判断参保人的类型（Stigliz，1977）。无独有偶，本书作者之一陈友芳针对学术职位遴选也曾提出类似的合同机制（陈友芳，2010）。这份合同注明：一旦潜在竞争者被学术组织聘用，学术组织在前若干年提供给新成员的报酬将明显低于该类人才市场的平均水平；一旦在这若干年内新成员能够向学术组织充分证明自己的学术创新能力，则待若干年满后，学术组织向该成员提供一份明显高于平均水平的长期回报。这份合约同样也能很好地甄别出具有不同学术创新能力类型的潜在竞争者。

综上所述，本项目将从信号发送机制和甄别机制两个路径寻求解决办法，前者关键在于寻找有效的显示信号或通过基础性制度设施的建设，使得筛选信号满足信号发送成本与潜在资助对象的能力类型呈负相关条件，后者关键在于使理性的潜在资助者对投入主体自愿说出自己真实的能力类型成为该科技创新资金分配博弈的占优策略均衡。从前面的分析可以看出，信号发送机制的运行对制度环境的要求更高，需要一系列基础性配套制度，否则就会出现“南橘北枳”现象。这一点尤其值得科技经费投入主体切记，在发达国家广泛运用的基于信号发送的分配机制能够有效运行，是因为它们具备了一整套完备的制度方面的基础设施，包括教育制度、职称评审制度、学术发表制度、确保同行评议有效运转的制度。在我国，由于制度层面的基础设施存在问题，这些原本能够源源不断结出硕果的“橘子树”也就退化成了“枳”。要建构这套制度基础设施，需要长期的努力。因此，在不具备这种制度环境的国家和地区，就应该另辟蹊径，采用对制度环境相对要求较低的自我甄别机制，即以激励方法解决科技创新资金分配的逆向选择问题。因此，解决广州市科技创新资金分配的基本思路是：首先重视采用自我甄别机制，在此前提下再努力完善健全信号发送机制。基本理念是：越是制度环境不健全的国家和地区，越要重视自我甄别机制的建设。

根据前面提出的解决逆向选择问题的基本思路，结合广州市政府科技创新资金分配的具体情况，本文提出以下机制供决策者参考：第一，多途径完善信号发送机制；第二，充分利用声誉机制，建立科技研究人员信用档案体系；第三，提供具有甄别功能的资助合同；第四，采用锦标赛的资助方式。这种陈述顺序并不代表对这些措施的重视程度是递减的。接下来对这些机制的合理性进行分析，并对这些机制如何操作提出参考性意见。

第一，多途径完善信号发送机制。信号发送机制是科技创新资金分配的主流机制。根据前面的分析，在我国信号发送机制失灵的原因主要是三方面的：该信号从自然属性看就不符合单相交条件，如论文数量；信号由于串谋问题而被信号发送人所操纵，从而出现信号失真；投入主体缺乏解决评审专家逆向选择与道德风险问题的能力与积极性。基于这一分析，笔者认为广州市科技创新资金分配应该从以下几个途径完善信号发送机制。

首先，坚决摒弃已经严重失真的、属于廉价话语的劣质信号，如论文数量、项目参与经验等。从实践看，可以保留项目主持经验作为参考指标。

其次，积极采用防串谋、防操纵功能强的信号。例如，论文的同行引用率就是一个很难被发送者认为操纵的信号（陈友芳，2010）。又例如，承诺在国际上那些公认的高水平的、严格实行匿名审稿制度的刊物上发表若干论文也是一个良好的参考信号，因为这些信号同样难以被操纵，并且创新能力低下的申请者不敢发出这样的信号。当然这样的承诺要成为一个良好的信号，必须辅以对完不成承诺的申请者相应的惩罚措施。对于文凭、职称也是如此，通常越是卓著声望大学或研究机构，人们要通过串谋获得这些文凭与职称的难度就越大。从这一点看，科技创新资金向这些大学或研究机构的文凭获得者及从业者倾斜是有一定道理的。

重视项目申报书本身的质量。文凭、职称、论文发表质量、项目主持经验等毕竟只是参考性信号，要判断该项目是否值得资助，最重要的信号还是项目申报书本身的质量。因此，为了让项目申报书的质量得到客观评价，投入主体应该积极从制度上防范评审专家的逆向选择与道德风险问题，具体应该包括制度安排：建立庞大的及时更新的专家数据库，并且要通过纵向与横向联系以与其他上级、兄弟单位共享专家数据库，这样可以最大可能确保同行评审的可行性；建立两轮外部评审制度，先由多名外省同行专家进行匿名通讯评审，引入外省通讯评审可以最大限度减少评审专家的道德风险问题，只有通过本关评审后，项目才能进入本地专家的现场集中评审；为了防范本地专家的道德风险，这个评审环节不匿名，但评审专家必须签署无利益相关及冲突等责任状，并对此终身负责；为了确保现场评审专家能够认真评审，还应该对评审专家阅读项目申报书的时间进行严格规定，如不能少于 20 分钟。无论哪轮评审，均应该大幅度提高评审专家的报酬，笔者认为与其因为节省评审费而导致的巨大浪费，不如通过大幅提高评审费而确保有限资金的高效率配置。为了防范评审专家及投入主体操纵项目评审的道德风险，应该强化对项目评审的内部与外部监督，尤其是要引入外部社会监督，如所有立项信息均应该在专门的网络上公开，甚至可以考虑事后公开现场评审专家名单，这可以对其产生巨大的约束力。

最后，正如前面所说，评审专家的逆向选择与道德风险问题解决得如何，最终还要看投入主体有没有解决该问题的积极性。从公共选择一般原理看，理性人总是对自己财产的合理使用最为关心，从这个角度看，民营企业对科技创新经费的合理配置是最有积极性的，而政府部门的积极性恰恰是最低的。因此，笔者认为，首先，政府应该改变目前对各类科技创新直接进行全面资金资助的做法。地方政府出于经济发展的考虑，通常偏好资助那些能够直接从市场获得足够回报的研究项目。其实，政府更合理的做法应该是退出事前的资金资助，而由市场提供研究创新资金，政府则通过税收减免、完善知识产权保护、融资政策等政策激励方式，政府以政策而非资金方式激励应用性研究更能促进本地经济的发展；政府的科技创新经费应该主要投向难以从市场直接获得回报、但又具有重大经济社会和科学研究价值的科技项目，如基础性研究。因此，在科技创新领域，一样要区分好政府和市场的功能，市场能够做的，就应该由市场负责投入，政府则定位于搭建一个有利于激励市场创新力量的环境；对于市场做不好或不能做的，政府就应该定位于直接的资金资助。其次，对于由政府提供的科技创新资助，应该尽可能通过非盈利基金来发放，而不是由政府直接负责科技资金的投放。按照这种运行模式，政府只负责拨款以及对基金和受助人的监督，由独立的基金组织专门负责项目评审与平时日常管理，同时基金组织不负责对项目及资金使用的最终审查，最终审查权由政府或其他中立机构负责。无权力制衡与严密的程序，就没有公正与独立，因此这种体制显然可以缓解政府科技创新投入的逆向选择问题，也是发达国家的经验。

第二，充分利用声誉机制，建立科技研究人员信用档案体系。博弈论最引人注目的成果就是证明了在一定条件下重复博弈会导致博弈参与人相互之间进行合作以及信守承诺，也就是说在重复博弈中参与人相互之间有积极性为自己在对方面前积累信守合作承诺的声誉，这就是重复博弈理论所说的“声誉机制”。声誉机制起作用的核心在于：参与人如果现在背叛对方，那么对方就会在未来用不与其合作来惩罚他；参与人如果现在与对方合作，那么对方在未来就会用与其继续合作来奖励他。正是基于对未来奖罚的预期，使得关注长期利益最大化的理性参与人愿意抑制对短期利益的追求而与对方长期合作。因此，依据声誉机制，人们相互信守合作承诺并非道德教化的结果，而是他们理性计算的结果（陈友芳，2011）。

在科技创新资金分配中，投入主体和潜在资助对象构成了博弈双方，当这个博弈是重复进行时，潜在资助对象就有积极性在投入主体面前积累合作声誉，这里的“合作”是指潜在资助对象对投入主体说出自己的真实科技创新能力，并在获得资助后努力工作。为了充分利用投入主体和潜在资助对象之间的重复博弈关系中蕴含的声誉机制，建议建立科技研究人员信用档案体系，把每个研究人员有无骗取科技创新资金等相关信息记录在信用档案中，并作为未来广州市政府进行科技创新资金分配工作时奖惩对方的依据。如果建立了以声誉机制为基础的科技研究人员信用档案体系，一旦将某个能力低的研究者骗取科技创新经费的事件曝光，该研究人员将无法在这个科技创新研究人员市场生存下去，因为投入主体不会选择对曾有过不良信用的研究人员进行资助。所以，理性的研究人员为了长期利益的最大化，会有积极性对投入主体“说真话”，并在获得资助后也努力工作，这不仅解决了逆向选择问题，同时还解决了道德风险问题。声誉机制让理性的潜在资助对象自愿对投入主体“说真话”，即选择“说真话”是潜在资助对象的最优策略，从这个角度来看，声誉机制也是满足了占优策略均衡的甄别机制。

第三，提供具有甄别功能的资助合同。斯蒂格利茨以保险市场为例，将潜在参保人分为高风险和低风险两种类型，并针对两种类型的潜在参保人分别设计了不同赔率的保险合同，通过潜在参保人对合同的选择即可判断参保人的类型。针对广州市科技创新资金的分配，建议广州市有关科技创新投入主体可针对高能力者设计一份这样的资助合同，该合同注明：一旦投入主体选定最终的资助对象，资助对象立即着手开展科技创新研究活动，但在研究活动前期，投入主体并不向资助对象发放资金，而是经过前期研究活动的考察之后，确定资助对象确实具有优秀的科技创新才能之后，再发放资助经费。若考察不合格，取消资助资格，且前期研究费用自行负责。经过简单计算可以发现，对于这份合同，显然只有创新能力高的人才感兴趣，而低能力者则不愿接受这种合同。因此，面对这份合同，理性的潜在资助对象的占优策略就是对投入主体“说真话”，即高能力者选择接受这份合同，而低能力者不再冒充高能力的研究人员，选择拒绝这份合同。这样，投入主体根据潜在资助对象是否选择接受这份合同，就可以甄别出具有优秀科技创新能力的人才。广州市有关部门可以考虑在一部分科技项目中实践这种做法，一般说来，这些科技项目应该需要较高的前期投入，如需要一定的实验、考察和调研费用，因为前期投入较高意味着该项目一旦不获得资助，研究者的沉淀成本非常高。这种高昂的沉淀成本极大地抑制了低能力者骗取科技创新资金的积极性。当然，这种制度要奏效，一样要保证对前期研究成果的鉴定是客观的。如果有了严格的同行评审制度，这种甄别合同的遴选效果无疑要优于信号发送机制。

第四，采用附加拍卖的锦标赛的资助方式。这里设计的附加拍卖的研发竞赛制度是将锦标赛制度与拍卖制度进行嫁接的结果，其具体内容如下。首先，由所有潜在参与人参与一场研发竞赛资格的拍卖，只有通过这场拍卖，人们才能获得研发竞赛资格。这场拍卖的标的就是研发竞赛资格的价格，它可以采用以下形式：或由投标人决定愿意为参赛资格支付多少金额，此时，愿意支付金额较高者胜出；或由投标人决定需要多少研发竞赛获胜奖金，此时，需要金额较低者胜出。本文所说的是后一种形式，即直接拍卖奖金额度。当然这只是为了论述的方便，两种拍卖形式并不存在本质区别。通过研发竞赛资格拍卖确定两个参赛人。接下来，两位参赛人据此自筹经费进行科技研发活动，并在规定时间内向委托方提交成果，委托方选出赢家并付给由拍卖决定的奖金。这个机制的关键是委托方和参与锦标赛的代理方在事前要签订一份合约，合约应注明以下几点：第一，代理方是自愿参加科研锦标赛，并承诺在规定的时间内完成科研任务；第二，由委托方根据成果的质量选出其中一个代理方作为赢家，并向其支付奖金；第三，本次锦标赛的最终解释权归委托方所有，代理方不得对此提出异议。

在实际操作中，研发竞赛资格或研发奖金额度的拍卖可以采取以下四种形式之一：英国式拍卖、荷兰式拍卖、密封第一价格拍卖及密封第二价格拍卖。

英国式拍卖就是指买方由低到高公开竞价，出价最高者获得拍卖品，并且以其最高出价作为拍卖的成交价。

在荷兰式拍卖中，拍卖主持人由高到低公开叫价，第一个应价的买方获得拍卖品，并且以他的应价作为成交价。比较英国式拍卖与荷兰式拍卖，可以发现二者的拍卖方向正好相反，英国式拍卖是升价拍卖，而荷兰式拍卖属于降价拍卖。

在密封第一价格拍卖中，所有参与拍卖的买方向拍卖人递交密封的报价，出价最高者获得拍卖品，并以最高出价作为拍卖的成交价。

英国式拍卖、荷兰式拍卖、密封第一价格拍卖都是人们在拍卖实践中自发摸索出来的，而密封第二价格拍卖则是经济学家凭借自己的智慧发明出来的，其发明者就是 1996 年诺贝尔经济学奖得主维克瑞，所以密封第二价格拍卖又被称为“维克瑞拍卖”。在密封第二价格拍卖中，所有参与拍卖的买方向拍卖人递交密封的报价，出价最高者获得拍卖品，但他只需要支付第二高的价格，即以整个报价序列中的第二高报价作为拍卖的成交价。

科技创新资金管理部门可以根据实际情况选择不同的拍卖方式。

从上面的介绍可以看出，与现行科技资金资助方式相比，附加拍卖的研发竞赛制度有以下三个特点：①科技创新资金不再事前拨付，而是事后拨付；②科技创新资助金额不再是对任何人均相同，而是因人而异，是由参赛人通过拍卖自己叫价确定的；③不再需要事先的专家评审，而且不需要对研发竞赛结果进行基数意义上的度量，只需要进行序数意义上的度量，即只需要比较两位参赛人竞赛结果的高低。

附加拍卖的研发竞赛制度能够有效地解决解决资金分配的逆向选择与道德风险问题，能够筛选出优秀的科技创新人员。因为只有能力强的科技创新人员，才会报出较低的奖金价格，只有能力强的科技人员才有积极性参加研发竞赛。这种资助机制较好地避免了评审专家本身的逆向选择与道德风险问题。

最后必须进行的一项改革则是，为了降低研究者骗取科技创新资助的收益，不论是采取信号发送方式还是自我甄别方式，均应该采取以下制度：只有成果验收合格后方可作为职称评审与聘用的依据，立项本身不能作为评审的依据。一旦立项即可作为职称评审与聘用的依据，低能力者骗取科技资金的积极性就会大大提高。

6.3 科技创新资金利用中的道德风险问题及其形成原因

科技创新是一种典型的智力密集型劳动，科技创新的成果除了取决于科技创新主体的科技创新能力、人力资本投入以及科技创新项目的难易程度，更取决于创新研究资金的投入。创新研究资金对科技创新的支持极大地影响了科技创新的产出。除了前面已经讨论的事前资金的分配，事后资金的使用是另一个重要环节。但现实情况是，当投入主体与科技创新项目申报人建立契约之后，也就是项目申报人获得科技创新资金之后，由于投入主体无法准确观测到项目承担人在科技创新活动中的资金实际使用情况和努力程度，双方就出现了关于项目承担人行为信息的不对称，因而导致项目承担人在科技创新资金使用中的道德风险问题或激励问题。

广州市的科技创新资金的使用中无疑也存在着严重的道德风险问题，主要表现为以下两个方面。

一是科技创新资金使用不当。当前，科技人员滥用政府提供的科技创新资金已成为公开的秘密，获得政府资助的科技创新资金等于吃了一顿免费的午餐，甚至有媒体戏称科技创新资金为“个人提款机”、“摇钱树”。中国科协一项调查显示：科研资金用于项目本身仅占 40%左右，大量科研经费流失在项目之外（邱晨辉和雷宇，2011）。在现有的科技创新资金的管理体制下，一旦科技创新项目通过评审立项，科技创新资金就会划拨到相关的项目承担人账上，那么科技创新资金的合理使用与否在很大程度上就取决于项目承担人。当项目承担人获得科技创新资金之后，他们为了追求自己效用最大化，将有限的科技创新资金花费在与科技创新活动无关的事物上，用尽一切办法结存资金，将科技创新资金化公为私，占为己有。例如，有的项目承担人虚报账目，将原本只需 500 万价格的仪器设备高报为 800 万元，多余的钱则辗转进入个人账户；有的项目承担人以项目名义购置汽车房产，项目结束后就据为己有；有的则以考察的名义利用项目资金出国或到各地旅游消费；更有甚者自己成立公司，拿科技创新资金作股份。凡此种种，造成了科技创新资金的极大浪费。

二是炮制低质量的科技创新成果。例如，有的科技创新人员利用自己已有的学术基础取得相关项目后，出于种种原因不能亲自去做该项研究，则将项目分解委托给项目组以外的科技创新人员实施；有的科技创新人员则对所承担的科技创新项目不进行深入细致的研究。因此，对于所要完成的科技创新项目成果，有的科技创新人员就东拼西凑、敷衍了事；有的科技创新人员则换汤不换药，以同一个科技创新项目申请多项资助，向不同的委托人提交相似的科技创新成果；更为恶劣的是，有的甚至伪造没有实施的研究活动和实验数据，或者直接剽窃、抄袭他人成果。这种种减少人力资本投入、不努力的行为使得科技创新成果质量低下，各种科技创新成果大批量低水平重复。

如果不能解决科技创新活动资金使用的道德风险问题，哪怕政府投入的科技创新经费再高，哪怕政府投入到高校和研究机构的经费再多，哪怕科技创新人员的能力再强，只要这些科技人员缺乏创新和研究的积极性，这些为科技创新所投入的创新资源就无法实现高质量成果。

科技创新活动中道德风险问题的基本根源就在于委托人与代理人之间存在着严重的事后的行为信息不对称，具体而言，如同我们对科技创新人员工作中道德风险的分析一样，有以下几点原因：①科技创新行为的不可观测性；②成果质量的不确定性；③双方利益的不一致性。

6.4 政府科技创新资金使用中道德风险防范的激励机制设计

随着知识经济时代的到来，各国政府都将科技创新作为提高国家经济实力、赢得国际竞争优势的重要手段，科技创新活动也成为由各国政府直接领导和支持的一项社会事业，但道德风险问题却严重制约着各国科技创新水平的进一步提升。因此，就如何防范科技创新活动中的道德风险，调动科技创新的积极性，各国均展开了积极的探索。现今，发达国家在科技创新评价的实践中已经形成了科学化的方法和规范化的体系，其中有许多做法和经验值得我们学习借鉴。这里首先从各国科技创新评价体系、科技创新资金监管体系两个视角，分析发达国家和地区科技创新活动中防范道德风险的经验，以期对广州市科技创新体系的发展与完善提供有益的借鉴。

6.4.1 发达国家和地区的科技创新评价体系

1. 美国的科技评价体系

作为科技大国，美国是开展科技评价活动和推进科技评价制度化建设最早的国家，从规范化和专业化的角度看，美国科技评价体系是各国中最为科学、完整的一套体系。就美国现行的科技创新评价体系而言，其不仅有立法作为保障，1993年，美国第103届国会就颁布了《政府绩效与结果法案》以立法的形式确定了绩效评价制度（陈宁，2007）；而且美国还有数量庞大的科技评估机构和能主持科技评估工作的科研院所。在美国的科技评价体系中，虽然联邦政府中并没有一家负责全面管理科技评估的机构，也没有任何一个政府部门负责对评估机构的认证，但很多与科研管理有关的部门或政府管理机构设有科技评价办公室。此外，美国的科技评估活动内容丰富，形式多样，有许多值得借鉴之处。下面将从评价机构和评价方法对美国的科技评价体系作简要介绍。

（1）美国的科技评价机构

美国科技评估机构大致分为三个层次：一是国会层面的科技评估机构；二是州层面政府科技评估机构；三是民间组织的科技评估机构。

国会层面的科技评价机构主要有四个评价部门（顾海兵和齐心，2004）。

1）国会预算办公室——建立于1974年，是美国国会决策支持机构之一，向国会提供有关预算信息和对潜在备选方案进行经济影响分析，提供关于预期政策方案、已有的政策和项目的评价。每年大约有1000个这种评价提交到国会。它侧重于计划、政策的全过程评估。

2）国会研究服务部——也是美国国会决策支持机构之一，其职能是为国会议员解答大量、广泛的问题，并采用各种不同的方式，如报告、法律研究和分析综述、背景资料以及准备讲话材料等。其特点不是为撰写报告而收集原始数据，而是用已有的评估报告，综合和提炼它们的主要结论，把有关材料提供给国会。它侧重于政策的全过程评估。

3）国会总审计局——成立于 1921 年，主要承担对政府机构、政府组织、政府计划的审计和评估任务。该组织的最高负责人（总审计长）由总统提名，参议院批准。其工作大部分是应国会各委员会的专门要求而做的。分支机构遍布全美国及世界各地，在华盛顿特区设有总部，正式工作人员 5000 余人。每年美国审计总署开展 1000 多项后评价性质的工作。美国审计总署完成一项报告平均需要 9～12 个月，对特别复杂的评估，需要两年或更长的时间。它侧重于项目、政策的事中和事后评估。

4）国会技术评价办公室——创立于 1972 年，其主要任务是为美国国会提供更深层次的、技术含量较高的科技评估报告，是国会成员及各社会团体进行与技术相关的公共政策分析方面的有力工具。由于美国立法和行政之间存在着明确的分权，因此国会技术评价办公室同时成为政府和国会的重要工具，在资源分析方面协调两者的关系。为了便于国会技术评价办公室行使自己的权利和履行义务，保证客观性和独立性，每年由财政部拨款给国会技术评价办公室。1973 年拨款为 50 万美元，一般需要一年半到两年完成一个评估报告，直接花费为 50 万美元。1995 年该机构关闭。但国会技术评价办公室在美国科技发展中作用是不可忽视的，至今仍具有很大的影响力。它侧重于项目、技术的事中和事后评估。

除了以上国会层面上的政府机构以外，美国联邦政府的相关部门也都设有类似的评价办公室，美国联邦下属的州政府层面还设有科技评价机构，此外，美国还拥有一大批高水平、专业化、规范化的社会咨询评估机构，承担具体的评估活动。至今，美国不仅拥有了数量庞大的科技评估机构和能主持科技评估的科研院所，还有大量的科技创新人员、知名专家和学者作为科技评估的硬件支撑。

（2）美国科技评价的方法

美国科学、工程与公共政策委员会在其 1999 年形成的《评价联邦研究计划：科学研究与政府绩效和结果法案》报告中对美国最常用的科技评价方法进行了总结，指出现在美国应用最广的科技评价方法主要包括：文献计量分析、经济回报率分析、同行评议、案例分析、回顾性分析和指标分析 6 种方法。在美国联邦政府出资的科技评估活动中，呈现出政府出资委托科研机构代理评估的格局，即第三方评估的方式。此外，在美国，进行科技评价时，特别强调采用全生命周期的项目过程评价方式，即把开题时的成果预测和课题论证、研究过程的计划执行、进展及阶段成果的检验，甚至对最终成果的验收或评审等过程作为一个整体进行评价。而结果评估则大多根据阐述基础理论的论文发表情况及被同行引用的情况进行评议；应用性成果则通过专利审查、合同验收或根据在实践中的使用情况给出客观的评价（陈宁，2007）。

2. 英国的科技评价体系

20世纪80年代以来，英国政府在科技评估方面经历了一个逐渐的变革阶段。这些变革不仅促使英国发展了中央和地方的科技评估机构，而且使得各个层次的科技评价机构都积极地改进和创新科技评估方法。时至今日，英国政府已将科技评估工作作为科技宏观管理、制定和实施科技计划过程中不可缺少的内容；各层科技评价机构也形成了强调不同人员参与，不同角度分析的科技评价方法（顾海兵和李慧，2005）。

（1）英国的科技评价机构

英国科技评估机构可以分为三类。

1）政府科技评估机构：科学技术委员会、贸工部及其下属的科技办公室、国家专利局、议会科学技术办公室、上议院和下议院的科学技术专门委员会、国家审计署等。

2）研究部门科技评估机构：针对研究群体的评估体系RAE（Research Assessment Exercise）是由英格兰、苏格兰、威尔士高等教育基金会和北爱尔兰高等教育培训与就业部等共同组织，对所有英国大学的研究质量进行等级排名的研究评价。整个评估活动由设在英格兰高等教育基金会办公室中的一个RAE部门，采用同行评议的方式进行。

3）科技中介机构：如英国科研政策研究所、科技管理研究中心和英国评估系统有限公司等。科技中介机构分为公益性和盈利性两类，其中以盈利为目的独立的科技中介机构是英国科技中介机构的主体。中介性的评估机构采用合同委托的方式，聘请本领域的专家组成评估小组，对于委托方的项目或机构做出评估。因为评估公司是中介性质的，不是项目申请和批准过程的当事人，并且专业性的评估公司为了维护公司的信誉和专业形象，保持长期发展，能够站在比较公正客观的角度，做出实事求是的评价，有利于提高经费提供机构的经费使用效率，也使委托方节省了大量的人力、物力和精力。

（2）英国的科技评价方法

在英国，虽然不同的评估机构对不同的科技项目进行评估时会采用不同的评估方法，但重视评估方法的改进和创新，强调不同人员的参与，以及从各种角度进行分析却是他们不变的追求。在英国，各个评价机构都提倡利用外部专业人员展开评价，他们认为，外部评价人员比内部评价人员的评价更深入，更具有可靠性和公正性。例如，英国国家信息技术（Alvey 计划）的动态评价就是由外部评价人员所完成的（张先恩，2008）。此外，英国政府还强调采用相关的产出度量的方式来开展科技评价。为此英国贸工部还开发了 ROAME 系统，即基本理由（rationale）、目标（objectives）、鉴定（appraisal）、监控（monitoring）和评价（evaluation）（Hills，1995）。它有利于评价人员对照这五个标准评价项目实施的具体情况。

3. 德国的科技评价体系

20 世纪 50 年代，德国政府成立了科技评估的执行机构——科学委员会，标志着政府性质的科技评估活动正式开始。德国政府一直把科技评估作为德国科学、教育和研究事业的重要管理手段。科技评估对德国科研和教育事业发挥了重要的作用，成为建立科学机构、教育机构、制定科研计划和项目的决策基础；成为保障科研和教育质量，提高效率的重要措施；成为检查国家公共基金使用效益必不可少的方法和程序。

（1）德国的科技评价机构

德国目前已经建立了比较完整的科技评估组织体系，大致分为三个层次（陈华钦，2002）。

联邦和州政府主要评估机构：主要对国家和政府的重大科技政策、科技计划和科技项目进行评估。其评估大部分由联邦政府教科研技部和州主管部门作出决定，并委托科学委员会负责进行。

科学委员会：成立于 1957 年，是由联邦和州两级政府共同支持和承担费用的咨询机构，实际是政府组织开展调查研究和科技评估的执行机构。该机构由高层次的科技界和政府界人士组成，联邦政府任命派遣制。委员会成员任期三年，最多可任职两届。科学委员会下设行政管理、科学研究、大学教育、医学专业、公关资料、数据统计六个处。主要任务是组织工作，根据课题聘请专家组成工作小组或评估委员会，开展调查研究和评估活动。

科研教育资助组织：如德意志研究联合会、马普学会、弗朗霍夫学会、洪堡基金会和大学交流基金会等，它们分别对本组织资助的项目进行评估。

大学和研究院所：各大学和研究中心对各自的研究课题组进行评估。

（2）德国的科技评价方法

目前，德国已建立了三种比较完善的科技评估方法：即事前的展望分析、事中的过程监督和事后的回溯评价。此外，德国的评价机构十分强调现场评议，其较多采用在定量数据统计基础上进行现场同行评议的方法，进行评价时，不仅要审查书面材料，还要进行现场考察，并广泛征求外来专家（尤其是国际知名专家）的意见。德国的评估组织对评委的选择与要求上也较为严格：评估委员会的评委一般由科技界、经济界的知名专家或学者以及政府部门的人员组成；只要被评估的项目使用了政府的公共基金，就要聘请政府代表参加评估工作；担任评委的专家不仅需要具备专家资格证明，而且要对相关领域现状有充分的了解。最为值得借鉴的是，德国科技评价机构为了避免同行间的竞争和学术上的近亲所带来的负面影响，除了注重评委的各方面素质以外，还尤为重视评委的广泛性；并要求评委们在评估活动中充分地各抒己见，采用先闭卷答题后再集体讨论的方式形成最后的评估结论。所以，评估结论不仅是集体智慧的结晶，更是对评委个人意见的自然印证和约束（Kuhlmann，1995）。

总结以上这些发达国家的科技创新评价体系，能为我国所用的有如下几处。

（1）健全的科技评价法规制度约束

制度约束，特别是法律法规层面上的制度约束，在一定程度上对道德风险发挥着不可或缺的外部震慑作用。因此，通过立法来保障科技创新评估活动的高效、透明也成为各发达国家所普遍采取的做法，无论是美国所颁布的《政府绩效与结果法案》，还是日本的《科学技术基本法》，都从立法的层面上肯定了科技评价的至高地位。如在美国的《政府绩效与结果法案》中，以法律条文确定了科技评估的概念与制度、国会一级有关科技评估机构的作用、功能、权力和责任。此外，日本在多次修订的《国家研究开发实施办法指南》中提出了建立开放型研究评价体制的基本框架。

（2）完善、专业的科技评价机构

完善、专业的评估组织机构不仅能保证科技创新评价执行过程的公平、公正，更能保证评价结果的客观、准确，从而在很大程度上防范了道德风险的产生。尽管各发达国家历史背景不同，其从事科技评估工作的组织机构设置也不尽相同，但各发达国家都已建立了完善的专业评估组织机构。从整体上看，他们都各自建立了政府性质和非政府性质两种属性，国家级、地方或州级、民间科研院所级三个层级的科技评估机构，形成了政府与社会、中央与地方评估机构并存的框架体系，达到了从宏观到微观，对国家、企业乃至个人的科技成果进行全面专业的评估。

（3）全生命周期的过程评价模式

现今，各发达国家针对不同的科技项目实行有差别的全生命周期管理，不仅在立项评审和结题验收时，而且在项目过程中都根据项目的特点实行阶段性、里程碑式的检验和评审，从质量、进程、财务支出等各个方面跟踪控制。如美国进行科技评价时，把开题时的成果预测到最终成果的验收评审等过程作为一个整体进行评价；德国则采取了事前的展望分析、事中的过程监督和事后的回溯评价三种过程评估方式；日本则针对不同的评价对象和研究开发进程进行前期立体论证、中期检查和后期鉴定。这种全生命周期的过程评价方式，有效地监督了项目承担人从开题到结题的整个项目进程中的行为表现，从而为结果的评估提供更有利的参考。

（4）第三方的中介评价模式

在各发达国家的评估体系中，科技中介机构已成为其重要组成部分。例如，英国，政府、研究机构和科技中介三类组织互有交叉；美国则呈现出政府出资委托科研机构代理评估的格局；日本则要求研究开发的实施或推进主体接受“第三方评价”机构的评价。这种第三方的中介评价制度，在一定程度上保证了评估的公平性和合理性。因为，作为第三方的中介评估机构，为了与政府长期合作以及在市场中的信誉，将有积极性进行公正公平的评估，从而提高了科技评价的效率，减少了科技评价中徇私舞弊、暗箱操作的可能性。

（5）严格、广泛的科技评估专家选择

评估专家作为评估环节中最为关键的部分，是评估工作公平公正的重要保证。不仅评估专家的鉴定能力会影响评估成果的好坏，评估专家的态度更是评估成果质量成败的关键。因此，各国家纷纷从最广泛的层面上严格挑选评估专家。如英国在评估人员的构成上，力求来源广泛，不仅有政府代表，而且要有学者、企业界代表，增加了多方制衡和监督，避免个人利益与研究理事会利益之间的冲突；德国在选择科技评估专家时，不仅注重专家的学术权威性及其道德素质，更重视专家的广泛性，让各类专家都有抒发自己意见的机会。

（6）市场化的成果评估方式

市场是检验科技创新成果，尤其是应用型成果的价值高低、质量好坏的利器，科技创新成果是否为同行所赞赏、是否为人们所喜爱都能在市场上一目了然。因此，各发达国家也充分利用这一利器对科技创新成果进行评估。如美国，结果评估大多根据阐述基础理论的论文发表情况及被同行引用的情况进行评议；应用性成果则通过专利审查、合同验收或根据在实践中的使用情况给出客观的评价。这不仅使成果得到更广泛市场的检验，更使成果评估更具客观性、公正性。

6.4.2　发达国家和地区的科技创新资金监督体系

1. 美国的科技创新资金监督体系

美国作为世界头号科技强国，其科技创新资金的投入是无人可及的。巨额资金支撑的政府科技创新，并将国家实验室、工商企业和大学科研机构等力量纳入国家科技创新管理的轨道，无疑是一个规模庞大、功能多元、结构复杂的社会系统工程。美国联邦政府不仅重视科技创新评价体系的建立，更为重视对巨额科技创新资金的监督管理。对于科技创新资金的监管联邦政府从国家立法、外部监督到内部控制等各方面建立起了一套完整的监督体系。对于防范科技创新资金使用中的道德风险，保障资金的安全和合理使用起到了积极的作用。下面将从监督机构、监督程序和方式对美国联邦政府的科技创新资金监督体系作简要介绍。

（1）美国联邦政府科技创新资金监督机构

美国科技创新资金的监督执行主要是依靠国会总审计署和各个科技创新资金

管理部门的总监察长办公室来执行的。从机构的设置和工作的开展来看，两者均有较大的组织独立性和监督执行的独立性（图 6-1）。

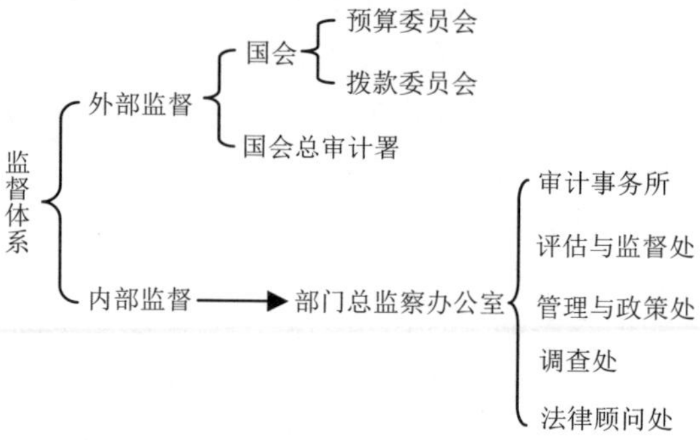

图 6-1　美国联邦政府科技创新资金监管机构

1）国会。在美国三权分立的政体中，国会是强有力的一极。国会参议院和众议院均设有预算委员会和拨款委员会，由这两个机构负责对科技创新资金预算的审查、批准和通过。联邦政府各部门、各机构每年必须将其下年度的工作计划和财政预算以“法案”报国会审议，国会投票通过后送总统签署成为具有强制约束力的法律。这种法律有时是政策级的，如“1994 年国家科学基金会授权法”；也可以是针对某一具体问题的工作级的，如“1993 年超级超导对撞机立即停止法”（石燕，2005）。没有国会的批准，财政预算出不了门。为说服国会拨款，各科技创新组织首先必须讲清楚科技项目为什么开展，要花多少钱，受益在哪里。

2）国会总审计署。国会总审计署作为外部监督机构，独立于政府、协助国会进行事后审计监督。国会总审计署是根据参众两院于 20 世纪 20 年代通过的《预算和会计法》设立的，在行政隶属关系上归靠政府序列，但却对国会直接负责并报告工作。为保障审计工作开展的独立性，法律规定总审计长由总统直接任命并经参议院批准，任期 15 年，非经弹劾，或总统与国会共同决定，不得解职（吴波尔等，2005）。国会审计总署可在任何时候对任何部门调取他们认为需要的有关资料，监督有关部门的经费支出及使用情况，如果发现问题有权要求有关部门更正或向国会报告（戴国庆，2006）。

3）部门内部总监察办公室。美国联邦政府下属部门中涉及科研活动的有 20 个部门，其中 5 个是政府大力资助的，分别为国防部、卫生和人类服务部、国家航空航天局、能源部、国家科技基金会。各部门的总监察长办公室是部门科技创新资金的内部监管机构，其相对独立于部门，直接向本部门首长和国会负责。总监察长由总统直接任命，总监察长办公室的运行经费由国会拨款。总监察长办公室在全国范围内有权对本部门计划的执行情况及其他相关事务，进行独立的、有目的的审计、评价和调查，并向部长、国会和公众提供及时、正确和可靠的信息以及改进的建议（徐海燕等，2001）。总监察长办公室与所在部门这种相对独立、相互制约的关系，是发挥有效监管的前提和基础。

（2）美国联邦政府科技创新资金监督程序如下（吴波尔等，2005）。

第一步，制定监督计划。美国各部门的总监察长办公室根据下属的调查办公室、总监察长法律顾问、审计办公室、评估检查办公室提出的项目来确定工作计划，明确开展检查工作的原则、方式，确定检查对象的范围、金额，检查的时间跨度等。

第二步，监督实施。各部门的总监察长办公室一般根据既定的监督工作计划，采取审计、检查、调查、报告和绩效考评等监督方式，开展具体工作。

第三步，结果反馈。总监察长办公室在进行审计时，经负责审计事务的总监察长助理或区域总监察长的评阅认可后，要送交给受审机构，并由受审机构根据具体情况提出申诉意见，总监察长办公室要求对申诉意见予以相应反馈。

第四步，监督结果处理。美国特别强调对监督结果的充分利用，要求对违规的行为进行严格处理。对未能按时提交联邦现金交易报告的，停止一切预期付款，并终止审批和处理该单位新的项目建议书；对科技经费监督中发现问题的，受资助单位自己要采取措施对所犯的错误进行纠正，有的情况要通报批评，并书面承诺，保证以后没有违规的行为；对经检查核实存在滥用资金或不合规定的支出款项，将进行严格处理：不仅要求受资助单位将滥用项目经费的全额退还或根据《国会预算和扣押管理法》规定的程序，将滥用的经费退还，而且在受资助单位改正错误以前，一般暂停拨款。若不改正错误，将终止对受资助单位的资助，甚至取消其获得任何联邦经费资助的资格。

第五步，结果公开。根据《信息公开法》，相关部门的总监察长办公室要定期将监督结果向国会和公众公布，接受公众的监督。

（3）美国联邦政府科技创新资金监督方式

美国联邦政府对于科技创新资金的监管，同样采取系统化的全生命周期监管方式，从科技创新资金的预算到资金监督结果的公布，都进行严密的监督控制，使总目标下的分解目标得以实现，从而尽可能地降低道德风险的产生。此外，美国联邦政府的资金监管十分强调公开性，在资金的配置方面，国防部、能源部在内的相当多的科技创新项目向全社会公开招标；在资金的使用过程方面，美国联邦政府采取报告制度、听证制度、审计制度和否决制度等多种手段，让更多利益相关者及大众参与到资金监管的过程中；而在资金监督的结果方面，资金监管的相应结果也要求及时向公众公开，接受公众的监督。与此同时，美国联邦政府一般都通过对科研项目进行分期投资的方式进行监督控制，根据科技创新项目实施的评估情况决定是否对项目继续投，中期检查的结果将直接影响到下一年度资金预算的额度。

2. 德国的科技创新资金监督体系

德国是一个崇尚自由的国家，德国政府始终遵循科学家开展科学研究及科技创新的自主原则，在科技创新的宏观管理方面，无论是决策、实施、还是监督等各个方面，主要依靠科学家充分发挥民主自治精神。与日本类似，德国政府对科技创新的管理职能原则上仅限于宏观调控范围，联邦部门通常会把专业领域的计划及项目的管理委托给专门设立的项目管理机构完成，各项目承担机构拥有充分自主的科技创新项目管理和资金监督权。由于德国各科研机构所采取的资金监管方式都不尽相同，因此，笔者以德国两大著名的公共科研机构：马普学会和弗劳恩霍夫学会为代表，对德国的科技创新资金监督体系作概要介绍。

（1）马普学会

马克斯-普朗克科学促进学会（简称马普学会）是按私法成立的注册社团。其成立于 1948 年，前身是创建于 1911 年的德国威廉皇家学会，是世界上历史最悠久的国立科研机构之一。在全世界的国立科研机构中，马普学会的整体科研实力居世界前茅，特别是在生物、化学、物理等基础学科领域领先。马普学会的科研工作由其下属的众多研究所负责开展，这些研究所按学科领域分别划归生物医学部、化学物理与技术部和人文科学部（李晓轩，2004）。

马普学会的自治地位和独立法人资格受到法律保障，学会的财产不属于任何人所有，也不属于政府，而是属于全社会。马普学会的章程明确规定学会的资源控制权由管理委员会和评议会执掌，他们的大多数决定还必须在特定的科学范围内经过充分地商议，从而保证了马普学会科研活动的自主性和灵活性。

1997 年，德国联邦和州政府针对保证研究质量、特别是马普学会的预算编制等问题做出了一项重要决议，规定从 1999 年起，给予马普学会在资金管理使用方面更多的自主权，以此来灵活反映科学发展方向、重点和资源配置。以预算的年度结算方式为例，1999 年之前，马普学会按研究所核定编制的方法确定人员工资、运行费用、仪器设备费用和基建费，然后将所需经费划拨给研究所。但在具体实施过程中，部分科研工作无法完全按年前的计划进行，本年度剩余经费不仅需要上缴，同时还会影响次年经费，造成每年年底就可能出现草率评议项目和突击花钱的现象。而从 1999 年起，马普学会对经费分配实行改革，采取经费包干机制，研究所可将不超过经费预算总额 10%的结余转入下一年度继续使用，也可以在本年度提前使用不超过次年预算总额 10%的经费（吴建国，2009）。

马普获得的机构经费按照研究所和科学家两级继续往下分配：研究所设立时，总部即与所长协商确定研究所年度经费总额，所分解下拨给科学家的年度科研经费，也是在聘任时由所长与科学家协商确定，研究所的公共支出由所长、副所长协商解决。所以，马普内部的机构配置是一种基于人的模式，焦点在于寻找到合适的学科带头人或者科学家，根据研究工作的科学质量来协商经费额度。马普学会在经费的内部管理方面的有效措施还包括：通过项目资助的方式来实现资金的分解与“专款专用”，优先项目的确定采用自下而上讨论的方法；通过新所长任命、新所设立等事前评估提前介入方式来调控资金使用情况。此外，为提高科研经费使用的灵活性和自主性设立项目责任人补充基金，以备在出现不能完全按照计划执行预算等情况时，保证科研工作顺利进行（王来武等，2005）。

（2）弗劳恩霍夫学会

弗劳恩霍夫应用研究促进协会，与马普学会一样也是按私法成立的注册社团。成立于 1949 年 3 月 26 日，是德国也是欧洲最大的、著名的应用科学科研机构，协会有 80 多个研究单元（包括 60 个研究所），近 1.3 万名科研人员，每年为 3000 多客户完成约 1 万项科研开发项目，其中 2/3 来自企业和公助科研委托项目，另外 1/3 来自联邦和各州政府，用于前瞻性的研发工作，确保其科研水平处于领先地位（李晓轩，2004）。

为合理、高效地使用经费，1999 年弗劳恩霍夫学会改革了财务管理机制，进一步扩大研究所经费使用的自主权：适当放宽了项目经费的支出范围和支出方式，允许实际支出不受立项时预算列支的限制，增加了经费使用的灵活性；增加了研究所的财务自主权，允许将一部分结余经费作为追加管理费使用，并允许跨年度结转，以节约科研成本。

在不断扩大研究所自主权的同时，学会以成本核算为手段控制研究所经费使用情况：弗劳恩霍夫学会将国家拨款与项目经费均纳入机构统一预算，对所有研究项目均实行成本核算；对于公共部门的课题，必须按照实际科研成本的测算标准核算；而对于企业委托的合同项目，允许适当偏离成本核算，一般可以超出成本的 5%～10%。弗劳恩霍夫总部对研究所实行目标管理，年底进行审计，日常通过财务信息管理网络系统，对各研究所的合同签订情况和预算收支计划的执行进度进行同步监控。

此外，弗劳恩霍夫学会从外部聘请学术委员会对各研究单元进行年度评价，主要考察研究单元的科技竞争力以及完成战略计划的情况，特别关注的评价指标包括研究单元获得的年度总经费中外争经费是否达标、在外争经费中从企业获得项目经费的数量，以及从欧盟获得经费的数量、专利数量、客户满意度、提供的技术与成果情况及人员状况等。评价结果是对研究单元内部未来战略方向的把握和诊断，主要用于指导研究单元的发展，但一般不将评价结果用于研究所的资源配置（吴建国，2009）。

防范科技创新资金使用中的道德风险，不仅需要完善科技创新成果的评价体系，更需要科学、规范的资金监督体系作为保障。因此，构建独立、客观、公正和高效的科技创新资金监督体系也成为各发达国家政府的重点事项。到目前为止，各科技强国在科技创新资金监督的实践中已形成了规范化的程序和科学化的体系，其中的许多做法和经验值得我们借鉴。

（1）注重监督机构的独立性

监督机构的独立性是保障监督工作有效进行的前提与基础，各发达国家都十分重视科技创新资金监督机构的独立性。如美国，各部门的总监察长办公室是相对独立于其部门，直接向本部门首长和国会负责；而在日本和德国，这种独立性更为突出，两国政府都只对各科研机构施行宏观的引导与调控，各科研机构无论是对其项目的管理还是资金的监管都拥有充足的自主权。从人财物等各方面保持监督机构的独立性，也就减少了相关利益主体间的干预，使监管机构拥有更大的自主空间对科技创新资金进行客观公正的监督。此外，各监督机构的独立性使得监督机构在监管过程中能获取到更多、更为客观的信息，在一定程度上减少了信息不对称，避免了道德风险的产生。

（2）注重事前预算监管

无论是美国还是德国，都不断强调对预算的全面监管。如美国联邦政府要求政府各部门、各机构每年必须将其下年度的工作计划和财政预算以“法案”报国会审议；而德国的马普学会力求预算精准，通过新所长任命、新所设立等事前评估提前介入方式来调控资金使用情况。基于科学研究的复杂性和科技创新成果的不确定性的特点，加强事前监督，也就是加强对科技创新资金预算的监督是提高科技创新资金使用效率的有效途径。唯有科学严谨的事前论证，才能做到防患于未然，使科技创新人员无机可乘。

（3）注重信息公开

道德风险问题产生的根源就在于在委托人与代理人之间产生了信息不对称。要想解决道德风险问题，关键就在于解决两者之间的信息不对称，因此，信息的公开作为防范道德风险所必不可少的方式，一直为各国所强调。在美国，无论是资金的配置方面的信息、资金的使用过程的信息，还是资金监督的结果方面的信息都要求及时向公众公开，接受公众的监督；而日本政府则通过法律等制度要求加强行政法人信息的透明化及公开化，使其接受社会大众的监督。

（4）注重违规的严厉处罚

当然，处罚机制的建设在某种程度上依赖于事中的监督与事后的评估，因为只有发现了违规行为，才能对违规行为加以处罚，但在一定程度上，严厉的处罚却可以对道德风险行为产生威慑作用。当科技创新人员意识到如若其滥用资金、不努力的行为被发现后，他将要付出惨痛的代价，那么他将有意识地会避免这种行为的出现。因此，各国也通过加强违规处罚的力度来防范道德风险。例如，在美国，对未能按时提交联邦现金交易报告的，停止一切预期付款，并终止审批和处理该单位新的项目建议书；对科技经费监督中发现问题的，受资助单位自己要采取措施对所犯的错误进行纠正，有的情况要通报批评，并书面承诺，保证以后没有违规的行为；对经检查核实存在滥用资金或不合规定的支出款项，将进行严格处理：不仅要求受资助单位将滥用项目经费的全额退还或根据《国会预算和扣押管理法》规定的程序，将滥用的经费退还，而且在受资助单位改正错误以前，一般暂停拨款。若不改正错误，将终止对受资助单位的资助，甚至取消其获得任何联邦经费资助的资格。

（5）内部监督与外部监督并重

内部监督能从更全面的角度对科技创新资金的使用情况进行监督，但内部监督无法避免主观观念与近亲关系的影响；而外部监督作为内部监督有效的补充，能从更为客观公正的角度对科技创新资金的使用情况进行监督。因此，内部监督与外部监督并重的方式也一直是科技强国们所注重的。如美国联邦政府，不仅让国会和总审计署作为资金的外部监督机构，还在其属下的每个部门中设置了总监察长办公室对本部门进行内部的监督；德国的弗劳恩霍夫学会，不仅以成本核算为手段控制对其内部的经费使用情况进行监管，还从外部聘请学术委员会对各研究单元进行年度评价。

科技创新资金使用中的道德风险问题的根源就在于委托人与科技创新成员之间存在着事后的行为信息不对称。在第 5 章，已经介绍了解决创新组织员工工作的道德风险的一般思路，即①代理人成为剩余收益的索取者；②将代理人的报酬依存于产出；③充分利用完美信号；④在产出水平难以准确度量时机制设计要另辟蹊径；⑤建立适当的监督体系（即利用充分统计量原理）。

这五点在分析科技创新资金使用中的道德风险问题依然适用，同时要注意以下两点。

首先，在道德风险理论中，通常假设代理人的行为是不可观测的，而行为的结果（又称为“产出”）是可观测的。道德风险理论认为，机制设计不能以不可观测的变量为基础，因为这种机制事实上是不可实施的，或者说实施成本过于高昂，一旦双方发生纠纷，也难以向第三方证实。因此，要解决道德风险问题，机制设计不能直接以行为作为机制实施的基础，而应该以可观测变量为基础。

其次，一个有效解决道德风险问题的激励机制必须满足两个条件：参与条件，即代理人从委托人所委托的工作中得到的效用不得低于从其他工作中得到的效用，否则代理人将会选择参与其他效用更高的工作；激励相容条件，即代理人努力从事该委托工作所得到的效用不得低于不努力工作所得到的效用，否则代理人就会选择不努力工作。因此，一个有效的激励机制必须同时满足参与条件和激励相容条件，才能使代理人的个人利益与委托人的目标相一致，才能使代理人主观上追求个人利益时，客观上也同时达到委托人的既定目标。

根据道德风险理论的基本原理，为了有效地解决科技创新资金使用中的道德风险问题，有关管理部门应该采取的第一项基本原则或思路就是：能够实现最优就不追求次优。道德风险理论说明，如果代理人是风险中性的，则让代理人成为剩余收入索取者，能够实现资源配置的最优结果；同样地，如果存在完美信号，只要充分依据完美信号进行大幅度奖惩，资源配置结果也是最优的。第二项基本原则或思路是：以激励为主，监督为辅。这是基于制度或机制实施成本的考虑，监督手段的实施成本无疑高于激励手段，因为监督手段要发挥作用，必须要求监督者具有监督能力、监督积极性，尤其是他要具备充分的监督积极性。因此，用监督手段解决道德风险问题等于制造了另一个道德风险问题：监督者本人的积极性如何保证？如果这个问题得不到有效解决，那么科技创新资金的使用将处于双重道德风险境地。所以，监督手段要奏效，就必须有效地解决好监督者的监督问题。正是基于监督者的监督问题难以解决，道德风险问题的解决应该首先尽可能运用激励机制。第三项基本原则或思路就是：激励机制设计应该尊重科技创新活动的基本特征。目前，为了调动科技人员的工作积极性，一个弊病就是盲目套用激励机制，如盲目推广绩效工资制度。

依据以上确立的三大基本原则和思路，接下来笔者将对广州市科技创新资源使用中道德风险问题的解决提出一系列激励机制。虽然科技创新资金使用的道德风险问题与创新组织员工工作的道德风险问题大量交织在一起，但是二者在治理对策上还是有一定差异的，毕竟解决科技创新资金使用中的道德风险问题是基于工作项目的，是就某个具体的科技创新项目探讨道德风险问题的解决，而创新组织员工工作激励则明显不同，它是属于在一般意义上如何调动其科技创新的积极性，也许组织员工没有承担什么课题。

1）让科技创新人员成为创新活动的剩余收入索取者。根据道德风险理论的基本原理，当项目承担人的类型为风险中性时，委托人（也就是投入主体）在解决道德风险问题时的最佳措施是让项目承担者成为科技创新成果剩余收入的索取者，此时，科技创新风险将全部由项目承担者来承担。这种做法实际上就是以成果市场化方式激励人们进行科技创新的积极性。因此，根据这一思想，凡是那些能够从市场直接获得回报的创新成果，政府的最佳激励方式是鼓励这些科技人员的成果市场化，如卖技术、或以技术入股、或自行创业。与之相应，凡是这些科技创新，政府无需投入资金资助，而是应该让这些科技人员自行从市场上筹集研发资金。对于这些科技创新活动，政府的角色应该定位在通过知识产权保护、税收减免、融资等政策，为科技成果市场化创造良好的市场环境。其实，让科技人员成为剩余收入索取者实际上是让市场充当成果质量好坏的“评委”。对于科技创人员来说，当其创造的科技创新成果可以市场化时，其结果的价值高低及质量好坏就可以由市场这个客观公正的“评委”来进行判断，如果科技创新人员创造了高质量的成果，那么他就可以“卖”个好价钱；如果其创造的成果是低质量的，那么他就只能“卖”个差价钱。如此一来，让科技创新人员获得剩余索取权，他当然愿意参与该项科研，并且在研究中还会努力工作、有效地使用资金，从而创造出高质量、高价值的成果。因此，这个机制完全满足激励相容条件与参与约束条件。当然，必须记住的是，该机制能够实施的前提条件是科技创新人员必须是风险中性的，而且该科技创新成果可以市场化。

2）充分利用完美信号。如前所述，Harris 和 Raviv 的研究表明，一旦能够获得关于他人行为的完美信号，只要根据完美信号实施重奖重罚，使得代理人的参与条件与激励相容条件满足，则该机制可以导致他人付出最优的行为水平，即隐藏行为问题不会导致任何绩效上的损失（Harris and Raviv，1979）。这个结论对科技创新工作的激励具有极大地应用价值，但非常遗憾的是，在我国科技创新资源管理中，完美信号的功能一直没有得到应有的重视。的确，科技创新成果的质量通常只是科技人员努力程度的不完美信号，一个人没有获得好的研究结果，并不等于其不努力，可能是运气不好或问题太难；一个人取得好成果，也可能只是因为运气好。但是，在科技创新活动中，完美信号比比皆是，如一个人剽窃成果、东拼西凑，这肯定意味着其不努力，因此学术不端行为就是科技人员不努力的完美信号；同样地，如果一个人能够解决举世皆知的难题，这是其努力与勤奋的完美信号。要使得科技资金使用者或项目承担人的努力程度达到最优，投入主体就应该依据这些完美信号对相关人员进行巨额奖惩。例如，在发达国家，政府一旦发现科技创新成果弄虚作假，则相关科技创新人员就要接受严厉的处罚，不仅终止科技创新项目的合作，追回资金，还要接受大额的赔款，有时会让该项目承担者倾家荡产，甚至还有可能受到刑事处罚。广州市在解决科技创新资金使用中的道德风险问题时应该高度重视完美信号的使用。

3）充分利用重复博弈中的声誉机制。充分利用重复博弈的声誉机制可以激励项目承担人努力从事科技创新。对于科技创新人员来说，如果他与投入主体之间仅仅只合作这一次，那么他很有可能就会为了自身利益而选择滥用资金、不努力做研究。即使他采取消极的行为而得到低质量的成果，投入主体也将拿他没办法，因为该违规人员可以骗取一笔丰厚的科技资金后，退出科技创新领域，而投入主体施以严厉处罚的承诺也将得不到实施。但是如果科技创新人员与投入主体之间是长期合作关系，而且其还希望长期在科技创新领域中获得对方资助时，情况将大为不同，当投入主体发现科技创新人员出现滥用资金或不努力做研究时，他就可以选择不再与其合作，甚至将其违规行为公之于众，使其“臭名昭著”，此时投入主体的惩罚承诺将变得极其可信。对于科技创新人员来说，他的违规行为不仅会让他失去与对方长期合作的机会，其糟糕的名声也会让他无法再在科技创新界得到资助。于是，一边是消极行为带来的眼前利益，另一边则是积极行为带来的未来的长期合作利益，只要未来可能失去的长期合作利益足够大，或者说，只要科技创新人员的贴现因子足够大，理性的计算就会告诉科技创新人员：为了获得未来继续合作所带来的长期利益，应该每一次的科技创新项目中都选择有效地使用资金、努力地做研究。因此，为了激励科技创新人员提高其行为水平，政府应该充分利用重复博弈的声誉机制。为此，有关部门应该建立起了科技创新人员声誉和行为方面的信息数据库，实现信息共享，从而大幅度提高政府的信息优势，缩小政府与科技创新人员之间的信息差距，以此减少信息不对称所带来的效率损失。

4）大力推广引入附加拍卖的锦标赛制度。附加拍卖的锦标赛制度有助于解决科技创新资金分配中的逆向选择问题，此外，它也是解决科技创新资金使用中道德风险问题的良好激励机制。前面已经指出过，科技创新成果质量不可准确度量，会助使科技创新人员更加有积极性炮制低质量成果，更加有积极性滥用资金。但如果在成果质量无法准确度量的情况下，依然采取强硬手段对无法度量的质量进行度量，就会造成度量结果的扭曲，这种做法实际上属于第四章所说的“泛量化”、“泛技术”主义的表现。尽管如此，科技创新成果的相对质量是比较容易度量的，如研究同一个问题，不同研究者的成果质量高低是比较容易区分的，因为我们可以借助实验等各种实证手段比较这些研究成果的高低。基于科技创新活动的这一特征，采用附加拍卖的锦标赛机制可以解决科技创新资金使用中的道德风险问题。锦标赛机制的实质就是通过引入科技创新人员（即代理人）之间的竞争来有效甄别出人力资本投入不足的研究者，以此来解决科技创新活动中的道德风险问题。由于对参赛奖金要求越低的人在拍卖中胜出概率越大，从而可以实现科技创新资金的节约。

当然，实行这种附加拍卖的锦标赛机制必须具备另外两个前提条件：一是该成果质量虽然不能准确进行基数意义上的度量，但可以进行事后序数意义上的度量。即参赛人的成果优劣是可以比较的，虽然不可准确度量。二是投入主体不存在制造道德风险问题的动机，这意味着政府科技部门以及政府管理的研究基金通常可以采用这种机制。

5）建立依存于科技成果质量的科技经费拨付制度。当项目承担人的行为不可观测，但科技创新成果的质量可观测，而且当项目承担人的类型为风险厌恶时，投入主体解决项目承担人的道德风险问题的最佳办法则是采取依存于产出的报酬制度，即通过成果质量高低给予科技项目承担人不同的报酬，笔者称之为“依存于科技成果质量的科技经费拨付制度”。这就意味着要建立良好的科技创新成果质量的鉴定制度，并将项目承担者的报酬与所观测的成果质量好坏相挂钩。

正如前面所讨论的，科技创新成果的质量并不像数量一样一目了然，因此只有通过完善的科技创新成果鉴定制度，才能对科技创新成果质量作出客观的评价。而要保证鉴定制度的有效性，这就涉及进行鉴定的专家们的鉴定能力与鉴定积极性，即鉴定专家有没有能力对成果进行准确的鉴定，以及鉴定专家有没有积极性进行鉴定工作。解决这两个问题实际上是确保依存于科技成果质量的报酬制度有效运行的基础性制度。与锦标赛制度不同，让项目承担人的报酬依存于成果质量，意味着目前投入主体应该改变固定支付制度，即一经立项，就按照批准的固定金额拨付，而且金额拨付与成果质量无关，属于典型的事前拨付。即便事后成果验收发现其成果有问题，通常也不会回收其拨付金额。道德风险理论认为固定支付制度是激励最弱的制度。为了建立基于科技成果质量的科技经费拨付制度，有关管理部门应该采取以下做法：改变目前的事前拨付制度，将相当一部分经费改为事后拨付；事后拨付额度是浮动的，成果质量越好，拨付额度越高，成果质量达不到要求则要追回前期投入甚至引入惩罚机制，这就意味着有关部门应该改变目前立项经费固定的做法，引入奖惩机制。

当然，这种机制的一个巨大缺陷就是在解决了项目承担人道德风险问题的同时，制造出了另一个道德风险问题：投入主体故意压低成果质量，以减少政府的支付。因此，实行这种机制必须具备另外两个前提条件：一是该成果质量的评价是可以向第三方证实的，即双方一旦对成果质量鉴定结果发生分歧，可以通过第三方仲裁的方式加以解决。因此，这就意味着这些项目成果必须可以通过严格的实验进行验证。二是投入主体不存在制造道德风险问题的动机。

第7章

科技创新中的大学及其激励体制改革

7.1 大学在科技创新体系中的地位与作用

1996年，OECD第一次提出了“以知识为基础的经济”的概念，也就是现在普遍流行的“知识经济”概念。知识是知识经济社会最为重要的资本和财富来源。现代大学不仅是科技知识密集生产的地方，而且是科技知识汇集和传播的场所，随着知识的生产与传播对国家经济社会发展的作用越来越重要，大学的地位也由社会边缘走向了社会中心。

大学从社会边缘走向社会中心经历了几百年的历史进程。在最初的时候，大学的地位相当卑微，特别是在教会时代，大学甚至只是牧师、医生等职业的培训机构，其地位相当于现在职业培训机构，很难体现其知识的价值及大学在科技创新中的价值。随着现代大学制度的确立，大学的地位逐渐从社会边缘走到了社会中心，这种转变的深刻根源在于社会经济发展越来越依赖人才和知识，无论是国家、地区还是企业的竞争力都取决于其拥有的人才和知识的质量和数量。大学集聚了大量的科技研究人员和教学人员，拥有大量的实验室和实验设备，具备科学研究所需要的大量的资料知识库，这就在与其他组织的竞争中，日益凭借其人才培养和知识创造优势凸显了其在社会经济发展中的中心地位，从而也推动了现代大学本身的迅速发展。

伴随着大学地位的变化，大学职能范围不断拓展，大学科技创新职能不断增强。

从历史发展来看，大学是不断趋向于功能复杂多样的组织系统。现在一般都认为，大学起源于欧洲中世纪，主要是两种形式的大学，一种意大利的波罗尼亚大学，这种大学被称为“学生的大学”，由学生主管学校的工作，包括教师的选聘和课程的时数等；一种是法国巴黎大学，这种大学被称为“先生的大学”，也就是教师是管理团体。后来，巴黎大学发展非常快，成为后来大学的雏形。但总体而言，中世纪的大学是比较简单的组织，规模不大；大学设置的课程相对比较少，主要是神学、法学、医学等学科；大学主要是一个培训机构，主要培养牧师、律师和医师等专业人员，也就是说中世纪的大学组织结构简单，职能比较单一，主要是承担人才培养功能，基本不具备科学研究与知识创新功能。

1810 年，德国人洪堡创立柏林大学，标志着大学进入了全新的发展阶段。首先在于柏林大学的自治权加强了，学生可以自由听课和转学，政府对教学不施加太多干涉。其次，大学组织形式和体制开始有所拓展，成立了科学研究所，开始了大学的知识生产活动。也就是说，第一所集教学与科研于一体的大学正式产生了。洪堡强调，在新型大学中必须将教学与科学研究相统一。为此，洪堡具体提出了大学“学习自由”和“教学自由”的两条基本办学方针。其中，“学习自由”指学生有选择学习内容和在大学中独立生活的自由；“教学自由”则可以解释为大学教授具有在其学术领域内不受干涉、探索和传授真理的自由（黄福涛，2003）。德国新型大学的出现为后来其他国家大学的发展起到了很好的示范作用和推动作用。从科技创新角度看，洪堡的贡献在于使大学不仅是知识传播机构，而且是知识生产机构，它负有增加人类知识存量的功能。从这一点看，洪堡改革是人类史上一场具有历史意义和开拓价值的改革。但是，在洪堡的大学世界中，大学依然是仰望星空与沉思宇宙秘密的象牙塔，是远离俗世的喧闹而追求纯粹科学研究的渊薮，技术创新依然不在它的关注之列，这是技术学校的事情，而非高贵的大学的职责。美国让技术创新成为大学的基本功能，让现代大学由象牙塔走进了喧嚣的尘世。

美国的大学本来是承袭英国的大学传统，组织结构简单，规模不大，功能单一。但是，1816 年的达特茅斯学院诉讼案大大改变了美国大学的发展，因为这次诉讼案的判决允许私立大学独立发展，这随后使得美国私立大学不断增多，也使得美国大学的结构和职能在不断扩大。当然，在美国大学发展史上，最具有历史意义的是 1862 年的《莫里尔赠地法案》，美国公立大学体系因此得以正式形成，并且极大促进美国大学的发展，产生了大学的第三职能——社会服务职能，大学以其知识、技术和人才服务于产业实践，尤其是农业。从此，大学才终于成为了科技创新的专门机构，而非仅仅承担科学发现任务的机构。这些赠地大学将美国人的“求实精神”注入大学的办学思想与实践之中，形成了美国大学追求服务于社会的独特风格，大学成为政治、社会和工业立法以及科学与高等教育民主化的试验站。其中最有代表性的是康乃尔大学和威斯康星大学。康乃尔大学提出“适于所有目的”的课程思想，开出众多的学科课程。 威斯康星大学则建立了推广教学中心和实验室以服务社会，成为了“州的智囊”（蔡映辉，2008）。

随着社会发展和高等教育的发展，美国大学的社会服务职能也在不断扩展和复杂化。20世纪60年代，美国出现了“巨型大学”，这种大学是通过联合、合并而形成的。巨型大学的产生使得美国大学的管理复杂性日益增强，1963年哈佛大学校长克拉克·科尔就谈到了这一管理困境：在任何巨型的大学中，创新和权力的途径多种多样，学校存在一种“无序状态”；而且校长的任务就是将这种无序状态控制在一定的限度之内（乔治·凯勒，2005）。巨型大学的产生也使得大学的职能得以进一步拓展，如创造新职业职能、开发研究职能，甚至还产生了科技孵化器和就业指导等新职能，大学与产业界的联系变得越来越密切，产业教学研究（产学研）呈现出一种融合状态。

总之，现代大学发展的基本趋势是：大学与社会的关系越来越紧密，对社会发挥的价值和功能也在不断扩大，逐渐从边缘走向中心；特别是随着历史的推进，大学的科技创新职能不断增强，尤其是研究型大学，担负着国家基础研究重任，是国家科技创新体系的重要组成部分，科学研究和技术创新成为了该类大学的基本职能。我国已经明确了大学，尤其是重点大学在科技创新中的突出地位，《国家中长期科学和技术发展规划纲要（2006—2020）》明确指出要“扎实推进高水平大学建设，提高高等学校创新能力和社会服务能力，建成若干所世界一流大学和一批高水平研究型大学。创新研究生培养机制，着力培养创新精神与实践能力。坚持产学研结合，鼓励和支持高等学校同企业、科研机构建立多渠道、多形式的紧密型合作关系，共同培养创新人才，联合开展创新活动。扩大研究生派出规模，完善选派办法，在更高层次上开展国际科技和高层次人才培养合作。”

大学在国家创新体系中的突出地位是由各种因素共同决定的。首先，大学在国家科技创新体系中是科技研究与应用人才的专业化培养机构。科技发展离不开人才，人才是科技发展的核心，没有高水平的科技团队和科技人才，科技创新就成为了无源之水、无本之木。正是基于这一点，美国2006年颁布的《国家创新教育法》提出要通过改进教育计划、提升高等教育水平来增强国家竞争力；发展国家科学基金会和基于创新的学习；促进教师培训和专业发展；加强科学、技术、工程和数学教育与研究。2007年，国会又通过了《为有意义地促进一流的技术，教育与科学创造机会法》，即《美国竞争法》，提出培养未来竞争所需的教师，努力为开设进阶先修课程和国际文凭计划课程的学校提供必要的师资；国家实验室向教育开放，建立国家实验室支持的卓越数学与科学中心；发展数学和科学专业学院，以提供竞争性的拨款，帮助各州建立或拓展公立的专业学院，以提供全面的数学、科学和工程教育。我国在《国家中长期科学和技术发展规划纲要（2006—2020）》也清楚地指出“科技人才是提高自主创新能力的关键所在。要把创造良好环境和条件，培养和凝聚各类科技人才特别是优秀拔尖人才，充分调动广大科技人员的积极性和创造性，作为科技工作的首要任务，努力开创人才辈出、人尽其才、才尽其用的良好局面，努力建设一支与经济社会发展和国防建设相适应的规模宏大、结构合理的高素质科技人才队伍，为我国科学技术发展提供充分的人才支撑和智力保证。”总之，培养高素质的科技创新人才是大学服务于社会的最基本、最原始的使命。

其次，大学知识创新的属性决定了大学在国家科技创新体系中的地位。大学是专业化的知识生产机构。伯顿·克拉克（1994）认为大学就是研究高深知识的地方，对高深知识的追求是大学的主要特征，“学术工作都是围绕特殊的理智材料——高深知识组织起来的”。纵观现代社会，世界上重大的发现、发明很多都是从大学产生出来的。以诺贝尔奖获得者为例，他们大多是大学教授和研究员，或曾经在大学研究机构工作过。以 2013 年我国国家科技奖励为例，在 2013 年度国家科学技术奖授奖项目中，全国高等学校获得国家自然科学奖二等奖 36 项，占总数的 66.7%；全国高等学校获得国家技术发明奖通用项目 38 项，占通用项目总数的 69.1%；全国高等学校获得国家科学技术进步奖通用项目 95 项（特等奖 1 项，一等奖 9 项，创新团队奖 1 项，二等奖 84 项），占通用项目总数的 69.3%。在 2013 年度国家科技奖励三大奖中，全国高等学校共获得 169 项，占通用项目总数的 68.7%。其中，大学为第一完成单位的 123 项，占总数的 50.0%（以上统计不包含国防专用项目）。

此外，大学也是保存科技知识和应用科技知识的地方。大学汇集了各方面的知识，各种科技知识在这里经过选择、过滤和提炼，然后进行传承，使得科技知识得以一代一代地保存下去。同时，大学也是推动科技知识应用的地方，大学将科学知识转化为技术、产品，甚至进行商业化。大学推动知识应用的另一个表现就是创业型大学的出现，例如，今天的大学普遍与产业界建立高度面向社会应用的实验室，大学从产业界获得研究问题和资金，产业界则获得相应的技术支持。大学越来越注重技术转移，自麻省理工学院第一个设立专门的技术转移办公室以后，各家大学纷纷设立自己的技术转移办公室，鼓励科技人员以自己的技术创新创业。例如，法国的大学教师是公务员身份，1999 年通过的《技术创新与科研法》鼓励科技人员，尤其是青年学者以协作者、经营管理者的身份加入新企业，或成为管理委员会、监督委员会成员。法国政府鼓励科技人员以研究成果参与创建企业、占有股份甚至成为董事会成员。法国企业可与科技人员所在实验室保持技术转移的合同关系，科技人员离岗或借调在企业工作的最高年限为 6 年，在此期间可保留公务员身份。为了推动技术应用和创业，大学与产业界、政府进行融合，建立各种高科技园区、孵化器平台。知识、技术与社会服务的结合使得大学从象牙塔中走了出来，走向了复杂的社会，促进了知识的生产、传播和应用的紧密联系。

7.2 对大学共同体科技创新激励的扭曲根源分析

大学科技创新水平的高低最终取决于生活在大学的科技人员是否具有足够优秀的创新能力以及他们是否愿意积极推动高水平科技创新活动。这就要求作为创新组织的大学对其员工——创新者的管理要解决好两个激励问题：一是在创新人才的遴选中要激励他们“说真话”，以确保占据岗位职位的是足够优秀的创新人才。二是要调动这些创新者投身于高质量科技创新的积极性。这就引出了一个新的问题：大学的管理者有这种积极性吗？如果大学的管理者缺乏这种积极性，就会使得劣质创新人才充斥大学校园，使得这些创新者缺乏从事科技创新的积极性，或热衷于粗制滥造。因此，要使得大学员工的激励不扭曲，就必须要求大学管理者本身的激励不扭曲，如果这些管理者本身缺乏按照科技创新规律进行员工管理的积极性，就不可避免地出现大学员工的激励扭曲。如何才能使得大学管理者具有推动高质量科技创新的积极性？如何才能使得他们具有按照科技创新规律组织科技创新的积极性？如果大学管理者的管理者对大学的管理是扭曲的，如果大学所处的社会环境对大学的期望是扭曲的，那么整个大学共同体就缺乏按照创新规律推动科技创新的积极性。当然，主要需要反思的是政府对大学的管理，政府影响着创新组织——大学的积极性，大学影响着创新者的积极性。在政府—大学—科技人员的链条中，本章专门分析政府如何激发大学共同体推动高质量科技创新的积极性，而非探讨大学内部如何激发创新者的创新积极性，尽管二者之间的关系密不可分。因此，本章标题所说的激励机制是指外界对大学（管理者）的激励，而非指大学内部对其员工的激励。

大学作为我国科技创新的主要组织者，其在科技创新方面的不足主要表现在两个方面：一是与全社会对大学科技创新的支持相比，科技创新成果的质量与数量对比上反差太大，既缺乏一批有学术影响力的基础性科技创新成果，也缺乏一批有很高社会经济价值的应用性科技创新成果，低质量的“泡沫化”成果充斥大学。二是科技创新的结构存在重大偏差。大学本来应该是基础理论研究的主要承担者，但现今大学过度关注应用研究，一些基础学科的从业者纷纷转向应用研究，就连院系的名称也变得越来越具有应用色彩。为什么大学的科技创新会呈现出质量和结构上的不尽如人意？这是大学员工激励扭曲的结果，而员工的激励扭曲又源于大学（管理者）本身的激励是扭曲的。为什么大学（管理者）的激励会扭曲？如何矫正这种扭曲？下面从两个方面反思其深层原因：首先是政府部门对大学的管理扭曲，其次是大学所处的社会环境扭曲。

目前，针对我国大学科技创新方面存在的问题，很多人认为根源在于政府部门对大学的行政化控制与管理。的确，我国对大学实行的是一套以科层制和官僚制为核心的行政化控制体制，这是一套源自计划经济时代的管制型体制。政府对大学的行政化控制体现在以下几个方面：①从大学与政府部门的关系看，在行政体制上是上级与下级、领导与被领导的关系，大学只是政府部门的下属机构。所以，有学者认为，在我国，大学作为独立的社会组织，作为面向社会依法自主办学的法人实体还没有形成，大学基本上是隶属于政府的，是面向政府办学的。政府对大学的管理和控制方式主要是单一的直接行政控制，对法律、市场等管理手段和方式的运用得还很不够（蔡文伯等，2009）。②政府对大学设定不同的行政级别进行管理。同样都是大学，在我国的体制下却被人为地分成三六九等，置于行政阶梯的不同等级。都是从事知识生产与传播的工作，却有部属大学、省属大学和市属大学之分，校长和相关领导都是依据所在学校的行政级别套用相应的政府行政级别，产生了副部级、正厅级及副厅级大学校长一类荒谬的现象。③对大学的科技创新活动实行高度科层化的行政管理模式，建构了科技部—科技厅—大学科技处这样一种高度行政化的科技领导体制。大学科技处每年按部就班地等待上级科技部门的命令和指示开展工作，缺乏自己的工作主动性、独立性和积极性。而每个学校的科技处与下级单位的关系，也是按这个模式进行，学校科技处领导各个学院和系的科技办公室或者科技主管领导。④政府对大学科技创新所需要的资源和条件实行严格的行政管制。大学能够设置哪些科研岗位，能否引进自己需要的科研人才，这些人才该给予何种待遇，最终决定权均掌握在行政部门手中；大学科研经费投入也基本靠政府拨付；购买重要的科研设备需要行政部门的批准和集中采购；甚至连该研究哪些问题都会有指南在约束着科研人员。

但是，要把大学在科技创新中存在的问题归结于政府对大学的行政化控制体制，归结于政府对大学科技创新的过度干预，并非易事，中间还有太多的逻辑鸿沟需要跨越。行政化控制和干预就必然导致大学的科技创新激励扭曲吗？因为这解释不了同样是行政化控制模式，为什么前苏联的大学在诸多科技领域的表现如此优异。就我国的大学管理而言，总体来说，行政化控制色彩在不断减弱，但过去政府对大学的行政化控制更严重时，反而大学科技创新的绩效及风气比现在好。把今天大学科技创新绩效存在的问题简单归结于政府的行政化控制，是一种情绪上痛快但在理性上尚有大量疑问的做法，这二者之间不能简单地画等号。我们应该追问：政府对大学的行政化、官僚化控制在什么情况下会导致大学的激励扭曲？应该追问：政府对大学的行政化、官僚化控制为什么容易滋生大学共同体的激励扭曲？

大学的管理者也是理性人，他和他所管理的组织的一切追求也是基于对外界环境的激励反应。外界是怎么硬性要求他的，他就会做出相应的激励反应，以实现自身利益的最大化。从理性人决策模式看，导致大学共同体激励扭曲的政府管理层面的具体原因有以下三个：①政府对大学科技水平的评价实行外界化、数量化的评价方式。②政府对科技创新的偏好出现了重大扭曲。③政府对大学科技创新支持经费的分配结构不合理。

先看第一方面：政府对大学科技水平的评价实现外界化、数量化评价方式。学术评价制度是影响大学及其员工激励反应的直接因素。政府是怎样评价大学的，大学的管理者就会以同样的方式要求它的员工，从而形成一个“政府逼大学、大学逼教师”的压力传递链条，而且这个链条具有压力递增传递倾向，即大学管理者会放大来自政府的压力，校长—院长—系主任—教师，层层放大上级的压力，变本加厉地要求下属。如何评价大学中某位教师、某个专业的学术水准，有两种基本方式，一是实行严格的、真正的同行评价。所谓真正的同行评价是指评价者是本专业、本领域的研究者，而且这种评价是在长期的学术批评、交流中形成的，或者是在匿名状态下进行的。这种同行评价其实反映的就是长期形成的“口碑”或声誉，或者是专业眼光的独立客观的审视结果。这种同行评价有效地防止和阻隔了评价者与被评价者之间的串谋，最大程度保证了评价的专业性、客观性和独立性。二是实行外界化评价。所谓外界化评价是指评价者不是本领域的专家，或者评价者与被评价者之间的沟联没有被有效阻隔。这种评价体系要么存在评价者的评价能力问题（如并非本领域的专家、行政官员充当评价者），要么存在被评价者俘获评价者现象。有关管理部门为了使得这种外界化评价尽量变得科学公正合理，除了作出制度上的规定外，采取数量化的评价方式，即将学术水平化为一项项容易度量的指标，对学术水平进行量化评价管理。这套做法的基本方式是：将学术杂志和出版社根据某些显性的公开的指标（如影响因子）分为不同等级，再依据它们的等级确定学术论文和著作的质量等级；将科技奖励依据行政等级的高低分成国家级、省部级、厅局级，以此确定科技成果的质量；将科研项目也依据行政等级的高低分成国家级、省部级、厅局级，以此确定科技学术水平的高低；将科技研究人才也依据“千百十”、“长江学者”等称号的行政等级进行学术创新能力区分。这套数量化评价方式简单、直接明了、容易操作，可以极大避免评价过程中的人为因素和主观模糊。如今，科技经费申请，科研基地和平台的申请，学科点申请与检查，重点学科申报、评估和评奖以及千百十或长江学者申请等，都是采取这套外界化的、定量化的评价体系。

这套外界化、定量化的评价体系会极大扭曲大学共同体的科技创新激励。依据影响因子等级、行政等级区分学术水平高低的好处是容易操作，一目了然。但是，毕竟影响因子等级并不直接等于某项成果的学术质量等级，行政等级就更与学术质量等级相差甚远，因此，这套评价体系内在地具有不鼓励大学共同体追求学术成果质量的积极性，反而把他们的时间精力引向了去追求这些指标，去沟通这些方面的关系。因为这些指标决定了整个大学的资源获得量和命运前途，政府部门设置的硬评价指标是什么，大学管理者以及整个共同体自然关注和追求的就是什么，自然就由这些指标决定大学内部的资源配置。在这些指标的指挥下，指标离学术质量的距离有多远，大学共同体离学术质量的距离也就有多远，甚至差之毫厘，失之千里。

上述分析反过来启示我们：如果这些外界化、定量化评价对大学共同体的约束是极软的约束，大学甚至可以对这些评价置之不理，那么，这种评价体系也就自然不会像今天这样如此被大家诟病，也就不会导致科技创新激励出现如此大的偏差。这就是我们要问的第一个问题：为什么这套评价体系会具有如此强大的功能？是谁赋予了这套评价体系主宰大学科技创新方向的功能？

再看第二个方面：政府对科技创新的偏好出现了重大扭曲。上有所好，下必甚焉。近年来，政府对大学科技创新的偏好有两个明显的特点：一是短期化。这种短期化表现在三个方面：①要求科技人员快出成果，尽量缩短学术生产周期；②成果能够尽快见效，能够尽快对社会经济发展和国家、地区、企业竞争力提升产生作用，即尽量缩短科技创新成果与应用的距离；③对科技人员考评的短期化，甚至要求他们年年出成果。二是功用实利化，即过度要求科技创新成果服务于国民经济主战场，能够服务于国家或当地的社会经济发展的重大战略问题。一个研究成果有没有学术价值，完全取决于它是否能够解决社会经济发展中面临的重大问题，是实际功用大小决定了学术价值的大小，决定了政府对大学及其科技人员的评价，凡是为社会经济发展作出巨大贡献的成果和人员、单位，总能获得高度评价和奖励。

政府偏好的短期化、功用实利化对大学的科技创新管理及其科技人员的创新激励产生了重大影响，这种影响表现在三个方面：一是整个大学共同体追求“短、平、快”的科技创新项目，那些需要长期投入的、不确定性大、高风险的研究项目几乎无人问津。民国时期中央研究院历史文化研究所有条不成文的规矩，年轻人入所三年内不要求发表成果，以求能够潜心于真学问、大问题的探究，这在今天的大学是无法想象的事情，如果一个年轻人三年没有成果，连饭碗都会保不住。二是导致大学共同体的科研资源配置趋向应用化，而且高度趋向开发研究。基础学科、理论研究成为了受管理层歧视的冷门，难以获得资源支持。大学及其员工的生存质量完全取决于参与应用、开发研究的程度和水平，整个大学共同体的科研资源配置方向具有明显的功用导向。三是导致科技创新成果的质量劣质化。要求科技人员尽快生产出对社会经济发展有作用的成果，会导致科技人员选择那些学术价值不大的问题作为研究对象，甚至会导致科技人员不惜铤而走险，尽快炮制各种学术垃圾。

同样地，上面的分析也反过来促使我们思考：为什么政府行政部门的偏好能够决定大学共同体的偏好？是谁赋予了行政部门的偏好如此大的影响力？这个问题与前面的问题——为什么政府行政部门的评价体系对大学共同体具有如此大的影响力，其实是同一个问题。发达国家的公立大学也是政府管辖的，政府也拥有巨额的科技创新资源，但却没有滋生出我国大学的这些弊病。可见，问题的根源不在于大学是政府机构的下属，不在于政府控制着巨大的科技创新资源，也不在于大学有行政等级（但这是一件荒谬的事情），而在于政府部门对大学科技创新资源配置实行行政化的配置方式，即政府科技创新资源的配置是由行政官僚最终决定的。这种行政化的科技资源配置模式使得政府设置评价指标时天然亲近行政等级，天然偏好简单易操作的评价方式，这是其作为理性人的本能反应。行政化的资源配置方式也必然使得行政官员必然以自己的偏好决定资源配置，这是行政权力固有的傲慢的结果。行政官员面临的行政压力和责任也使得他会把自己的压力下传，他的上级对他的考核是GDP、高新技术产业发展以及经济转型，这也就促使他以同样的要求对待其管辖的大学，他当然希望它资助下的大学能够服务于当地经济发展和产业升级，希望大学能够快出成果、早出成果，而行政官员的任期制和政绩考核更加强化了他对科技创新短期利益的追求和对功用的追求。只要这样的体制环境不变，任何人，哪怕就是对这套大学管理体制痛加批评的人，置于这个位置，都会以同样的方式要求大学，这是他作为官员的理性反应。

最后看第三个方面：政府对大学科技创新支持经费的分配结构不合理。政府对大学科技创新的资金支持有三种基本方式：机构式、人员式和项目式。机构式补贴或资助主要用于科研基础条件和设施的建设，人员式补贴用于科技人员的工资或劳务报酬。目前，我国大学的科技创新经费主要来自政府，而政府的资助或补贴主要以项目式为主，机构式补贴和人员式补贴过低。这种状况意味着如果得不到政府的项目资助，大学共同体无法组织、实施科研，科技人员甚至连温饱都会成问题。在这种资金分配格局下，大学及其科技人员最重要的工作就是争取各种项目，尤其是争取重大项目，而项目重大与否不是取决于研究问题的学术价值，而是行政等级及其伴生的资金额。大学的科技创新工作也就异化为拿项目、争项目、应付项目验收，而创新质量反而成为次要的事情。

在项目主导科技创新的行政化控制体制下，行政系统固有的多层次代理人体系又会给科技项目资金的分配和利用带来一系列后果。在行政化控制体制下，项目指南、项目分配、经费使用到项目验收，完全在政府行政权力的控制之中，负责这个链条每个环节的行政人员其实都是在为那个似有似无的委托人工作，委托-代理问题会使得政府科技资源的配置无效、不公正，并且滋生学术道德堕落。

1）行政权力控制科技创新项目的分配，导致资源配置的效率被扭曲。在行政化控制体制下，决定资源配置的是资助者与被资助者的行政权力。行政级别高的大学、行政级别高的大学领导可以得到更多的科技项目资源，甚至垄断科技项目。很多地方性大学为了获得更多的科技项目，不得不“跑部前进”。有些地方大学还专门设立驻京办，专门联络科技部或者其他有项目的部委的关系。行政权力成为资源配置的工具，使得资源配置不再是学术价值甚至也不是社会经济价值导向，而是权力掌控者的偏好导向，严重扭曲了科技创新的资源配置效率，本来有条件、有能力研究的大学才可以拿到相关的科技项目，现在变成了有权力的人才可以拿到项目，于是出现了拿到项目的没能力进行科技创新，有能力的人却没有科技项目，在科技领域权力寻租现象比比皆是。

2）行政权力控制科技创新项目资源的分配和利用，容易导致资源配置的公正性受损害。科技创新资源低效配置的根源在于配置公正性的缺乏。正义包括实体正义和程序正义，程序正义是实体正义的重要保证，没有程序正义，很难保证实体正义。在科技资源配置中，程序和规则是实现实体正义的重要前提。如果违反了程序和规则，尽管也有实体正义的可能，但却有更多的可能带来非正义。例如，在科技项目的立项评审过程中，经过一定的程序，设置一定的规则，是对可立项项目公正性的重要保证。但是在实践当中，立项评审很多都不遵守基本的程序，例如，立项评审应该要有公示程序，但有些部门却省去了公示程序，这里省掉的是公示程序，丧失的却是公正。又如，立项评审中本来应实行匿名评审规则，盲审是保证公正性的重要条件，这是保证评审公正性的重要方面。有些人为了获得某些科技项目，想方设法地打听评审专家的名单，而有些科技管理人员在利益面前很难把握住自己，在一些小恩小惠面前难以坚守，就把评审专家的名单透露给项目申报者，这样盲审制度就变得名存实亡，只是走形式而已。项目申报者一旦获得了评审专家的名单，就想尽办法进行套近乎，通过多种方式和手段千方百计地获得科技项目。

在科技项目鉴定中，违反程序和规则的问题就更为突出。科技成果价值的衡量是一个非常复杂的问题，需要按照严格的程序进行评价。我国的科技项目成果大都是以鉴定的方式进行结题或者结项。而有些科技成果的鉴定过程就如走过场一样，甚至有些科技成果鉴定会变成了宣讲会和广告会。科技成果鉴定应该需要一定的成果试用时间或者验证期，而有些科研人员为了尽快完成鉴定，不经过试用期或者验证期就通过鉴定，因为鉴定结论直接跟科研人员的利益挂钩，如项目申请、职称评定、获得奖励及晋升职务等，这些都是直接能见到的实实在在的利益。

3）行政权力控制科技创新项目资源的分配和利用，容易滋生学术道德堕落化。科技创新活动的特点就是高度的专业化。学术活动最基本的道德要求就是诚信。即便大家都是从事同一个大学科的研究，但只要不在同一个细分领域工作，就无从判断另一个“同行”的成果的质量高低。例如，一位从事微观经济学研究的学者就难以判断宏观经济学研究者的成果质量；就算都是从事微观经济学研究的学者，从事消费者理论研究的人也通常难以有资格准确判断产业组织方面论文的优劣。这种因高度专业化带来的高度信息不对称，特别要求科技创新人员具备良好的学术诚信。科学研究是基于良心的事业，如果自己不凭良心工作，外人是很难监督和发现的。然而，科技人员的良知与诚信不仅仅依靠自己的个人修养，而应该创造一种宽松的管理环境，减少科技人员违背自己学术良知的社会诱惑力与压力，不为科技人员违背学术良知提供便利。行政化的资源控制模式，辅之以其他因素，既提供了这种诱惑和压力，也为此大开方便之门。学术道德堕落有助于快出早出“成果”，以获得争取更多学术资源的砝码；同时，政府对大学和科技人员的不合理评价要求也鼓励大学共同体以科研造假应付这些评价。而行政权力及其采用的外界化评价方式内生的委托代理问题又使得学术道德问题难以被发现，为不良学术行为大行其道提供了极大便利。

在上述一系列体制性机制性因素的促使下，目前学术道德堕落问题已经不是科技界的个别性、偶然性问题。有些大学科研人员为了尽快出成果，不惜采取不道德的手段获取科研成果或者盗用别人的技术，如大量复制别人的论文，抄袭别人的论文，或者翻译国外的文献当成自己的科研成果。

行政权力控制大学科技创新资源不仅仅体现在对科技经费分配的控制，而且还体现在对大学管理者的选拔上。大学管理者对科技创新的管理是否合乎规律，与他的科技创新管理能力有关，也与他对学术的认识和是否尊重有关。但是，在行政权力主导资源配置的体制下，一旦行政部门的偏好是非学术管理能力方面的，又或者行政部门无法识别被选拔对象的能力水平高低，又抑或出现了选拔者与被选拔者的串谋，那么对大学管理者的选择很容易被非学术管理能力标准主宰。

总之，大学共同体缺乏按照科技创新规律运行的积极性，最大原因在于行政权力控制下政府偏好和评价指标扭曲、科技创新资源分配结构不合理、行政权力内生的委托代理问题，导致了大学管理者的管理偏好和行为扭曲。这一切都是大学共同体的理性反应，环境的扭曲必然是激励的扭曲。但是，大学科技创新管理出现的这种扭曲也与当前社会风气的变化有关。人们从来就是环境的制造物，大学从来就不是脱离社会的象牙塔，它从来就是现实社会的一部分和写照，生活在大学的人们不可避免地要受到当前社会风气的影响。社会风气反映的就是一个时代的文化价值观，它是逐渐在不知不觉中形成的，人们感受不到它的生长，但却又无时不在它的笼罩下行动和成长，受着它的潜移默化的影响，这是一股身在其中却又难以感知的巨大力量。近年来，我国社会风气发生的重大变化之一就是整个社会的经济利益追求倾向越来越强烈，整个社会的投机化倾向越来越强烈，踏实诚实、勤奋刻苦不再变得像昔日那么受人推崇，投机取巧反而变成了社会时尚。在这种社会风气的影响下，大学的科技创新管理被裹挟其中地去追求过度应用化，追求短期化和泡沫化，整个科技界也蔓延着一股浮躁的风气。当然，风气不是一朝一夕能够改变的，也不是通过人为倡导或改革能够改变的，因此，接下来不去分析如何通过社会风气的改变来激发大学共同体的科技创新积极性，而是集中于政府–大学关系的理顺。

7.3　激励的激励：改革政府对大学的管理

正如前面已经说的，大学内部员工是否具有投身于高质量科技研究的积极性，要看大学的管理者是否具有推动高质量研究的积极性，这就是激励的激励问题。如何使得大学具有按照科技创新规律进行内部管理的积极性？这是当前高等教育改革中的一个普遍关注的热点。按照上一节的分析，改革政府对大学管理这个问题的基本答案与以下一些热门名词联系在一起：建立现代大学制度、落实大学的自主权、教授治校、去行政化、行政权力与学术权力相分离等，这些原则已经获得了官方和学界的广泛认同，也成为大学改革的基本指导原则。在这里不重复这些原则性意见，而是想结合改革实践，谈谈其中三个关键的问题。

1）推行现代大学制度但又如何避免大学自主权的“内部人”控制现象。自 20 世纪 80 年代以来，关于政府和企业的关系究竟应该是怎样的，几经探索，最后找到的答案就是建立现代企业制度来落实企业的经营管理自主权。依照这种模式，国有企业在 20 世纪 90 年代中后期就纷纷开始了以公司制改造为内容的现代企业制度建设，国有企业也建立了董事会、监事会等内部治理结构。现代大学制度、大学自主权，其实就是国有企业改革思路在高等教育改革的延伸。对比国有企业进行现代企业制度改革后出现的问题，对冷静思考现代大学制度建设非常有裨益。

随着现代企业制度改造的推行，国有企业获得了非常充分的自主权，但这些权力被企业内部的少数人所垄断，出现了严重的“内部人控制”现象。内部人控制给国有企业运行带来的后果众多：由于相应的约束机制、责任机制没有有效建立起来，国有企业改革后呈现的是“权利权力私人化，而责任损失社会化”的局面。对自己有利的事情，内部人以自主权之名自己说了算，而一旦出现亏损，责任则由企业普通职工、政府和纳税人承担。这些庞大的国有企业处于“大而不能倒”的状态，政府基于经济金融和社会稳定的考虑，难以对其见死不救。一旦有政府充当国有企业的最后救助人，这些获得了充分自主权的国有企业的决策者敢于冒一切经营风险，把严肃的企业经营变成了率性而为的赌博。由于市场竞争机制没有建立起来，获得了自主权的国有企业变成了市场上的垄断寡头，自主权变成了这些寡头们掠夺公众和消费者的工具，自主权的落实没有增加社会福利，反而让消费者饱受国企垄断之苦，这也是当前国有企业让公众怨声载道的主要原因。随着现代企业制度改造带来的内部人控制问题，国有企业改革制造的另一个被公众极为不满的问题则是收入分配问题。一方面，国有企业员工凭借其垄断地位获得了高额收入和福利，拉大了国有企业与外界的收入差距；另一方面，国有企业内部员工之间的差距也急剧拉大，普通员工和高层管理人员之间的、显性和隐性收入之间的差距以数十倍、百倍计，这也使得解决国有企业高管的过高收入问题成为了2014年中央改革的重点。当国有企业高管凭借自主权实行内部人控制时，他们相对于外界拥有极大的信息优势，他们比外界更了解投资项目的价值、风险和市场环境情况，他们比外界更了解自己的真实成本情况和技术水平。这种信息优势使得他们滥用自主权时游刃自如。

殷鉴不远。为了推进我国大学的科技创新和人才培养，必须理顺政府与大学的关系，明确大学法人地位，建立现代大学制度，不断下放权力，给予大学更多的自主权力，政府只是在宏观上对大学进行指导和调控。理顺政府和大学的关系，是我国高等教育改革的核心。但是，各国大学与政府关系如何处理涉及多层面的因素，是一个复杂的问题。在《学术权力——七国高等教育管理体制比较》一书中，作者通过对联邦德国、意大利、法国、瑞典、英国、美国、日本等国家的高等教育管理体制进行比较研究，认为“每个国家都必须以适合本国情况和背景的方式去采取措施，以解决所面临的问题”（范德格拉夫等，2001）。就我国的实际而言，则是现代大学制度的构建与大学自主权的落实过程中如何避免内部人控制现象。要避免内部人控制现象，就必须在改革过程中坚持两个基本原则：第一个原则是权力与责任对等原则。自主决策权力下放的过程必须也同时是责任的下放过程，而且这种权责对等必须落实到具体的人身上，不能变成大学的一部分人掌握权力而另一部分人承担责任。但是改革者必须清楚的一点就是，在我国，对大学构建权责对称机制比对企业难多了，在企业可以通过股权改革、利润分享、市场竞争、破产等机制促使权力与责任的对称。如通过让决策者用自己的财产购买一部分企业股份，成为企业的股东，那么决策者滥用决策自主权就会导致自己的资产受损。通过把决策者的收入与利润挂钩也能够激发他们正确行使权力的积极性。如果存在来自市场的竞争压力和破产压力，企业决策者也会谨慎得多。但是，在大学要引进上述约束机制的难度非常大，甚至没有可能性。例如，股权改革就不可能用于现代大学制度的建设。大学被定性为既非政府、也非企业的第三部门：承担知识生产与传播的公共部门。因为这种特殊性，大学不可能针对决策者建立利润分享制度；因为这种特殊性大学“不能倒”，这也使得大学决策者的风险偏好急剧上升，大学的管理者非常清楚，甚至不惜一切举债建新校园新校区；因为大学的这种特殊性，市场竞争机制也难以发挥作用。但是，大学改革难以引进这些约束机制并不意味着大学不应该获得自主权，并不意味着现代大学制度不应该建立，正确的方向是大学管理应该高度民主化。这就是第二个原则：自主权行使的民主化原则。由于缺乏股权约束、利润分享、市场竞争、破产等约束机制，使得大学的员工和社会公众更有可能承担内部人控制的后果，这就意味着现代大学的自主权不是由少数人掌握，而是应该由所有利益相关者掌握，置于他们的严格监督之下。分享这种自主权的不仅有大学员工，还有外部公众以及政府代表，他们以各种委员会、理事会方式集体行使各种自主权。

2）推行教授治校，但又如何避免教授群体成为大学治理中的垄断寡头和既得利益集团。推行教授治校的基本逻辑在于：大学的核心事务是学术事务，学术事务具有极强的专业性，只能由专业人士行使决断权，必须实行学术权力与行政权力的分离。但这个普遍被接受的逻辑还必须接受更多的质询和考验，因为一个有意思的问题是：优秀足球运动员在俱乐部中的重要性绝对不亚于教授，为什么俱乐部的治理不是采取由这些球员共同治理模式？工程师和研发人员对高新技术企业的重要性也绝对不亚于教授，为什么这些企业不推行技术专业人士治理制度？医生对医院的重要性也不亚于教授，为什么医院不推行医生治院制度？可见，赋予教授们学术事务决断权力的并非完全是其专业能力，而是另有原因。下面将厘清教授治校的真实的逻辑依据。

现代企业也和大学一样，也是由各种拥有专业技能和知识的专业人士构成的契约联合体，这些人士之所以在企业不能获得最终控制权，不是因为其能力的专业性不够强，而是因为其通常并非企业最终责任的承担者。当一家企业因为经营不善而出现亏损时，提供人力资本的专业人士可以通过企业间的流动逃避这种亏损责任，但企业的出资者必然通常是最终的责任承担者，因此，最终控制权也必须由他来掌握。可见，决定组织最终控制权分享的根本因素是看组织成员承担了多少最终责任，而不是看他拥有多大的专业能力。正如前面所分析的，一旦大学的决策不慎，大学教授们是最终责任承担者，如果引进的某位教员出了问题，他们作为学术共同体都将为其买单，均要承受学术群体的声誉损失和经济损失。因此，为了学术共同体的共同利益，必须要由他们决定人才的引进，决定学术纪律的执行。正是因为这种最终责任的承担身份，他们必须拥有大学事务的控制权。

笔者认为，大学控制权由谁分享是由大学决策的最终承担者来决定的，这一结论意味着以下两点。①不能狭隘理解教授治校，这里的“教授”是广义的，包括了大学一切正式聘用的专业人员。他们作为最终责任承担者均应该分享大学学术事务的最终决定权。②大学教授获得的并非是全部的治理权。因为承担最终责任不仅有教授，还有作为投资者的政府以及公众，因此，他们必然应该分享一部分大学事务的治理权。因此，按照权力决定原则，大学应该实行共治模式，既不能完全由政府行政部门及其委任的官员治理，也不能完全由教授们治理，也不能完全由公众说了算。政府代理人、教授、公众共同参与大学治理才是大学最基本的治理模式。因此，教授治校体现的就是前面所说的大学自主权民主行使原则。

赋予了一个人获得权力的理由，并非等于他就一定能够行使好权力。隐含在教授治校背后的一个传统逻辑则是教授们具有的专业素养是其能够行使好治理权的保证，这个如今被教授治校支持者广为认可的基本理由是一个非常危险的理由，有可能把教授治校引向一种危险的结局。以这种理由论证教授们有能力行使好大学学术事务的决定权是一种天真的想法。现代学术的发展趋势是分工越来越细，人们熟知的学术领域的范围越来越小，隔行如隔山现象越来越突出，这就使得教授们对其不熟悉的学术研究领域的发言权不会比一个普通公众更权威，此时，他这个专而不能再专的专家又有何资格在学院、学校层面行使学术权力。就算他是某个领域的专家，他也并非学术管理专家，正如好球员并非好教练一样，这种管理能力的缺失会使得他只能对部分学术治理事务发表意见。就当今我国的大学而言，也许更值得怀疑的是这些教授们的资格。因此，要实行教授治校，首先必须改革教授的评审和聘用机制，任何人，不管是否已经是教授，均只有通得过新机制的检验，才能获得相应的部分治理权。隐含在教授治校背后的一个可怕逻辑就在于以为一个人具备了决策能力就能够行使好决策权，忽视了利益动机对决策权的正确行使有着比决策能力素质更为重大的影响。就算教授们具备了行使好学术权力的专业能力，又有谁能够保证这些教授们不会利用这些权力为自己和自己的小团体谋私利。教授们不仅是拥有专业能力的专家，也是具有自己利益诉求的理性人，就其更为一般的人性而言，当他行使决策权时首先考虑的不会是国家、学校的学术事业的发展，而是他自己的利益，他总是希望自己从事的专业领域和研究问题能够获得更大更多的扶持，这就不可避免地使得他利用自己的学术权力为自己谋求更多的学术资源，为此甚至不惜排斥异己。实行教授治校制度的天真、可怕之处就在于忽视了教授们的逐利倾向。笔者认为，真正切实可行的、良好的教授治校必须是建立在教授们具有逐利倾向的教授治校：一方面，把学术事务的治理权交给他们，因为他们是大学的最终责任承担者；另一方面，又必须时刻警惕他们与生俱来的逐利倾向，这种倾向会使得他们有可能滥用学术权力而为自己牟利。如果大学的治理变革在把学术权力交给教授们的同时却又没有限制其可能的权力滥用，那么教授治校的结果就会是这些教授们成为垄断学术资源的寡头，变成大学里面顽固的既得利益者。如果没有抑制教授们滥用学术权力的机制，教授治校对科技创新、学术事业的影响肯定不会比不推行教授治校更好。

3）调整项目式与非项目式补贴的比例，建立由专业委员会负责的经费分配制度。这一建议与当前强调科技创新资金应当强化以竞争性项目方式进行分配的趋势存在一定的矛盾。为了清晰地描述这个观点，首先必须讨论一个问题：科研成果究竟是“逼”出来的，还是“闲”出来的？前者是指通过不断施加外在压力促使人们去促使研究，后者是指为研究者提供一种自由自在、轻松宽松的环境。这两种环境究竟哪一种更有利于大学的科技创新？目前，各大学普遍采取的是第一种方式，如普遍以三年为一个周期，与员工签订合同，要求员工在合同期内必须发表高层次论文两到三篇，获得省部级项目至少一项，否则，就得离职或者换岗。这种压力并不会随着员工成为教授就消失，因为教授能否上岗，也是这样频繁考核的。在那些更看重学术声望的大学，如果不能频繁发表论文、获得课题，不仅不能获得教授上岗资格，而且连研究者招生指导资格也会被剥夺。采取这种压力式管理模式所隐含的人性假设是人天生具有惰性，如果不频繁施加外在的压力他就会偷懒混日子。从各高校的实践看，采用这种管理模式以后，大学老师们的确忙于夜以继日地出成果，高校的科研产量大幅度上升。但是，这种成果纯粹是为了应付合同检查，是为了职位和职称，它的学术创新价值及社会经济价值反而不在关注之列。科技创新是理性思考的工作，它需要全身心的投入，需要心无旁骛的思考，这就要求研究人员在从事科技创新工作时必须置身于一种宽松的环境，心灵不能处于承受过大的压力，只有这种让研究者的心灵宽松自由的状态才能真正生产出高质量的成果。因此，真正优秀的高质量的成果不是逼出来的，而是心灵自由沉思的产物。

为科技人员提供这种宽松自由的研究环境，意味着政府和大学管理者必须改革目前的压力式管理模式，延长对科技人员的考核期，降低对科技人员成果的数量要求，引进基于严格真正的同行评价的质量评价模式。同时，这也意味着政府必须改革科技创新资金的分配模式。要使得科技人员能够心灵轻松、心无旁骛地思考问题，就必须为他们提供良好的科研环境，一是要使得他们不能成天为养家糊口而忧心忡忡，二是要为他们的科技研究工作提供必要的基础设施条件。前者意味着他们的正常收入应该能够保证他们衣食无忧，后者意味着必须有充分的投入用于科研基础设施建设，必须有比较充分的投入能够保证他们从事一般性的研究活动。但是，目前政府对大学科技经费分配的基本格局是低人员费和低设施条件投入。如果他不能获得项目支持，他就再也找不到经费外出进行必要的学术交流、调研、收集学术资料，他也没有资金做一些基本的探索性实验。在广州的一些高校理工科院系，一位年轻讲师的正常可支配月收入不过四千元左右，就会出现靠获得项目来变相增加补贴自己的收入的现象。如今，大学教师的收入状况与生活质量完全取决于他的项目获取能力。他的全部精力就在于想方设法争取到各种科技项目，在这种心态下，必然缺乏积极性以自由宽松的心灵进行沉思。

因此，为了给大学及科技人员提供宽松自由的研究环境，政府应该增加机构式补贴和人员式补贴，减少竞争性项目补贴，而且越是对处于学术创造力高峰期的年轻人越应该如此。只有让这些对学术还有着热情和创造力的青年才俊能够无压力地自由探索，才能保证高质量学术成果层出不穷。大学是承担基础研究的重镇，以美国、日本、德国大学所承担的基础研究比例为例，可以看出这样一个特征，基础研究是大学科技研究的主要任务。以美国为例，美国大学从事的基础研究占各种研究的比例在 1980 年为 57.9%，1985 年为 62.9%，1990 年为 60.7%，1995

年为 64.8%；日本的基础研究比例在 1980 年为 55.8%，1985 年为 54.2%，1990 年为 54.53%，1995 年为 54.6%；德国的基础研究比例在 1980 年为 76.61%，1985 年为 76.3%，1990 年为 73.43%，1995 年为 73.5%（陈桂尧，2004）。基础研究的特点是投入要求相对比较低，出成果周期较长，风险大，这类研究最需要为创造者提供自由宽松的环境。因此，针对基础研究工作者更应该加大机构式、人员式补贴，这部分研究者的主要研究经费应该来自拨款而非竞争性项目申请。

我国政府对大学的研究经费支持，可以考虑借鉴英国的“双重支撑”体系。英国大学的研究经费主要来自高等教育基金理事会和研究委员会。高等教育基金理事会根据大学各专业、系、研究中心等的研究实力、规模和已经取得的科研成就对其从事研究所必需的基础设施、研究活动和主要研究人员进行资金支持，这部分经费以拨款形式直接下拨到学校，不需要具体的研究项目和研究目标任务。这部分拨款是基于对研究群体的评价的，一般每 4～5 年进行一次评估，由各专业小组以同行评议方式对各大学的该专业进行质量评估，使得每家大学的每个专业都有一个在全国同专业的研究质量的等级排序，高等教育基金理事会则根据每家大学各专业的研究质量等级排序给予相应数量的拨款支持，将各专业获得的拨款额加总就构成了该大学获得的总拨款。但是，这些拨款并不直接下拨到各专业（尽管拨款额以各专业的质量等级排序为基础），而是下拨到大学这一级，再由大学在内部进行重新分配。研究委员会则主要以研究计划和项目的形式，根据学科发展战略和研究项目的质量进行资金支持，资金的投入具有明确的研究目标任务和计划安排。这些经费由七大专业委员会负责分配，他们要组织对研究项目和计划的评估，由于学科性质不同，各委员会并没有统一的评估体系。就我国的具体操作而言，可以考虑根据不同类型的专业和研究活动设置不同的机构式、人员式补贴与项目式补贴的比例，基础研究的机构式、人员式补贴相对可以高于应用研究。但是，不管针对哪类研究，均应该坚持一个基本原则：凭借机构式、人员式补贴，无需项目资金的补贴就能够进行基本的研究工作。但是，政府行政管理部门可能担心机构式、人员式补贴太高会助长科研人员的偷懒混日子，其实这是一种多余的担心，政府对大学提供机构式、人员式补贴，并不是在为他们终生提供这种保障，而是为他们在一定时期内提供宽松自由的研究环境。因此，在对大学提供机构式、人员式补贴的同时，大学应该对研究人员实行考核期为 5～6 年的“非升即走”的质量考核评价。长周期的考核、质量导向的评价、非升即走的压力、长期的自由宽松环境，这一切就是促使大学共同体源源不断地生长出高质量科技创新成果的基本环境。

在英国式的“双重支撑体系”中，除了将研究经费分为项目式与非项目式补贴以外，另一个非常值得我国借鉴的内容就是研究经费分配由专业小组或委员会负责，而不是由行政权力决定。在前面的分析中，已经指出行政权力控制的资源分配方式必然会导致评价指标异化为行政等级指标，会导致大学管理者以行政官员的偏好为偏好，会导致科技创新资金和项目分配中由代理人问题生成的串谋现象。推行现代大学制度、落实大学自主权、教授治校都是为了阻隔行政官员的偏好、评价指标选择影响大学管理者的偏好，使之能够具有自己独立的偏好和追求。但只要资源配置由行政权力控制这一基本体制不被改变，最终，行政权力依然可以凭借自己的资源配置权突破现代大学制度筑建的篱笆，大学管理者依然难以有独立的偏好和追求。因此，理顺政府和大学关系的关键环节就是改革大学运行资金的来源方式，这样才能从根本上改变行政体系的偏好扭曲对大学共同体的影响，才能根本上改变学术评价指标异化现象，也才能从根本上改变行政权力运行中的代理人问题对科技创新的影响。根据我国国情，政府对大学运行资金的分配可以采取如下模式：政府根据所管辖高等学校的规模、人数以及社会经济发展的需要确定资金总额，并将其交给专业委员会负责资金分配。专业委员会以公开透明、利益中立为基本原则，采用同行评价方式对各大学进行若干年一度的专业水准评价，然后以这种评价为基础确定各大学的拨款总额。在这种体制下，行政权力只能决定整个大学的总经费投入，不能决定各大学的拨款总数，各大学的拨款总数由专业委员会决定。这种模式的优点在于不再是行政权力而是学术权力决定着政府资金的分配。那么这些学术权力又会采取什么指标和原则确定资金分配呢？也许一开始会有混乱，如继续采用原有的行政化评价指标，但只要学术权力之间有着充分的博弈，长期博弈的均衡结果就是采取一套学界公认的学术评价准则体系。正如前面所说的，学术权力行使者也是具有逐利倾向的理性人，如果没有约束，他们在这些资金的分配中也会串谋瓜分资金，或合纵连横，相互挤压。要解决这一问题，不能诉诸他们的良知和道德，只能让他们的行为变得公开透明，让他们在阳光下决定资金的分配。这种公开透明的专家决定资金分配的体制最有利于走向以质量为导向的学术评价。

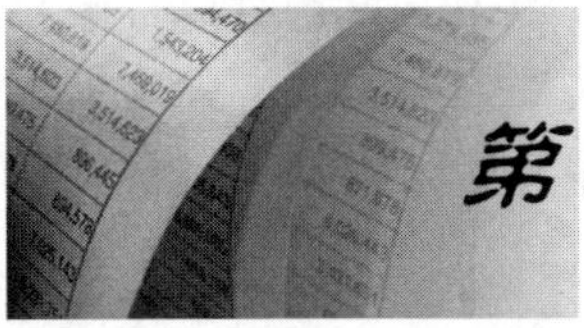

第8章

企业的科技创新激励与激励体系建设

8.1 广州市企业科技创新竞争力的现状与优势劣势分析

一个城市的企业创新能力是城市科技竞争力的基础，而城市科技竞争力则反映出城市企业创新能力的强弱。所谓城市科技竞争力是指城市在科研投入、科学研发、科研成果转化和国际性竞争方面所具有的竞争力和优势，可由5个二级指标——科技投入指数、科技人力资本指数、科研机构指数、科技创新指数、科技成果转化指数构成。其中，科技投入指数反映出城市科研投入的强度；科研人力资源指数则反映出城市科研人才结构；科研机构指数体现了城市科研机构科研能力；科技创新指数展现出城市科技创新水准；科技成果转化指数展示了城市将科研成果产业化的能力。同时，由18个三级指标进行测量——科技经费绝对投入量、人均科技经费拥有量、科技经费相对投入量、专业技术人员拥有量、科技服务人员拥有量、专业技术人员相对拥有量、科技服务人员相对拥有量、电脑人才拥有量、电脑人才相对拥有量、科研人员吸引指数、大学科研院所指数、大学科研院所相对拥有量、科研环境指数、专利总数、论文发表数、科研成果数、科研成果转换率和科技进步对GDP贡献率。

从横向比较来看，广州市科技竞争力具有一定优势。如表8-1所示，2012年在296个城市科技竞争力排名中，广州市科技竞争力名列第7位。从科技投入指数来看，广州得分仅为0.257，排名第10位，广州市在科研投入强度方面较弱，与北京、上海、香港具有明显差距；从科技人力资源指数来看，广州得分为 0.356，也是位列第 10，但是分数与其他城市相差不多，表明广州的科技人才聚集作用较强；从科研机构指数来看，广州得分 0.896，排在第 3 位，具有明显的科研机构聚集力；从科技创新指数来看，广州得分 0.287，排在第 10 位，与排名前 3 位的北京、台北、上海具有较大差距，广州科技创新能力有待加强；从科研成果转化指数来看，广州得分 0.736，排在第 4 位，在科技成果产业化方面具有一定优势。

表 8-1　2012 年城市科技竞争力排名前 10 位的城市

城市	科技投入指数	排名	科技人力资源指数	排名	科研机构指数	排名
北京	0.935	2	1	1	1	1
上海	1	1	0.567	2	0.815	4
香港	0.658	3	0.535	3	0.517	22
台北	0.241	13	0.44	7	0.516	23
深圳	0.615	4	0.535	3	0.36	34
天津	0.318	5	0.337	14	0.677	6
广州	0.257	10	0.356	10	0.896	3
南京	0.198	20	0.414	9	0.634	11
杭州	0.265	8	0.457	6	0.58	15
武汉	0.166	32	0.344	13	0.904	2

城市	科技创新指数	排名	科研成果转化指数	排名	科技竞争力	排名
北京	1	1	1	1	6379.32	1
上海	0.787	3	0.998	2	5177.65	2
香港	0.782	4	0.715	7	3695.97	3
台北	0.805	2	0.664	11	2674.84	4
深圳	0.281	13	0.548	22	2279.94	5
天津	0.579	5	0.526	28	2158.80	6
广州	0.287	10	0.736	4	2099.13	7
南京	0.411	6	0.606	16	1847.35	8
杭州	0.257	20	0.646	13	1786.02	9
武汉	0.393	7	0.506	33	1720.97	10

数据来源：《中国城市竞争力年鉴》（2013 年）

从纵向来看，广州市城市科技竞争力地位稳定。广州城市科技竞争力 2010～2012 年连续三年排名第 7 位，详见表 8-2。从科技投入指数来看，其得分先下降后上升，广州市科技投入需进一步加强；从科技人力资源指数来看，得分持续下降，而排名却是上升的，广州在吸引人才方面绝对吸引力有所下降，但是相对吸引力有所提升；从科研机构指数来看，广州得分三年连续上升，排名一直维持在第 3 位，表明广州的科研机构研究能力持续上升，且具有明显的优势；从科技创新指数来看，得分较为稳定，排名也稳定，但是与第 1 位差距较远，广州科技创新能力较弱，未来需加大科技投入以提高科技创新能力；从科技成果转化指数来看，广州得分先上升后下降，排名则是先下降后上升，总体而言得分是较高的，广州在将科研成果产业化方面具有显著优势。

表 8-2　2010～2012 年广州城市科技竞争力得分及排名状况

年份	科技投入指数	排名	科技人力资源指数	排名	科研机构指数	排名
2010	0.311	7	0.38	11	0.83	3
2011	0.247	6	0.374	10	0.868	3
2012	0.257	10	0.356	10	0.896	3
年份	科技创新指数	排名	科研成果转化指数	排名	科技竞争力	排名
2010	0.288	10	0.737	3	2145.47	7
2011	0.285	10	0.741	5	2207.49	7
2012	0.287	10	0.736	4	2099.13	7

数据来源：《中国城市竞争力年鉴》（2011～2013 年）

接下来我们看看广州市企业创新的发展趋势。

1. 广州市规模以上工业企业的创新情况

广州市规模以上工业企业研发机构及人员配置不断完善。由表 8-3 可知，从 R&D 人员、R&D 人员折合全时当量来看，2009～2012 年广州市规模以上工业企业呈现持续上升的态势；从有科研机构的企业占比、企业办科技机构数、科技机构的人员三项指标来看，2009～2012 年广州市规模以上工业企业均呈现先上升后下降的趋势，但是，2012 年仍然优于 2010 年和 2009 年。

表 8-3　2009～2012 年广州市规模以上工业企业科技机构、人员情况

年份	有科研机构的企业占比（%）	R&D 人员（人）	R&D 人员折合全时当量（人/年）	企业办科技机构数（个）	科技机构的人员（人）
2009	5.10	41 275	34 036	443	27 299
2010	4.37	47 296	34 695	469	30 378
2011	9.76	58 905	48 859	590	41 567
2012	7.91	64 394	52 360	478	35 369

数据来源：《广州统计年鉴》（2009～2013 年）

广州市规模以上工业企业研发经费支出以企业资金为主。由表 8-4 可知，按资金来源分组，2009～2012 年广州市规模以上工业企业 R&D 经费内部支出 90%

以上均来源于企业资金，其次为政府资金，但是比重较小，2009 年为 2.93%，2012 年则为 4.41%；排名第 3 位的是境外资金，除了 2010 年占比为 4.21%之后，其余年份小于 1%。

表 8-4　2009-2012 年广州规模以上企业 R&D 经费内部支出情况

年份	政府资金		企业资金		境外资金		其他资金	
	数值（万元）	比重（%）	数值（万元）	比重（%）	数值（万元）	比重（%）	数值（万元）	比重（%）
2009	30 209	2.93	986 878	95.77	7 966	0.77	5 451	0.53
2010	37 295	3.14	1 092 792	92.01	50 000	4.21	7 642	0.64
2011	65 224	4.64	1 321 700	93.96	8 633	0.61	11 104	0.79
2012	69 777	4.41	1 490 246	94.28	14 264	0.90	6 293	0.40

数据来源：《广州统计年鉴》（2009～2013 年）

广州市规模以上工业企业的创新绩效均呈现逐年上升的趋势。由表 8-5 可知，从专利申请数、发明专利申请数两项指标来看，2009～2012 年广州市规模以上工业企业呈现逐年上升的趋势。而从新产品项目数、R&D 项目数两项指标来看，2009～2012 年广州市规模以上工业企业呈现先下降后上升的态势，虽然在 2010 年这两项指标有所下降，但是，2011 年和 2012 年的数目均超过 2009 年。总体而言，广州市规模以上工业企业的科技创新成果是增长趋势的。

表 8-5　2009～2012 年广州规模以上工业企业科技成果

年份	专利申请数（件）	发明专利申请数（件）	新产品项目数（个）	R&D 项目数（个）
2009	3501	1282	4315	3953
2010	4051	1526	4088	3934
2011	5312	2058	4645	5013
2012	6957	2875	5998	6303

数据来源：《广州统计年鉴》（2009～2013 年）

高新技术产品归类于企业科技成果这一部分。广州市规模以上工业企业的高新技术产品中以机电一体化技术、新材料技术、电子与信息技术为主。由表 8-6 可知，从总产值来看，广州市规模以上工业企业的机电一体化技术、新材料技术、电子与信息技术是排名前 3 的，而环保技术相对较弱，其总产值仅为排名第 1 位的机电一体化技术的 11.52%；从产品数来看，新材料技术的产品数最多，而环保技术的产品数最少，其产品数仅为新材料技术产品数的 30.6%；从增加值来看，机电一体化技术排名第 1，为排名最后的环保技术的 10.8 倍；从产品销售收入来看，机电一体化技术排名第 1，新材料技术排名第 2，而环保技术仍然位居最后；从出口销售收入来看，广州市出口量最大的为电子与信息技术产品，出口最少的为生物技术产品；从实现利税总额来看，机电一体化技术排名第 1，是排名最后的环保技术的 28.4 倍。

表 8-6　2012 年广州市规模以上工业企业高新技术产品情况

项目	产品数（个）	总产值（万元）	增加值（万元）
电子与信息技术	239	10 171 824	3 069 306
机电一体化技术	301	25 600 818	6 887 009
生物技术	234	8 641 936	2 676 426
新材料技术	415	12 409 978	3 226 714
新能源高效节能	156	2 999 185	837 089
环保技术	127	2 950 067	637 522
项目	产品销售收入（万元）	出口销售收入（万美元）	实现利税总额（万元）
电子与信息技术	9 940 231	1 113 770	696 357
机电一体化技术	25 677 042	338 036	3 942 792
生物技术	8 200 277	49 353	2 319 084
新材料技术	11 697 216	745 810	793 704
新能源高效节能	2 932 684	306 459	182 279
环保技术	2 737 204	83 694	138 853

数据来源：《广州统计年鉴》（2013 年）

2. 广州市创新型企业的发展状况

广州市创新型企业是企业创新的代表，分析创新型企业的发展对了解广州市企业创新的未来具有重要的指示性作用。目前，广州市已形成了完整的创新型企业结构，涵盖了市级、省级、国家级创新企业。截止 2012 年 2 月，广州市有 80 家市级创新型企业，89 家创新型试点企业；36 家省级创新型企业，39 家创新型试点企业；7 家国家级创新型企业，10 家国家级创新型试点企业。张振刚等从经济效益、研究机构、创新绩效三个方面分析了广州市第一批已经验收的 10 家创新型企业和 2011 年新增的 56 家创新型试点企业，包括广州达意隆包装机械股份有限公司、广东威创视讯科技股份有限公司、金发科技股份有限公司、广州无线电集团有限公司、广州白云山和记黄埔中药有限公司、广州王老吉药业股份有限公司、广州珠江啤酒股份有限公司和广州广日电梯工业有限公司等企业。

首先，从经济效益来看，广州市创新型（试点）企业主营业务收入、净利润和税收三项指标均呈现增长态势。如表 8-7 所示，2011 年广州市 56 家创新型试点企业主营业务收入总额为 440.35 亿元，平均主营业务收入为 7.86 亿元，比 2009 年增长了 61.9 个百分点；其净利润总额为 22.21 亿元，平均净利润为 0.39 亿元；实现税收总额为 17 亿元。

表 8-7　56 家创新型试点企业经营效益情况　　（单位：亿元）

年份	主营业务收入	平均主营业务收入	净利润	税收
2009	271.97	4.86	—	—
2010	365.52	6.53	—	—
2011	440.35	7.86	22.21	3.17

数据来源：张振刚等《创新型企业创新管理模式研究——基于广州市企业创新现状》

对于 10 家第一批验收的创新型企业的主营业务收入、净利润、税收三项指标也呈现增长态势。详见表 8-8，2010 年广州市创新性企业的主营业务收入总额为 256.52 亿元，比 2008 年增长 8.56 个百分点；其净利润总额为 25.41 亿元，是 2008 年的 4.13 倍；实现税收总额为 16.39 亿元，是 2008 年的 2.4 倍。

表 8-8　10 家已验收创新型企业经济效益

年份	总量（亿元）			增幅（%）		
	主营业务收入	净利润	税收	主营业务收入	净利润	税收
2008	236.29	6.16	6.73	—	—	—
2010	256.52	25.41	16.39	8.56	312.5	143.5

数据来源：张振刚等《创新型企业创新管理模式研究——基于广州市企业创新现状》

从区域分布来看，广州市创新型（试点）企业主要集中于天河区和萝岗区。在 66 家创新型（试点）企业中，有 31 家分布在天河区和萝岗区，占据半壁江山；有 10 家分布在番禺区，占比为 15%；排名第三位是的白云区，共有 6 家。值得注意的是，广州市创新型（试点）企业集中在天河软件园、广州科学城和广州民营科技园三大科技园区中。

从行业分布来看，广州市创新型（试点）企业主要集中在战略性新兴产业领域内。66 家创新型（试点）企业中包含了 18 家新一代信息技术产业、7 家新材料产业、7 家生物制药产业、4 家生物农业产业、7 家先进制造业、5 家现代服务业和 4 家节能环保业。

从企业所有权来看，广州市创新型（试点）企业主要为民营科技企业。66 家创新型（试点）企业中有 51 家为民营企业，占比为 77%；13 家为国有企业，占比为 20%；2 家外商投资企业，占比为 3%。

其次，从研发机构来看，广州市创新型企业重视企业内研发机构的建立，目前，建有一批国家级、省级工程技术研究开发中心、重点实验室和创新中心。2011 年，广州市认定的第一批创新型企业中共建有国家级工程技术研究开发中心 4 家、重点实验室 6 家，省级工程技术研究开发中心 12 家、重点实验室 9 家，博士后科研工作站 6 家。第一批创新型企业基本都建有研究开发院，并组建了产学研合作和各类技术创新联盟，涵盖机械、电子、通信、软件、材料和医药等多个产业。在2008～2011年共承担了41项国家级、68项省级和42项市级重大科研项目，取得了显著成绩。

最后，从研发投入与创新绩效来看，广州市创新型（试点）企业整体上保持较高的研发投入，研发投入占销售额比重达7%以上。56家创新型试点企业平均研发投入占销售额的比重达7%以上。其中，2009年平均为7.55%；2010年平均为7.3%；2011年平均为7.24%，略有下降。10家创新型企业的研发投入总额2008年为12.13亿元，占销售额比重为6.98%；2011年为4.83亿元，占销售额比重的7.98%，较2008年增长22.3%。创新型企业研发经费投入的增速较快，表明企业对技术创新活动的重视程度的增强，研发投入力度不断加大。如广州无线电集团实施“高投入、高产出”技术创新战略，每年技术创新投入占销售收入的10%左右。

在较高的研发投入作用下，广州创新型（试点）企业创新绩效显著。2009～2011年，56家创新型试点企业发明专利（已授权）总数为206件、软件著作权共计441件、工业设计类企业实用新型、外观专利共计462件、发明专利进入实审共计72件。对于10家创新型企业，在项目实施的3年时间里，共申请国内专利1341项，其中，发明专利961项，占71.66%；获国家专利授权703项，其中发明专利授权298项，占32.81%；登记软件著作权193项；参与制定国际、国家、行业标准224项；经国家、省、市认定的重点新产品、自主创新产品、专利新产品共86项；获国家级科技奖励14项，省部级科技奖励47项，市级科技奖励18项；项目实施期间共培养高级人才220人，中级人才467人，共引进高级人才75人，中级人才354人。

从以上数据分析可以看出，创新型（试点）企业是推动广州市创新发展的重要力量，具有较强的创新发展意识、较高的持续创新投入、完善的创新组织体系以及取得了显著的创新成效（张振刚等，2013）。

基于以上的分析，广州市企业的科技创新具有如下优势。

1）广州市科技成果产业化具有明显优势。从科研成果转化指数来看，广州得分0.736，排在第4位，在科技成果产业化方面具有一定优势。高新技术产品也是广州市科技成果转化的一个重要表现。2012年，广州规模以上工业企业的创新成果转化主要集中在机电一体化技术、新材料技术、电子与信息技术方面，而环保技术有待进一步加强。尤其是机电一体化技术，在总产值、增加值、产品销售收入和实现利税总额4项指标都排名前列。

2）广州市科研机构研发配置较为完善。从科研机构指数来看，2012年，广州得分0.896，位列第3，具有明显的科研机构聚集力；从广州市创新型（试点）企业的科研机构建设状况来看，广州市已形成了完整的创新型企业结构，涵盖了市级、省级和国家级创新企业。截止2012年2月，广州市有80家市级创新型企业，89家创新型试点企业；36家省级创新型企业，39家创新型试点企业；7家国家级创新型企业，10家国家级创新型试点企业。从广州市规模以上工业企业来看，虽然有科研机构的企业占比、企业办科技机构数两项指标在 2009～2012 年呈现先上升后下降的趋势，但是，2012 年仍然优于 2010 年和 2009 年。

3）广州市企业创新成果较为丰硕。从专利申请数、发明专利申请数两项指标来看，2009～2012 年广州市规模以上工业企业呈现逐年上升的趋势。从广州市 10 家创新型企业来看，在 2009～2011 年的 3 年时间里，共申请国内专利 1341 项，其中，发明专利 961 项，占 71.66%；获国家专利授权 703 项，其中发明专利授权 298 项，占 32.81%。

虽然广州市企业在科技创新方面取得了不错的成绩，但是与北京、上海、香港等城市相比，广州市企业的科技创新也存在两方面劣势。

一方面，广州市科技投入有待进一步加强。虽然广州市 56 家创新型试点企业平均研发投入占销售额的比重达 7%以上。但是，值得注意的是，2012 年，从科技投入指数来看，广州得分仅为 0.257，排名第 10 位，广州市在科研投入强度方面较弱，与北京、上海、香港具有明显差距。科技投入是企业创新的重要推动力，未来广州各类型企业需要进一步加强企业科技投入，尤其是政府资金对企业创新的支持。

另一方面，广州市科技创新能力仍略显不足。从科技创新指数来看，广州市得分 0.287，排名第 10，与排名前 3 位的北京市、台北市、上海市具有较大差距，广州市科技创新能力有待加强。虽然前面指出在近几年广州市各类企业在科技创新成果方面成绩显著，但是从横向比较来看，与研发实力强劲的北京、上海、香港、台北等城市的差距仍较大。

分析广州市企业创新的现状，其目的在于找出制约广州市企业创新能力提升的影响因素，针对出现的问题提出可行的解决方案。影响企业创新的因素是复杂的，来自多个层面。作者在梳理文献的基础上，全面总结影响企业创新的因素的构成：一是政策体系因素，包括财税政策、金融政策两方面；二是市场因素，包括市场集中度、企业规模两方面；三是制度与文化因素，包括产权制度、司法制度、文化价值观三方面。接下来，笔者从上述三个层面的多个因素分析制约广州市企业创新的问题，旨在提出因地制宜的方案来解决这些问题。

8.2　广州市企业科技创新激励的政策体系分析

1. 财税政策对广州市科技创新激励的影响

财税政策是推动企业创新的政策制度中最常用的一种。在现有大多数的鼓励企业创新的文件中可看到，政府通过奖励、减免税收等方式来提高企业自主创新能力。那么，究竟财税政策对企业创新是否具有积极正面的作用？目前，国内外学者们对财税政策在现实经济中的运用效果并未达成共识，一直存在着两种论断：

一是“促进论”，另一种是“抑制论”（江静，2011）。

“促进论”提出财税政策对企业创新能力的提升具有积极正向的作用。这是因为，一方面，政府提供的用于企业创新的直接补贴，使得企业能够有足够的资金进行科研活动。另一方面，针对企业创新的税收优惠政策，能够减少企业的创新支出，降低企业创新成本，从而鼓励企业进行创新行为。有研究指出，税收优惠对促进企业研发有长期影响（Bloom et al，2002；Parisi and Sembenelli，2003）。

而“抑制论”则认为财税政策对企业创新能力的提升具有消极负面的作用。这种论调基于如下理由：一是政府对企业创新的直接补贴，使得企业只关注具有政府补贴的研发项目，造成了直接补贴挤出了企业的研发支出，并不利于企业创新能力的提升。二是政府直接补贴造成资源配置的扭曲（Klette et al，2000；Jaffe，2002）。通常政府在选择补贴企业时，选择的原则是企业具有类似研究或是具有完成这项研究的实力，这就造成了选择的偏误，缺乏随机性，造成了研发资源配置扭曲，并未体现出财税政策的实际效果。

本书认为之所以造成财税政策对企业创新能力效果截然不同的原因在于并未详细区分财税政策方式造成的。现阶段，在激励企业创新的财税政策中，主要由政府直接补贴和税收优惠两种方式构成，这两种方式对企业创新作用具有显著差异。为了评估政府直接补贴与税收优惠对企业创新的作用，朱云欢和张明喜（2010）通过实证分析指出我国 R&D 财政补贴对企业 R&D 投入的诱导系数为 1.285；而税收优惠对企业 R&D 投入的诱导系数为 5.248，税收优惠比财政补贴对企业创新的诱导能力明显。究其原因是由于财政补贴具有任意性、事前性、差异性造成的诱导效果低。多数研究都指出税收优惠方式对企业创新的推动作用明显强于财政补贴的方式（戴晨和刘怡，2008；王俊，2011）。

创新是企业可持续发展及提升竞争力的重要途径之一，而企业创新能力的高低则是一个城市竞争力高低的重要表现之一。政府资金用于支持企业科技活动是各地政府推进企业创新所采用的主要措施。如表 8-9 所示，从珠江三角洲科技结构经费投入来看，最主要的投入均来自政府资金，除了广州市和中山市，其余 7 市 2010 年和 2011 年政府资金占经费投入总额的比重都超过 60%以上。由此可知，政府资金对于科技活动具有重要的支持作用。

表 8-9　珠江三角洲科技机构经费概况

城市	2010 年			2011 年		
	经费收入总额（千元）	政府资金（千元）	占比（%）	经费收入总额（千元）	政府资金（千元）	占比（%）
广州市	5 999 936	2 819 654	46.99	7 544 083	3 360 873	44.55
深圳市	—	—	—	247 674	227 739	91.95

续表

城市	2010 年			2011 年		
	经费收入总额（千元）	政府资金（千元）	占比（%）	经费收入总额（千元）	政府资金（千元）	占比（%）
珠海市	23 327	18 367	78.74	34 245	28 754	83.97
佛山市	38 110	35 565	93.32	48 252	45 808	94.93
江门市	12 267	7 615	62.08	13 973	12 099	86.59
肇庆市	18 943	16 619	87.73	22 555	18 323	81.24
惠州市	40 054	29 914	74.68	41 939	32 043	76.40
东莞市	155 231	133 134	85.77	150 472	112 452	74.73
中山市	35 932	—	—	35 909	16 268	45.30

数据来源：《广东科技年鉴》（2011～2012）

从广州市来看，为了大力推进企业自主创新能力的提升，广州市也出台了直接补贴和税收优惠的促进企业创新的财税政策，如 2008 年《广州市地方税务局关于印发鼓励自主创新发展高新技术产业地方税优惠政策指引的通知》、2012 年《广州市科技创新促进条例》等。

就政府直接补贴而言，有三种类型。一是项目经费资助。如在《广州市科学技术局关于大力推进自主创新加快高新技术产业发展的配套政策》中，对设立企业技术难题招标和难题招贤专项计划，按照企业出题、政府资助、第三方承担的办法，对企业提出的科技难题招标，立项后给予不高于 1/3 项目经费的资助。二是采购补贴。优先购买自主创新产品，将高新技术企业、科研机构的产品纳入广州市政府优先购买范围，在政府采购目录中予以标明，引导采购人优先采购自主创新产品。三是人才投资。如根据《广州市企业博士后工作专项经费管理办法》和《广州市引进博士后人员发放安家费的实施细则》，积极资助博士后科研工作站研究经费和博士后安家费，高端人才的投资有利于帮助企业提升人力资源结构，进而提高企业创新能力。

就税收优惠而言，广州市地税局为鼓励自主创新和高新技术产业发展主要贯彻实施的税收政策为 30 条，可归纳为三种形式：一是税基式优惠，即通过缩小计税依据减少税收。二是税率式优惠，即规定某些情况税率低于正常水平。三是税额式优惠，即直接减少应纳税额。广州市税收优惠的主要特征为：首先，广州市税收优惠政策的对象包括按规定有关部门认定的高新技术产业、软件产业、集成电路产业、科技中介服务机构（企业孵化器、国家大学科技园）、企业具有技术创新性质且可享受税收减免优惠的项目。其次，广州市税收优惠涉及的税种包括企业所得税、个人所得税、营业税、房产税（城市房地产税）、城镇土地使用税、城市维护建设税和教育费附加税。如以个人所得税为例，根据《贯彻落实<中共广

东省委、广东省人民政府关于依靠科技进步推动产业结构优化升级的决定>有关税收政策实施意见》，经有关部门认定和广东省地税局确认的高新技术企业和项目奖励或分配给员工的股份红利，直接再投入企业生产经营的，可免征个人所得税；又如营业税，根据《广东省促进自主创新若干政策》中，对单位和个人从事技术转让、技术开发业务和与之相关的技术咨询、技术服务取得的收入，免征营业税。

综上可知，为促进广州市企业创新能力，广州市政府及各职能部门也出台了多项政府补贴和税收减免的财税政策。那么，这些财税政策在实施过程中究竟具有哪些优势与劣势？这是接下来主要探讨的主题。

虽然在学界对于财政政策对企业创新活动的影响一直都存在着“促进论”和“抑制论”两种完全相反的观点，但是，通过将直接补贴和税收优惠分别对我国不同的行业、不同类型的企业进行评估，结论指出：第一，政府直接补贴对内资企业创新行为具有显著正向作用，而税收优惠的作用并不显著；第二，税收优惠对港澳台投资企业创新行为具有显著促进作用，而政府直接补贴的对港澳台企业和外商投资企业具有负向作用（江静，2011）。当前，广州市出台的激励企业创新活动的财税政策，包含了直接补贴和税收优惠两种方式。其实施过程并未将内资企业、港澳台企业、外资企业区分对待，因此，总体而言，可认为广州市出台的激励企业创新活动的财税政策对企业创新具有积极正向作用。

值得注意的是，虽然从实施效果来看是促进作用的，但是在激励企业创新的财税政策实施过程中仍存在如下问题：一是政府直接补贴的投入结构欠合理。广州市激励企业创新的直接补贴多用于应用性研究，如软件产业、集成电路产业等。而对需要扶持的、耗资大、见效周期长的基础性研究投入不足，如基础物理研究等。二是税收政策的指向性，不利于企业创新。广州市税收优惠具有针对性特征，如针对某一行业、具有某种特征的企业等，这使得享受税收优惠的企业除了符合规定的创新项目外，其他的非创新项目也享受了税收优惠，导致企业的避税行为，这大大影响了税收政策对企业创新的正向作用。三是政府采购企业创新产品的比重仍显不高。针对以上问题，可从如下三个方面提出政策建议。首先，加大政府直接补贴对基础研究的投入。广州市应加强对基础和应用基础研究领域的财政支持，夯实其他高科技应用研究的基础，为未来的企业创新提供前沿的基础技术。其次，广州市对税收优惠的范围应定位在创新项目上，避免企业利用非创新项目达到避税的目的，不利于企业创新能力的提升。最后，完善政府采购自主创新产品制度。借鉴国外经验，尤其是韩国经验，政府采购是激励企业创新的重要方式之一。而广州市的政府采购自主创新产品比重偏低，需明确政府采购自主创新产品的范围，扩大购买比重，激励企业创新。

2. 金融政策对广州市科技创新激励的影响

金融政策对科技创新激励的影响在第9章有详细论述，具体内容见第9章。

8.3 广州市企业科技创新激励的市场驱动

由市场来驱动企业创新主要是指市场结构对企业创新的影响。市场结构属于中观层面因素，可由两个指标来反映：市场集中度与企业规模。它们分别代表了市场中企业所占市场份额的情况和企业本身的结构，全面涵盖了市场结构的要素。市场中企业的构成及关系，与熊皮特提出的市场结构与创新激励的关系假说相吻合，分别强调了企业规模和垄断对企业创新的作用：一是企业规模对企业创新的激励作用。与中小型企业相比，大型企业由于在资金储备、人力资源、创新设备等方面具有无法比拟的优势，因此更有创新的动力。二是垄断对企业创新的激励作用。为了保住垄断利润，垄断企业将会持续进行破坏式创新，因此，垄断有利于推动企业创新。下面就着重分析这两个指标——市场集中度与企业规模对企业创新的影响。

1. 市场集中度对广州市科技创新激励的影响

市场集中度是市场结构最重要的代理变量，衡量市场集中度的指标主要有 CR4、CR8 和赫芬达尔指数（HHI）。按照市场份额对企业排名，CR4 是排名前四的企业市场份额的累加和；而 CR8 则是排名前八的企业市场份额的累加和；赫芬达尔指数是特定市场上所有企业市场份额的平方和。市场集中度的大小反映了市场的垄断程度，即市场集中度越大则市场垄断程度越高；反之，市场集中度越小则市场竞争程度越高，垄断程度越低。根据市场集中度的不同，可将市场划分为完全垄断、完全竞争和不完全竞争三种类型。那么，市场集中度对企业创新的作用可分解为完全垄断、完全竞争、不完全竞争三种市场对企业创新的作用。不完全竞争是介于完全垄断与完全竞争之间的一种市场结构，按照目前学界的常规做法，重点分析两个极端情况——完全垄断、完全竞争对企业创新的作用。纵观现有的文献，究竟是垄断还是竞争有利于企业创新尚未形成定论，存在两种完全对立的观点。

1）替代效应，即竞争有利于企业创新（Arrow，1962）。相较垄断企业而言，竞争性企业由于利润较低，唯有不断使用新技术替代旧技术才能获得持续的利润。而垄断企业由于存在较高的垄断利润其采用新技术的动力较小。从替代效应的角度来看，竞争能够激励企业创新。

2）效率效应，即垄断有利于企业创新（Gilbert and Newbery，1982），与熊皮特的假说一致。Gilbert 和 Newbery 通过模型证明了在特定市场中两个相互竞争的企业的利润之和小于垄断利润，由此可推断，垄断企业为了保持其垄断利润，会更加积极进行破坏性创新。这与早起的 Horowitz（1962）、Philips（1966）的研究结论相似，他们的研究结论：市场集中度与 R&D 强度存在非显著的正向作用。

以上两种观点都获得了大量的实证研究支持。如 Geroski（1990），Blundell 等（1995，1999），Broadberry 和 Crafts（2000）分别使用不同国家的数据进行实证研究，均支持市场竞争有利于企业创新；而 Greenstein、Ramey 利用模型分析指出鉴于垄断企业能够将新旧产品市场进行隔离，由此可从新产品中获得更高利润，激励垄断企业对研发进行更大的投入。吴延兵利用中国四位数制造产业数据进行实证分析，结论是产权证结构的差异会对 R&D 投入产生不同的激励效果，产权清晰的界定对提高 R&D 投入有正向作用。

综上，虽然关于究竟是竞争有利于提升创新能力还是垄断有助于提高创新绩效并未达成一致，但是，过于竞争或是过于垄断都不利于创新。

不同行业的市场集中度各不相同，企业创新现状也存在差异。鉴于数据可得性，本节从电子商务行业和审计行业来分析广州市市场集中度对企业创新的影响。

首先，从电子商务行业来看，来自中国互联网数据监测中心的数据显示，我国 2012 年三季度网上零售市场交易规模高达 3316 亿元，同比增长 60%，这表明电子商务行业是非常具有发展潜力的行业。为了抢占市场，大力发展电子商务行业，广州市先后出台了《广州市加快电子商务发展实施方案（试行）》、《广州市电子商务示范企业评价标准》等扶持文件。就广州市海珠区来看，从事电子商务的企业约为 1581 家，以中小企业为主，它们主要分布在海珠创意产业园和中大科技园。2010 年和 2011 年，1581 家电子商务企业中 42 家规模较大的企业实现纳税总额分别为 2.36 亿元和 2.84 亿元。目前电子商务企业的从业人员约为 4000 人，本科以上学历占比为 20%，聚集了部分高学历的科技人员，可满足企业创新的人才需要。电子商务作为一个不断推陈出新的行业，身处电子商务行业的企业需要有较强的创新意识才能占领市场获得成功。而目前，广州市海珠区电子商务企业的市场集中度较低，分散着大量的中小企业——规模小、品牌辨识度低、以价格竞争为主，阻碍了电子商务企业的创新热情。一方面，创新资金短缺。广州市海珠区电子商务企业集中度低，占比例高的中小企业本身资金来源少、原始资本较弱，再加上以价格竞争为主要竞争手段，经营利润薄弱，而企业创新是需要较大资金投入的项目，这就阻碍了企业创新。另一方面，创新领导者缺失。由于缺乏规模较大的龙头企业，市场缺乏领导创新的领头羊，众多的中小企业沉溺在价格战中无心也无力进行创新。

其次，从审计行业来看，2011 年，共有 208 家会计师事务所，从业人员 7925 人，其中执业注册会计师为 3042 人，实现业务收入共计 17.71 亿元，比 2008 年增长 14.01%，广州市会计师事务所的企业分布见表 8-10。从业务收入总额来看，2011 年，广州市会计师事务所平均业务收入 851.42 万元，业务收入超过平均收入水平的会计师事务所只有 32 家，占比为 15.38%。从会计师事务所业务收入规模来看，广州市超过亿元以上的会计师事务所为 5 家，共计业务收入总和为 8.44 亿元；前四位均为国际知名会计师事务所的广州分所，其中，毕马威华振会计师事务所广州分所排名第一，业务收入为 24 183.07 万元；亿元以下千万以上的会计师事务所有 24 家，共计业务收入总额为 5.30 亿元，占总收入的 29.94%；而数目最多的一个业务收入区域是 100 万以上 500 万以下，共有 94 家，共计业务收入总额为 2.03 亿元，占总收入的 11.48%。

表 8-10　2011 年广州市会计师事务所企业分布

业务收入分段	事务所数量（个）	占全市比率（%）	分段业务收入合计（万元）	占总收入比率(%)
一亿以上	5	2.40	84 411.22	47.66
1000 万～1 亿	24	11.54	53 017.78	29.94
500 万～1000 万	26	12.50	16 647.78	9.40
100 万～500 万	94	45.19	20 337.12	11.48
100 万以下	59	28.37	2 680.78	1.52
总计	208	100	177 094.67	100

数据来源：《2012 年广东省会计师事务所综合信息》

从市场集中度来看，广州市审计行业的市场集中度较低，不利于企业创新绩效的提升。如表 8-11 所示，2006～2011 年广州市审计行业的市场集中度呈现先上升后下降的趋势，CR8 保持在 60%附近。相较发达国家的审计行业，广州市审计行业市场集中度明显处于较低水平。1988 年美国上市公司审计行业的市场集中度高达 96%，而 2011 年广州市的 CR8 却小于 60%。值得注意的是，广州市审计行业排名前四位的均为国际知名会计师事务所，本土会计师事务所所占比重低。学界的研究表明：相较小规模事务所，大规模的事务所具有较强的经济动因去提高审计质量及提供有新意的审计项目（Deangelo，1981）。审计市场具有高集中度特征有利于良好的企业绩效（Terrence et al.，1994）。因此，可以推断：较低的市场集中度将会影响广州市审计行业的创新绩效。

表 8-11　2006～2011 年广州市审计行业市场集中度　（单位:%）

项目	2006 年	2007 年	2008 年	2011 年
CR4	40.22	43.15	49.27	41.29
CR8	55.78	61.86	61.74	58.11
CR20	70.21	74.05	74.21	72.14

数据来源：《2012 年广东省会计师事务所综合信息》

以上本书通过对广州市电子商务行业和审计行业的市场集中度与企业创新的关系分析，发现广州市这两个行业都存在市场集中度较低阻碍企业创新的现象，因而，需要提高这两个行业的市场集中度。

第一，走规模化发展道路，培养龙头企业，形成激励企业创新的市场结构。可走并购发展的路径，鼓励企业跨地区、跨行业、跨所有制进行资产并购重组，剥离企业不良资产、非主业资产、非经营性因素造成的呆坏账等，形成具有影响力的行业龙头企业，提高市场集中度。同时，拓展现有业务，不断创新，为客户提供有特色的专业服务，做专、做精，形成基于创新的竞争模式，杜绝诸如价格战的恶性竞争。

第二，鼓励和扶持企业创新，使具有创新能力的企业成为行业的中坚力量，提高现有行业集中度。处于电子商务和审计行业的中小企业在创新方面存在最大的困难就是创新资金短缺问题。创新具有高风险、高收益、长周期特征，在缺乏创新资金的条件下让中小企业进行创新是无法实现的。因此，可通过财税优惠、创新金融服务解决中小企业创新资金不足的问题，激励中小企业创新让其成长为具有发展前景的大企业才是提高行业集中度的最行之有效的办法之一。

第三，积极促进中型企业健康发展，稳步向大型企业发展。中等规模的企业应注重培养企业竞争力，向专业化方向发展，在某一领域做专、做精，成为某一领域的龙头品牌，不断成长。同时，通过松散合作的方式与不同专业领域的企业形成专业集团形式，扩大企业市场占有率，加快企业创新速度。

2. 企业规模对广州市科技创新激励的影响

企业规模对企业创新的作用一直都是学界和业界的热点话题之一。之所以是个研究话题，就是由于存在争议性。纵观现有研究，20 世纪 60 年代之前，学者们都认为企业规模对企业创新的作用是线性的，由于使用的是线性回归模型，未能通过实证研究分析是否存在拐点和非线性关系。1965 年，Scherer 首次指出企业规模与 R&D 强度存在倒 U 型关系，而非简单的线性联系，即当企业规模小于某一临界值时，企业规模与企业创新是正相关；而当企业规模大于某一临界值后，企业规模与企业创新则存在负相关关系（Scherer，1965a，1965b；Mansfield，1963；Loeb and Lin，1977；Soete，1979；Kamien and Schwartz，1982）。安国良等（2006）通过分析江苏省制造业企业调查数据，得到如下结论：小型企业、中性企业、大型企业的 R&D 强度存在倾斜的 V 型关系。

显然，企业规模对激励企业创新的作用与上一节的市场集中度的作用较为相似。即企业规模大，主营业务收入高，则市场集中度较高；而企业规模小，主营业务收入低，则市场集中度较低。而且，企业规模与市场集中度都是市场结构的代理变量，属性相似，因此，本节不再赘述企业规模对激励企业创新的作用，可参见上一节的分析。

8.4 广州市企业科技创新激励的制度与文化激励

1. 产权制度对广州市企业科技创新激励的影响

产权是经济所有制关系的法律表现形式。所谓的产权制度是既定产权关系和产权规则相结合，同时对产权关系实现有效的组合、调节和保护的制度安排。在本研究中，这里的产权制度是指企业产权制度。新制度经济学家们认为它是一种基础性的制度，也是企业制度的核心。这是由于产权的是否界定与如何界定都对企业的生产经营成本和收益产生直接影响，由此影响企业经营效率。在现实生活中，所有的经营决策都依赖于对经济活动的成本收益分析，基于此理产权制度是重要的基础性制度。

产权制度可划分两大类——公有产权制度和私有产权制度。由于资产的归属不同，形成了不同的激励机制和经营行为。在公有产权制度环境中，资产并未有具体的归属，在使用这类资产时，一方面需要分享收益，另一方面则与他人共担风险；而在私有产权制度环境下，资产的归属有明确的产权所有人，在使用这类资产时，收益和风险均由产权所有人承担（Alchian，1965）。基于上述分析，可推出：不同企业所有权的安排将会显著影响到企业经营和决策（埃瑞克等，1998），即企业的不同所有权安排将会影响到企业的创新行为。值得注意的是，这是一种间接作用，企业的不同所有权形式通过影响企业家创新精神进而影响到企业的创新活动（解维敏，2013）。

对于国有企业而言，所有权与控制权分离，存在着内部人控制和所有人监督缺位的问题。国有企业高管则是内部人，在缺乏监督的情况下，他们通常以追求自身利益最大化作为企业的目标。而企业创新活动具有周期长、风险高、投入大等特点，不利于在国有企业高管短暂的任期内实现其利益最大化，由此，这些创新项目难以实施。另一方面，国有企业的预算软约束也会抑制企业家创新精神。总言之，国有产权形式通过抑制企业高管企业家创新精神导致企业创新激励不足。

对于私有企业而言，企业所有权与经营权是统一的，企业所有人会更看重企业的未来发展，以提升企业竞争力为目标。他们会预测未来市场的变化及发展趋势而对现有产品进行创新，加大创新力度以获得更大的利润。私有产权形式通过提高企业所有者企业家创新精神而提高了企业的创新绩效。

解维敏（2013）分析了我国 2002～2006 年上市公司的数据后指出：相较而言，国有产权控制不利于培养企业家创新精神，其中，地方政府控制的上市公司情况更为严重。

对于广州市而言，如表 8-12 所示，2011 年和 2012 年的企业产权结构相似。2012 年内资企业、有限责任公司、股份有限公司、私营企业分别为 2615 户、370 户、68 户和 2005 户。在激励公有产权企业和私有产权企业方面，应区别对待，这是由于它们在企业创新上存在着不同的问题。

表 8-12　广州市 2011～2012 年企业产权结构　　（单位：户）

企业产权属性	2011	2012
内资企业	2662	2615
国有企业	71	75
集体企业	49	38
股份合作企业	26	26
联营企业	8	6
有限责任公司	327	370
国有独资有限责任公司	60	42
其他有限责任公司	267	328
股份有限公司	61	68
私营企业	2099	2005

数据来源：《广州统计年鉴》（2012～2013 年）

1）从公有产权企业来看，企业高管缺少创新动力。在公有产权企业中，如国有企业、集体企业等的高管缺少企业所有者监督，往往以自身利益最大化作为企业的最终目标。而企业创新项目通常具有风险高、周期长的特点，是一项长期投资行为，在企业高管短暂的任期内难以见到成效。因此，企业高管会选择保守型项目或是短期见效快的项目，有利于他们未来的晋升，但是却不利于企业创新绩效的提升。

2）从公有产权企业来看，企业竞争压力相对较小也不利于这类企业实施高风险的创新项目。公有产权企业除了盈利目标之外，还承担了就业、社会稳定等多重的社会责任目标（Lin et al.，1998）。因此，政府为了达到社会稳定、稳定就业等目标，在公有产权企业产生经济困境时对其提供资金援助，平时也更多的将项目倾斜于公有产权企业，这也就降低了公有产权企业通过创新来获得竞争优势的动力。

3）从私有产权企业来看，企业家创新精神不足。在广州的民营企业中，由于企业家自身知识储备、以往经验等因素的限制，他们往往更多的是追求短期利润最大化。在国内这种知识产权保护体系不完善的环境下，模仿获得的利润远远大于创新所获得的利润。这使得资本并不雄厚的民营企业选择以模仿为主，造成了私有产权企业创新不足的现象。

为有效解决上述问题，本文提出如下三点建议。

第一，加强对公有产权企业的监管，使得企业高管以企业发展目标为己任。将企业高管的薪酬与企业发展挂钩，如以股权的形式，在若干年后才予以售出；同时，健全内控制度，监理会发挥监督作用，强化内部审计，对具有重大意义的创新类项目督促实施。

第二，让公有产权企业完全参与到市场竞争中，提高其创新动力。除了涉及国家安全及国家经济命脉的行业予以保护之外，对其他领域的公有产权企业通过资产重组和结构调整，让其参与市场公平竞争，激励公有产权企业通过创新获得企业发展和提高企业市场竞争力。

第三，加大国有企业产权改革力度，实施股份制、公司制改革，加快推进国有企业的改制工作。有研究指出：国有控股企业的治理制度对于激励企业创新行为是最为活跃的制度安排，明显优于国有独资企业。由此可见，应对国有企业实施国有企业所有制多元化和股权多元化的改革，建立和完善现代企业制度。

2. 知识产权制度对广州市科技创新激励的影响

知识产权制度是保护创新的一项重要制度，它对企业创新具有激励和推动作用。国内外关于知识产权制度与企业创新的关系也莫衷一是。部分研究指出完善的知识产权制度有利于企业的创新。Nordhaus（1969）分析知识产权制度的静态收益与动态收益，发现知识产权制度有利于增加企业研发投入。Alfranca 和 Huffman（2003）、Ledeman 和 Maloney（2003）分别通过分析发达国家和欧盟国家数据样本，指出知识产权保护制度激励发达国家的企业创新行为。李蕊（2013）基于我国 1997～2010 年省级高新技术产业面板数据，得到结论：强知识产权制度有利于提高我国高新技术产业的研发投入，并与高新技术产业创新绩效正相关。另一部分研究则认为知识产权制度阻碍企业持续创新。1989 年，Cohen Levinthal 通过分析医药、电子行业研发技术溢出效应时，发现对知识产权强有力的保护容易造成垄断，从而阻碍了企业后续的研发。综上可知，虽然两个部分的研究结论并未一致，但是，后者只是认为强知识产权制度阻碍了企业后续的研发，而对于鼓励开始进行创新行为，知识产权制度还是具有正向推动作用的。具体分析如下。

一方面，完善的知识产权制度激励企业进行技术创新。技术创新包括新产品、新工艺，具有探索性、复杂性、创造性三大特点。只有创造者的成果能够得到有效保障，才能激励创造者的发明热情，有效推动企业创新。知识产权制度就是用法律的手段来保障创新成果，规定未经专利人许可，不得使用该发明，保障专利人能够获得专利的成本及超额价值。当具有高投入、高风险、周期长的企业创新项目实施时，其成果能够获得法律保障，企业能够从创新中获得超额利润并提升企业竞争力，才能激励企业持续进行技术创新。

另一方面，知识产权制度加快了企业技术创新速度。知识产权制度不光保护创新，而且能够为企业未来创新提供了技术方向和途径，有利于合理配置创新资源。这是由于《专利法》规定：申请专利的发明创造必须公开其完整的发明内容，有助于将这些成果传播，减少重复劳动造成的资源浪费。企业可以通过查找相关专利文献，获得相关创新项目的方向和灵感，降低成本、缩短创新周期、提高创新质量。

由此可知，知识产权制度对于企业创新具有举足轻重的作用。经过 30 年的发展，我国知识产权保护体系已日趋完善。首先，在 1984 年颁布了《中华人民共和国专利法》。为了让此专利法能够与时俱进地解决不断出现的新问题，在 1992 年、2000 年和 2008 年，《专利法》做了修订。其次，拥有三部行政法规，一部是《中华人民共和国专利法实施细则》，也是最重要的专利行政法规；另外两部分别为《专利代理条例》和《国防专利条例》。再次，如表 8-13 所示，不同省市出台了大量的地方性法规旨在保护专利。最后，拥有不同的部门规章和地方政府规章，包括国家工商行政管理总局、国家药品监督管理局、国家知识产权局、农业部、国家林业局、国家质量监督检验检疫总局等部门规章及《苏州市阳澄湖大闸蟹地理标志产品保护办法》、《北京市奥林匹克知识产权保护规定》等地方政府规章。综上，我国从四个层面——法律、行政法规、地方性法规、部门规章和地方政府规章形成了对知识产权保护较为完善的体系，且广州市也在积极制定具有针对性的地方性法规以形成良好的知识产权保护制度环境。

表 8-13 专利的地方性法规

地方性法规名称	制定法规的省市
专利纠纷行政调处办法	北京市、广州市、上海市、天津市、辽宁省、黑龙江省、吉林省、山东省、
冒充和假冒专利处罚办法	广州市、辽宁省、江苏省、内蒙古、山东省
专利工作管理办法	贵阳市、青岛市、沈阳市、天津市、山西省
专利许可合同管理办法	上海市、天津市、吉林省
专利行政执法规定	云南省
技术引进中的专利管理	珠海市、青岛市

资料来源：《我国知识产权法律规范体系建设现状、问题与对策研究》（杨利华和郝喜，2012）

从广州市知识产权体系来看，出台了大量的地方性法规规章及规范性文件，详见表 8-14。具有如下两点鲜明特点：第一，针对性。广州市在知识产权保护体系建设方面针对新问题颁布了有针对性的地方性法规规章，如专门针对亚洲运动会知识产权保护的法规、针对展会知识产权保护等，尤其是针对展会知识产权保护的规章不光具有针对性还具有先进性。第二，操作性。广州市出台了地方性法规，同时配套出台实施细则，如《广州市专利奖惩办法》及《广州市专利奖励办法实施细则》，具有较强的可操作性，大大提高了知识产权保护法规的实施力度。

表 8-14　广州市知识产权保护地方性法规规章与规范性文件

地方性法规规章	规范性文件
《广州市专利管理条例》	《广州市知识产权局行政处罚听证程序规定》
《广州市亚洲运动会知识产权保护规定》	《广州市知识产权局规范专利行政执法自由裁量权规定》
《广州市专利奖惩办法》	《广州市举报假冒专利行为奖励办法》
《广州市处理专利纠纷办法》	《广州市专利奖励办法实施细则》
《广州市查处冒充和假冒他人专利行为实施办法》	《广州市知识产权专项资金管理办法》
《广州市展会知识产权保护办法》	

虽然我国知识产权体系已在不断地完善过程中，但是相较于发达国家而言，仍显年轻，存在一些亟须解决的问题，这也是广州市知识产权保护体系建设中存在的共性问题。

一方面，我国知识产权体系中存在空白地带，影响了企业的创新积极性。当前，我国在著作权、商标权、专利权三个方拥有大量配套的法规，已形成了相对完备的法律体系。而在保护商业机密、保护互联网创新、有效防范盗版仿冒行为等方面仍存在法规空白地带，国家知识产权法律体系应吸收地方和部门的经验制定出具有现实意义的完善法规体系。

另一方面，知识产权保护意识较为薄弱。从知识产权保护水平来看，我国与发达国家之间具有较大的差距，具体表现在知识产权保护意识较为薄弱、管理力度不大、法律法规执行力度不得力。这使得科研工作者对创新成果申请专利保护意识不强，创新成果易于被模仿，不利于创造良好的鼓励创新的制度环境。

为了有效保护创新成果，鼓励企业创新，有必要完善广州的知识产权制度。

一是针对新的知识发展方向制定有针对性的知识产权保护地方法规。目前，广州市已经出台了《广州市查处冒充和假冒他人专利行为实施办法》、《广州市展会知识产权保护办法》等有针对性的地方性法规。但是，这些法规规章都是在行业发展后才出台了知识产权保护文件。广州市应前瞻性地预见未来可能存在的知识产权保护问题出台相关的地方性法规，这对于鼓励企业创新是具有明显激励和推动作用。

二是加强知识产权保护力度，加强保护知识产权法律法规的执行力度及效率，确保知识专属性和研发者的创新回报，保护研发者创新积极性。广州市应在海珠区、越秀区、南沙区等人民法院中设立知识产权审判庭，形成对知识产权民事、行政和刑事的审判制度，有效解决知识产权保护力度不大的问题，增强创新企业的创新信心和动力；同时，合理设置知识产权保护年限，防止形成研发者的垄断造成资源配置失衡。

3. 文化价值观对广州市企业科技创新激励的影响

何谓文化价值观？文化价值观是一个国家、地区内成员对某事件、行为的好坏、善恶、对错界定的一致性认知。文化价值观作为一种软环境，对企业行为具有重要影响。

纵观现有研究，关于文化价值观的测量有很多不同的量表，列出具有代表性的 5 种，详见表 8-15。根据 Edward T. Hall 的语境文化理论，我国属于高语境文化国家——人们关系紧密、等级分明、个人情感压抑、信息表达方式含蓄等特征。表 8-15 中虽然不同的文化价值观测量量表有自身的特点，但是，它们之间还在存在交叉的构念。

表 8-15 测量文化价值观的代表性量表

作者	名称	具体说明
Kluckhohn 和 Strodtbeck（1961）	六大价值取向	人性观：人性善恶； 与外部环境的关系：与自然的关系； 与他人的关系：个人主义或是集体主义； 活动导向：实干或是寻找存在感； 空间观念：注重隐私或是公共空间； 时间观念：一次做一件事或是多件事
Hofstede（1980）	文化维度理论	个人主义或集体主义、权力距离、不确定性规避、刚性维度与柔性维度、长期导向和短期导向
Triandis H.C.（1995）	个人主义与集体主义	自我定义、个人目标与群体目标、个人态度与社会规范、完成任务与人际关系、内群体与外群体
Trompenaars（1998）	文化架构理论	历时与共时、个人主义与集体主义、人与自然的关系、普遍主义与特殊主义、中性与情绪化、特定关系与散漫关系、注重个人成就与注重社会等级
Edward T. Hall（1976）	语境文化理论	社会规范、责任、承诺、冲突、沟通、应对新环境

目前，关于文化价值观较为权威的测量是 1980 年 Hofstede 的测量。那么，Hofstede 的文化维度理论中不同的构念与创新之间究竟有何关系？文化价值观的维度中个人主义比集体主义更有利于提高企业创新。个人主义的文化表现为外向程度较高、崇尚个性自由、组织多呈现扁平化有利于不同职能部门职员的交流，这样的文化有利于从事具有高风险、复杂度高的创新项目；而集体主义强调等级权威、垂直化职能部门，这样的文化不利于从事复杂度高、需要跨部门合作的创新项目，多适合从事程式化的工作（Shane，1992；Williams and McGuire，2005）。

文化价值观的维度中权力距离与创新绩效呈现负相关。权力距离高意味着人们或是职工对不平等的权力分配具有较高的接受程度，他们崇尚权威，对追求个人自由并不热衷。而创新项目多需要创造者具有较强的自我意识，能够与不同领域、不同等级的研究者或管理者进行交流。权力距离高的社会或企业不利于这些创新项目的实施（Shane，1992；Rinne and Steel，2011）。

文化价值观维度中的不确定性规避与创新绩效呈现负相关关系。不确定性规避程度高的社会或企业难以容忍风险、模糊指示、管理僵化，即属于风险厌恶型。而创新项目具有高风险的特征，因此，不确定性规避高的社会或是企业阻碍了创新绩效提高（Shane，1993；Williams and McGuire，2005）。

而文化价值观维度中的刚性与柔性维度意味着男性主义与女性主义，男性主义具有竞争、赏罚分明、自信等特征；女性主义具有敏感、关爱等特征。在现代社会中创新不光需要男性主义，也需要女性主义。因此，刚性与柔性维度对创新的作用尚未定论。

文化价值观维度中的长期导向意味着企业或是社会更注重长期利益，短期导向意味着企业或是社会更注重短期利益。创新是一项高风险、高收益、周期较长的工作，因而，长期导向更有助于激励创新。

2001 年，Hofstede 对不同国家的文化价值观不同维度进行赋值，详见表 8-16。

表 8-16　Hofstede 对不同国家文化价值观维度的评分

国家	IDV	MAS	LTO	PDI	UAI
美国	91	62	29	40	46
中国	20	66	118	80	30
德国	67	66	31	35	65
日本	46	95	80	54	92
英国	89	66	25	35	35

注：IDV——个人主义与集体主义；PDI——权力距离；UAI——不确定性规避；MAS——刚性与柔性；LTO——长期导向与短期导向

根据 Hofstede 的文化维度理论，我国属于集体主义、权力距离大、高不确定性规避、短期导向的特点。而通过上述分析，一个国家呈现上述特征均不利于企业创新。值得注意的是，文化价值观是长期形成的、较为稳定的社会规范。虽然我国现有的文化价值观对企业创新没有显著的激励作用，但是，要想将文化价值观推翻重建或是做出重大改变且短期见效是一件难度很大的事。为了提高企业创新绩效，创建一个有利于企业创新的文化环境，可从如下几个方面入手。

第一，构建扁平的组织结构。以往在权力距离大的国家多数为金字塔式的组织结构，这样的组织结构有利于专业化，而不利于多样化和多学科、多职能部门沟通，而这些正是创新所需的。因此，借鉴美国的经验，构建扁平的组织结构，如矩阵结构，企业员工能够跨层、跨职能部门交流，为创新构建一个良好的环境。

第二，培养企业领导者的企业家创新精神。虽然文化价值观是群体对某一事物的相同认知，但是，群体中领导者对于改变群体文化价值观具有重要的作用。企业领导者作为文化的倡导者和推动者，他具有企业家创新精神对于将企业转变为注重创新的企业文化氛围是十分关键的，也是有助于激励企业创新的显著动力。

第三，构建适合创新的企业文化。时刻让企业员工处于不断变化的环境中，鼓励员工冒险尝试，包容失败，并重奖创新成功者。允许企业员工创新的方向与企业的发展目标不一致，扩大创新的可能性，并对有前途的创新成果进行资金和人力的扶持。

第9章

金融支持科技创新的激励体系建设

9.1 金融对科技创新的激励作用

金融对科技创新的作用最早可追溯到 1912 年奥地利经济学家约瑟夫·熊皮特，他在《经济发展理论》一书中指出在经济生活中使得富有创新精神的个人能够实现从负债到成功的关键在于信贷。随后，1973 年，麦金农和肖分别提出了金融发展理论，他们指出金融通过三个机理来激励企业创新，一是储蓄，二是降低信息成本，三是规避防范和化解创新风险。特别地，对于处于资本市场不完善的国家和地区中的企业而言，金融政策对于创新的支持作用就显得更为重要，这是由于资本市场的不完善使得企业创新难以从资本市场中获得资金支持，而公共政策，如金融政策则能够弥补资本市场不足的缺点，从而促进企业创新（Hyytinena and Toivanen，2005）。下面详细分析金融对企业创新的作用机制。

第一，储蓄，为企业创新提供资金。除了很小一部分的企业家能够通过自身的财富进行创新之外，其余大部分的企业家由于资金的缺乏而难以实现企业创新，陷入了低水平的均衡陷阱。金融体系通过诸如保单、债券等形式为企业创新提供资金，将分散的资金汇聚进行大规模的投资。

第二，降低信息成本，推动企业创新。评估具有高创新性的投资项目需要基于大量的信息，而获取大量的信息是高成本的，这也就阻碍了资金向高创新性的项目流动。而金融市场起到一个引导作用，降低了对高创新性投资项目的评估成本，使其易于获得资金有利于推动企业创新。

第三，规避防范和化解创新风险。有研究表明，鉴于专业化程度高的企业创新风险较大，投资者多选择专业化程度低的低风险项目进行投资，不利于企业创新绩效的提升（Saint，1992）。而金融的不断创新，可利用资产组合的方式来化解企业高创新项目的收益风险，激励企业创新。

综上可知，金融对企业创新是具有正向作用的，尤其在激励中小企业创新方面。

9.2　广州市金融支持科技创新的现状与成绩

近年来，广州市将科技金融作为广州建设国家创新型城市和区域金融中心的重要抓手，积极推动金融创新支持科技创新发展，已初步形成科技贷款、风险投资、多层次资本市场、科技保险和金融中介等共同参与的金融支持体系。具体的状况如下。

1. 科技贷款

主要介绍广州市科技银行建设情况和科技小额贷款发展情况。

2012 年 8 月 13 日，广东省首家科技支行——中国银行广州番禺天安科技支行正式挂牌成立，并推出了针对科技型企业的知识产权质押贷款——“科技通宝”。科技支行设立的目的是专门为科技型企业提供授信融资服务，截至目前共为近 200 家企业提供银行授信 60 亿元，实际贷款 15.75 亿元。为解决中小科技企业贷款难的问题，继中国银行广州番禺天安科技支行之后，建设银行、兴业银行、招商银行三商业银行已通过各自省分行的批准，拟在广州开发区设立科技支行。此外，广州还发起设立广东科技发展银行，目前该项目已被列入广东省现代产业 500 强项目。

2013 年广州市新增小额贷款公司 25 家，总数达 52 家，累计发放贷款 188.05 亿元，其中约 30%的贷款投向科技型企业。小额贷款公司的主发起人和参与股东主要为民营企业和以民营企业为背景的自然人，广州市是全省率先重视和发展混合所有制小额贷款公司的地区。目前，广州市由国有企业发起设立的小额贷款公司已达到 11 家，占全市小额贷款公司数量的 20%，注册资本合计 26 亿元，其中吸引社会资本约 10 亿元，形成了民营资本为主，国有资本作为补充，多种所有制有序竞争和谐共存的良好局面。另外，广州市率先在全国创设专门服务小额贷款公司的特殊机构——小额再贷款公司。2013 年 10 月 31 日，由广州金控集团主发起设立的全国首家小额再贷款公司——广州立根小额再贷款公司正式开业经营，注册资本 10 亿元。至立根成立之日起 4 个多月时间里，累计向省内 10 多家小贷公司提供 10 亿元的贷款，在缓解小额贷款公司融资难问题方面发挥了重要作用。

2. 风险投资

广州市支持科技创新的风险投资主要包括天使投资、创业投资等基本形式。

广东省粤科风险投资集团有限公司与广州科技风险投资有限公司联合发起设立广东粤穗天使投资有限公司，总规模5亿元，在5年内分期募集，首期资金1亿元，由粤科集团与广州风投各出资5000万元，一次性出资到位。广东粤穗天使投资有限公司对参加中国创新创业大赛（广东赛区）和粤穗天使系列活动的科技企业进行绑定投资，未来将引入社会资金，形成社会资金投资于种子期、早期创业项目的新模式。2013年12月，广州开发区天使投资联盟成立，为进一步促进投资方与科技初创企业的交流与合作提供平台。

2010年，经市政府同意，成立了广州市高新技术产业创业投资引导基金，重点引导社会资金投向初创期、成长期的科技企业。引导基金累计承诺出资2.5亿元，与国内知名创投机构合作设立了红土科信、中大一号等7只子基金，吸引社会资本参与，形成了总额超过25亿的创业投资资金，取得近10倍的放大效应，有效激活广州创业投资氛围。广州开发区管委会财政出资10亿元设立了创业投资引导基金，截至目前共引导设立子基金4家、引入合作基金2家，总规模达66亿元，充分发挥了引导基金作为“母基金”的放大作用。据不完全统计，2013年广州共新增创业及股权投资机构31家，总数达181家，管理资金超过500亿元。

3. 资本市场

广州市支持科技创新的资本市场主要包括股票市场、“新三板”市场、区域性股权交易市场、柜台交易市场、债券市场、产权交易市场和金融资产交易市场等形式。

广州市按照“做强一批，上市一批，申报一批，改制一批，培育一批”的上市工作思路，实施“科技企业上市路线图”计划，全力推动科技企业改制上市。2012年，唯品会、欢聚时代、环球市场、中国手游、久邦数码等企业纷纷登陆纽约证券交易所和纳斯达克证券交易所。2013年，广州市8家公司成功在境外上市，IPO融资52.18亿元。截至2014年2月，广州在国内创业板上市的企业有广州阳普医疗科技股份有限公司、广东高新兴通信股份有限公司等共9家。

广州高新区2006年5月就启动了争取列入新三板扩容试点园区的申报工作，在各级证监部门和广州市政府的支持和指导下，先后三次向中国证监会等主管部门提出列入扩容试点申请，积极筹备和推进相关工作。2013年6月19日，国务院常务会议决定将“新三板”试点扩大至全国。广州市政府金融工作办公室（广州市金融办）会同广州市评技和信息化局（广州市科信局）、广州高新区管委会等单位组成工作小组，广泛发动企业到“新三板”进行股份挂牌转让。2014年1月24日，广州市金鹏源康、旭龙物联、绿洲生化、普金科技、星业科技、科传股份、盈光科技、益善生物8家企业成功在“新三板”挂牌，占全省挂牌企业总数的三成。其中，旭龙物联、绿洲生化、星业科技、科传股份、益善生物5家企业在挂牌当日即实现成交。目前，广州市已有62家企业进入“新三板”企业资源库，150

余家企业具有挂牌意向。

经省政府批准，广州股权交易中心于 2012 年 8 月 9 日在广州科学城正式开业，为非上市股份公司提供股权托管、登记、转让、交易和融资等服务，同时为挂牌企业实现转主板、中小板、创业板上市以及到新三板挂牌发挥培育、辅导和促进作用。截至 2014 年 6 月 28 日，广州股权交易中心累计挂牌企业已由开业时的 57 家发展到 701 家，挂牌企业数量居国内区域市场前列，服务企业覆盖广东省内 16 个地级市，124 家企业，实现融资交易 23.33 亿元，其中 54 家挂牌企业实现增资扩股 6.06 亿元，64 家挂牌企业实现股权质押融资 10.44 亿元，4 家企业通过知识产权质押融资 3300 万元，2 家企业通过私募债融资 6.5 亿元，已培育 3 家企业挂牌“新三板”，4 家企业共发生过 4000 多万元的股份流转交易。目前，广州股权交易中心已推出“股融通 1 号”、“股融通 2 号”、“知融通”系列等创新金融服务产品，已帮助 120 多家挂牌企业成功融资，融资总额超过 18 亿元。广州市股权交易中心的交易平台专设“青创板”，为广大青年创业项目和创业企业提供孵化培育、规范辅导、挂牌展示、投融资对接等综合金融服务。2013 年 6 月 21 日，广州股权交易中心知识产权交易板块正式上线，该板块主要开展知识产权质押融资及知识产权入股为主的转让、许可等交易业务，形成“两权质押，投贷联动”的创新融资模式，为处于初创期、成长期的科技型中小企业解决融资难问题提供了新途径和新渠道。

2012 年 12 月，中国证券业协会发布《证券公司柜台交易业务规范》，标志着证券公司柜台交易业务试点正式启动。广发证券公司成为首批试点券商之一。2013 年 5 月广发证券单独设立了柜台交易市场部，推出了“广发宝”场外权益互换业务和“广发金管家多添利集合资产管理计划”等创新产品。截至 2013 年年底，广发证券累计新发 OTC 产品 92 只，保有产品总市值超过 60 亿元，居行业首位。

2010 年，广州市 5 家中小科技型企业联合发行了华南地区首支中小企业集合中期票据，发行规模 1.5 亿元，期限三年。此支票据创造了国内中小企业集合票据信用评级最高、发行利率最低水平的记录。2012 年由广州市冠誉铝箔包装材料有限公司和广州耀轮车业有限公司联合发行了首单中小企业集合私募债，合计发行规模 5500 万元，期限为 2 年。为破解中小企业融资难问题，助力增城推进广州城市副中心建设，2012 年 11 月增城成立“挂绿 1 号”信托债权基金，面向该市境内 6 家中小企业发放贷款。该基金由增城区政府和交通银行广东省分行、广州市融资担保中心、大业信托公司、广东明华融资担保公司联合设立，首期基金 1 亿元。据统计，近三年来全市共有 19 家科技企业发行公司债，筹资 72.8 亿元。

广州技术产权交易中心前身是广州技术产权交易所股份有限公司，成立于 2001 年，是广州市政府批准设立，广州交易所集团控股的综合性技术产权交易服务机构。2012 年经省政府批准合并到广州交易所集团全资子公司广州产权交易所，是广州市唯一独立运作的技术与知识产权交易与服务平台。广州产权交易所在2009年组建广州私募股权交易所，积极创建中小企业私募融资、私募股权基金第三方阳光私募、海外股权并购和中小企业海外上市平台。广州已初步形成了规范、高效、流转顺畅的中小企业产权交易服务平台。

经省政府批准，广州金融资产交易中心于2014年4月18日正式开业运营。广州金融资产交易中心计划注册资本为3亿元人民币，首期由广州股权交易中心出资6000万元独资发起设立，占100%股权，采用公司制的方式运营，市场化运作。开业当日，广州金融资产交易中心挂牌金融资产交易项目包括小贷资产收益权、信托收益权、应收账款收益权和商业汇票收益权等4大类73个品种。挂牌资产金额达700亿元，与5家银行、3家小额贷款公司及小额再贷款公司、4家担保机构签约。当日便成交4笔，总交易金额达1亿元左右。

4. 金融集聚区

广州市金融集聚区对科技创新的支持形式包括民间金融街、金融创新服务公司、国际金融城和南沙现代金融服务区等一系列形式。

按照省市政府关于依托素有“广州金融发源地”之称的长堤大马路建设国内首条民间金融街的部署，2012年6月28日广州民间金融街正式开张。作为金融街重要的配套服务设施，广州民间金融街管理公司、广州民间金融研究院和广州民间金融商会同时宣布挂牌成立。截至2014年5月底，金融街已引入127家机构，其中小额贷款公司达到39家，为全市的7600余家小微企业和个人提供融资420.4亿元，有效扶持实体产业的发展。目前，金融街三期建设正在全面推进，以互联网金融基地、征信公司和民间金融再融资服务平台为三大重点建设项目，将助推金融街加快打造成为立足广州、辐射珠三角，在全国具有影响力的民间金融集聚基地。

2012年3月9日，广州市政府正式授予广州开发区“广州股权投资基地”，市区出台相关政策，积极支持股权投资机构发展，强力推动建设以科技金融为主的广州金融创新服务区。目前，该区已集聚股权投资机构46家，基金计划资金规模近200亿元，注册资本超过90亿元，成为全市股权投资机构最集中的区域；金融创新、股权投资基地和股权交易中心是广州金融创新服务区的三大名片。全区上市企业共27家，约占全市1/3，是全市上市企业最多的区域，境内上市平均募集资金约9亿元，有效破解了企业融资难题。拥有广州股权交易中心、广州瑞银融资租赁公司、泛华保险服务集团、广州凯得科技创业投资有限公司、广州萝岗金发小额贷款股份有限公司、广州凯得融资担保有限公司等一大批科技金融服务机构，成为全市科技金融发展环境最优、发展基础最实、发展条件最好的金融功能区。

广州国际金融城位于珠江新城东部，整体规划研究范围北起黄埔大道、中山大道，南至珠江，东至天河区界，西至华南快速干线，规划总面积约8.0km^2。该项目于2013年6月正式动工，经过一年多的运作，目前国际金融城起步区的控制性规划、国有企业用地和集体土地的收储、建设项目的规划报建等前期工作已经完成，起步区的建设工作已经全面启动。该项目的筹建是广州市委、市政府实施新型城市化战略，建设国家区域金融中心的重要举措，立足于广州市、依托珠三角，建成后服务于泛珠三角、面向东南亚，以高端现代服务业为主体，旨在将其打造成为金融机构集中、金融要素市场齐备、金融交易活跃、金融服务完善、全国一流的金融总部聚集区，成为广州区域金融中心和广东金融强省的形象代表。

作为我国实施《内地与香港关于建立更紧密经贸关系安排》（Closer Economic Partnership Arrangement，CEPA）先行先试综合示范区，南沙现代金融服务区将紧密依托香港国际金融中心，重点打造粤港澳金融合作示范区。同时，充分发挥南沙新区区位和产业优势，大力发展航运金融、金融租赁、离岸金融等现代金融业务，成为珠三角金融改革创新先行区和航运金融试验区。当前，广州航运交易所和广东贵金属交易中心相继落户南沙新区；中大创投、中大科创、金域科创等一批股权投资机构进驻南沙新区；人民银行广州分行在南沙设立了全省首个金融改革创新研究实践基地。2013 年南沙区共引进金融（类金融）企业 58 家，现正全力争取南沙金融创新政策获批，提出在南沙开展“跨境人民币贷款、在港发行人民币债券、离岸金融”等 19 项金融先行先试政策，并上报国务院审批。

5. 金融中介服务体系

广州市金融中介服务体系对科技创新支持的主要形式有：中小企业投融资公共服务平台、科技金融服务网、中国（广州）国际金融交易 • 博览会、科技金融促进会、融资担保机构等形式。

受广州市经贸委委托，广州市经济贸易信息中心经过多年努力，建立起基于 INTERNET 的广州市中小企业投融资公共服务平台，银行、担保机构和企业可以通过该平台进行沟通交流和互动，交换融资需求与相关信息，并提供简单快捷的服务手段使三方可以快速地建立联系，促进投融资业务的快速有效进行。项目已于 2009 年 6 月全部竣工完成。截至 2013 年 4 月底，已经有超过 60 家金融机构进驻平台，平台上的企业注册用户达到 7500 多家。平台上企业与金融机构进行了 300 多次的融资产品对接，对接需求金额为 91 亿元。银行、担保机构和服务机构等金融机构在平台发布了 150 多个中小企业融资产品。

2012 年 12 月 27 日，广州科技金融服务网启动仪式在海珠区生物工程大厦隆重召开。该网站是一个集金融产品、中介服务、政策宣传、信息服务、信用评价、经费监管、绩效评价、上市辅导与培训等服务于一体，整合银行、担保、保险、创投、风投、中介服务机构等资源，针对广州市科技型中小企业不同发展阶段的融资需求和融资条件，为企业提供差异化的、综合性的专业服务的公共服务平台。

依托每年一度的中国（广州）国际金融交易 • 博览会，开展科技型中小微企业与金融机构的对接活动。第三届金交会于 2014 年 6 月 20 日～6 月 22 日在琶洲国际会展中心举行，展会总面积 4 万平方米，参展机构 298 家，68 家机构提供 348 项促销优惠措施，共有产融对接签约项目 46 个，其中涉及融资的项目 36 个，总意向性签约金额约 1868 亿元。

为进一步促进科技与金融结合，探索金融资源与科技资源对接的新途径，2011 年 12 月 22 日，由广东省科技厅、广州市科技和信息化局、番禺区政府三方共建的"广州市番禺区科技金融促进会"暨广东现代服务交易中心挂牌成立。2014 年 6 月 18 日，广州市科技金融促进会成立大会在广州大学举行。该会由广东中科招商、中国银河证券、广州红土科信、广州证券和广州科技开发总公司等国内知名创投，与 IPO 有关的中介机构以及知名科技型企业共同发起成立的。促进会将具体承担科技企业上市培育、科技金融创新服务和创业投资引导基金服务的任务，旨在打造科技型企业上市融资服务平台、科技金融创新服务平台及创业投资引导基金服务平台，促进科技与金融的多种形式结合，推动科技成果转化。

由于"华创事件"的影响，广州融资性担保行业受到重创。根据广州市金融办的数据，目前广州 90 余家融资性担保公司中，已退出市场的共计 20 家，占比约两成。但随着《融资性担保公司管理暂行办法》、《关于进一步加强融资担保公司监督管理的暂行规定》的出台，经过整顿、规范的融资性担保行业出现新的局面。广东银达融资担保投资集团有限公司（简称银达担保公司）完成新一轮增资，其注册资本金从 7.8 亿元增加到 10.4 亿元，成为广东首家注册资本金达到 10 亿元的民营担保公司。据不完全统计，目前全国注册资本金达到 10 亿元以上的担保公司仅 50 家左右，而民营的则不到 10 家。此外，银达担保公司创新采用了"再担保"业务。2013 年 10 月，银达担保公司与国内投资规模最大的担保机构之一中合担保签订"比例分保"战略合作协议。"比例分保"的合作模式是：中合与银达建立"收益风险分担机制"，即在银达出现代偿风险时，中合担保将为其承担 15%～30%的损失。这实质上是一种"再担保"业务，通过引入全国性大担保公司可以提振广州担保机构的信誉与整体抗风险能力，以向银行争取更多的授信。

6. 金融服务创新

广州市支持科技创新的金融服务形式主要有：知识产权质押融资试点、设立科技担保与贷款和保险专项资金、科技保险、融资租赁等。

2010 年 9 月广州市成功获批成为国家知识产权质押融资第二批试点城市。试点初期，广州市政府与中国建设银行广东省分行、中国工商银行广东省分行、招商银行广州分行、光大银行广州分行、广州银行等 5 家银行签订了《促进知识产权质押融资合作协议》，为企业争取到 3 年 200 亿元的知识产权质押融资授信额度。同时，搭建了市、区知识产权质押融资服务平台，建立了以国家专利技术（广州）

展示交易中心、广州产权交易所集团、广州技术产权交易所、知识城知识产权交易中心等为重要支撑的知识产权交易市场体系。2013 年广州市参与知识产权质押融资企业 14 家，融资额度 5 亿元。

2010 年广州市设立了“科技型中小企业贷款担保专项资金”，担保资金初始规模为 4500 万元人民币，大力扶持符合广州市产业政策导向，技术含量高、成长性好的科技型中小企业。目前已向 3 个批次的科技贷款项目提供担保，为 26 家科技小微企业提供担保贷款 2200 万元；2012 年市科技经费安排设立广州市科技保险保费补贴专项，首期 300 万元，试点区配套 300 万元，为 5 大类 15 种试点险种提供保费补贴，降低高新技术企业研发、成果转化的市场风险；2012 年市科技经费安排设立广州市科技贷款风险准备金专项资金，由省科技厅出资 1000 万专项扶持资金，广州市、试点区分别配套 2000 万，试点区政府发动辖区内街镇、园区出资 1500 万，形成四级联动，共同设立省、市、区、镇（街、产业园区）专项资金初始规模为 6500 万元人民币，为广州市扶持科技型中小企业创新发展提供强大资金链。由广东省科技厅、广州市科信局、番禺区财政共同出资组建番禺首个“风险池”担保资金于 2013 年初成立，由中国银行番禺天安科技支行具体运营该资金。利用区“风险池”资金，银行系统不断创新金融产品，至 2013 年底相关贷款额度已超过 2 亿元。

广州出台了《关于大力推进广州保险业综合改革试验的意见》、《广州市科技保险试点工作方案》，设立科技保险保费专项资金，对科技企业承保高新技术企业产品研发责任保险、高新技术企业关键研发设备保险、高新技术企业营业中断保险等 5 大类 15 种险种进行保费补贴。广州开发区积极探索保险资金支持科技发展新方式，由中标的 4 家保险公司承担科技保险业务，区内科技企业投保规定的 15 种试点险种可享受保险公司费率优惠和最高 60%的保费补贴，截至 2013 年末，已为区内 17 家企业发放科技保险保费补贴总额约 12 万元。探索利用保险的形式为专利维权提供资金支持，与中国人保广州分公司签署了《广州市专利保险试点框架合作协议》，并举办专利保险试点推进会，2013 年全年引导 21 家企事业单位的 63 件优秀专利参与投保“专利执行险”，总保额 75.6 万元。

广州国有大企业近年来纷纷涉足融资租赁。2012 年广州越秀集团设立广州越秀融资租赁有限公司，经过一年发展，越秀租赁资产规模达到了 60 亿元，利润过亿元，并将发展的触角延伸到了上海、北京。紧随其后，广州市第一家内资试点融资租赁企业——广汽租赁有限公司也获批成立。2013 年 12 月末，由广州地区 9 家融资租赁企业联合发起组建的广州融资租赁企业联盟正式成立。目前广州市拥有融资租赁企业近 20 家，注册资本金 80 余亿元。

9.3 广州市金融支持科技创新存在的不足和原因分析

根据前面对广州市金融支持科技创新的现状分析看，还存在如下不足。

1）广州创业投资不够发达、激励机制不健全。广州市政府虽然建立了创业投资引导基金，但规模较小，引导放大作用有限。目前，深圳的各类投资基金、企业超过了 8800 家。相比较而言，广州现有的创业投资机构数量少，特别是投资于科技创新企业前端的天使投资机构和投资于成熟期及后期的私募股权投资机构，基本没有形成规模。另外，激励机制不健全，缺乏吸引证券公司、保险公司、信托公司和财务公司等金融机构投资或设立股权投资企业开展投资业务的激励政策和机制；缺乏吸引、规范私募基金和社会保险资金进入创业投资领域的激励机制。

2）广州创业板上市企业规模与广州经济地位严重不匹配。科技创新型企业通过创业板上市是企业融资的重要渠道，也是创业风险投资退出的主渠道。但广州通过创业板上市的企业数量极少，不及创业板上市企业总数的 3%，远少于上海、北京、深圳。截至 2014 年 2 月末，在创业板上市的广州企业仅有 9 家，而深圳企业就有 39 家，这与广州 GDP 全国前列的地位极其不符。

3）债券市场发展不足。欧美等发达国家的经验表明，公司债券是企业外部融资的主要形式，企业债券融资额通常是股票融资额的 2 倍以上。广州债券市场规模太小、融资金额有限、品种少、结构单一，没有发挥出债券市场成为企业直接融资主要渠道的作用。

4）融资租赁发展不足。融资租赁集融资与融物、贸易与技术服务于一体，是一种可替代银行信贷的低成本融资方式。在欧美发达国家，融资租赁已成为仅次于银行信贷的第二大间接融资方式。目前美国的融资租赁渗透率达 30%，日、韩等国以及欧洲发达国家的融资租赁渗透率也在 20%左右，而广州的融资租赁渗透率不足 5%。广州市现有融资租赁企业近 20 家，与公司数量超过 200 家的天津，公司数量超过 100 家的深圳都相差甚远。广州的这种融资租赁发展水平与广州经济地位、制造业大省的省会城市的地位极其不符。

5）金融中介服务体系不完善，中介机构的职能和作用发挥有限。首先是金融中介服务市场体系不健全。投融资顾问、信用中介（信用征信、信用评级、信用担保）、科技评估（科技成果评估、科技能力评估、资产评估）、保险中介（保险代理、保险经纪、保险公估）、交易市场平台等领域尚处于起步阶段，科技创新企业与金融机构衔接的某些环节缺乏相应的机构。其次是金融中介机构专业服务能力欠缺。大部分金融中介机构发展历史不长，专业化程度不高，专业化知识和经验不足。再次是金融中介机构执业行为不规范。由于缺乏健全的法律法规、行业规范和监管体系，金融中介机构的行为极其不规范，时有违规甚至违法行为发生。

6）金融创新不足。虽然金融创新使得科技型企业融资渠道日趋丰富，但广州现有的金融产品仍不能满足科技创新企业各阶段的需求，融资难的问题没有实质性改善。这一方面是金融机构对科技创新企业服务的理念和手段较为封闭保守，自身的创新不足；另一方面是金融机构之间缺乏联动，联合创新不足。

7）资本市场不完善，缺乏区域性柜台交易市场。虽然广发证券的柜台交易市场已起步，但广州目前缺乏区域性柜台交易市场。建立区域柜台交易市场可以将多家券商的产品直接进行交易，与上交所和深交所实现对接，形成结构完整、功能完善的多层次场外市场体系。

8）政策性保险、担保机制尚未完全建立。尽管广州设立了科技担保、贷款和保险专项资金，但资金不足，发挥的作用有限。广州应探索以财政资金为杠杆，撬动社会资金建立政策性担保机构和政策性科技保险机构，以政府信用和资金降低科技贷款的风险。

接下来分析广州市金融支持科技创新存在不足的主要原因。

要满足科技创新的投融资需求，必须构建、完善“三位一体”的金融体系。一是促成金融机构和科技创新企业实现首轮融资的一级市场。二是为投资者提供资产交易和退出渠道的二级市场。三是构建金融中介服务市场，为一、二级市场中的资金供需双方达成低成本高质量交易提供专业化的中介服务。根据前面的分析可以看出，广州金融支持科技创新的不足恰好就是这“一、二、三级市场”的不完善（封北麟，2014）。

任何市场的建设和完善都由两种力量推动，一种是外部力量，一种是内部力量。在这里，外部力量主要来自政府的力量，即政府政策的激励、引导力；内部力量主要是自身的创新力。由此分析广州金融支持科技创新的不足的原因主要有两个：一是政府的激励政策不够完善，激励、引导不足；二是金融机构、金融市场的金融创新不足。下面围绕这两方面，分析现状以及存在的问题，并提出改进建议。

9.4　广州市金融支持科技创新的激励政策体系分析

为了充分发挥金融对科技创新的推进作用，进一步促进科技创新，广州市出台了一系列政策措施以激励广州金融业的发展。

为了推进广州区域金融中心、金融功能区建设，2011 年广州市人民政府办公厅出台了《关于加快建设广州区域金融中心的实施意见》，广州市人民政府印发了《广州区域金融中心建设规划(2011-2020年)》；2013年广州市人民政府出台了《关于支持广州区域金融中心建设的若干规定》，广州市人民政府办公厅出台了《广州市金融业发展第十二个五年规划》，中共广州市委、广州市人民政府出台了《关于全面建设广州区域金融中心的决定》，广州市人民政府办公厅出台了《关于支持国家金融监管部门驻粤机构和金融机构在广州国际金融城建设自用办公用房若干规定》，广州市越秀区人民政府、广州市人民政府金融办出台了《关于促进广州民间金融街发展的实施意见》。

为了加快资本市场及风险投资的发展，2010年广州市人民政府办公厅印发了《关于进一步做好企业上市工作的意见》，中共广州市委办公厅、广州市人民政府办公厅出台了《关于促进广州市股权投资市场发展的意见》，广州市科技与信息化局、广州市发展和改革委员会、广州市财政局、广州市政府金融工作办公室联合制定了《广州市创业投资引导基金实施方案》；2011年广州市人民政府办公厅出台了《关于加快广州产权交易市场发展的意见》；2012年广州市人民政府金融办出台了《建设广州区域股权投资中心工作方案》，广州市人民政府办公厅印制了《关于促进广州股权投资市场规范发展暂行办法》；2013年广州市人民政府印制了《关于进一步鼓励和引导民间投资加快发展的意见》；2014年广州市人民政府办公厅出台了《关于支持广州股权交易中心加快发展的若干意见》。

为了加强信用体系建设，加快、规范小额贷款公司、融资性担保机构发展，2011年广州市财政局出台了《广州市科技型中小企业贷款担保专项资管理试行办法》；2012年广州市发改委制定了《广州市社会信用体系建设工作方案》；2013年广州市政府金融工作办公室印制了《广州市小额贷款公司监督管理暂行办法》、《广州小额再贷款公司业务试行办法》及实施细则，广州市财政局等制定了《广州市扶持中小企业信用担保体系建设专项资金管理办法》。

为了推动科技保险创新工作，2010年广州市人民政府、广东保监局联合出台了《关于大力推进广州保险业综合改革实验的意见》，广州保险综合改革试验工作领导小组印发了《广州保险业综合改革试验工作实施方案》；2011年广州市科技和信息化局、广州市政府金融工作办公室、广州市财政局联合制定了《广州市科技保险试点工作方案》及《广州市科技保险补贴专项资金管理办法》。

为了支持知识产权质押融资金融创新，广州先后制定了《广州市知识产权质押融资试点工作方案》、《广州市中小企业知识产权质押贷款操作指引》、《广州市番禺区知识产权质押贷款贴息管理办法》等一系列引导、鼓励政策支持金融创新。

以上政策主要通过财政资金以奖励、引导、补贴、风险补偿等方式激励金融发展以支持科技创新，具体的条款主要包括以下内容。

1）对新设立或新迁入的各类金融机构按照以下原则给予奖励：对新设立和新迁入法人金融机构按照注册资本规模给予最高 2500 万元的一次性奖励，并对金融机构地区总部给予最高 200 万元的一次性奖励，对金融配套服务机构给予最高 500 万元的一次性奖励，引导各类金融机构来广州发展。

2）对金融市场交易平台等机构按照以下原则给予奖励：对新设全国性金融市场交易平台给予最高 2000 万元的一次性奖励，区域性金融市场交易平台给予 1000 万元的一次性奖励，全国性金融市场交易平台在广州设立一级分支机构给予 300 万元的一次性奖励，提高广州的金融资源配置能力和定价能力。

3）对现有在穗金融机构及相关金融组织按照以下原则给予奖励补贴：对经认定的金融总部企业给予最高 5000 万元的一次性奖励；鼓励在广州法人金融机构增资扩股，给予最高 1000 万元一次性奖励；对上一年度利润总额 1000 万元以上的金融中介服务机构给予 50 万元补贴。

4）对小额贷款公司和融资担保机构给予风险补偿。对小额贷款公司发放的单笔不超过 100 万元的小额贷款，按照当年累计发放额折算成一年期限后给予 0.5% 的风险补偿，对单家小额贷款公司的最高年补贴金额不超过 50 万元；对当年担保业务实际发生额排名前 20 且经营管理较好、风险管控水平较高的融资性担保机构，按其年担保业务发生额给予 0.15%的风险补偿，对单家担保机构的最高年补贴金额不超过 50 万元。

5）鼓励在穗银行机构加大对小微企业的金融服务力度，按贷款新增量和新增占比加权计算进行排名，对排名前 6 名的银行机构给予每家 100 万元的奖励。

6)对国家金融监管部门和金融机构在广州国际金融城建设自用办公用房的奖励支持政策：给予金融机构、金融控股集团和金融市场交易平台在金融城购地建房，按照自用建筑面积每平方米给予 1000 元的奖励。

7）对利用资本市场融资发展的企业按以下原则给予补贴：在境内外证券市场新上市的广州地区企业给予 300 万元的一次性补贴，对从外地迁入广州的上市公司给予 200 万元的一次性补贴；对进入全国中小企业股份转让系统挂牌交易的广州地区企业给予 100 万元的一次性补贴；对进入广州股权交易中心挂牌交易的广州地区股份制企业给予每家 30 万元的一次性补贴。对在交易所市场和银行间市场新发行债券的广州地区企业给予发行费用 10%的一次性补贴，最高不超过 50 万元。

8）设立金融创新奖和金融研究成果奖，对相关机构和人才按以下原则给予奖励：对金融机构开展金融产品、金融技术、金融服务、金融管理创新给予奖励，金融创新奖设一等奖 3 名，奖金各 100 万元，二等奖 10 名，奖金各 50 万元，三等奖 20 名，奖金各 30 万元。设立广州国际金融研究院，建成金融高端研究、培训和国际交流的综合性平台，每年安排最高不超过 500 万元的课题研究经费。

9）对优化金融发展环境的相关活动按以下原则给予补贴：对举办中国（广州）国际金融交易·博览会根据实际支出情况每届给予不超过500万元的补贴。对社区金融服务体系建设和社区金融文化发展等项目每年给予最高不超过200万元的补贴。对推进社会信用体系建设，开展信用园区、信用村镇建设试点的，每个试点每年给予30万元的补贴，全年补贴总额不超过1000万元。

10）允许符合条件的企业注册使用“投资基金”和“投资基金管理”称谓，对符合条件的股权投资企业和股权投资管理企业给予最高1500万元的落户奖励。

11）设立了首期规模达2亿元的创业投资引导基金，通过参股和提供融资担保等方式扶持创业风险投资企业的设立和发展，并引导创业风险投资企业积极投资处于种子期和起步期的科技创业企业。

12）对在民间金融街新设立总部或将总部迁至民间金融街的民间融资机构给予最高50万元的一次性奖励，并对进驻民间金融街的机构给予落户奖励、办公用房租赁补贴等一系列优惠政策。

13）从2014年起连续3年，在市战略性主导产业发展资金中每年安排500万元资金，用于支持广州股权交易中心发展。

14）设立科技型中小企业贷款担保专项资金，担保资金初始规模为4500万元人民币，用于为本市科技型中小企业向金融机构贷款提供担保的专项资金。

15）鼓励各区、县级市政府出资设立担保机构或担保业务专项资金，为辖区内中小企业提供担保服务，对新设立的担保机构（或担保业务专项资金）资本金1亿元以上的，每户补助300万元；对原有担保机构（或担保业务专项资金）增资3000万元以上的，每户补助100万元。上述资金作为其国有出资人的资本金投入。

16）对科技保险参保企业提供保费补贴。广州市科信局、试点区（县级市）共同为参保企业提供保费补贴，广州市科信局、试点区（县级市）按1∶1比例分担补贴资金，单个企业年最高补贴额不超过30万元。

17）市科技经费安排设立广州市科技保险保费补贴专项、广州市科技贷款风险准备金专项资金。其中，科技保险保费补贴专项首期300万元，试点区配套300万元，为5大类15种试点险种提供保费补贴；科技贷款风险准备金专项由省科技厅出资1000万元专项扶持资金，广州市、试点区分别配套2000万元，试点区政府发动辖区内街镇、园区出资1500万元，形成四级联动，共同设立省、市、区、镇（街、产业园区）专项资金初始规模为6500万元人民币。

18）广州市知识产权局按照有关规定并视当年财政资金情况，对已备案登记的且符合条件的专利权质押融资项目给予一定比例的利息和评估费用的扶持。

由上可见，广州市已初步构建起较完善的金融支持科技创新的激励政策体系，但依然存在一系列不足，具体有以下几点。

1）缺乏系统性的支持政策体系。现行的激励政策出现了政出多门的现象，每个部门都站在自己的角度出台相关的政策，呈现碎片化的状态。这导致政策体系缺少顶层设计与规划，缺少针对性和系统性，各项政策之间可能存在不协调。

2）税收政策工具运用极其有限。如果税收优惠政策设计得当，既可达到财政政策的效果，同时又可减少财政支出，是政府财税政策中一种重要的政策工具。从目前广州的财税政策来看，主要是财政政策，而税收政策缺乏。即主要以财政支出这种直接投入为主，而采取税收优惠这种间接投入极少。

3）欠缺政府采购政策。政府采购制度可降低创新活动的风险系数。因此，通过政府采购，可以降低企业、金融机构、金融中介机构等的创新风险，增强它们的创新积极性，同时又可满足政府的消费需求。广州这方面的政策基本处于空白。

4）风险补偿机制不完善。广州的风险补偿政策主要针对融资担保机构和小额贷款公司，而对于高风险的银行、创业风投、保险机构的风险补偿政策却欠缺。

5）金融市场化政策不健全。广州现行的激励政策基本都是财税政策，对于放宽对金融机构或金融市场的管制，发挥它们的市场化作用的金融政策欠缺。例如，银行机构科技贷款利率必须与其他贷款利率保持一致，科技贷款需要接受与其他贷款同样的标准考核，这严重阻碍了信贷支持科技创新。政府对金融市场价格的管制，对债券发行主体的严格限制都导致市场机制无法发挥作用。

6）欠缺规范和引导金融中介服务机构发展的政策。健全的金融中介服务体系能降低科技型企业与金融机构之间信息搜集的成本，有利于解决信息不对称问题，降低金融风险，对科技创新与金融的深度融合起到至关重要的作用。广州的金融中介服务体系不完善，并且缺乏相应的政策扶持和引导它们发展。

7）鼓励金融创新的政策措施单一，激励不足。设立金融创新奖是广州激励金融创新的主要措施，这是一种事后激励，并且覆盖面有限。要激励金融机构和金融市场更加积极地进行金融创新，必须降低它们创新过程中的风险和成本，需要更加完善的激励措施。

8）缺乏建立政策性担保、保险体系的政策。一方面由于“华创事件”的影响，广州当前的商业信用担保体系面临困境；另一方面，商业性担保机构和保险机构是以盈利为目的的，不愿对高风险、轻资产的科技创新企业提高担保或保险。因此，广州当前急需政策性担保、政策性科技保险体系的建立。

9）欠缺丰富投资者结构的政策。广州的投融资机构结构较单一，缺乏多样性。主要原因在于缺乏引导、鼓励证券公司、保险公司、信托公司和财务公司等金融机构开展创业投资业务或金融租赁业务的政策。

10）欠缺拓宽投、融资资金来源渠道的政策。当前，大量的私人资金闲散在外，缺乏投资渠道；社会保险资金投资渠道单一，收益偏低。目前，广州缺乏引导私募资金、社会保险资金等进入风险投资市场的政策措施。

根据以上存在的不足，提出完善金融支持科技创新激励政策体系的思路。

政府激励政策主要分为两类：一是财税激励政策；二是促进金融市场化的金融激励政策。针对广州市在“一级、二级、三级市场”存在的不足，财税、金融激励政策在一级市场中的支持重点，是尽可能通过财税、金融政策以“成本分摊、风险共担”的方式创设、吸引、维持数量足够、类型丰富的金融机构进入这一市场并长期存在，以及激励存在于这一市场的金融机构进行金融产品的创新，从而为各类型科技创新的各个阶段提供充分的选择机会，最终寻找到合意的投资方。财税、金融激励政策在二级市场中的主要职责，是支持多层次资本市场的建立和完善，加速二级子市场的流动性，为风险资本退出和科技创新的再融资提供尽可能多的机会。财税、金融激励政策在三级市场中的作用，是丰富不同类型金融中介服务机构的创设，降低金融服务的成本和风险，促成一、二级市场的繁荣（封北麟，2014）。

根据上面的分析思路，对广州市金融支持科技创新的激励政策体系提出如下建设性建议。

1）建立税收扶持政策。广州应尽快出台政策，避免对投资机构双重征税，同时降低其资本收益税率，准备金税前加计扣除、投资额抵扣所得税、流转税减免等方式，对参与科技创新投融资的商业银行、创业投资公司、天使投资基金、私募股权投资机构、保险公司、担保机构、金融租赁企业、信托机构、产业投资基金等，给予合理的税收优惠，以激励金融机构支持科技创新的积极性。

2）建立丰富投资者结构的激励政策。鼓励证券公司、保险公司、信托公司、财务公司等金融机构开展创业投资业务，丰富创业投资结构。一方面，直接给予这些机构财政奖励、利差补贴、业务贴息等；另一方面，给予它们税收优惠，实行准备金税前加计扣除、流转税减免、所得税减免等政策。再一方面，设立风险补偿资金，按照其年度风险投资损失的一定比例给予补偿。通过这些政策措施，可降低这些金融机构开展科技金融业务的风险顾虑，激励其参与科技创新投资的积极性。

3）完善支持金融创新的政策体系。除了奖励以外，运用政府采购、补贴、风险补偿等多种财政支持方式鼓励科技金融创新。通过政府采购的方式将创新技术的推广应用与商业金融机构的金融支持实施联动。对于符合国家产业政策、商业金融机构有意向支持的创新技术，可通过政府采购的方式为它提供商业化市场，确保企业稳定的经营收入，从而降低金融机构的投资风险。同时，对于积极开展金融创新的金融机构，给予业务补贴和风险损失补偿，部分弥补金融机构的创新成本和风险损失。

4）加大财税支持力度，完善多层次资本市场。进一步推动区域性柜台交易市场的建设。在构建初期，政府应从公共产品的角度，对培育运营市场的企业或机构给予财政补贴、奖励以及所得税、流转税等方面税收优惠，降低运营成本。此外，应进一步推动知识产权交易市场发展，通过财政补贴、奖励和税收优惠支持广州建立知识产权交易所，推动知识产权成果的转化。

5）以财政资金推动政策性科技保险体系和政策性担保体系建设。政策性科技保险机构和政策性担保机构属于准公共产品，应由政府出资引导建立。广州政府应通过财政完全出资或者参股建立政策性再保险机构，按市场化运作，为商业性保险机构提供再保险业务，以政府信誉和资金降低商业保险机构的风险，鼓励商业保险企业开展科技保险业务。另外，广州政府应通过财政资金建立政策性担保机构。一是由广州财政拨款设立政策性担保机构，按市场化运作，实行保本经营，略有微利；二是由广州财政完全出资或参股方式设立再担保机构，对商业担保机构实施再担保，以政府信誉和资金分担商业担保机构的风险，提升担保机构的信用。同时，应该对政策性担保机构和再担保机构给予税收优惠政策，以利于其良性运行。

6）完善科技创新融资多元化风险补偿机制。由政府财政出资建立风险补偿专项资金，完善风险补偿机制。一是科技保险补偿，包括对参与科技创新活动保险的保险公司进行补偿，以及对企业购买科技创新活动保险所付保费的补贴两个部分。对保险公司的补偿按照年保险业务额给予一定比例的补偿；二是对发放科技创新贷款的银行进行补偿，根据发放贷款的额度和频率给予适当的补偿；三是对投资科技创新的风险投资机构按照其年度风险投资损失的一定比例给予补偿。

7）加大财税支持力度，大力发展金融租赁业。一方面可通过财政奖励政策，把符合资质的商业银行、租赁公司、制造商及银监会认可的合格金融机构引入金融租赁行业，壮大金融租赁业基础。另一方面，可对从事金融租赁业务的金融机构发生的成本或损失进行财政补贴以及营业税、所得税减免，减少从事金融租赁的运营成本和风险损失。

8）拓宽风险资金来源渠道。风险投资的资金来源渠道狭窄是制约广州风险投资行业发展的瓶颈，可以采取以下措施拓宽资金来源渠道：第一，通过减少对民间私募性质金融资本的限制，放松金融管制，规范私募资金行为，引导私人资本进入风险投资产业。一方面制定法律法规，设立监管机构，规范私募资金行为；另一方面制定法律保障私人投资的合法收益，提高私人投资的积极性。第二，积极探索社会保险资金进入风险投资市场。养老保险、医疗保险、失业保险和住房公积金都是具有长期资金性质且有稳定来源的资金，特别是养老保险和住房公积金的规模越来越大，其保值增值的要求也越来越强烈。广州应积极研究出台社保资金进入风险投资市场的方式和比例的指导型政策，在保证资本安全的前提下，扩大风险投资资金的来源。

9）出台市场化政策，大力发展企业债券市场。当前企业通过债券融资的限制太多，导致广州的债券市场不发达，必须放松管制，出台相应的市场化政策，规范和大力发展企业债券市场。第一，放宽企业债券发行主体的限制，允许有条件的中小企业、民营企业发行企业债券。第二，放弃政府对债券发行的审核制度，引入市场机制，让市场中的债券评级机构对债券优劣进行判断。第三，按照市场化原则确定企业债券利率。企业债券利率的确定应根据不同企业的资信状况，由发行人、承销商根据市场情况，确定适当的利率。

10）建立有利于银行支持科技创新的信贷管理制度和差异化的考核机制。一方面，允许银行利率的适当市场化。科技创新贷款的风险明显高于一般类型贷款，如果利率一致，银行进行科技创新贷款的动力不足。因此，应当允许银行根据贷款的风险特点自行决定贷款利率，提高银行科技创新贷款的积极性。另一方面，根据商业银行科技创新贷款的风险、成本和核销等具体情况，对科技创新不良贷款比率实行差异化考核，适当提高科技型中小企业不良贷款比率容忍度。

11）大力培育和发展金融中介服务机构，完善金融中介服务体系。完善的金融中介服务体系主要包括投融资顾问、信用中介机构（信用征信、信用评级、信用担保）、科技评估机构（科技成果评估、科技能力评估、资产评估）、保险中介机构（保险代理、保险经纪、保险公估）和交易市场平台等类型。政府可以采取以下措施来培养和发展金融中介服务机构。第一，加强金融中介服务机构的市场准入管理。一方面，政府应着力解决并明确金融中介服务机构市场准入的责任部门，避免某些金融中介服务机构处于无人审批、无人监管的真空状态；另一方面，要制定金融中介服务机构资质认定标准，严格把关金融中介服务机构准入条件。第二，加强对金融中介服务机构的监督管理。一方面，根据“谁发牌、谁监管”的一般规则，相关的政府金融管理部门应该承担监督管理的职责。另一方面，金融中介行业要设立行业协会，实行“一业一会”，充分发挥行业协会对金融中介机构的监督作用。推行会员制，进入中介行业的中介机构都必须加入所属行业协会，成为其会员。行业协会应制定行规行约和惩戒机制，规范会员的行为。第三，对于重要的或急需发展的金融中介服务机构，应给予财政补贴和奖励支持以及所得税、流转税方面的税收优惠。同时，对采购其服务的科技创新企业给予成本补贴，培育和壮大金融中介服务市场。

9.5 广州市金融支持科技创新激励的金融创新分析

为了支持科技创新，针对科技创新企业“轻资产”、高风险、不确定性的特点，广州的金融机构和金融市场做出了大量的创新，开发出了知识产权质押融资、票据融资、动产融资、股权质押融资、典当融资、保理融资、集合融资等金融产品（表 9-1）。

表 9-1　广州市创新支持激励的金融创新产品

产品名称	产品模式
企贷保	能够提供企业、股东或第三方名下的住宅楼宇和商业楼宇，实际控制人提供连带责任等担保
创新基金过桥贷	有创新基金立项，并能够提供企业主要股东、实际控制人连带责任保证即可申请
科技通宝	借款人通过自有的发明专利、实用新型专利、软件著作权、商标作为质押物，银行在此基础上充分评估企业技术价值，对知识产权价值给予一定折扣并发放贷款
立业通宝	借款人因购买或建设厂房资金需要，申请短期、中长期贷款。银行在充分评估企业的还款能力和盈利情况后可最高向企业提供项目总投 70%的授信
设备抵押贷款	借款申请人以存量在用的或是即将购买的国内外知名品牌机械设备作为抵押担保，向银行申请授信
企业短期融资券	受中国境内具有法人资格的非金融企业的委托，在银行间债券市场为企业发行的、企业约定在一定期限还本付息的有价证券，发行期限不超过 365 天
企业中期票据	受具有法人资格的非金融企业委托，在银行间债券市场按照计划分期发行的、企业约定在一定期限还本付息的债务融资工具
股易贷	符合条件的客户以约定价格向其指定交易的证券公司卖出标的证券，证券公司为其提供融资金额，并约定在未来某一日期客户按照另一约定价格从证券公司购回标的证券
支票易	公司在使用支票对外支付时，如账户资金不足，可使用银行的授信额度对外透支支付，是一款纯信用无抵押的融资产品
政府采购融易贷	凡参与政府采购项目的企业，可凭《中标通知书》向银行申请融资，无需提供抵押担保
股权质押融易贷	公司可将自身或第三方合法持有的股权作为债权担保，向银行申请股权质押融资。本产品所指股权为法人或自然人合法持有的非上市公司股权
链式快贷	公司作为核心企业，为上游/下游提供担保，银行可为公司上游/下游发放融资贷款
商票融易贷	公司在银行核定商票保贴额度，公司上游客户即可凭公司开出的商票向银行进行质押融资，提前回笼货款资金
互助金	一款企业抱团贷款产品，原则上要求 30 家以上企业共存保证金获取银行授信，特点是不需要抵押物，需用款企业法定代表人或实际控制人为用款企业个人连带责任担保
中小企业贷款	中小型企业可采取不动产抵押（住宅、商铺、写字楼、土地等）或动产质押（大宗商品、银行承兑汇票、应收账款等）的方式，从银行取得统一授信
中小企业免抵押联保	由 3 个（含）以上自然人自愿组成联合担保体，向银行申请用于生产或投资经营活动的人民币授信业务，相互提供连带责任担保
股权投资（PE / VC）	重点投资具有自主创新能力的孵化器、初创期和成长期中小型高科技企业、国家支持产业企业、具有上市潜力的成长型和 Pre-IPO 企业
中小企业私募债券	在中国境内注册为有限责任公司和股份有限公司的中小微企业，依照法定程序，以非公开方式发行、约定在一年以上期限内还本付息的有价证券
速保通	对于经营情况良好或有一定的抵押物的企业客户，主要根据银行认可的担保机构提供的有效担保、广东省中小企业信用再担保有限公司提供有效再担保的企业提供的信贷业务
国内订单融资	银行为支持客户（卖方）按期履行订单项下业务，为符合条件的客户发放短期融资，用于满足其在货物发运前支付原材料采购款、组织生产、货物运输等的资金需求
国内保理	销货方将其销售商品、提供服务或其他原因所产生的应收账款转让给银行，由银行为其提供应收账款融资及商业资信调查、应收账款管理的综合性金融服务
国内发票融资	销货方以其赊销产生的应收账款为质押，由银行为其提供的短期融资
出口押汇/贴现	出口商以出口信用证、出口代收项下单据作质押从银行获取的融资

续表

产品名称	产品模式
出口保理	出口商在采用赊销、承兑交单结算方式时，凭借发票及货运单据从银行获得的融资
出口发票融资	在汇款结算方式的国际贸易中，凭出口商出具的商业发票，以货物的应收账款为第一还款来源，向出口商提供的贸易融资业务
福费廷	出口商将信用证项下已承兑的应收账款或应收票据卖给银行获得的融资
国内信用证项下卖方融资	卖方发货后，银行基于其收到的延期付款信用证项下的应收账款为其提供的短期融资
短期出口信用保险项下融资	出口商凭借出口单据、出口信用险保险单等从银行获得的融资
出口退税账户托管贷款	出口退税账户托管贷款是出口商将出口退税账户委托银行管理，从银行获得的贷款
存单质押贷款	以未到期的定期储蓄存单、单位定期存单等，从银行取得贷款
国债质押贷款	借款人以未到期的国债作质押，从银行取得人民币贷款
票据质押贷款	以银行本票、银行承兑汇票等票据作质押，从银行取得贷款
应收账款融资	卖方将其与买方订立的商务合同所产生的应收账款转让给银行，作为还款担保从银行获得授信
商品融资	借款人以其合法拥有的储备物、存货或交易应收的商品进行质押，由银行提供的结构性短期融资业务
订单融资	在非信用证结算方式的国际贸易中，公司凭借有效订单或贸易合同向银行提出申请，银行以该订单或合同项下的预期应收账款作为第一还款来源，为公司提供短期融资
信用证项下打包贷款	为支持客户（卖方）按期履行国内信用证项下义务，向符合条件的客户发放短期融资，用于满足其国内信用证项下货物采购、生产和装运的资金需求
搭桥贷款	为满足借款人日常业务活动中阶段性的资金需求，以未来所获非经营性现金流作为还款来源而发放的过渡性贷款
境内外 IPO 及再融资	为客户在境内外股票公开发行、上市和再融资提供财务顾问、保荐和承销等服务
国际债券	建行与美国银行合作，协助境内借款人在国际证券市场上发行以外国货币为面值的债券，协助已发展成熟的企业客户进入国际长期债券市场，使客户获取长期外币融资，提高国际影响力
银团贷款	由获准经营贷款业务的多家银行或非银行金融机构，采用同一贷款协议，按商定的期限和条件向同一借款人提供资金的贷款方式
信用贷款	以借款人的信誉（经有权机构审计或核准的近三年和最近的财务报表和报告）发放的贷款，借款人不需要提供担保
单位定期存单质押贷款	借款人以未到期的本行或他行人民币单位定期存单作质押，由银行向借款人发放的贷款
商业汇票贴现	商业汇票（包括银行承兑汇票、商业承兑汇票）的合法持有人在汇票到期日前，为了取得资金而将票据转让给银行的票据行为
保兑仓业务	在供应商承诺回购的前提下，购买商向银行申请以供应商在银行指定仓库的既定仓单为质押的贷款额度，并由银行控制其提货权为条件的融资业务
动产抵押（质押）贷款	借款申请人以其自有或第三人所有的动产（商品、原材料等）向银行抵押或质押，并从银行获得资金的一种融资方式
商品提货权融资业务	银行与供应商、经销商通过签署三方协议的方式，对经销商提供的以控制商品提货权为前提的融资业务

续表

产品名称	产品模式
仓单质押授信	企业以仓单（原材料、半成品、产成品的仓单均可）作为质物，银行据此向其提供授信的融资方式
出口应收账款池融资	企业将连续、多笔、单笔金额较小的应收账款（包括赊销、托收和D/A、信用证为结算方式的出口商品交易下产生的应收账款）汇聚成“池”，整体转让予银行，即可获得融资支持
票据池融资	企业将连续、多笔、单笔金额较小的应收票据汇聚成“池”，整体转让予银行，即可获得融资支持
国内保理池融资	将一个或多个国内的不同买方、不同期限和金额的应收账款全部转让给银行，银行根据累积的应收账款“池”余额给予一定的融资比例，为客户提供可跨越单笔账款期限、形式灵活多样的融资支持
商票保贴	对特定承兑人承兑的商业承兑汇票，或对特定持票人持有的商业承兑汇票，银行承诺在授信额度和一定期限内以商定的贴现利率予以贴现
控货融资	客户以其动产或仓单质押获得银行融资的业务
联合银行贷款	为了方便客户解决资金周转问题，联合银行向申请贷款的个人或中小企业办理贷款
生意循环贷	商会推荐且提交充足的资产证明材料，银行核定贷款额度
信用担保贷款	个体工商户或个人投资企业主，提供一位以上具有固定职业和稳定收入的自然人为其保证人的，或由借款人经营场地的投资管理方提供担保的，即可申请贷款
贷前贷	小额贷款公司在银行审批前期介入客户，根据客户的实际情况设计方案，还款来源主要依靠银行后期贷款
贷中贷	银行和小贷公司互相推荐客户，银行是第一债权人，小贷是第二债权人，抵押率控制在100%以内，最大限度满足客户资金需求
贷后贷	客户贷款到期，由小贷公司发放贷款置换银行贷款，确保银行贷款的安全回收，银行对客户续贷，由银行发放贷款置换小贷贷款
应急贷	担保方式：房产、汽车、货押、租赁权、应收账款、股权、商标、信用
过桥贷	主要满足客户在银行贷款过渡安排时的资金需求，帮助客户圆满完成还旧借新
科技补贴贷	向科技型中小企业发放的、用于支持其开展科技创新活动，并以企业未来收到的科技补贴资金或经营收入作为主要还款来源的短期融资业务
科技成果转化贷	向科技型企业发放的、用于支持其对优质科技成果实施转化，并以企业转化产出、经营收入或其他现金收入作为还款来源的融资业务
税融通/税款通宝	银行机构根据企业纳税信用以及缴纳税款情况向诚信纳税的中小企业提供相关的融资产品及金融服务
典当小额贷款	存单存货财产权利质押典当借款、银行转贷过桥典当借款、个人综合授信典当借款、中小企业综合授信典当借款等
财产权利典当	典当范围：①在沪深证券交易所挂牌上市交易的股票和流通的基金、债券等。②非上市公式股权（含在区域股权交易中心挂牌流通的公司股权），仓单（货押）、应收票据、应收账款等
新三板	帮助企业上新三板挂牌，通过定向增资实现融资
担保组合融资	运用担保贷款、非担保贷款、贸易融资、设备融资等融资组合，最大限度满足企业资金需求
委托贷款	由政府部门、企事业单位作为委托人提供资金，由受托人（即中国银行）根据委托人确定的贷款对象、用途、金额、期限、利率等代为发放并协助收回的贷款
结构性融资	将客户特定资产未来产生的现金流剥离表外，并以此用为第一还款来源发行债券，从而为客户进行表外融资，提供中长期资金来源

续表

产品名称	产品模式
资产证券化	将可以产生稳定可预见未来现金流的资产，按照某种共同特点汇集成为一个组合（又称为资产池），再通过一定技术将这个组合转化为可在资本市场上流通的证券的过程
知识产权质押融资	以专利、商标、版权等知识产权作为质押物，向银行、担保机构、风险投资等融资机构融资
知识产权转让	知识产权的转让或以知识产权向公司进行出资入股等
知识产权许可	知识产权所有人（许可方）将知识产权授予他人使用（被许可方）按照约定使用
股份转让	广州股权交易中心为挂牌股份公司提供股份协议转让方式。投资者可委托代理买卖机构在股份转让系统发布买卖意向，达成转让意向的，通过股份转让系统确认成交
小贷资产收益权转让	小额贷款公司以其向借款人发放贷款而形成的贷款资产的收益作为标的，在广州金融资产交易中心的组织下，出让该收益权利的转让方式
担保公司担保物转让	融资担保公司作为专业性质的金融担保机构，将其担保物权托管在广州金融资产交易中心并根据相关合约安排通过广州金融资产交易中心实现担保物的快速流转，从而提高金融活动的效率
信托受益权转让	信托计划受益人在金融资产交易中心发布信托受益权转让的信息，并在中心的组织下完成议价（竞价）、交易签约、资金划付等操作，实现收益权的流转
应收账款收益权转让	在金融资产交易中心发布应收账款挂牌转让信息，并组织议价（竞价）、交易签约、资金划付等操作，实现应收账款的流转
商业汇票收益权转让	在金融资产交易中心发布商业汇票收益权的挂牌转让信息，进行票据凭证的登记托管，组织交易、签订合约以及资金划拨等操作，最终实现收益权的流转

资料来源：广州市科技金融服务网，广州市中小企业投融资公共服务平台，广州股权交易中心，广州金融资产交易中心

从激励金融支持科技创新来看，广州市的金融创新仍存在以下不足。

1）就金融机构而言，金融产品创新特别是科技融资工具创新趋同性强，能满足市场不同需求的特色产品少。

2）金融产品的流动性不足。绝大部分金融产品缺乏流动性，无法在资本市场流通。

3）金融机构联合创新少。基本上所有的金融产品都是金融机构单独创新的结果，而金融机构之间缺少互动，合作创新少。

4）金融产品风险过于集中。绝大多数金融产品的风险都是由单一的投融资者承担，风险过于集中，投融资者往往不愿承担，缺少分散风险的机制。

5）金融产品效益性不强。绝大多数金融产品的收益主要来自固定的利率或债率收入，无法分享科技创新成功的收益。

金融创新就是改变现有产品的流动性、安全性（风险性）和收益性的一个、两个或全部。针对科技创新的不足，金融创新主要在于增强产品的流动性，分散失败风险，分享成功收益。根据这个原则，提出了以下金融创新建议。

1. 资产证券化

资产证券化指将缺乏流动性、但具有可预期收入的资产，通过在资本市场上发行证券的方式予以出售，以获取融资。传统的融资方式是凭借资金需求者本身的信用水平来融资，而资产证券化是凭借原始权益人用来进行证券化的资产的未来收益能力进行融资，是一种具有信用风险转移创新、提高流动性创新和信用创造创新的金融创业业务。资产证券化类型很多，适合于科技创新企业的资产证券化主要有五类。

一是应收账款类证券化，是指以科技成果的未来贸易收入或应收账款为支持的资产证券化。最具代表性是资产支持商业票据。

二是知识产权证券化，是指以知识产权的未来许可使用费为支撑，面向资本市场发行证券进行融资的方式。一般而论，只有能够产生可预测的、比较稳定的、可控的现金流的知识产权，才可通过证券化融资，如专利权、版权和商标等。

三是创新企业股权资产证券化，是指将创新企业股权及其收益作为基础，面向资本市场发行证券进行融资的方式。

四是租赁资产证券化，是指金融租赁公司集合一系列用途、性能、租期相同或相近，并可以产生大规模稳定的现金流的租赁资产（租赁债权），通过结构性重组，将其转换成可以在金融市场上出售和流通的证券的过程。本质上讲，租赁资产证券化是金融租赁公司以可预期的现金流为支持而发行证券进行融资的过程。租赁公司通过证券化将流动性不足的租赁债权予以变现，拓宽了金融租赁公司的融资渠道，更有力地支持了金融租赁公司开展融资租赁业务。

五是小额贷款资产证券化，是将小额贷款公司的科技创新贷款形成的债权为基础资产，通过结构性重组，将其转换成可以在金融市场上出售和流通的证券的过程。小额贷款资产通过证券化，盘活了小额贷款公司的小贷资产，解决了其资金瓶颈问题，从而使小贷业务规模得以持续扩大。

2. 混合型证券

混合型证券是股票与债券以一定的方式结合的融资工具，发行者可以根据自身的商业目标与融资要求设计不同的证券结构。混合型证券兼具债券和股票双重融资特性。对于发行公司而言，混合型证券的发行，可以降低公司债利息、节省发行成本；对投资人来说，可以获得固定利息及分享发行公司股票未来上涨收益。适合于科技创新的混合型证券主要有三种。

一是附认股权证公司债券，是指公司债券附有认股权证，即债券持有人依法享有在一定期间内按约定价格认购公司股票的权利，是债券加上认股权证的产品组合。

二是可转换债券，是指企业债券持有者可以在特定时间、按特定条件转换为普通股票。可转换债券兼具债权和期权的特征。

三是可交换债券，是指在一定条件下，债券持有者可以将债券转换为债券发行公司持有的其他公司的股票。

3. 风险租赁

风险租赁是金融租赁与风险投资的有机组合，是指在一项金融租赁交易中，出租人以承租人部分股东权益作为租金的方式将设备出租给特定的承租人，出租人通过分别获得租金和股东权益收益作为投资回报的一项租赁交易。与风险投资相比，它在创业企业的存续期中能得到租金的收入。与传统的融资租赁相比，它通过预先承担股权风险来获得能够分享承租人股权收益的资格。

4. 担保换期权

担保换期权是信用担保与风险投资的有机结合，是指在为企业提供信用担保的同时，签订一定比例的期权协议，即担保机构在一定期限内按照某一既定价格购买一定数量其股权的权利，作为担保公司担保行为的一种补偿。如果企业失败，担保机构承担为其担保的风险；如果企业发展，担保机构分享其成果。担保换期权是根据现代期权理论的原理，让担保人用少许可确定的代价来控制损失，并把获利扩大。

5. 担保+保险

“担保+保险”模式是指创新企业与担保机构签订贷款担保协议后，由担保机构向保险公司购买保证保险，共同承担风险。若贷款到期时，创新企业无力还款，则由担保机构代其偿还，并按保险合同向保险公司申请赔偿。待保险公司审查后，按照条款规定对担保机构给予保险赔偿，担保机构则向创新企业追回代偿款。如果款项收回，则将保险赔偿归还给保险公司。该模式有效地降低了担保机构风险，提升了担保能力，扩大了担保数量，从而降低科技创新企业融资的难度。

6. 联合担保与再保险

联合担保是指两个以上的担保机构对同一债权提供担保。联合担保实质是担保法中的共同保证。在信用担保中，数个担保机构共同对某项债权提供担保，能够在各担保机构之间分担风险，减小单个机构的责任。通过共同担保，增加了保证人范围，更有利于债权的实现，因而共同担保也受到债权人欢迎。

再保险也称分保，是保险人在原保险合同的基础上，通过签订分保合同，将其所承保的部分风险和责任向其他保险人进行保险的行为。再担保公司通过为符合条件的担保机构提供一定比例的再担保，分散担保机构的风险、降低代偿损失、提高信用保证能力，能够调动担保机构进一步扩大企业信用担保规模的积极性，使更多的创新企业受益。

联合担保与再担保都是由信用担保体系内的机构实施的，其在分散、转移风险、促进企业信用担保的发展方面均能起到重要作用。

7. 投贷联动

投贷联盟主要是指在风险投资机构评估、股权投资的基础上，商业银行以债权形式为科技创新提供融资支持，形成股权投资和银行信贷之间的联动融资模式。一方面，对于商业银行而言，可通过 VC/PE 对企业的投资，将高风险、高回报的业务风险降了下来；另一方面，对于 VC/PE 而言，与商业银行的合作，则可以通过银行的客户信息确定其投资的项目，继而使得两者形成了一个互赢的业务合作关系。

8. 中小企业集合债

中小企业集合债是指由一个机构牵头组织，以多个中小企业所构成的集合为发债主体，发行企业各自确定发行额度分别负债，使用统一的债券名称，统收统付，向投资人发行的约定到期还本付息的一种企业债券形式。这种“捆绑发债”的方式，打破了只有大企业才能发债的惯例，同时较好解决了中小企业融资中风险与收益不对称的问题，有效拓宽了中小企业的直接融资渠道。

9. 政府与银行联动

当科技创新项目在政府主管机构完成立项审批后，政府就该项目所需资金向银行推介，并且由地方财政作担保，以促成银行对项目承担创新企业的贷款。这是由政府的信用，取代了银行对贷款机构研发能力的审查，部分降低了金融机构贷款的风险。

参 考 文 献

埃瑞克·G·菲吕博顿，鲁道夫·瑞切特. 1998. 新制度经济学，孙经纬译. 上海：上海财经大学出版社.

埃里克·赖纳特. 2013. 富国为什么富，穷国为什么穷. 杨虎涛，陈国涛，等译. 北京：中国人民大学出版社.

安同良，施浩，Ludovico Alcorta. 2006. 中国制造业企业 R&D 行为模式的观测与实证—基于江苏省制造企业问卷调查的实证分析. 经济研究，(2)：21-30.

鲍玉昆，孙福全，张金隆. 2002. 科技项目招标投标面临的问题与政策建议. 中国科技论坛，(4)：40-43.

彼得·斯旺. 2013. 创新经济学. 韦倩译. 上海：格致出版社、上海人民出版社.

伯顿·克拉克. 1994. 高等教育系统——学术组织的跨国研究. 王承绪译. 杭州：浙江大学出版社.

蔡文伯，蒋凯，董江华，等. 2009. 大学治理与制度创新的反思与探索. 高等教育研究，(11)：108.

蔡映辉. 2008. 贵高等学校社会职能的评析与认识. 高教探索，(2)：14.

曹勇，胡欢欢. 2009. 辩证分析知识产权对技术创新的影响：理论述评. 科学学研究，26(2)：588-593.

陈春发. 2008. 公共风险资本与市场失灵. 软科学，22（5）：29-32.

陈桂尧. 2004. 中国大学参与国家创新系统的模式研究. 浙江大学博士学位论文.

陈华钦. 2002. 发达国家科技评估体系介绍. 情报探索，(1)：13-16.

陈美章. 1999. 技术创新与知识产权. 知识产权，(6)：3-6.

陈宁. 2007. 美国的科技评价与科研事后评价概况. 全球科技经济瞭望，(12)：25-31.

陈友芳. 2010. 逆向选择与学术职位遴选机制的设计. 自然辩证法研究，(9)：40-45.

陈友芳. 2011. 重复博弈、信息不对称与诚信建设的博弈机制. 福建论坛，(1)：17-21.

陈志俊，张昕竹. 2004. 科研资助的激励机制研究. 经济学（季刊），4（1）：1-26.

陈志武. 2010. 为什么中国人勤劳而不富有. 北京：中信出版社.

戴晨，刘怡. 2008. 税收优惠与财政补贴对企业 R&D 影响的比较分析. 经济科学，(3)：58-71.

戴国庆. 2006. 美国联邦政府科研经费监督管理及其启示. 科研管理，27（1）：17-22.

戴维·兰德斯. 2010. 国富国穷. 北京：新华出版社.

丹尼斯·卡尔顿，杰弗里·佩罗夫. 1998. 现代产业组织. 胡泽辉，等译. 上海：上海三联书店、上海人民出版社.

道格拉斯·诺思. 2014. 制度、制度变迁与经济绩效. 杭行译. 上海：格致出版社、上海三联书店、上海人民出版社.

邓天佐. 2012. 科技金融发展思考. 科技创新与生产力，(7)：1-11.

邓彦，马千芸，黄青山. 2013. 广东省科技金融发展现状及创新对策研究. 会计之友，(11)：43-46.

封北麟，何利辉. 2014. 我国财税支持科技创新发展政策研究. 宏观经济管理，(4)： 49-51.

封北麟. 2014. 我国科技金融市场体系的构建及财政支持研究. 经济研究参考，(15)： 41-45.

格罗斯曼, 赫尔普曼. 2003. 全球经济中的创新与增长. 何帆, 牛勇平, 唐迪译. 北京: 中国人民大学出版社.
龚旭. 2009. 科学政策与同行评议: 中美科学制度与政策比较研究. 杭州: 浙江大学出版社.
顾海兵, 李慧. 2005. 英国科技成果评估体系研究与借鉴. 科学中国人,(2): 37-39.
顾海兵, 齐心. 2004. 美国科技评估制度的研究与借鉴. 科学中国人,(6): 40-43.
顾焕章, 汪泉, 高莉莉. 2013. 科技金融创新的制度取向与实践模式. 江海学刊,(3): 73-78.
赫尔普曼. 2007. 经济增长的秘密. 王世华, 吴筱译. 北京: 中国人民大学出版社.
亨利·埃茨科威兹. 2014. 国家创新模式: 大学、产业、政府“三螺旋”创新战略. 周春彦译. 北京: 东方出版社.
胡川. 2006. 产权制度的分层、构成及其多维度变迁研究. 中国工业经济,(2): 52-59.
胡援成, 吴江涛. 2012. 科技金融的运行机制及金融创新探讨. 科技进步与对策, 29(23): 10-13.
黄福涛. 2013. 外国高等教育史. 上海: 上海教育出版社.
黄国平, 孔欣欣. 2009. 金融促进科技创新政策和制度分析. 中国软科学,(2): 28-37.
基普·维斯库斯, 小约瑟夫·哈林顿, 约翰·弗农. 2010. 反垄断与管制经济学. 陈甬军, 覃福晓译. 北京: 中国人民大学出版社.
江静. 2011. 公共政策对企业创新支持的绩效——基于直接补贴与税收优惠的比较分析. 科研管理, 32(4): 1-8.
姜虹, 李美群, 聂铁良. 2010. 规模化和集中度视角下的审计市场结构研究——以广州地区为例//中国会计学会审计专业委员会. 中国会计学会审计专业委员会2010年学术年会论文集.
蒋华. 2013. 科技金融创新发展的框架建设探究. 金融纵横,(4): 31-36.
杰弗里·摩尔. 2014. 公司进化论: 伟大的企业如何持续创新. 陈劲译. 北京: 机械工业出版社.
克莱顿·克里斯坦森. 2014. 创新者的窘境. 胡建桥译. 北京: 中信出版社.
寇宗来, 高琼. 2013. 市场结构、市场绩效与企业的创新行为——基于中国工业企业层面的面板数据分析. 产业经济研究,(3): 1-11.
李蕊. 2013. 知识产权保护对我国高新技术产业技术创新的影响研究. 南大商务评论,(2): 16-26.
李晓梅. 2013. 社会信任与文化价值观对国家创新绩效的作用研究——基于65个样本国家的实证研究. 科学学与科学技术管理, 34(8): 93-101.
李晓轩. 2004. 德国科研机构的评价实践与启示. 中国科学院院刊, 19(4): 274-277.
刘洋. 2012. 创新之战: 如何赢得未来. 湖南: 湖南科技出版社.
卢金贵, 陈振权. 2010. 广东科技金融工作的实践及对策研究. 科技管理研究,(24): 7-10.
乔治•凯勒. 2005. 大学战略与规划——美国高等教育管理革命. 别敦荣译. 青岛: 中国海洋大学出版社.
邱晨辉, 雷宇. 2011. 科研经费催生多少富翁. 中国青年报, 08-31(03).
饶彩霞, 唐五湘, 周飞跃. 2013. 我国科技金融政策的分析与体系构建. 科技管理研究,(20): 31-35.
芮明杰. 2005. 管理学: 现代的观点. 上海: 格致出版社、上海人民出版社.
石燕. 2005. 国外政府科技计划项目经费预算管理的比较及其启示. 科技管理研究,(10): 49-51.

司托克斯. 1999. 基础科学与技术创新: 巴斯德象限. 周春彦, 谷春立译. 北京: 科学出版社.
斯蒂芬·帕伦特, 爱德华·普雷斯科特. 2013. 通向富有的屏障. 苏军译. 北京: 中国人民大学出版社.
孙春祥. 2013. 研发投入将首次纳入 GDP. 北京晨报, 11-19.
汤涛. 2013. 张益唐: 孤独的数学家. 中国科学报, 7-19.
陶虎, 田金方, 郝书辰. 2012. 产权制度、治理结构与国有企业自主创新能力评价——以山东省为例. 经济管理, 34（6）: 138-148.
陶士贵. 2013. 科技融资工具的创新与选择. 南京邮电大学学报（社会科学版）, 15（3）: 45-50.
田国强, 孟大文. 2013. 创新驱动与最优低能激励机制设计. 中国经济学学术资源网（CESG）. [2013-8-5].
王华. 2011. 更严厉的知识产权保护制度有利于技术创新吗？经济研究, 增（2）: 124-135.
王九云, 叶元煦. 2001. 论保护知识产权对技术创新的驱动功能. 管理世界,（6）: 204-205.
王俊. 2011. 我国政府 R&D 税收优惠强度的测算及影响效应检验. 科研管理, 32（9）: 157-164.
王来武, 乔传福, 张幼斌. 2005. 德国公共科研机构的管理、资助及改革述评. 现代情报,（11）: 219-222.
魏玮, 毕超. 2011. 促进科技企业发展的金融支持体系建设研究. 科技进步与对策, 28（17）: 106-110.
吴波尔, 戴国庆, 李新男. 2005. 国外科技经费监督实践概览. 北京: 科学出版社.
吴建国. 2009. 德国国立科研机构经费配置管理模式研究. 科研管理, 30（5）: 117-123.
吴延兵. 2007a. 企业规模、市场力量与创新: 一个文献综述. 经济研究,（5）: 125-138.
吴延兵. 2007b. 市场结构、产权结构与 R&D——中国制造业的实证分析. 统计研究, 24（5）: 67-75.
解维敏. 2013. 产权性质与企业家创新精神研究——来自中国上市公司的经验证据. 管理现代化,（1）: 101-104.
徐海燕, 汪前进, 岳忠厚. 2001. 美国科学基金的监管模式. 科学中国人,（5）: 42-45.
杨刚. 2005. 科技金融结合的支撑体系研究. 工业技术经济, 24（8）: 68-70.
杨利华, 郝喜. 2012. 我国知识产权法律规范体系建设现状、问题与对策研究——兼论国家知识产权文献及信息资料库中的部分法律法规体系构建. 武陵学刊, 37（5）: 56-63.
杨铮, 王进雨. 2012. 我国研发投入每年增长 20%, 居世界第二. 法制晚报, 2-8.
约翰·范德格拉夫, 等. 2001. 学术权力——七国高等教育管理体制比较. 王承绪，张维平，徐辉，等译. 杭州: 浙江教育出版社.
张夏准. 2009. 富国陷阱: 发达国家为何踢开梯子. 北京: 社会科学文献出版社.
张先恩. 2008. 科学技术评价理论与实践. 北京: 科学出版社.
张振刚, 陈志明, 周国基, 等. 2013. 创新型企业创新管理模式研究——基于广州市企业创新现状. 技术经济与管理研究,（12）: 25-30.
朱云欢, 张明喜. 2010. 我国财政补贴对企业研发影响的经验分析. 经济经纬,（5）: 77-81.
庄子银. 2009. 知识产权、市场结构、模仿和创新. 经济研究,（11）: 95-104.

Akerlof G A, 1970. The market for “lemons”: qualitative uncertainty and the market mechanism. The Quarterly Journal of Economics, 84（3）: 488-500.

Alchian A A, Demsetz H. 1972. Production, information costs, and economic organization. The American Economic Review, 62: 777-795.

Alchian A. 1965. Some economics of property rights. Politico, 30（4）: 816-829.

Alfranca O, Huffman W E. 2003. Aggregate private R&D investments in agriculture: the role of incentives, public policies, and institutions. Economic Development and Cultural Change, 52（1）: 1-22.

Arrow K J. 1962. Economic Welfare and the Allocation on Resources for Inventive Activity. Princeton: Princeton University Press.

Arrow K. 1963. Uncertainty and the welfare economics of medical care. American Economic Review, 53: 91-96.

Arrow K. 1979. The Property Rights Doctrine and Demand Revelation Under Incomplete Information. Economies and Human Welfare. New York: Academic Press.

Baron D, Myerson R. 1982. Regulating a monopolist with unknown costs. Econometrica, 50: 911-930.

Bhattacharya S. 1979. Imperfect information, dividend policy and “The bird in the hand” fallacy. The Bell Journal of Economics, 10: 259-270.

Bloom N, Griffith N, Van Reenen J. 2002. Do R&D tax credits work? Evidence from a panel of countries 1979-1997. Journal of Public Economics, 85（1）: 1-31.

Blundell R, Griffith R, Van Reenen J. 1995. Dynamic count data models of technological innovation. Economic Journal, 105（429）: 333-344.

Blundell R, Griffith R, Van Reenen J. 1999. Market share, market value and innovation in a panel of british manufacturing firms. Review of Economic Studies, 66（3）: 529-554.

Broadberry S, Crafts N. 2000. Competition and innovation in 1950's Britain. working paper No . 57, London School of Economics.

Chiappori P, Macho I, Rey P, et al. 1994. Repeated moral hazard: the role of memory commitment and the access to credit markets. European Economic Review, 38: 1527-1553.

Cho I K, Kreps D M. 1987. Signaling games and stable equilibria. Quarterly Journal of Economics, 102: 179-221.

Clarke E H. 1971. Multipart pricing of public goods. Public Choice, 11: 17-33.

Cohen W M, Levinthal D A. 1989. Innovation and learning the two faces of R&D. Economic Journal, 99（397）: 569-596.

d'Aspremont C, Gerard-Varet L A. 1979. Incentives and incomplete information. Journal of Public Economics, 11: 25-45.

Dasgupta P, Hammond P, Maskin E. 1979. The implementation of social choice rules: some general results on incentive compatibility. Review of Economic Studies, 46: 181-216.

DeAngelo L. 1981. Auditor size and auditor quality. Journal of Accounting and Economics, 3（3）: 183-199.

Edward T H. 1976. Beyond Culture. NewYork:Doubleday.

Geroski P A. 1990. Innovation, technological opportunity and market structure. Oxford Economic Papers, New Series, 42（3）: 586-602.

Gibbard A. 1973. Manipulation of voting schemes: a general result. Econometrica, 41: 587-602.

Gibbons R. 1992. Game Theory for Applied Economists. Princeton : Princeton University Press.

Gilbert R J, Newbery D M G. 1982. Preemptive patenting and the persistence of monopoly. The American Economic Review, 72（3）: 514-526.

Green J R, Laffont J J. 1979. Incentives in Public Decision Making. Amsterdam : North-Holland.

Green J R, Stokey N L. 1983. A comparison of tournaments and contracts. Journal of Political Economy, 91: 349-364.

Grossman S J, Hart O D. 1983. An analysis of the principal-agent problem. Econometrica, 51: 7-45.

Groves T, Ledyard J. 1977. Optimal allocation of public goods: A solution to the free rider dilemma. Econometrica, 45: 783-811.

Groves T. 1973. Incentives in teams. Econometrica, 41: 617-663.

Harris M, Raviv A. 1979. Optimal incentive contracts with imperfect information. Journal of Economic Theory, 2（3）: 231-259.

Harris M, Raviv A. 1981. Allocation mechanisms and the design of auctions. Econometrica, 49: 1477-1499.

Harris M, Townsend R. 1981. Resource allocation under asymmetric information. Econometrica, 49: 33-64.

Hart O, Moore J. 1990. Property rights and the nature of the firm. Journal of Political Economy, 98: 1119-1158.

Hayek F. 1945. The use of knowledge in society. American Economic Review, 35: 519-530.

Hills P V. 1995. Research and technology policy evaluation in United Kingdom. Research Evaluation, 5（1）: 35-44.

Hofstede G. 1980. Cultures Consequences. London: Sage.

Holmstrom B, Milgrom P. 1990. Regulating trade among agents. Journal of Institutional and Theoretical Economics, 146: 85-105.

Holmstrom B, Milgrom P. 1991. Multitask principal-agent analyses: incentive contracts, asset ownership, and job design. Journal of Law, Economics and Organization, 7: 24-52.

Holmstrom B. 1977. On incentives and control in organizations. PhD dissertation, Stanford University.

Holmstrom B. 1979. Moral hazard and observability. Bell Journal of Economics, 10: 74-91.

Holmstrom B. 1982. Moral hazard in teams. Bell Journal of Economics, 13: 324-340.

Horowitz I. 1962. Firm size and research activity. Southern Economic Journal, 28（1）: 298-301.

Hurwicz L, Schmeidler D. 1978. Construction of outcome functions guaranteeing existence and Pareto-optimality of Nash equilibria. Econometrica, 46: 1447-1474.

Hurwicz L. 1960. Optimality and informational efficiency in resource allocation processes. //Arrow, Karlin, Suppes. Mathematical Methods in the Social Sciences. Stamford: Stanford University Press.

Hurwicz L. 1972. On Informationally Decentralized Systems, in Radner and McGuire, Decision and Organization. Amsterdam : North-Holland.

Hyytinena A, Toivanen O. 2005. Do financial constrains hold back innovation and growth? Evidence on the role of public policy. Research Policy, 34（9）: 1358-1403.

Jaffe A B. 2002. Building programme evaluation into the design of public research-support programmes. Oxford Review of Economic Policy, 18（1）: 22-34.

Kamien M I, Schwartz N L. 1982. Market Structure and Innovation. Cambridge: Cambridge University Press.

Klette T, Moen J, Griliches Z. 2000. Do subsidies to commercial R&D reduce market failures? micro-econometric evaluation studies. Research Policy, 29（4/5）: 471-495.

Kluckhohn F R, Strodtbeck F L. 1961. Variations in Value Orientations. Evanston, IL. : Row, Peterson.

Knight F. 1921. Risk, Uncertainty and Profit. Boston: Houghton.

Kofman F, Lawarree J. 1993. Collusion in hierarchical agency. Econometrica, 61: 629-656.

Kuhlmann S. 1995. Patterns of science and technology policy evaluation in germany. Research Evaluation, 5（1）: 23-33.

Laffont J J, Martimort D. 2002. Incentive Theory. Princeton : Princeton Unicersity Press.

Lambert R. 1983. Long-term contracting and moral hazard. Bell Journal of Economics, 14: 441-452.

Lazear E P, Rosen S. 1981. Rank-order tournaments as optimum labor contracts. Journal of Political Economy, 89: 841-864.

Ledeman D, Maloney W F. 2003. R&D and development. World Bank Policy Research Working Paper.

Leland H E, Pyle D H. 1977. Informational asymmetries, financial structure, and financial intermediation. Journal of Finance, 32: 371-387.

Lin J, Cai F, Li Z. 1998. Competition, policy burdens and state-owned enterprise reform. American Economic Review, 88（2）: 422-427.

Loeb P D, Lin V. 1977. Research and development in the pharmaceutical industry-a specification error approach. Journal of Industrial Economics, 26（1）: 45-51.

Ma C T A, Weiss A. 1993. Asignaling theory of unemployment. European Economic Review, 37: 135-157.

Macho-Stadler I, Pérez-Castrillo J D. 1998. Centralized and decentralized contracts in a moral hazard environment. Journal of Industrial Economics. 46: 489-510.

Macho-Stadler I, Pérez-Castrillo J D. 2001. An Introduction to the Economics of Information. Oxford: Oxford University Press.

Mansfield E. 1963. Size of firm , market structure, and innovation. Journal of Political Economy, 71（6）: 556-576.

Marshak J, Radner R. 1972. Economic Theory of Teams. City of New Haven: Yale University Press.

Mas-Colell A, Whinston M D, Green J R. 1995. Microeconomic Theory. New York: Oxford University Press.

Maskin E, Riley J. 1984a. Optimal auctions with risk-averse buyers. Econometrica, 52: 1473-1518.

Maskin E, Riley J. 1984b. Monopoly with incomplete information. Rand Journal of Economics, 15: 171-196.

Maskin E. 1977. Nash equilibrium and welfare optimality. The Review of Economic Studies, 66: 23-38.

Milgrom P R, Roberts J. 1982. Limit pricing and entry under incomplete information: an equilibrium analysis. Econometrica, 50: 443-459.

Milgrom P R, Roberts J. 1986. Price and advertising signals of product quality. Journal of Political Economy, 94:796-821.

Mirrlees J A. 1971. An exploration in the theory of optimum income taxation. The Review of Economic Studies, 38:175-208.

Mirrlees J. 1974. Notes on welfare economics, information and uncertainty//Balch, McFadden, Wu. Essays on Economic Behavior under Uncertainty. Amsterdam: North-Holland.

Mirrlees J. 1975. The theory of moral hazard and unobservable behavior: part. 1. Mimeo. Oxford: Oxford University.

Mookherjee D. 1984. Optimal incentive schemes with many agents. The Review of Economic Studies, 51: 433-446.

Myers S C, Majluf N S. 1984. Corporate financing and investment decisions when frims have information that investors do not have. Journal of Financial Economics, 13:187-221.

Myerson R. 1979. Incentive compatibility and the bargaining problem. Econometrica, 47: 61-73.

Myerson R. 1981. Optimal auction design. Mathematics of Operations Research, 6: 58-73.

Myerson R. 1982. Optimal coordination mechanisms in generalized principalagent problems. Journal of Mathematical Economics, 11: 67-81.

Myerson R. 1986. Multistage games with communication. Econometrica, 54: 323-358.

National Science Board. 2011. FY 2010 Report on the NSF Merit Review System, NSB-11-41.

National Science Foundation. 2008. Conflict-of-Interests and Confidentiality Statement for NSF Panelists, NSF-Form-1230P（2/4）.

National Science Foundation. 2011. Grant Proposal Guide, NSF 11-1.

Noldeke G, Van Damme E. 1990. Signalling in a dynamic labour market. The Review of Economic Studies, 57: 1-23.

Nordhaus W. 1969. Invention, Growth and Welfare: a Theoretical Treatment of Technological Change. Cambridge: MIT Press.

Olivella P. 1995. Information structures and the delegation of monitoring. Annales d'Economie et de Statistique, 39: 1-32.

Parisi M L, Sembellini A. 2003. Is private R&D spending sensitive to its price? Empirical evidence on panel for italy. Empirica, 30: 357-377.

Philips A. 1966. Patents , potential competition and technical progress. American Economic Review, 56（1/2）: 301-310.

Radner R. 1981. Monitoring cooperative agreements in a repeated principal-agent relationship. Econometrica,（49）: 1127-1148.

Rey P, Salanie B. 1990. Long-term, short-term and renegotiation: on the value of commitment in contracting. Econometrica, 58: 597-619.

Riley J, Samuelson W. 1981. Optimal auctions. American Economic Review, 71: 381-392.

Rinne T, Steel G D, Fairweather J. 2011. Hofstede and shane revisited: The role of power distance and individualism in national level innovation success. Cross-Cultural Research, 12（1）: 1-18.

Rogerson W P. 1985. Repeated moral hazard. Econometrica, 53: 69-76.

Rosenthal R. 1978. Arbitration of two-party disputes under uncertainty. Review of Economic Studies, 45: 595-604.

Ross S. 1973. The economic theory of agency: the principal's problem. American Economic Review, 63: 134-139.

Rothschild M, Stiglitz J. 1976. Equilibrium in competitive insurance markets: an essay on the economics of imperfect information. The Quarterly Journal of Economics, 90: 629-649.

Saint-Paul G. 1992. Technology choice, financial markets and economic development. European Economic Review, 36（4）: 763-781.

Samuelson P. 1954. The pure theory of public expenditure. Review of Economics and Statistics, 36: 387-389.

Samuelson W. 1984. Bargaining under asymmetric information. Econometrica, 52: 995-1005.

Satterthwaite M. 1975. Strategy-proofness and arrow. s conditions: existence and correspondence theorems for voting procedures and social welfare functions. Journal of Economic Theory, 10: 187-217.

Scherer F M. 1965a. Size of firm, oligopoly, and research: a comment. Canadian Journal of Economics and Political Science, 31（2）: 256-266.

Scherer F M. 1965b. Firm size, market structure, opportunity, and the output of patented inventions. American Economic Review, 55（5）: 1097-1125 .

Schumpeter J A. 1942. Capitalism, Socialism and Democracy. New York: Harper and Bros.

Shane S. 1992. Why do some societies invent more than others?. Journal of Business Venturing, 7(1): 29-46.

Shane S. 1993. Cultural influences on national rates of innovation. Journal of Business Venturing, 8(1): 59-73.

Soete L L G. 1979. Firm size and innovation activity. European Economic Review, 12: 319-340.

Spence M, Zeckhauser R. 1971. Insurance, information, and individual action. American Economic Review, 61:380-387.

Spence M. 1973. Job Market Signaling. Quarterly Journal of Economics, 87: 355-374.

Stiglitz J E, Weiss A. 1981. Credit rationing in markets with imperfect information. American Economic Review, 71: 393-410.

Stigliz J E. 1977. Monopoly non linear pricing and imperfect information: the insurance market. Review of Economic Studies, 44: 407-430.

Terrence B O, Dan A S, Stein M T. 1994. The production of audit services: evidence from a major public accounting firm. Journal of Accounting Research, 32（2）: 241-261.

Tirole J. 1986. Hierarchies and bureaucracies: on the role of collusion in organizations. Journal of law. Economics and Organization, 2: 181-214.

Triandis H C. 1995. Individualism and Collectivism. Boulder, CO: Westview Press.

Trompenaar F, Hampden T, Chartes M. 1998. Riding the Waves of Culture: Understanding Diversity in Global Business. NewYork:McGraw Hill.

Weiss A. 1983. A sorting-cum-learning Model of Education. Journal of Political Economy, 91: 420-442.

Williams L K, McGuire S J. 2005. Effects of national culture on economic creativity and innovation implementation. Barcelona: International Society fSor New Institutional Economics Conference, The Institutions of Market Exchange.

Wilson R. 1985. Incentive efficiency of double auctions. Econometrica, 53: 1101-1116.